JN102306

板書で見る 国

全単元の授業のすべて

中学校3年

高木まさき 監修
児玉 忠・宗我部義則 編著

東洋館出版社

まえがき

令和３年１月の中央教育審議会答申「『令和の日本型学校教育』の構築を目指して ～全ての子供たちの可能性を引き出す、個別最適な学びと、協働的な学びの実現～（答申）」では、日本の学校が学習指導のみならず生徒指導の面でも主要な役割を担って大きな成果を挙げてきたことを諸外国が高く評価しているとしつつ、今後の課題として以下のような点を指摘しています。

・学校や教師の負担の増大
・子どもたちの多様化（特別支援教育、外国につながる児童生徒、貧困、いじめ、不登校など）
・生徒の学習意欲の低下
・教師の長時間労働
・学習場面でのデジタルデバイス活用の低調さ　など

日本の学校の先生方の多忙さ、困難さがよく分かります。

そして、そうした中にあっても、あるいはだからこそ、学習指導要領の「着実な実施」が改めて求められています。言語活動を工夫した主体的・対話的な学びのプロセスにおいて、言葉による見方・考え方を働かせ、深い学びを実現すること。それらを通して資質・能力を育成し、予測困難な時代を生きる子どもたちの成長を支えること。課題の山積する教育現場ですが、教師の仕事はますます重要性を増しています。

そこで本書では、日々の授業づくり、板書計画に苦労されている若手の先生、教科指導だけでなく生徒指導などでも多忙な先生、自分なりの確立した方法はあっても新しい学習指導要領の目指すところを具体的に確認したい先生など、多くの先生方の参考にしていただけるよう、教科書の全単元の時間ごとの板書例を中核にして、学習指導要領の考え方を教科書教材に沿って具体化し、見開きごとに簡潔に提示することで先生方を応援したいと考えました。

具体的には、「中学校学習指導要領国語」（平成29年告示）でのキーワードとなる、資質・能力、言葉による見方・考え方、主体的・対話的で深い学び、言語活動の工夫、評価規準などを記載し、板書例によって授業の全体像を把握しやすく提示しました。また上記中教審答申では「個別最適な学びと、協働的な学びを実現するためには、ICT は必要不可欠」とされていることから、詳細は専門書籍に委ねるとして、本書として可能な範囲で、効果的な場面における ICT 活用のアイデアなどを提示しております。

この板書シリーズは、すでに小学校版が刊行されており、高い評価をいただいております。多忙を極める中学校の先生方にも本シリーズを参考にしていただき、学習指導要領のキーワードの意味、その具体化などへの理解を深めていただく一助となれば幸いです。

令和４年３月

編者を代表して　髙木まさき

本書活用のポイント―単元構想ページ―

本書は、各学年の全単元について、単元全体の構想と各時間の板書のイメージを中心とした本時案を紹介しています。各単元の冒頭にある単元構想ページの活用のポイントは次の通りです。

教材名と指導事項、関連する言語活動例

本書で扱う教材は全て令和3年発行の光村図書出版の国語教科書『国語』を参考にしています。まずは、各単元で扱う教材とその時数、さらにその下段に示した学習指導要領に即した指導事項や関連する言語活動例を確かめましょう。

単元の目標

単元の目標を資質・能力の三つの柱に沿って示しています。各単元で身に付けさせたい資質・能力の全体像を押さえましょう。

単元の構想

ここでは、単元を構想する際に押さえておきたいポイントを取り上げています。

全ての単元において以下の3点を解説しています。

まずは〈単元で育てたい資質・能力／働かせたい見方・考え方〉として、単元で育てたい資質・能力を確実に身に付けさせるために気を付けたいポイントや留意点にふれています。指導のねらいを明確にした上で、単元構想を練りましょう。

〈教材・題材の特徴〉〈主体的・対話的で深い学びの視点からの授業改善ポイント／言語活動の工夫〉では、ねらいを達成するために必要な視点をより具体的に述べています。教材・題材の特性を把握した上での授業構想や言語活動の設定が欠かせません。

これらの解説を参考にして、指導に当たる各先生の考えや学級の実態を生かした工夫を図ることが大切です。各項目の記述を参考に、単元計画を練っていきましょう。

---

1 広がる学びへ

アイスプラネット（4時間扱い／読むこと）

指導事項：〔知技〕(1)エ　〔思判表〕C(1)ア
言語活動例：登場人物の考え方や生き方を捉え、考えたことを話し合ったり書いたりする。

単元の目標

(1)抽象的な概念を表す語句の量を増すとともに、類義語と対義語、同音異義語や多義的な意味を表す語句などについて理解し、話や文章の中で使うことを通して、語感を磨き語彙を豊かにすることができる。〔知識及び技能〕(1)エ

(2)文章全体と部分との関係に注意しながら、主張と例示との関係や登場人物の設定の仕方などを捉えることができる。〔思考力、判断力、表現力等〕C(1)ア

(3)言葉がもつ価値を認識するとともに、読書を生活に役立て、我が国の言語文化を大切にして、思いや考えを伝え合おうとする。「学びに向かう力、人間性等」

単元の構想

〈単元で育てたい資質・能力／働かせたい見方・考え方〉

本単元では、人柄や心情が抽象的に表現されている語句や言い回しの具体的な内容を理解し、人物像を思い描き、情景を想像しながら読む力を身に付けさせたい。また、人物設定や語句の選択等の工夫に注目し、作品をより深くまた多角的に捉えることの重要性を学ぶ機会としたい。社会で自分らしく生きていくために大切にしたいことについて、自問したり、他の生徒との対話を通じて考えたりしていく過程で、自身の日常生活に照らして文学的文章を読む姿勢を育てていきたい。

〈教材・題材の特徴〉

「僕」と「ぐうちゃん」を中心とする登場人物の心情を、言動から丁寧にたどることで「読み」が深まっていく教材である。生徒たちは「僕」の視点に寄り添って読み進めながら、自分自身の生き方について考えることになるだろう。平易な文章で内容がつかみやすい分、何が書かれているかだけでなく、自分は何を受け取ったかを見つめさせることが重要である。手紙を読んだ後の「僕」の心情をはじめ、読者の想像を必要とする部分が多く、「読み」を交流する意義が大きい。

〈主体的・対話的で深い学びの視点からの授業改善ポイント／言語活動の工夫〉

「僕」の視点で語られた作品だが、「僕」の心情のすべては明らかでない。文章に根拠が存在する「読み」と、生徒一人一人が想像すべき「読み」の区別を意識させ、「心情曲線」作成のための対話（話し合い）を意義深いものにしたい。いわゆる「書き換え」学習では、「視点」に対する意識付けや語彙の定着、想像力の発揮とともに、自分と異なる多様な「読み」との出会いを通じて、他の生徒と「読み」深める喜びを実感させることをねらっている。明るく知的な雰囲気をつくり、まとめの活動において、生徒一人一人が伸び伸びと感想を書き、伝え合いたいと思えるように促したい。

028　1　広がる学びへ

単元計画

時	学習活動	学習内容	評価
1	1．学習を見通し、通読する。 2．登場人物を確認し、それぞれの特徴を整理する。	○登場人物を書き出しながら通読する。 ○それぞれの人物について、「学習の窓」を参照しながら、相関図を用いて整理する。 ○「僕」「母」「父」それぞれが、「ぐうちゃん」とどのように関わっているかが分かる部分に線を引きながら、読み直す。	❷
2	3．登場人物の言動から、その心情を読み取る。 ・「心情曲線」は、グループで1枚作成する。	○前時の作業内容を確認する。まず「母」「父」について、全体で簡単にまとめる。 ○「僕」の「ぐうちゃん」に対する関わり方の変化について、「心情曲線」を用いてまとめる。	❶ ❷
3	4．「心情曲線」を基に話し合う。 5．「視点」を確認する。	○各グループの「心情曲線」を比べ、意見交換する。 ○人柄や心情が読み取れる部分について、語句や言い回しも含めて理解する。 ○書かれていない内容を意識する。	❶ ❸
4	6．これまでの学習内容を踏まえ、登場人物の心情について、書かれていない部分を想像して書く。 7．自分の考えや感想をまとめる。	○グループ内で分担し、いずれかに取り組む。 ・手紙を書いているときの「ぐうちゃん」の心情。 ・手紙を読み終わったときの「僕」の心情。 ○グループ内で交換し、読み合う。 ○「ぐうちゃん」の言葉や生き方について、考えたことを書く。	❶ ❸

評価規準

知識・技能	思考・判断・表現	主体的に学習に取り組む態度
❶抽象的な概念を表す語句が表している心情に注意しながら読んだり、実際に書く中で用いるなどして、語感を磨き語彙の豊かさを増している。 (1)エ	❷「読むこと」において、文章全体と部分との関係に注意しながら、登場人物の設定の仕方などを捉えている。 C(1)ア	❸登場人物の心情について、文章中の語句や表現を手がかりに読みとっていく過程で積極的に話し合ったり、想像しようとするとともに、自分自身についても振り返ろうとしている。

〈指導と評価の一体化を図る見取りのポイント〉

まず、用いられている語句や言い回しを丁寧に押さえ、人物同士の関係などを正しく理解した上で、根拠に基づく「読み」をつくらせることが重要である。その上で、自問や対話を通じてその「読み」を深め、書かれていない部分も主体的に想像させていくように導く必要がある。

アイスプラネット　029

単元計画

単元の目標やポイントを押さえた上で、授業をどのように展開していくのかの大枠を計画します。各展開例は学習活動ごとに構成し、それぞれに対応する評価をその右側の欄に示しています。

単元によっては、一つの学習活動に複数の評価規準の観点が示されている場合があります。これは決して全ての観点を評価しなければならないということではなく、学級の実態等を踏まえた、教師による取捨選択を想定した上で示しています。年間の指導計画を基に評価の観点を吟味してください。

評価規準

単元の目標で押さえた指導事項を基に、「知識・技能」「思考・判断・表現」「主体的に学習に取り組む態度」の3観点で評価規準を設定しています。❶❷などの丸数字で示された観点は、「単元計画」の数字に対応しています。また、本時案の「評価のポイント」に示される丸数字も、この「評価規準」の数字を基にしています。

〈指導と評価の一体化を図る見取りのポイント〉では、詳細かつ具体的な評価の見取りのポイントを示しています。指導と評価の一体化のために意識しておきたい事柄を押さえましょう。

本書活用のポイント―本時案ページ―

単元の各時間の授業案は、板書のイメージを中心に、目標や評価、学習の進め方などを合わせて見開きで構成しています。各単元の本時案ページの活用のポイントは次の通りです。

主発問

本時の中心となる発問を示しています。主発問には、本時のねらいの達成のために、生徒に効果的に働きかける工夫がされています。

目標

本時の目標を総括目標として示しています。単元構想ページとは異なり、より各時間の内容に即した目標を示していますので、授業の流れと併せてご確認ください。

評価のポイント

より具体的な見取りのポイントとともに評価規準を示しています。各時間での評価の観点を押さえましょう。

準備物

ここでは、板書をつくる際に準備するとよいと思われる絵やカード等について、箇条書きで示しています。なお、⊻マークの付いているものは、本書付録のダウンロードデータに収録されています（巻末に案内がございます）。

ワークシート・ICT 等の活用や授業づくりのアイデア

ICT 端末や電子教科書を活用する場面や、対話を効果的に取り入れるポイントなど、本時の活動でのアイデアを紹介しています。実際の学級での生徒の実態や機器の状況などを鑑み、アイデアを取り入れてみてください。

熟語の構成／漢字に親しもう 1

二字熟語、三字熟語、四字以上の熟語はどのように漢字が組み合わさってできているのでしょう。

目標

熟語の構成を意識しながら漢字を読んだり書いたりして、四字熟語を用いて日常生活の様子を伝える短文を書くことができる。

評価のポイント

❶練習問題に取り組んで、熟語の構成を意識しながら漢字を読んだり書いたりしている。(1)ウ

❷日常生活の様子を伝えるために、適切な四字熟語を用いようとしている。

準備物 ・ワークシート⊻01 ・ホワイトボード ・ICT 端末

ワークシート・ICT 等の活用や授業づくりのアイデア

○グループで二字熟語を挙げる際には、協働的な学びが展開できるように、ホワイトボードを用意する。

○好きな四字熟語を挙げる際には、Jamboard で共有する。

○日常生活の様子を伝える短文を書く際には、即時的に交流できるように、Classroom のコメント機能を活用する。

1 導入（学習の見通しをもつ）

〈本時の言語活動を知る〉

T：漢字は一字一字が意味をもつ表意文字です。組み合わせることでいろいろな意味の語ができ、二字以上の漢字の組み合わせでできた語を熟語と言います。今回は、熟語の構成を確認して練習問題を解き、四字熟語を使って短い文を書いて交流しましょう。

2 展開

〈教材文を読む〉

T：熟語の構成のイメージをもちましょう。それぞれのイラストの様子を表す「強大」「強弱」「強敵」という熟語で考えます。「強」と「大」、「強」と「弱」、「強」と「敵」はどんな関係・つながりがあると言えるでしょうか。

○デジタル教科書を用いて、イラストをスクリーン等に示す。

・似た意味の言葉です。

・対になる漢字を重ねています。

・「強」がどんな「敵」かを表しています。

〈熟語の構成を確認する〉

T：教科書に二字熟語、三字熟語、四字以上の熟語の主な構成がまとめられています。教科書を見ながら、ワークシートの空欄に言葉を入れて、熟語の

3 終末（学習を振り返る）

〈四字熟語を使って短文を書く〉

T：四字熟語を使って日常生活の様子を伝える短い文を書きましょう。種類や数は問いません。Classroom のコメント欄に書き込みましょう。

・Classroom で交流する。

T：熟語の構成を意識して、普段から使えるようにしていきましょう。

072　I　広がる学びへ

用語の表記について

本書内において、アプリケーション等の名称を以下のように表記します。

正式名称	→ 本書内での略称
ウェブブラウザ	
Safari	→ Safari
Google Chrome	→ Chrome
Microsoft Edge	→ Edge
文書作成ソフト	
Pages	→ Pages
Google ドキュメント	→ ドキュメント

Microsoft Word
表計算ソフト
Numbers
Google スプレッドシート
Microsoft Excel
プレゼンテーションソフト
Keynote
Google スライド

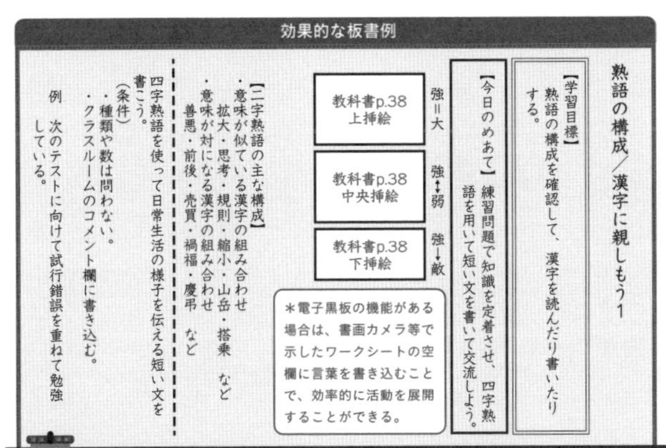

構成を確認しましょう。

○ワークシートを配付する。

○書画カメラ等を活用して、ワークシートをスクリーン等に示す。

〈二字熟語を挙げる〉

T：二字熟語の主な構成をより身近に感じられるように、教科書に示されたもの以外の熟語をグループで考えて、ホワイトボードに書き出しましょう。各自で考えやすい構成に絞ってもよいです。辞書やICT端末を利用してもよいです。

○ホワイトボードを配付する。

＊グループごとに考える熟語の構成を指定したり、熟語の数を各三つ以上と条件を出したりして、協働的な学びが展開されるようにする。

・全体で確認・共有する。

〈練習問題に取り組む〉

T：教科書の練習問題に取り組みましょう。辞書やICT端末を利用してよいです。友達と相談してもよいです。

○デジタル教科書を用いて、練習問題をスクリーン等に示す。

・答えを確認する。

〈四字熟語を挙げる〉

T：練習問題❸にあるように、四字熟語の中には古くから言いならわされてきたものが多くあり、目にしたり耳にしたりすることが多いです。好きな四字熟語を一つ挙げて、ICT端末からJamboardに書き込みましょう。

○Jamboardの画面をスクリーン等に示す。

＊ICT端末が利用できない場合は、付せん紙に書いて模造紙に貼り付ける。

＊挙げられた四字熟語の意味を確認したり、その四字熟語が好きな理由を問いかけたりして、四字熟語に親しめるようにする。

＊カウントしてランキングを付けるのもよい。

漢字１　熟語の構成／漢字に親しもう１　073

効果的な板書例

生徒の学びを活性化させ、授業の成果を視覚的に確認するための板書例を示しています。学習活動に関する項立てだけでなく、生徒の発言例なども示すことで、板書全体の構成をつかみやすくなっています。

色付きの囲みは、板書をする際の留意点です。実際の板書では、テンポよくまとめる必要がある部分があったり、反対に生徒の発言を丁寧に記していく必要がある部分があったりします。留意点を参考にすることで、メリハリをつけて板書をつくることができるようになります。

そのほか、色付きの文字で示された部分は実際の板書には反映されない部分です。黒板に貼る掲示物などが当たります。

これらの要素をしっかりと把握することで、生徒の学びを支援する板書とすることができます。

授業の流れ

１時間の授業をどのように展開していくのかについて示しています。

「導入（学習の見通しをもつ）」「展開」「終末（学習を振り返る）」の３段階に分かれています。各展開例について、主な学習活動とともに具体的な発問、指示、説明や生徒の受け応えの例を示しています。

各展開は、T：教師の発問や指示等、・：予想される生徒の反応例、○：学習活動、＊：留意点等の四つの内容で構成されています。この展開例を参考に、各学級の実態に合わせてアレンジを加え、より効果的な授業展開を図ることが大切です。

なお、略称で表記した場合に他の用語と混同してしまう可能性のある場合はこの限りではありません。

→ Word
→ Numbers
→ スプレッドシート
→ Excel
→ Keynote
→ スライド

Microsoft PowerPoint	→ PowerPoint
学習支援ソフト	
クラスルーム	→ クラスルーム
Google Classroom	→ Classroom
Microsoft Teams	→ Teams
ロイロノート・スクール	→ ロイロノート
その他	
Google Jamboard	→ Jamboard
Google ドライブ	→ ドライブ
Google Forms	→ Forms
surface、iPad、Chromebook	→ ICT 端末

板書で見る全単元の授業のすべて
国語　中学校３年
もくじ

1　第３学年における授業づくりのポイント

2　第３学年の授業展開

＊本書の編集に当たっては、光村図書出版株式会社の教科書「国語３」を参考にしております。

1

第 3 学年における授業づくりのポイント

第３学年の指導内容と身に付けたい国語力

1 第３学年の学習指導内容

中学校第３学年は、社会生活に必要な国語の力を適切に使って思考、判断、表現し、他者と関わり伝え合って生きていける力を育成していく上での義務教育における最終段階となる。したがって、第３学年の指導に当たっては、第２学年までに身に付けてきた国語の力を、発揮・活用して言語活動や学習課題を達成していけるように指導していくことが肝要である。またその際、第２学年から広く社会生活に目を向けてきたことを踏まえ、論理的な思考とともに深く共感したり豊かに想像したりする力を身に付けていくことで、多様な考え方や価値観を認め合って生きる基盤としての言葉を育てていきたい。そして、そのために読書生活を充実して自己の向上を目指すとともに、これまでの学習を通して触れてきた我が国の言語文化に自らが積極的に関わり、これを発展させていく一人であることを自覚しつつ、自らの思いや考えを積極的に表現したり発信したりしていく経験を重ねていくことが目標となる。

〔知識及び技能〕

〔知識及び技能〕の内容は、全学年を通じて、⑴言葉の特徴や使い方に関する事項、⑵情報の扱い方に関する事項、⑶我が国の言語文化に関する事項、の三つに整理されている。

第３学年の「言葉の特徴や使い方に関する事項」では、小学校以来の漢字の読み書きの完成期として、「常用漢字の大体を読むこと」ならびに小学校学習指導要領に示された「学年別漢字配当表」の漢字について社会生活の中で書いて「使い慣れること」が示されている。また理解や表現のための語彙を増やすとともに、敬語など相手や場に応じた言葉遣いができるようにしていくことなど、より社会生活と関連した内容となっている。

「情報の扱い方に関する事項」では、第２学年までに身に付けた「原因と結果」「意見と根拠」に加えて、「具体と抽象」の概念について理解を深め、これらを思考力、判断力、表現力等に生かせるよう指導していくことになる。また特に、「情報の信頼性の確かめ方を理解し使う」ことが示されている。批判的な思考やメディアリテラシーに関する知識や技能を身に付けていけるよう留意したい。

「我が国の言語文化に関する事項」のうち、「伝統的な言語文化」に関する内容としては、「歴史的背景などに注意して古典を読む」こと及び、「古典の一節を引用して使う」ことが示されている。「歴史的背景に注意して」では、古典の見方・考え方の一面として、現代の自分たちと共通する部分を捉えたり、逆に時代性の中で自分たちとは異なるところに気付いたりしつつ読ませたい。「古典の一節を引用」することでは、長く親しまれている言葉や古典を、自分の考えを伝えるのに生かすことになる。

「言葉の由来や変化」に関する内容では、第１学年が「共通語と方言」を取り上げて共時的な視座の中で言葉を見つめたのに対して、第３学年では通時的な視座で言葉を見つめ、「時間の経過による言葉の変化や時代による言葉の違い」を取り上げていることに特色がある。「書写」に関する内容では「身の回りの多様な表現を通して文字文化の豊かさに触れ」とあるように、様々な文字表現に触れる経験に配慮することが大切になる。「読書」においては、「読書の意義」を「自分の生き方や社会との関わり方を支える」視点から捉えさせることが肝要となる。そのためには書物を読んで生き方について考えたり、社会生活で起こっていることを考えたり判断したりしていく上で、図書資料から得た情報や考え方が役立って感じられる経験を通して学んでいけることが大切になるだろう。

〔思考力、判断力、表現力等〕

A　話すこと・聞くこと

第３学年の「話すこと」の指導では、「多様な考えを想定(ア)」することが示されている。このことは目の前の相手だけでなく、広く社会へ向けた視座をもって伝えたり発信したりすることを想定したものといえよう。また「相手を説得できるように(イ)」とあり、第２学年まで以上に相手に働きかけていくことが求められている。「説得」は伝える目的の一つだが、相手が「分かった」と言ってくれたら「説明できた」と言えるが、「言っていることは分かったけどその考えは支持（選択）できない」と言われたら「説得できた」とは言えない。相手がどう考えてくれたら説得できたと言えるのか、具体的に検討していくことで「説得できるように……工夫する」ことができるようになる。

「聞くこと」の指導では「話の展開を予測しながら(エ)」とあるが、そのためには相手の意図を酌んだり相手が伝えようとする目的との関わりを考えて聞くことになる。このことは「話し合うこと」で「合意形成に向けて(オ)」と示されていることともつながっていく。合意の形成のためには、互いが目指すところを理解し合い、一致できる点を探して「進行の仕方を工夫(オ)」することになる。

B　書くこと

第３学年の「書くこと」の内容では、「材料の客観性や信頼性を確認し(ア)」や、「多様な読み手を説得できるよう(イ)」、あるいは「表現の仕方を考えたり資料を適切に引用したり(ウ)」などと示されていることが注目される。第３学年では自分が伝えたいことを伝えることだけでなく、伝える内容に対する責任や、様々な考え方や価値観などをもった不特定多数の相手へ発信する際の配慮など、社会生活を送る上での国語の力としての側面がより具体化されているのだと考えて指導していくことが大切だろう。誰もが発信者になり得るインターネット時代では、こうした書くことにおける「公共性」の問題に配慮しつつ指導していくことが必要になるとも言えるだろう。

その上で、「書くこと」の指導では、「伝えたいことを明確に(ア)」「文章の構成を工夫する(イ)」「分かりやすく伝わるように工夫(ウ)」「目的や意図に応じた表現になっているか(エ)」「よい点や改善点を見いだす(オ)」などの具体的な技能に関わる指導内容が、「題材の設定・情報の収集・内容の検討→構成の検討→考えの形成・記述→推敲→共有」と、実際に書いて伝える活動を展開していく過程にそって示されていることに留意して、どの段階を重点として指導するのか、それぞれの指導事項についてどんな具体的な書き方を指導するのか明確にしていくことが大切になる。

C　読むこと

「読むこと」の指導事項は、「構造と内容の把握」「精査・解釈」「考えの形成」「共有」という四つの観点から、内容が整理されている。

第３学年の「構造と内容の把握」では、第１・第２学年での「事実と意見との関係」「全体と部分との関係」など、文章構造の理解の学習を基盤に、「文章の種類を踏まえて論理や物語の展開の仕方などを捉える(ア)」ことが示されている。これまで様々な文章を読んできた経験を生かして、先の展開を予想したり、内容を捉えたりしながら読み進めていくことなども指導したい。

「精査・解釈」では「批判的に読みながら(イ)」や「構成や論理の展開、表現の仕方について評価すること(ウ)」など、書かれていることを把握・理解するだけでなく、内容を吟味して適否を判断しながら読んだり、述べ方や書き方を評価したりすることが示されている。このことは、文章を読んで「批評」する読み方を促すとともに、批判的・批評的な読み方を経た上で、「考えの形成、共有」において「文章を読んで考えを広げたり深めたりして(エ)」いく基盤になっていくのである。

特にネット環境の中で生きる現代の生徒たちが読み取っていく情報は、玉石混淆、時には悪意にさらされることさえある。そうした社会で、適切な理解や判断をしていく基盤としての読みの力という視座からも指導の在り方を考えていくことが大切になる。

2 第３学年における学習指導の工夫

国語科は「言葉による見方・考え方を働かせ、言語活動を通して、国語で正確に理解し適切に表現する資質・能力」の育成を目指す教科である。国語科は実技教科なのである。したがって、その学習指導においては何よりも、実際に言語活動を行うこと＝言葉で考えを伝えたり話し合って互いの考えに学び合ったりする経験を重ねることを通して、しかも、できる限り様々な言語活動を経験していくことを通して、生徒たち自身が、言葉で活動して目的や、目標を達成していくためのコツやワザを見付けていけるように、３年間の学習をデザインしていくことが大切になる。

1 〔知識及び技能〕習得における工夫

【国語科の授業での学びを学校生活全体で活用】〔知識及び技能〕の内容は、国語の学習はもちろん言語生活に必要な国語に関する基礎的な知識や技能を取り出して示されている。特に「⑴言葉の特徴や使い方」及び「⑵情報の扱い方」については、国語科の授業はもちろん、日常の言語生活の中で繰り返し活用していくことが効果的だ。第３学年の指導に当たっては、小学校および第１・２学年の内容にも目を配り、既習の内容を第３学年の内容を学習する際にも関連付けて活用できるよう工夫したい。第３学年は委員会・部活動や学校行事をはじめ、学校生活の様々な場面で中心になることから、国語科の教師は、学年経営や学校運営に目配りをし、あらゆる機会を捉えて、国語で学んだ基礎的な知識や技能を活用できるよう関連付けを図っていくべきだろう。授業で学ぶ、〔知識及び技能〕に関わる学習用語や思考操作等も、学校全体で共有し積極的に使っていくようにしたい。

【〔知識及び技能〕の内容は教材や活動に応じて具体的に検討する】 学習指導要領の〔知識及び技能〕の内容は一般化・抽象化して示されている。例えば「具体と抽象など情報と情報との関係について理解を深める（⑵情報の扱い方・ア）」を指導する際には、実際の教材や言語活動等において「具体と抽象について理解を深める」とはどういうことかを検討し、指導のポイントをつかんだり、生徒たちがどのように理解すれば「理解を深めた」ことになるのかを明らかにして指導に望むことが大切になることは言うまでもない。これは教材研究や言語活動研究の問題とも言えるが、私たち教師はこうした指導の具体化を通して、専門性を高めていくのである。

【生徒自身に〔知識及び技能〕の活用を工夫させる】〔知識及び技能〕の習得は、ともすると「教え・教わる」という関係の中で行うことになりやすい。しかし、生徒自身が学んだ〔知識及び技能〕を自ら活用していこうとするときに、そこで学んだ内容は言語生活の知識として定着したり、様々な場面に転移しやすいものになったりしていくに違いない。例えば、「情報の信頼性の確かめ方を理解し使うこと（⑵情報の扱い方に関する事項・イ）」では、「情報の信頼性を確かめるにはどうしたらよいか」ということが生徒自身の「問い」となり、教室の仲間たちと様々に工夫したり、試みたりすることを経験し、これなら確かにできそうだと実感できたときに、より深い学びとなり得るのではないだろうか。

【古典に親しむ学習は共感体験と異化体験を】「伝統的な言語文化」に関する学習では、1でも述べたとおり、現代の自分たちに引きつけて「昔も今も変わらない」と感じる感動と、古典の作者や人物たちは、「私たちとは明らかに異なる時代を生きていたのだ」と感じる感動との両面を大切にしたい。古典に触れるとはそういう行為なのだ。第３学年の生徒たちは、古典作品であれ、こうして作品を対象化して捉えることが可能になっている。そうした生徒たちの発達を生かして、自分にとって古典を読む意味に出合えるような学習を展開したい。

2 〔思考力、判断力、表現力等〕育成に向けての工夫

第３学年の〔思考力、判断力、表現力等〕では、これからの学びの課題になっていくことや、新しい時代を生きる生徒たちに必要な力の育成の視点で示す。

【主体的な思考、判断、表現を促す学習課題・言語活動を】「主体的・対話的で深い学びの実現」が投げ掛けられている。そのためには、①本気で取り組みたいと思える課題や言語活動、②話し合いたくなる課題や話し合う必然性が生じる言語活動、③分かった・できたという実感がもて、試行錯誤して進められる課題や言語活動を工夫していくことが大切になると考える。特に〔思考力、判断力、表現力等〕の内容は、生徒たちが、達成したい、解決したいと考えて言語活動を展開していく中でこそ、本物になっていくものだ。

【社会につながり社会参画に結び付く題材・教材を】 中学校の第３学年ともなれば、社会生活への関心も相当に高まってきている。課題や言語活動の設定に当たっては、生徒たちが社会につながる視座をもてるように、積極的に身の回りの生活や社会生活から題材や教材を開発したり、教科書の教材を学ぶ際にも世の中で起こっていることと結び付けるなど工夫していきたい。新聞・手紙・ポスター・説明書・インターネット等の様々な実用的な教材を活用していくことにも積極的でありたい。こうした工夫が、授業で学ぶ有用感を高め、学ぶ意味や意義につながっていくことになる。

【説得力を高める工夫と相手分析を】「A　話すこと・聞くこと」や「B　書くこと」の学習では、「相手を説得できるように（Aイ)」や「多様な読み手を説得できるように（Bイ)」など、「説得」のための工夫を学ぶことが示されている。説得力を高めるためには、信頼性の高い情報に基づいて伝える内容の質を高めるなどの「内容面の工夫」と、言葉の選択や論理の展開の仕方、あるいは第２学年までに学習した「資料や機器」「図表」の活用など「伝え方の工夫」の両面から考えさせることが大切になる。このとき説得力が相手の求めるものにも左右されることも大切な視座となるだろう。どんなに効果的にプレゼンしても、相手の求めと合致しなければ、説得力は発揮できない。説得力を高める上では、これまで以上に聞き手や読み手などの相手を具体的に検討することが大切になるのだ。

【合意形成に向けた話合いのポイントを】「A　話すこと・聞くこと」では平成20年度版学習指導要領から「合意形成」を目指す話合いが取り上げられている。合意形成とは互いの考えを一つにすることではない。むしろ合意できる部分とできない部分とを見極め、できる部分を互いに確認し合うことなのだ。そのためには、共通の目的や目標に照らして考えることや、よりよい結論を共に探していく姿勢、そして双方が Win & Win の関係をつくれる結論を探していくことが指導のポイントになる。第３学年では、生徒たち自身がそのための工夫と努力をしていけるように指導していきたい。

【情報の信頼性と批判的な読みの方法を】「B　書くこと」では「集めた材料の客観性や信頼性を確認（Bア)」することが、また「C　読むこと」の学習では「文章を批判的に読みながら（Cイ)」が示されている。第３学年で指導するこれらの資質・能力はまさに今日的な課題となる「読みの力」だと言える。例えば、ある情報を多面的な視座で検討して評価すること、一つの情報を鵜呑みにせず複数の情報に当たること、情報の日付や筆者（情報源）を確かめること等、具体的な方法を指導したい。一方で、談話や文章の形で伝えられる内容は、必ずしも話し手や書き手が伝えたいことを正しく、あるいは効果的に伝え切れているとは限らないことにも留意し、その意図や伝えたいことを酌み取ろうとしたり、必要に応じて質問して補足を得たりしながら理解を深めていこうとする姿勢も学ばせたい。

3　「学びに向かう力、人間性等」の涵養を促す工夫

　国語科という教科が育てる「学びに向かう力、人間性等」は、言葉についての理解を深め、言葉を磨きつつ、言葉によるものの見方・考え方を働かせて、自らを高めたり他者と共に目的を達成したりしていこうとする姿勢や言動として現れてくるものではないだろうか。そのためには、一つ一つの言葉を大切にして丁寧に言葉と向き合うことへの効力感を高めることや、生徒同士、生徒と教師が、互いの言葉を大切に聞き合う関係、受け止め合う関係をつくっていくことが基盤となるだろう。そして、読書への関心を高め、自分の知らない物事がたくさんあることやそれを知ること、学ぶことが楽しいと思えるような授業づくりをしていくことが大切になるのではないだろうか。

「主体的・対話的で深い学び」を目指す授業づくりのポイント

1 教科の本質に触れる国語科の「主体的・対話的で深い学び」の必要性

平成29年告示の学習指導要領では、これからの時代を主体的に生き、未来を創造していく子供たちに必要となる資質・能力を育成する必要性が唱えられた。ここでいう資質・能力とは、生きて働く「知識及び技能」、未知の状況にも対応できる「思考力、判断力、表現力等」、学びを人生や社会に生かそうとする「学びに向かう力、人間性等」の三つの柱からなる。そしてこの資質・能力育成のために「主体的・対話的で深い学び」の視点からの授業改善が必要とされる。『中学校学習指導要領（平成29年告示）解説　国語編』（以下、「解説」とする）には次のように記されている。

> 子供たちが、学習内容を人生や社会の在り方と結び付けて深く理解し、これからの時代に求められる資質・能力を身に付け、生涯にわたって能動的に学び続けることができるようにするためには、これまでの学校教育の蓄積を生かし、学習の質を一層高める授業改善の取組を活性化していくことが必要であり、我が国の優れた教育実践に見られる普遍的な視点である「主体的・対話的で深い学び」の実現に向けた授業改善（略）を推進することが求められる。

ここに述べられているように、「主体的・対話的で深い学び」とは決して新しい方法ではなく、これまでの「我が国の優れた教育実践」においてすでに実現されていたことと言ってよい。

そして、こうした実践が優れたものであるならば、それらは、当然、教科の本質に深く触れる学びであったはずだ。上記、解説には次のような記述がある。

> 深い学びの鍵として「見方・考え方」を働かせることが重要になること。各教科等の「見方・考え方」は、「どのような視点で物事を捉え、どのような考え方で思考していくのか」というその教科等ならではの物事を捉える視点や考え方である。各教科等を学ぶ本質的な意義の中核をなすものであり、教科等の学習と社会をつなぐものである（略）。

2 「深い学び」とは

では国語科における「主体的・対話的で深い学び」とはどのようなものだろうか。学びの質が問われる「深い学び」、より方法的な側面である「対話的な学び」、知的な判断を伴う「主体的な学び」の順に、物語等の読みの授業における登場人物の心情や言動の意味を考える学習を例に考えてみよう。

多くの場合、まずはその場面の前後の言葉を手がかりに、登場人物の心情や言動の意味を解釈する。だが、仮に解釈は同じでも、深いと感ぜられるのは、前後の言葉だけでなく、人物の設定や境遇、他の人物・場面との関係、場所や時刻、遭遇してきた出来事、視点、語り口、文体など、テキスト内の諸要素との多様な関係性を発見したり、創造したりして言語化された読みであろう。

このことは説明的な文章の学習にも当てはまる。説明的な文章では、一般的にテキスト内の諸要素の関係性は物語等よりも明示的である。だが、筆者の主張は、どの根拠とより密接に結び付いているか、全体的な問いと部分的な問いとはどのような関係にあるかなど、必ずしも関係性が明示的でない場合もある。それらは読み手が発見したり創造したりして言語化するしかない。さらに読みの学習では、文種を問わず、テキストと現実世界、テキストと読み手、読み手相互などの関係性なども大切である。こうしたテキスト内外の諸要素の多様な関係性を、「言葉による見方・考え方」を働かせて発見・創造していくプロセスが「深い学び」となっていく。

3 「対話的な学び」とは

前述のように読みが深まっていくプロセスでは、テキスト内外の多様な関係性への気付きが必要である。個々の生徒は、それぞれの知識や経験に基づく読み方しかできない。だが、教室には異なる知識や経験をもち異なる読み方をする多様な生徒がおり、その対話には互いの読み方（関係性の発見・創造）を知り、読みを深める契機が潜んでいる。授業のつくり方によっては、対話する相手は、教師、保護者、地域の大人などにも広がる。そもそもテキスト自体或いはその筆者が読み手とは異質な考えをもつ対話すべき相手だ。生徒はそれらとの多様な出会いの中から自己内対話を生み出す。そこに「対話的な学び」の意義がある。多様な対話をすることで、自分だけでは発見できなかった考え方を知る。「対話的な学び」は学びを深めるための選択肢を得る場となる。

4 「主体的な学び」とは

こうして得た読みの選択肢の中から（自らの読みも含む）、生徒は知的に自らの読み方を選び、作り上げていく。解釈の内容が同じでも読み方が違う場合や解釈の内容が違っても読み方は同じ場合など、読み方と解釈に関する選択肢が目の前に提示される。必ずしも一つに絞りきれない場合もある。だが自分なりに、何らかの根拠に基づき、より妥当性が高いと判断できる選択肢を選び言語化しようとする。この知的に考え、判断・選択し、言語化しようとする営みが「主体的な学び」となる。中央教育審議会答申（平成28年12月）に「主体的な学びの視点」として「子供自身が自分の学びや変容を見取り自分の学びを自覚することができ、説明したり評価したりすることができるようになる」とあるのは、こうした知的なプロセスがあるから可能になる。

5 「主体的・対話的で深い学び」を目指す授業づくりのポイント

同様のことは、「話すこと・聞くこと」「書くこと」の学習に関しても言える。そこには、「読むこと」と同じく、情報の発信者と受信者、目的、内容、テキスト（情報）、乗せるメディア（方法）などがある。それらには様々な関係性が隠されており、発信者や受信者が、相手の目的などを考え、「言葉による見方・考え方」を働かせて、より適切な関係性を発見したり創造したりして効果的なコミュニケーションの在り方を選択する。そのプロセスで「深い学び」が実現していく。

このように考えたとき、国語科における「主体的・対話的で深い学び」の授業づくりのポイントは以下のように整理できる。

① 単元の目標、育てたい資質・能力を明確にするとともに、評価規準を設定し、どのような「言葉による見方・考え方」を働かせるかを検討する。
② 教材・題材の特徴を踏まえ、テキスト（情報）内外の諸要素の関係性を教師自ら分析する。
③ 様々な関係性が発見・創造され、学習が深まる手立て（学習課題、言語活動、発問、ワークシート、ICT 活用など）や板書計画（目標、見通し、意見の整理や関係の図式化など）を準備する。
④ 個、グループ、全体など学習活動の単位を意図的に組む。安心して話し合える環境を保障する。
⑤ 多様な考え方の中から、選択し、自らの考えをつくるプロセスでは、根拠や理由を明確にさせる。
⑥ 生徒自身が自らの学びを自覚し、説明したり評価したりする振り返りの場を設ける。

以上を踏まえて、より自覚的な言葉の学び手・使い手へと個々の生徒の成長を促したい。

「言葉による見方・考え方」を働かせる授業づくりのポイント

1 中学校学習指導要領（国語）における「言葉による見方・考え方」

平成29年告示の学習指導要領では、国語科の目標を次のように示している。

> 言葉による見方・考え方を働かせ、言語活動を通して、国語で正確に理解し適切に表現する資質・能力を次のとおり育成することを目指す。（以下略　傍線引用者）

この冒頭に示された「言葉による見方・考え方を働かせ」という文言は、平成20年告示の学習指導要領の目標にはなかった新たな文言である。また、「見方・考え方を働かせ」ることは、今回の学習指導要領において授業の質的改善の視点として示された「主体的・対話的で深い学び」のうち「深い学び」を支える要素として位置付けられている。このように、「言葉による見方・考え方を働かせ」ることは、国語科にとって今回の学習指導要領における重要な概念である。

2 「言葉による見方・考え方」とは

一般に、「ものの見方・考え方」という表現はよく知られている。その一方、「言葉による見方・考え方」という表現は普段使うことのない表現である。では、この「言葉による見方・考え方」とはどのような意味をもつのだろうか。そして、これを働かせるとはどういうことなのだろうか。

たとえば、目の前に「りんご」があったとしよう。この「りんご」を言葉にするなら「リ・ン・ゴ」と声に出せばよい。また、文字に書くとすれば「りんご」「リンゴ」「林檎」などと書くことができる。音声だと一通りの表現だが、文字だといくつかの表現が可能となる。では、これらの文字はどのように書き分けるのが適切だろうか。こう考えるとき、じつは私たちはもう「言葉による見方」を働かせ始めている。さらに、たとえば「りんごのほっぺ」と言葉にすれば、比喩的なイメージとして言葉を用いていることになり、さらに高度なレベルで「言葉による見方」を働かせていることになる。

一方、この同じ「りんご」を取り上げて、真上から見ると円の形をしているとか、個数に注目して１個のりんごなどと捉えたとき、私たちは「数学的な見方」を働かせている。さらに、「りんご」の名産地やその収穫量に注目するとき、私たちは「社会科的な見方」を働かせたことになり、植物の部位（果実）としての「りんご」に注目するときには「理科的な見方」を働かせている。このように、「見方」というのは各教科等に応じた固有の特性をもったものである。その意味で、国語科の「言葉による見方・考え方」を働かせるとは、音声や文字、さらには語彙や語句、文や文章などの言葉の面から、その意味、働き、使い方等に注目して言葉を捉えたり意味付けたりすることと言える。

ところで、こうした「言葉による見方」には、日本語そのものの中にもともと内在し、私たちの「ものの見方」を規定しているという特性がある。たとえば、日本語では「きょうだい」を「兄」と「弟」、「姉」と「妹」といった言葉で表現するが、英語では「brother」、「sister」だけであることはよく知られている。これは、そもそも日本語には「きょうだい」を、男性であれ女性であれ、年長か年少かを区別して捉えるという「見方」が内在していることに起因する。また、英語では「rice」一語で表現する一方で、日本語では「稲」「米」「ご飯」などと区別して言葉にしているのも、日本語には「rice」を細かく分けて捉える「見方」が内在していることに起因する。このような言語と認識方法との関係を「言葉による見方」と呼んでいるのである。

同様に、「言葉による考え方」の方も日本語の言葉の中に「ものの考え方」が内在し、私たちの「ものの考え方」を規定していると捉えられる。たとえば、「気持ちを伝えるには手紙がよいか電話がよいか」などといった課題を考えるときには、手紙のよさと電話のよさとを比較することになる。そして、このとき「手紙と電話とをくらべてみると…」と心のなかで言葉にする。こうした「くらべてみると…」という言葉の中に比較という「ものの考え方」が内在し、私たちの「ものの考え方」を規定している。このような言葉と思考方法との関係を「言葉による考え方」と呼んでいるのである。

3 国語科の授業で「言葉による見方・考え方」を働かせる

「言葉による見方・考え方」を国語科の授業のなかで働かせようとするときには、今述べたような日本語そのものに内在する「ものの見方・考え方」を意図的に取り上げて指導することになる。しかし、教科書を用いた実際の授業場面ではそれだけでなく、「言葉による見方・考え方」を働かせながら、話し手・書き手などが独自に用いた言葉の使い方を理解することも必要になってくる。

たとえば、読み教材を取り上げた授業において、生徒が「言葉による見方・考え方」を働かせながら文章を理解する場面を考えてみよう。第1学年の小説教材である「少年の日の思い出」の本文には、主人公の「僕」が「エーミール」を次のように言う場面がある。

「この少年は、非の打ちどころがないという悪徳をもっていた。」

これは登場人物であり語り手でもある「僕」の「エーミール」に対する評価である。「エーミール」に対してもっている「僕」の劣等感や嫉妬心などの屈折した思いが「非の打ちどころのないという悪徳」という「エーミール」への評価として表現されている。もともと「非の打ちどころのない」というのは優れたものへの評価の言葉であるが、それが「悪徳」という否定的な意味の言葉と結び付けられることによって、登場人物（語り手）の「僕」の屈折した独特の内面が読者の中で浮き彫りになってくる。こうした言葉と言葉との意味関係や前後の文脈等を踏まえて「僕」の内面を理解し意味付けようとするとき、読者は「言葉による見方・考え方」を働かせて「僕」の内面を解釈している。

また、中学2年の説明文教材に「モアイは語る―地球の未来」がある。この説明文で、筆者はたんなる石像にすぎないモアイ像に注目して、文章のタイトルを「モアイは語る」としている。語るはずのない石像がまるで人間のように語るという言葉の使い方をあえてすることによって、筆者は読者に対して地球の未来についての警鐘を鳴らしている。つまり、読者がこのタイトルの意味を理解しようとするとき、「言葉による見方・考え方」を働かせて筆者独自の言葉の使い方を捉えることになる。

このように、個々の読み教材には、日本語そのものに内在する「ものの見方・考え方」、すなわち日本語にとって基本となる「言葉による見方・考え方」をベースとした、語り手、登場人物、筆者などによる独自の言葉の使い方が示されている。一方、読者である生徒は、日本語に内在する「言葉による見方・考え方」をベースに、個々の教材文ではどのような言葉の使い方がなされているかを理解することになる。そのことで生徒自身の言葉への自覚は高まっていく。

さらに、たとえば、教科書には巻末資料として「語彙を豊かに」と題するページが各学年に収録され、第1学年には次のような教材が示されている。

□ 自信　関 自信・自負・うぬぼれ・自尊心・プライド

「□」は基本となる言葉、「関」はこの基本となる言葉に関連する言葉である。生徒は自分が伝えたいことを話したり文章に書いたりする場面で、これらの語彙群に内在する「言葉による見方」を吟味しながら、どの言葉を選べば自分の意図や与えられた場面などにふさわしいのかを考える。

以上のことを踏まえ、「言葉による見方・考え方を働かせる」ことの定義を改めて見てみよう。

> 言葉による見方・考え方を働かせるとは、生徒が学習の中で、対象と言葉、言葉と言葉との関係を、言葉の意味、働き、使い方等に着目して捉えたり問い直したりして、言葉への自覚を高めることであると考えられる。　『中学校学習指導要領（平成29年告示）解説　国語編』

板書の工夫

1 板書の特性と役割

板書は、発問、説明、指示、聴き取り、観察、資料提示などと並んで、教師の授業における重要な仕事である。授業のデジタル化は加速的に進み、板書のツールが黒板とチョークから別のものに代わることは十分考えられる。それでも「黒板一面」を用いた板書が一切不要になるとは考えにくい。ここでは、不易としての板書の特性と役割を今一度確認する。まずは、板書の特性を三つにまとめて示す。事前に作成された画面が次々にめくられていくプレゼンテーションと比べると分かりやすいかもしれない。

○ 視覚的にそこに残ること。
○ 全体と部分が同時に示されること。
○ リアルタイムに仕上がっていくこと。

そして、これらの特性を強みにして、板書は授業において次のような機能を発揮することになる。
❶ 学習目標を明確に意識させたり、本時に見通しをもたせたりする。
❷ 集団思考を「見える化」して方向付ける。
❸ 重要な学習内容を強調して定着を図る。
❹ 生徒の学習の仕方・書字の模範となる。
❶〜❸は他教科等の板書にも共通するが、国語教師としては❹も自覚しておきたい。板書は、国語科で育てたい力の一つである「言葉による情報の整理」の仕方の実例ともなるからである。

2 板書計画における板書の構成

単元に入る前、また本時の前に、授業のねらいと計画、展開予想に合わせて板書計画を立てておきたい。例えば次ページ図のように、方向付けたい思考に応じて、構図を工夫するとよいだろう。これらの組み合わせも考えられる。構図の中には位置付ける重要語句やセンテンスも想定しておく。

全体と部分を同時に示す上で様々な構成があり得るが、縦書きの場合の標準的な方法を示してみる。

まず板書の右端である。主に❶に関わる。単元名だけでなく、全○時間単元の△時間目に当たる授業かを「△／○」で書くと本時の位置や残り時間が分かり、学習の自己調整に役に立つ。必要なら単元を通した学習目標も書く。必須は「今日のめあて」を明記することである。読み上げるなどして意識させ、さらに途中や終末で立ち戻るとよい。学習プロセスを示して見通しをもたせることもできる。

次に中央部分である。主に❷や❹に関わって、ぜひ工夫したい重要な部分である。生徒の集団思考のステージとして機能させながら、時間経過とともにリアルタイムに思考の跡を残していくことは、自分たちが授業の創り手だという手ごたえに繋がる。ある生徒の発言をきっかけにある言葉からある言葉に向かって引かれた一本の矢印が、見方をがらりと変え、深い思考や認識に誘うというドラマも起こり得るのである。こうした板書は、生徒が個人の学習ノートやグループ討議のホワイトボード等を使って、考えを広めたり深めたり、重要な内容をまとめたり強調したりする際の参考になるはずである。

最後に左端である。主に❸に関わる。学習の成果や次回への繰り越し課題等を書く。教師がまとめる場合もあるが、例えばキーワードだけを示して生徒各自にまとめさせる方法もある。板書によって生徒自身も「何を」だけでなく「どのように」学んだかも振り返ることができる。最終的な板書を見ればどんな授業だったか想像がつくと言われるゆえんである。生徒には視覚的にも学びの充実感を味わわせたい。なお小学校では、教室に話型や重要語句等を常時掲示できるが、中学校では難しいため、この左端のスペースにはその単元で身に付けるべき表現や学習用語等を貼り付け、授業中に活用させてもよい。

青写真があってこそ臨機応変な対応もできるのであり、板書計画の立案は教師自身と生徒たち双方の安心につながる。なお、板書計画は実際の板書と合わせて記録を残しておくと次に役立てることができる。

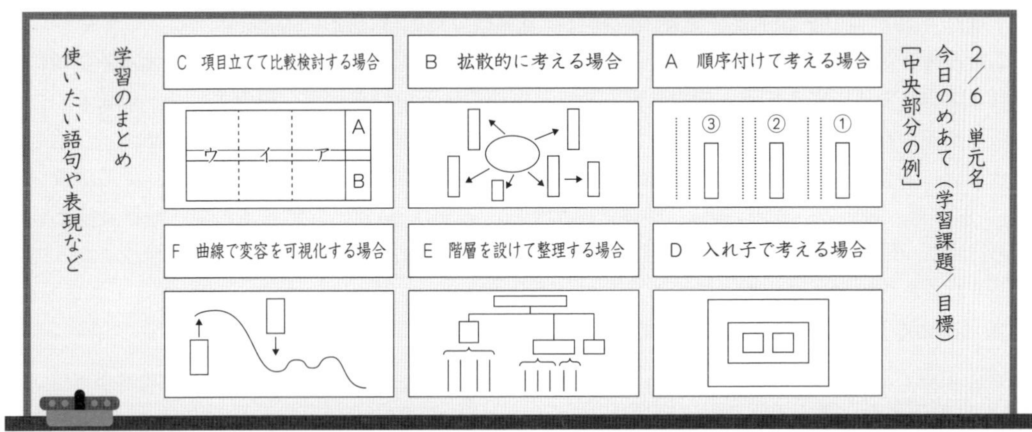

3 授業中の板書の実際

板書では「言葉による情報の整理」をリアルタイムで行わなくてはならない。そのため、いつ、どこに、何を、どんな言葉にして、どんな文字で書くか、それとも書かないかは、板書計画をベースにしつつ臨機応変に判断することになる。予定調和的に進むプレゼンテーションと比べてもスリリングである。そのため、多少整わなくても生徒は集中して板書を見るし、共に試行錯誤しようとするのである。

とはいえ、どの発言を取り上げて書くかについては実に悩ましい。概ね合意が得られた内容を端的な表現で書くことを原則としながら、考えさせるためにあえて対立的な発言や似て非なる発言を位置付けることもあるだろう。その際に、どんな言葉にして書くかについては慎重でありたい。発言者自身や他の生徒に尋ねたり、教師が言葉を提案するなら確認をとったりするとよい。また、板書上ではルールを決めておくこと（例えば、学習目標は青で囲む、叙述は白、解釈は黄色で文字を書く、時間的順序は一本線の矢印、作用や影響は太い矢印で表す、人物は丸で、習得したい語句は四角で囲むなど）も、❹に関わって有効である。

さらに板書をするのは教師だけではない、という発想も必要である。生徒が板書を使いながら自分の考えを説明したり、板書上に直接線を引いたりキーワードを貼ったりすることがあってもよい。

4 様々なICTとの効果的な併用

授業においてICTの活用が進むことは望ましいことである。前時の授業を振り返る、図や写真や個人のノートやタブレット上の成果物を提示しながら説明する、音声言語活動や書写の学習で動画を見るなど、これまでの板書ではかなわなかったことが可能になる。主体的・対話的で深い学びには、一面の板書も各種ICTもどちらも必要で、それぞれ独自の強みを生かして補完的に活用することが重要である。その際にポイントとなるのが空間と時間である。スクリーンを黒板に投影してある局面で使うのか、黒板の横に設置して同時進行で使うのかなど、ねらいと照らして生徒の視点から工夫したい。なおICTに関しては生徒の方が進歩的なこともあるため、全てを教師が背負わずに生徒が「それならこれをこう使ったらどうでしょう」と自由に提案し合える教室づくりをすることも大切である。

学習評価のポイント

1 国語科における評価の観点

平成29年告示の中学校学習指導要領における国語科の評価は、観点別学習状況について目標に準拠した評価を行うことを基本としている。これまでの学習評価の考え方と同様に、学習指導要領に示される国語科で育成する資質・能力に照らして、生徒の学習の到達状況を評価することになる。この評価の基本的な考え方はこれまで行われてきたものと同様であるが、学習評価の観点は、５観点から３観点に変更された。学習指導要領に示されている資質・能力を育成する三つの柱（「知識及び技能」「思考力、判断力、表現力等」「学びに向かう力、人間性等」）に対応する形で、他教科等と同様に、「知識・技能」「思考・判断・表現」「主体的に学習に取り組む態度」の３観点の構成になっている。それぞれの観点について、学習の状況が「十分に満足できるもの」をA、「概ね満足できるもの」をB、「努力を要するもの」をCとして３段階で評価する。

〈平成20年学習指導要領の評価の観点〉		〈平成29年学習指導要領の評価の観点〉
言語についての知識・理解・技能 話す・聞く能力 書く能力 読む能力 国語への関心・意欲・態度	→	知識・技能 思考・判断・表現 主体的に学習に取り組む態度

これまでの観点別学習状況と比較すると、「言語についての知識・理解・技能」が「知識・技能」に変更されている。「話すこと・聞くこと」等の３領域に対応した観点であった「話す・聞く能力」「書く能力」「読む能力」は、「思考・判断・表現」に集約され、三つの領域の学習状況を総合して評価することになる。「国語への関心・意欲・態度」は、「主体的に学習に取り組む態度」に基本的には対応する形になっている。

2 「知識・技能」「思考・判断・表現」の評価規準

「知識・技能」と「思考・判断・表現」の二つの観点は、学習指導要領に示されている〔知識及び技能〕と〔思考力、判断力、表現力等〕とにそれぞれ対応している。学習指導要領の指導事項と、学習状況を評価するために設定する評価規準は、明確に対応する形になる。

「知識・技能」は、〔知識及び技能〕の「言葉の特徴や使い方に関する事項」「情報の扱い方に関する事項」「我が国の言語文化に関する事項」を合わせて評価する。「思考・判断・表現」は、〔思考力、判断力、表現力等〕の「話すこと・聞くこと」「書くこと」「読むこと」の３領域を合わせて評価する。

例えば、中学１年のある単元の〔知識及び技能〕と〔思考力、判断力、表現力等〕の目標を、次のように設定したとする。

⑴ 原因と結果、意見と根拠など情報と情報との関係について理解することができる。
〔知識及び技能〕⑵ア
⑵ 根拠を明確にしながら、自分の考えが伝わる文章になるように工夫することができる。
〔思考力、判断力、表現力等〕B⑴ウ

目標は指導事項と対応するように設定する。この単元の学習を通して、単元の目標が達成されたか（指導事項が身に付いているかどうか）を評価するので、評価規準は次のようにものになる。

評価の観点	評価規準
知識・技能	原因と結果、意見と根拠など情報と情報の関係について理解している。
思考・判断・表現	「書くこと」において、根拠を明確にしながら、自分の考えが伝わる文章になるように工夫している。

このように、「知識・技能」と「思考・判断・表現」の観点については、指導事項の文末を「〜している」と書き換えて評価規準を作成する。指導事項の文言をアレンジする場合も、育成する資質・能力が同じものになるよう留意しなければならない。「思考・判断・表現」の観点は、３領域の学習状況を総合的に評価するため、どの領域の学習についての評価であるのかを明確にする必要がある。そのため、評価規準の最初に「『書くこと』において」のように領域名を明記することになっている。これまでの授業改善への取組において、どの領域のどの指導事項について指導するのか、身に付けさせる力を明確にした学習指導が進められ、一定の成果を挙げている。その成果を引き継ぐためにも、「思考・判断・表現」の学習評価を、指導する領域を明らかにして行うことが大切である。

3 「主体的に学習に取り組む態度」の評価規準

「主体的に学習に取り組む態度」については、国語科の「学びに向かう力、人間性等」に関する目標から、感性や思いやりなど観点別学習状況の評価になじまない部分を除いて評価する。「主体的に学習に取り組む態度」の評価規準は、「知識・技能」、「思考・判断・表現」の観点と異なり、対応する形で内容（指導事項）が示されておらず、次の側面について評価するようになっている。

① 知識及び技能を獲得したり、思考力、判断力、表現力等を身に付けたりすることに向けた粘り強い取組を行おうとしている側面、

② ①の粘り強い取組を行う中で、自らの学習を調整しようとする側面

この二つの側面を基に、国語科の「主体的に学習に取り組む態度」の評価規準は、次の①〜④の内容を含むように作成することになっている。

① 粘り強さ（積極的に、進んで、粘り強く等）
② 自らの学習の調整（学習の見通しをもって、学習課題に沿って、今までの学習を生かして等）
③ 他の２観点において重点とする内容（特に、粘り強さを発揮してほしい内容）
④ その単元（題材）で取り組む具体的な言語活動（自らの学習の調整が必要となる言語活動）

先に挙げた「書くこと」の単元を例にすると、次のようになる。「自分が経験したことを報告する文章を書くこと」を言語活動とし、書いた文章が読み手に伝わるのかどうかについてじっくり考えるような学習活動にしようとする場合は、①を「粘り強く」、②を「学習課題に沿って」、③を「伝わる文章になるように工夫して」のようにすることが考えられる。④は「自分の体験の報告を書く」ことである。これらをまとめると、この単元の「主体的に学習に取り組む態度」の評価規準は、例えば以下のように設定することができる。

主体的に学習に取り組む態度	学習課題に沿って、読み手に伝わる文章になるように工夫して、粘り強く自分の体験の報告を書こうとしている。

4 評価を行う際の留意点

実際に評価を行う際には、学習評価が一人一人の学習の充実につながるように、以下の点に留意することが大切である。

⑴ 生徒の学習状況の把握

評価規準による評価を行う際に、学習の到達状況をしっかり把握する必要がある。評価を学期末や学年末のテストのみでしていては、「学習の到達状況」を十分に捉えた評価をしたことにはならない。目標に到達しているのか、授業での学習の様子（発言、話合い、ワークシートへの記入など）をよく観察して評価するようにしたい。

⑵「記録に残す評価」と「学習改善に生かす評価」

評価規準を設定して行う単元の学習評価は、「全員」を対象として「記録」に残すことを基本としている。全ての授業時間について、全員の学習状況を評価することは現実的ではないので、単元の学習を通して、全員を評価することができるよう計画性をもって取り組んでいく必要がある。一方、単元の中の学習活動は、全てが単元の評価規準に関連するものになるわけではない。そのような学習活動の場面では、個々の学習の状況に応じて、一人一人の「学習改善に生かす評価」を行っていくことが考えられる。個別的な課題についてアドバイスしたり、学習の伸びを具体的に認めたりするなど、指導の工夫につなげていきたいものである。

⑶「自らの学習の調整」を促す学習活動

「主体的に学習に取り組む態度」の評価規準には、「自らの学習の調整」という内容が含まれていることに注意する必要がある。これまでの評価の問題点として、例えば、関心・意欲・態度を評価するのに、授業中の挙手や発言、ノートの取り方や提出物など生徒の行動のある限られた側面のみに注目して評価してきたことなどが挙げられている。評価は学習の場面で指導したことに対して行うものである。生徒が自分の学習を調整する機会を用意した上で、どのように調整するのかについて指導することが大切である。学習の見通しをもったり、学習したことについて振り返ったりする活動はその一環である。さらには、目標を達成するための計画を立てたり、学習のゴールに至るまでの進捗状況を考えて必要な調整を加えたりするなど、学習を俯瞰的に見る機会を設けるようにしたい。

⑷ 学習過程を大切にした評価

学習過程を意識して単元を構成し、学習の“プロセス”を生徒自身が獲得できるようにすることが大切である。その際に、どの指導事項を目標とするのか教材や言語活動などに即して明確にし、焦点化した指導と対応させて丁寧に評価することが、指導と評価を一体化させることになる。また、単元の目標としていない指導事項については、それまでの学習を生かしながら、自分の力で取り組むことができるようにすることも、国語科に求められている資質・能力の育成に必要なことだと考えられる。学習を「結果」だけで評価するのではなく、「過程」にも注目して評価するようにしたいものである。

⑸ 評価の前提としての計画的な指導

学習指導要領に示された国語科の指導事項を、１年間の学習を通して確実に指導することが、「評価」の前提として大切である。まずは年間指導計画をしっかりと作成するようにしたい。〔知識及び技能〕については、「情報の扱い方に関する事項」を新設するなど指導事項が量的に拡充されている点に留意する必要がある。〔知識及び技能〕の指導事項と〔思考力、判断力、表現力等〕の指導事項は、〔知識及び技能〕が土台となり、〔思考力、判断力、表現力等〕を支えるものであり、相互に関連し合って学習を深めていくものである。国語科の学習に必要な指導事項がもれなく指導されるよう、計画的に指導することが大切である。

2

第 3 学年の授業展開

世界はうつくしいと（1時間扱い／読むこと）

指導事項：〔知技〕(1)イ　〔思判表〕C(1)イ
言語活動例：詩に加えられそうな「うつくしいもの」を考えたり、工夫して詩を朗読したりする。

単元の目標

(1)詩を理解したり表現したりするために必要な語句の量を増し、語感を磨き語彙を豊かにすることができる。〔知識及び技能〕(1)イ
(2)語句や表現の特徴に着目して読み、詩に表れている作者のものの見方や考え方について考えることができる。〔思考力、判断力、表現力等〕C(1)イ
(3)言葉がもつ価値を認識するとともに、読書を通して自己を向上させ、我が国の言語文化に関わり、思いや考えを伝え合おうとする。「学びに向かう力、人間性等」

単元の構想

〈単元で育てたい資質・能力／働かせたい見方・考え方〉

第３学年の初めの教材として、既習の学習内容とのつながりを意識させながら、第３学年における学習への期待や意欲を高めることを重視したい。これまで学んできた学習語彙となる表現技法などを用いて、詩に表れている作者のものの見方や考え方を捉えたり、表現の工夫とその効果について考えながら朗読したりする力を育てたい。

〈教材・題材の特徴〉

１年間の学習の始まりにふさわしい、明るくやわらかな雰囲気をもった詩である。反復される「うつくしいものをうつくしいと言おう。」という作者のメッセージが、詩を大きく三つのまとまりに分けており構成を捉えやすい。「うつくしい」というひらがな表記や、反復表現、呼びかけ表現、対比表現、反語表現、改行の工夫や句読点の位置の工夫など特徴的な表現が多数見られ、これまでの学習を生かして詩を鑑賞するのに適した作品と言える。また、作者は「うつくしいもの」を列挙しているが作品の中ではっきりと定義付けてはおらず、作者のものの見方、考え方について読者が自由に想像することができる。

〈主体的・対話的で深い学びの視点からの授業改善ポイント／言語活動の工夫〉

詩を読む前に「うつくしいもの」を想像させる場を設定することで、作者はどのようなものを「うつくしいもの」と捉えているのか知りたいという意欲を高め、主体的な読みにつなげたい。学習活動３において「うつくしいもの」を考えさせたり、学習活動４において工夫を取り入れながら詩を朗読させたりすることで、必然的に語句や表現の特徴に着目することができる。詩の中に多数みられる表現の工夫や、詩の構成、作者のものの見方・考え方に迫らせたい。また、導入時や授業中盤における「うつくしいもの」の共有場面では、ICT 端末を使用して一覧表示し、短時間で学級

全員の意見を共有させ、他者の意見から学ぶことの楽しさと重要性を実感させたい。

単元計画

時	学習活動	学習内容	評価
1	1．「うつくしいもの」を挙げ、共有する。	○詩「世界はうつくしいと」に出合う前の導入として「うつくしいもの」を連想する。 ○「美しいもの」ではなく「うつくしいもの」であることに触れ、表記の違いについて話し合う。	❸
	2．詩を音読し、作者の考えに共感できる部分を見付け、伝え合う。	○作者が挙げている「うつくしいもの」の中で共感できるものを見付け、伝え合う。	❷❸
	3．詩の中に加えられそうな「うつくしいもの」を考え、理由とともに交流する。	○「世界はうつくしいと」に加えるならばどのような「うつくしいもの」が挙げられるか考える。 ○詩と出合う前に挙げた「うつくしいもの」と比較することで、作者特有の「うつくしいもの」の認識や価値観、詩の中の表現の特徴などに着目する。	❶❷
	4．工夫を取り入れながら詩を朗読する。	○構成や表現の特徴に着目しながら、作者の価値観やメッセージが届くようにするための工夫を取り入れて詩を朗読する。近くの席の生徒と朗読を発表し合い、感想を伝え合う。	❶❸

評価規準

知識・技能	思考・判断・表現	主体的に学習に取り組む態度
❶詩を理解したり表現したりするために必要な語句を用いて、詩の解釈や朗読をしている。 (1)イ	❷「読むこと」において語句や表現の特徴に着目して読み、作者が考える「うつくしいもの」とは何かについて考えている。 C(1)イ	❸これまでに得た学習語彙を用いたり、他者の考えを生かしたりしながら、積極的に詩の解釈や朗読をしようとしている。

〈指導と評価の一体化を図る見取りのポイント〉

生徒の発言や学習カード、朗読の発表などから、どのような語句や表現の特徴に気付いているか、また、それらを生かした詩の解釈や朗読ができているのか見取ることが大切である。

学習活動３において挙げた「うつくしいもの」としてなぜそのような事物を挙げたのか理由を発表させたり、学習活動４において工夫して朗読する際、なぜそのような工夫を取り入れたのかについて発表させたりして、詩を理解する際に必要な学習語彙となる表現技法をクラス全体で共有することで、既習の学習内容を詩の読みに生かせるようにしたい。

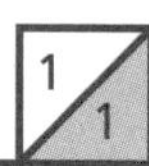

世界はうつくしいと

詩に加えられそうな「うつくしいもの」として、どのようなものが挙げられるでしょう。また、なぜそう考えますか。

目標

詩に加えられそうな「うつくしいもの」を挙げたり、朗読したりすることで、語句や表現に着目して詩を読み深めることができる。

評価のポイント

❶詩を理解したり表現したりするために必要な語句を用いて詩の解釈や朗読をしている。 (1)イ

❷作者が考える「うつくしいもの」とは何かについて詩の本文を基に考えている。 C(1)イ

❸積極的に詩の解釈や朗読をしようとしている。

準備物 ・短冊 ・ミニホワイトボード ・ワークシート01 ・全文プリント ・ICT 端末

ワークシート・ICT 等の活用や授業づくりのアイデア

○自分が考えた「うつくしいもの」や詩の中に見付けた表現の特徴を書き込むためのワークシートを用意する。

○個々で考えた「うつくしいもの」は ICT 端末を用いて共有する。

＊短冊やホワイトボードで代用可能。

○朗読の際、どの部分をどのように読みたいか書くことができるように、全文プリントを用意する。

1 導入（学習の見通しをもつ）

〈詩の内容を想像し、見通しを共有する〉

T:「うつくしいもの」といえば、何を思い浮かべますか。この詩の中で、作者は何を「うつくしい」と捉え、何を伝えようとしているでしょうか。これまで学んできた詩の読み方や書き方を思い出し、生かしながら、詩を読み深めたり、朗読できたりするとよいですね。

2 展開

〈「うつくしいもの」を想像する〉

T:「うつくしいもの」として想像するものを挙げて、班の中で共有しましょう。「美しい」ではなく「うつくしい」という表記であることにも注目してみましょう。

・イルミネーション ・宝石 ・友情

＊ここでは、自分の考えを書く時間を設けず、口頭で伝え合い、短時間で交流する。

〈詩を読み、詩に加える「うつくしいもの」を想像し、理由とともに発表する〉

T:「世界はうつくしいと」の中で、作者は「うつくしいもの」をいくつも挙げていますね。この詩にさらに「うつくしいもの」を加えるならば、みなさんは何を挙げますか。また、なぜそう考えたのか、理由も発表しましょう。

3 終末（学習を振り返る）

〈朗読を聞き合い、感想を発表する〉

T：班の中で朗読を発表し合い、感想を伝え合いましょう。

＊時間に余裕があれば、発表前に朗読練習する時間を５分程度設定する。

〈１時間を振り返り、新たに学んだことをワークシートにまとめる〉

効果的な板書例

「世界はうつくしいと」　長田弘

【学習目標】
詩の一部を創作したり、朗読したりすることを通して、表現の特徴や作者のメッセージを読み取る。

【今日のめあて】これまでの学習を生かしながら詩を読み深め、「うつくしいもの」を考えたり、工夫を取り入れて詩を朗読したりしよう。

世界はうつくしいと　長田弘

＊模造紙や電子黒板で詩の全文を提示し、「気づいたこと」を発表する場面で線を引いたり、キーワードを書き込んだりして共有する。

▽詩に加えられそうな「うつくしいもの」とは…
・やわらかな風に舞う桜の花びら
・
・

▽なぜそう考えたか。
・作者は自然の中の光景をたくさん挙げているから。
・
・

▽気づいたこと（表現の特徴や作者のメッセージ等）
・「うつくしいものをうつくしいと言おう」反復
↓全体を三つのまとまりに分けている。
・「言うようなものだろうか」
↓反語表現。作者のメッセージの表れ
・

◎朗読の工夫
・抑揚　・間　・声の強弱　・声の速度
・声色　・語句の区切り

・作者は自然の中の光景を切り取っているので、「やわらかな春風に舞う桜の花びら」なんてどうでしょう。

・作者は、「うつくしいと」で一文を結んでいるので、同じように表現するとよいと思います。

＊なぜその「うつくしいもの」を挙げたか理由を明確にさせることで、詩の表現の特徴や作者のメッセージに気付かせる。

＊机間指導をしながら戸惑っている生徒に助言する。

○ ICT 端末や黒板に貼るミニホワイトボード、短冊等を用いて、生徒が考えた「うつくしいもの」とその理由を全体で共有する。

〈詩の中の表現の特徴、構成、読み取った作者のメッセージを全体で確認する〉

T：この詩にはどのような表現の特徴や作者のメッセージがありましたか。気付いたことや考えたことを発表しましょう。

・「うつくしいものをうつくしいと言おう。」が３回繰り返されていて、全体を三つのまとまりに分ける構成になっています。

・「言うようなものだろうか。」という反語表現に作者のメッセージが表れています。

・「うつくしいもの」として挙げられたものは、自然に関係する身近な景物が多いです。

＊自分の気付きや友達の意見から得た学びをメモできるよう、ワークシートにメモ欄を設ける。→この後の朗読に生かせるようにする。

〈詩を朗読する〉

T：気付いたこと、考えたことを基に、工夫を取り入れながら詩を朗読してみましょう。朗読は、これまでも何度か取り組んできましたね。朗読の工夫にはどのようなものがあったか、みんなで共有してみましょう。

・抑揚　・間　・声の強弱…

＊工夫を全体で振り返り、板書することで、戸惑うことなく朗読の工夫を取り入れられるようにする。

Ⅰ　深まる学びへ

握手（4時間扱い／読むこと）

指導事項：〔知技〕(1)イ　〔思判表〕C(1)ア、イ
言語活動例：登場人物の考え方や生き方、その描かれ方を読み取り、書評を書く。

単元の目標

(1)登場人物の言動を表す語句に着目し、その意味を考えることができる。　〔知識及び技能〕(1)イ
(2)物語の展開を踏まえて人物像を捉え、その生き方について考えを深めることができる。
〔思考力、判断力、表現力〕C(1)ア、イ
(3)言葉がもつ価値を認識するとともに、読書を通して自己を向上させ、我が国の言語文化に関わり、思いや考えを伝え合おうとする。　「学びに向かう力、人間性等」

単元の構想

〈単元で育てたい資質・能力／働かせたい見方・考え方〉

春という季節の設定や情景描写、登場人物の言動を表す語句に着目し、その意味を考えさせたい。「ルロイ修道士」と「わたし」との会話の中で過去のエピソードが語られる展開から、①冒頭の工夫、②しみじみする表現とおもしろさを感じる表現の効果、③登場人物を多面的に描く工夫、④変化に着目し、人物像を捉えるとともに、その生き方について考えを深めさせたい。

〈教材・題材の特徴〉

「握手」は「ルロイ修道士」と「わたし」によって語られるエピソードを通して、「ルロイ修道士」の人物像が描かれていく。「ルロイ修道士」は戦時中日本の捕虜となり、悲惨な体験をする。それでも、人を愛し、決して人に絶望することはなかった。自分の信ずるところを地道に実践してきた人である。「ルロイ修道士」によって語られる言葉は、「わたし」に向けられていると同時に、今を生きていく読者にも向けられている。「いかに生きるか」「自分にとって大切なものは何か」を問い直すことができる作品である。繰り返し出てくる言葉の意味の違いに着目することで、物語の展開や心情の変化を捉えることができる。

〈主体的・対話的で深い学びの視点からの授業改善ポイント／言語活動の工夫〉

自分の考えをもつというのは、自分自身に自分の考えを説明できることである。文章で書いたり、図や表に表したりすることで、自分の考えは自己認識される。そこで、思考の跡が残るワークシートを工夫するとともに、バランスシートを使って「握手」の特徴を評価させることとした。このように思考を可視化することによって、自己認識・相互認識をできるようにする。

書評を書くという言語活動の課程で、語句の意味の理解や文章の解釈、自分の考えの形成など、読書生活の基盤に培う力を養い、この後の「故郷」の学習につなげたい。

単元計画

時	学習活動	学習内容	評価
1	1．学習の見通しをもち、作品を通読する。 2．作品の設定を捉える。 3．展開の仕方の特徴や効果について考え、話し合う。	○バランスシートを使って、物語の印象を可視化する。 ○「現在」と「回想」を読み分け、時間の順序を整理しながら、場面や登場人物の設定を確認する。 ○現在の場面の中に回想の場面が織り込まれるという展開の特徴を捉える。	❷
2	4．「ルロイ修道士」の人物像が読み取れる言動を捉え、どのような人物であるかをまとめる。	○①捕虜としての過去、②「わたし」とのエピソード、③「天使の十戒」、④上川君のエピソードから、多面的に人物像を捉える。 ○まとめたものをグループで見せ合い、意見を交流する。	❶❹
3	5．作品に何度も出てくる手や指のしぐさがどのような意味をもっているかを考える。	○「わたし」と「ルロイ修道士」との間でかわされた、3回の握手に込められた思いを考える。 ○「ルロイ修道士」の葬式で、「知らぬ間に両手の人差し指を交差させ、せわしく打ちつけていた」「わたし」の心情を読み取る。	❶ ❹
4	6．登場人物の考え方や生き方、その描かれ方を読み取り、書評を書く。 7．物語の読み方をまとめる。	○登場人物の言動、展開の仕方の効果、「ルロイ修道士」の生き方や価値観について説明する。 ○物語の読み方について、着目すべきポイントをまとめる。	❸❹

評価規準

知識・技能	思考・判断・表現	主体的に学習に取り組む態度
❶登場人物の言動を表す語句に着目し、その意味を考えて、話したり書いたりしている。 (1)イ	❷「読むこと」において、物語の展開を踏まえて人物像を捉えている。 C(1)ア ❸「読むこと」において、登場人物の生き方について考えを深めている。 C(1)イ	❹登場人物の言動、展開の仕方を手がかりに、物語の魅力や生き方や価値観について考えをまとめようとしている。

〈指導と評価の一体化を図る見取りのポイント〉

春という季節の設定や情景描写、登場人物の言動を表す語句に着目し、その意味を考える。また、「ルロイ修道士」と「わたし」との会話の中で過去のエピソードが語られる展開を踏まえて、①冒頭の工夫、②しみじみする表現とおもしろさを感じる表現の効果、③登場人物を多面的に描く工夫、④変化に着目し、人物像を捉えることを通して、「ルロイ修道士」の生き方について考えを深め、書評として書いている。

握手

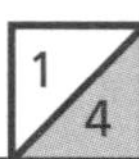

「私」とルロイ修道士は、ルロイ修道士の死をもって別れるにも関わらず、物語がほのぼのした印象を与えるのはなぜでしょう。

目標

「現在」と「回想」を読み分け、時間の順序を整理しながら、場面や登場人物の設定を確認することができる。

評価のポイント

❷物語の展開の仕方の特徴や効果を踏まえて人物像を捉えている。 C(1)ア

準備物 ・バランスシート⤓01 ・ワークシート①⤓02 ・実物提示装置

ワークシート・ICT 等の活用や授業づくりのアイデア

○バランスシートを用いて、初発の印象を可視化する。

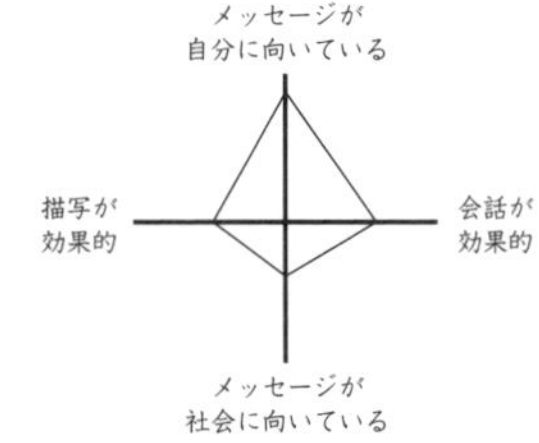

＊「故郷」の学習の際にも用い、二つの物語の特徴を比較するとよい。

1 導入（学習の見通しをもつ）

〈授業展開とゴールを示す〉

T：「握手」を読んで、物語の読み方を学び、最後に書評を書きます。初発の印象を大事にし、そのような印象を与える物語の設定や表現の特徴を、語句の意味の理解や文章の解釈、自分の考えの形成等を通して読み解いていきましょう。

2 展開

〈物語を通読する〉

T：物語を読みながら、「ほのぼのするところ」に棒線を、「しみじみするところ」に波線を引きましょう。

＊教師による範読を聞きながら本文を通読させ、線を引かせる。

＊語句の意味等、質問が出たら共有する。

〈印象をバランスシートに示す〉

T：物語の印象を「会話が効果的か、情景描写が効果的か」「メッセージが自分に向いているか、社会に向いているか」の軸を取ったバランスシートに記録し、どうしてそのような印象をもったのかを書き留めておきましょう。

T：そのような印象を与えるのは、物語にどのような工夫がされているからなのかを、学習を通して読み解いていき

3 終末（学習を振り返る）

〈場面や展開の工夫をまとめる〉

T：「握手」は、季節の設定が「春」であることや、「天使の十戒」を始めとするエピソード、会話、情景描写が及ぼす効果、「ほのぼのするところ」、「しみじみするところ」が交差して描かれていること等の工夫があるため、物語が暗くならないのですね。

効果的な板書例

「握手」　井上ひさし

【学習目標】物語の展開を踏まえて人物像を捉え、その生き方について考えを深める。

【今日のめあて】物語を通読し、設定を捉えよう。

	ほのぼのするところ	しみじみするところ
握手	●天使の十戒「ルロイ修道士とうっかり握手をすべからず」	○実に穏やかな握手だった。病人の手でも握るようにそっと握手をした。
手のひら	●裏の畑や鶏舎にいて…	○もうギチギチとは鳴らない
左の人さし指	●天使園でのうわさ	●捕虜としてのエピソード
オムレツ	○ラグビーボールを押しつぶしたような…	○ちっとも口に運んではいない
無断外出	●東京見物のエピソード	○「……謝りたい。」
上川君	○バスの運転の様子	●上川君のエピソード
会話	●ただいまから、ここがあなたの家です。	○この言葉を忘れないで…
	……	○いっとう悲しいときは…？

「○現在」と「●回想」、「ほのぼのするところ」と「しみじみするところ」が織り交ぜられている

ましょう。

＊バランスシートに初発の印象を可視化させておき、単元の終わりに書評を書く際に振り返るようにする。

〈物語の設定を捉える〉

T：「私」とルロイ修道士が、ルロイ修道士の死をもって別れるにも関わらず、物語がほのぼのした印象を与えるのはなぜでしょう。

「ほのぼのするところ」「しみじみするところ」として線を引いた表現を、ワークシート①を用いて、「現在」の場面と「回想」の場面に分けましょう。

その際、「現在」の部分は白の○を付け、「回想」の部分は赤の●を付けて区別しましょう。

＊表現を分類する様子を机間指導によって支援する。

＊○と●に着目し、「現在」と「回想」の読み分けができていない場合は、文脈から捉えられるように支援する。

T：それぞれが分類したものを、全体で共有しましょう。

○典型的なワークシート①を実物提示装置で示し、説明させる。

＊別れの握手をする場面の「わかりましたと答える代わりに、……それでも足りずに、腕を上下に激しく振った」等、判断の分かれる場合もあると思われるが、どちらが正解と決める必要はない。それよりも、どうしてそう思うのかという理由を説明させたい。

T：○「現在」と●「回想」に着目したとき、気付くことはありますか。

＊同じエピソードであっても、「現在」の場面に「回想」の場面が織り込まれる展開であることに気付かせる。

〈展開の仕方の特徴や効果を班で話し合う〉

T：展開の仕方の特徴や効果について気付いたことを、学習班で交流しましょう。

握手

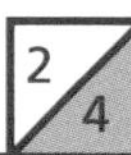

主発問　**「握手」の冒頭の設定には、作者のどのような意図があるのでしょうか。**

目標

登場人物の言動を表す語句に着目し、その意味を考えることができる。

評価のポイント

❶冒頭の登場人物の言動を表す語句に着目し、その意味を考えている。　(1)イ

❹登場人物の言動、展開の仕方を手がかりに、物語の魅力や、登場人物の生き方や価値観について考えをまとめようとしている。

準備物　・ワークシート②03

ワークシート・ICT 等の活用や授業づくりのアイデア

○「握手」の冒頭には以後語られる話題を引き出すための伏線が丁寧に巡らされている。そこで、冒頭の表現の工夫を本文と対比させることで捉えさせたい。

○「少年の日の思い出」の「僕」が「私」の書斎で思い出を語り始める場面を想起させ、「故郷」の情景描写を「読むこと」につなぎたい。

1　導入（学習の見通しをもつ）

〈前時を振り返り今日の目標を確かめる〉

T：前回は「握手」を読んで、「現在」と「回想」「ほのぼのするところ」「しみじみするところ」が交差して描かれているという物語の展開の仕方を捉えました。単元の終わりに書評を書くために、今日は、冒頭の仕掛けを探りましょう。

2　展開

〈冒頭を通読し、設定を捉える〉

T：冒頭を読みながら、次の事柄がどのように設定されているかを探し、ワークシート②の上の欄に書きましょう。

・時期はいつごろか
・場所はどこか
・ルロイ修道士と「わたし」の待ち合わせの様子はどうか
・店内はどのような様子か
・ルロイ修道士の用いる言語は何か
・カナダに帰ってしたいことは何か
・再会の挨拶は何か

＊通読しながらワークシート②に書き込む様子を机間指導によって支援する。
＊記述を発表させることで共有する。

〈冒頭と本文とのつながりを捉える〉

T：既習の「少年の日の思い出」の冒頭は、夕方の散歩から帰ったくつろいだ

3　終末（学習を振り返る）

〈冒頭の工夫をまとめる〉

T：「握手」は、「現在」と「回想」「ほのぼのするところ」と「しみじみするところ」が交差して描かれていることに加え、伏線を丁寧に巡らせてあることが分かります。次回はルロイ修道士を多面的に描く工夫を捉え、人物像について考えましょう。

効果的な板書例

「握手」　井上ひさし

【今日のめあて】登場人物の言動に着目し、冒頭の工夫を読み取ろう。

◎冒頭の仕掛けを探ろう

丁寧に本文の伏線を張ってある

	冒頭の表現	本文
時期	桜の花はもうとうに散って、葉桜にはまだ間があって…	上野公園の葉桜が終わるころ
場所	上野公園に古くからある 西洋料理店	東京見物 上野駅での別れ フォークを持つ手の人さし指がつぶれている
待ち合わせ	ルロイ修道士 時間どおり 私　先	律儀 敬意
店内の様子	気の毒になるくらいすいている	深刻な話をするため。お別れの儀式
言語	達者な日本語 年季が入っている	交換船の出帆中止
今後	畑いじり	泥だらけになって野菜を作り鶏を育てている
再会の挨拶	握手	天使園に収容されたとき 別れの握手

◎ルロイ修道士を多面的に描く工夫を捉えよう

時間、私の書斎でそばに座るほど親しい間柄に設定し、打ち明け話をするために夜の闇を深くしていくといった工夫をしていましたね。どの時期のどの時刻か等が、物語では意味を持ちます。「握手」の場合はどうでしょうか。冒頭と本文とのつながりを探し、冒頭の設定の効果を捉えましょう。

＊まずは個人でワークシート②に書かせる。

T：それぞれが本文とどのようにつながっているかを確認しましょう。

・「桜の花はもうとうに散って、葉桜にはまだ間があって…」というのは、ルロイ修道士が再会後間もなく亡くなったという時間の短さや、重病を押してまで「わたし」に会いに来た切なさが伝わります。

・上野は仙台との窓口として、東京見物の朝、「わたし」がたどり着いた駅であり、ルロイ修道士との別れの場所にもなっています。

T：では、なぜ西洋料理店に設定し、ルロイ修道士にオムレツを注文させたのでしょうか？

・左手の人さし指に注目させ過去の悲惨な体験を描くためには、ナイフとフォークを使う料理でなければならなかったのでしょう。

T：上野公園が桜の名所であるにもかかわらず、時期をずらし、店内を「気の毒になるくらいすいている」状況にしたのはなぜだと思いますか。

・「わたし」はルロイ修道士の再会の目的が「この世のいとまごい」であり、「お別れの儀式」だと気付いていきます。そのような深刻な話を進めるためには、落ち着いた静かな状況が必要だったのだと思います。

T：年季の入った日本語も喜ばしいことではないのですね。

・交換船が出帆中止になって帰れなかったことがきっかけで、日本語が達者になったのです。

＊本文全体を見渡しながら、冒頭が物語の伏線になっていることを捉えさせたい。

握手

ルロイ修道士の言動と指言葉を四つの視点から整理し、それぞれから読みとることができるルロイ修道士の生き方、考え方を捉えましょう。

目標

指言葉や言動を表す表現に着目し、ルロイ修道士の人物像を捉えることができる。

評価のポイント

❶四つの視点から、ルロイ修道士の言動や指言葉を分類し、生き方や考え方について、自分の考えを書いている。 (1)イ

❹登場人物の言動、展開の仕方を手がかりに、物語の魅力や、登場人物の生き方や価値観について考えをまとめようとしている。

準備物 ・ワークシート③04 ・実物提示装置

ワークシート・ICT 等の活用や授業づくりのアイデア

○四つの視点から、ルロイ修道士の言葉や指言葉を分類し、人物像が多面的に描かれていることをつかませる。

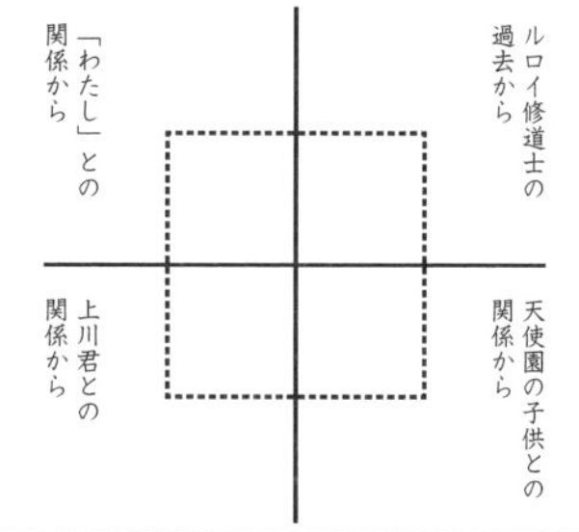

1 導入（学習の見通しをもつ）

〈前時を振り返り今日の目標を確かめる〉

T：前回は、「現在」と「回想」、「ほのぼのするところ」と「しみじみするところ」が交差して描かれていることに加え、冒頭に丁寧に伏線を巡らせてあることを捉えました。今回はルロイ修道士を多面的に描く工夫を捉え、ルロイ修道士の生き方や考え方について考えましょう。

2 展開

〈四つの視点からルロイ修道士の言動と指言葉を分類する〉

T：ルロイ修道士の言動と指言葉を四つの視点から整理し、ルロイ修道士の生き方、考え方をつかみましょう。

・ルロイ修道士の過去から
・天使園の子供との関係から
・「わたし」との関係から
・上川君との関係から

T：ワークシート③の外側の枠にはルロイ修道士の言動を、内側の枠には指言葉等を書きましょう。

＊物語を読み返しながらワークシート③に書き込む様子を机間指導によって支援する。

〈指言葉とルロイ修道士の言動との関係を確認する〉

T：どのようなときに、どのような指言葉が使われているかを確認しましょう。

3 終末（学習を振り返る）

〈ルロイ修道士の人物像を書き留める〉

T：様々な人との関わりを通してルロイ修道士を描くことで、ルロイ修道士の生き方や考え方を多面的に捉えることができましたね。今回の学習でつかんだルロイ修道士像を書き留めておきましょう。次回はそれらを基に、「握手」の書評を書きましょう。

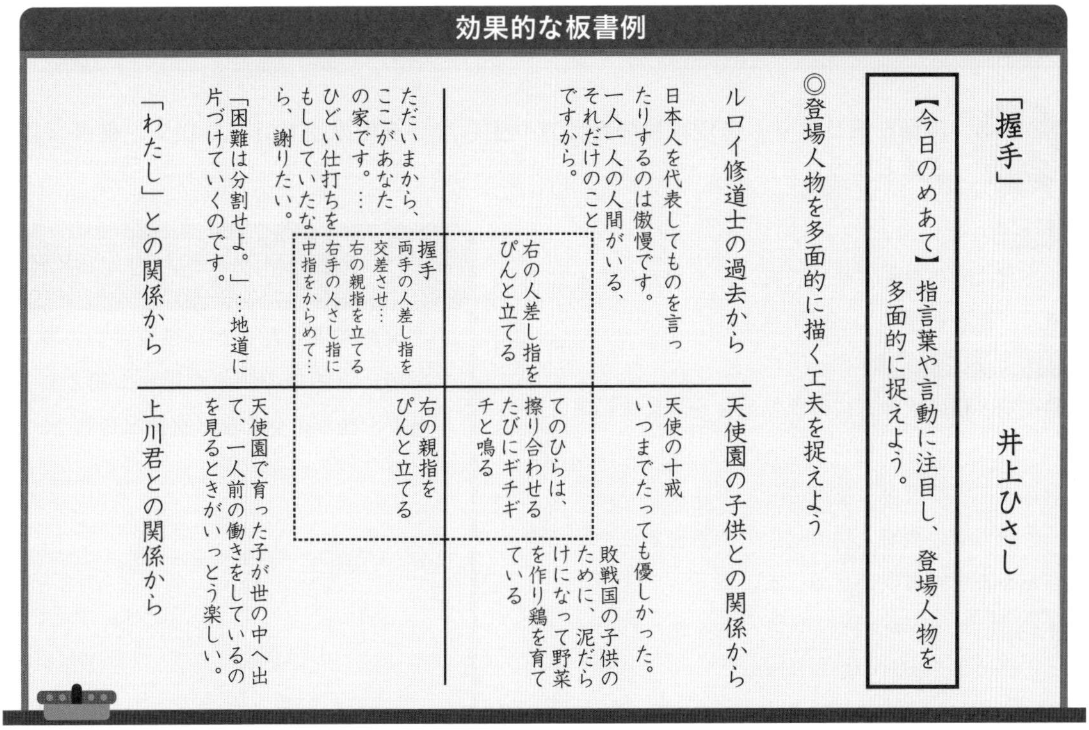

効果的な板書例

「握手」　井上ひさし

【今日のめあて】指言葉や言動に注目し、登場人物を多面的に捉えよう。

◎登場人物を多面的に描く工夫を捉えよう

ルロイ修道士の過去から

日本人を代表してものを言ったりするのは傲慢です。一人一人の人間がいる、それだけのことですから。

右の人差し指をぴんと立てる

天使園の子供との関係から

天使の十戒

いつまでたっても優しかった。

敗戦国の子供のために、泥だらけになって野菜を作り鶏を育てている

てのひらは、擦り合わせるたびにギチギチと鳴る

握手

両手の人差し指を交差させ…

右の親指を立てる

右手の人さし指に中指をからめて…

右の親指をぴんと立てる

「わたし」との関係から

ただいまから、ここがあなたの家です。…

ひどい仕打ちをもしていたなら、謝りたい。

「困難は分割せよ。」…地道に片づけていくのです。

上川君との関係から

天使園で育った子が世の中へ出て、一人前の働きをしているのを見るときがいっとう楽しい。

○典型的なワークシート③を実物提示装置で示し、説明させる。

・「日本人は…ひどいことをしましたね。」と言い出した「わたし」をたしなめるときに「右の人さし指をぴんと立てる」指言葉が使われています。これは「こら」「よく聞きなさい」という意味です。「…一人一人の人間がいる、それだけのことですから。」という言葉からは、戦時中ひどい目にあっても人を愛し、決して人に絶望することはなかったルロイ修道士の根底にある考えが分かります。

・「子供のために、泥だらけになって野菜を作り鶏を育てている」のも「日本人とかカナダ人とかアメリカ人といったようなもの」を意識していないからですね。

〈指言葉や言動に込められた思いを考える〉

T：「わたし」とルロイ修道士の間では、①「わたし」が天使園に収容されたとき、②再会のとき、③上野駅での別れのときの、3回の握手が交わされています。それぞれの意味の違いを考えましょう。

・①の「収容」という言葉から、「わたし」が不本意ながら連れてこられたという思いを抱いていることが分かります。そんな「わたし」の不安を打ち消すために、「ただいまから、ここがあなたの家です。もう、なんの心配もいりませんよ」と言葉を掛けたのだと思います。

・上野駅での別れの握手は、それに呼応しているようです。病を押してかつての園児たちの行く末を案じているルロイ修道士に、「もう、なんの心配もいりませんよ」と応える握手だったのかもしれません。

T：「両手の人さし指を交差させ、せわしく打ちつける」しぐさも繰り返し出てきます。最後の場面では、「わたし」は誰に対して「おまえは悪い子だ」と言っているのでしょうか。

＊ワークシート③を基に、指言葉や言動に込められた思いを考えさせたい。

握手

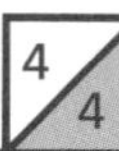

学習を振り返り、登場人物の考え方や生き方、その描かれ方について、書評を書きましょう。

目標

登場人物の考え方や生き方、その描かれ方を読み取り、書評を書くことができる。

評価のポイント

❸登場人物の生き方について考えを深めている。

C(1)イ

❹登場人物の言動、展開の仕方を手がかりに、物語の魅力や、登場人物の生き方や価値観について考えをまとめようとしている。

準備物

・第1時のバランスシート01
・書評の書き出しのしおり05

ワークシート・ICT等の活用や授業づくりのアイデア

○初発の印象を記したバランスシートを用い、読後の印象を重ねて記すことで、読みの変化をメタ認知させる。

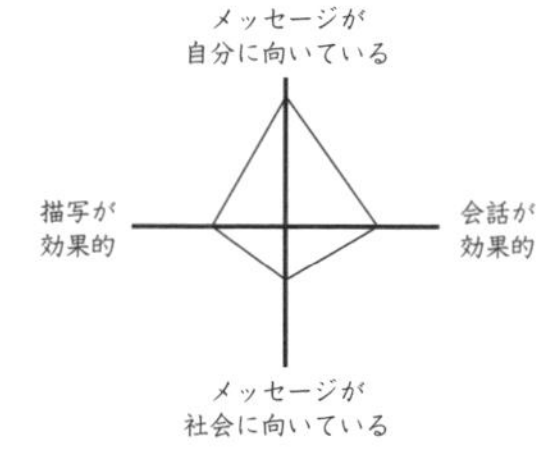

1 導入（学習の見通しをもつ）

〈前時を振り返り今日の目標を確かめる〉

T：前回は、様々な人との関わりを通してルロイ修道士の生き方や考え方を多面的に捉えることができましたね。今回はこれまでの学習を振り返り、登場人物の考え方や生き方、その描かれ方について、「握手」の書評を書きましょう。

2 展開

〈印象をバランスシートに示す〉

T：初発の印象を記したバランスシートに、読後の印象を重ねましょう。変化した項目がある場合は、どうして変わったのか、を明らかにするといいですね。

〈書評を書く〉

T：これまでの学習を振り返り、登場人物の考え方や生き方、その描かれ方について書評を書きましょう。

〈書評の書き出しのしおりを紹介する〉

T：書きあぐねている場合は、このような書き出しを使ってみましょう。

①この作品の中に、私のたいへん心打たれる情景（台詞）があります。それは……です。

②この作品の中に、私のたいへん心に残る人物がいます。それは……です。

③この作品を読んで、私は疑問をもちました。

3 終末（学習を振り返る）

〈「故郷」の学習につなぐ〉

T：これから学習する魯迅の「故郷」は20年ぶりの再会と別れを描いている点で、「握手」と共通しています。一つの物語を読んだだけでは気が付かない特徴も、他の物語と比べることで顕著になります。今回の学習で学んだことを、「故郷」の学習にも生かしていきましょう。

効果的な板書例

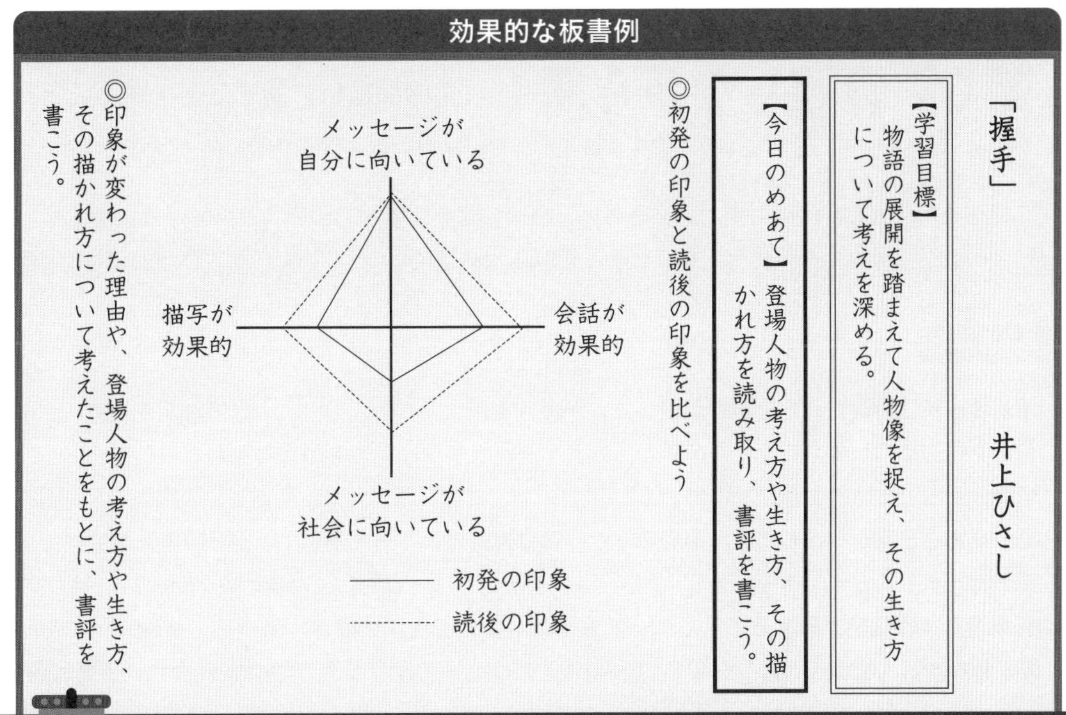

④この作品を読んで、前から疑問に思っていたことが、一つ解決されたように思いました。
⑤この作品を読んでいると、思わず微笑んで（涙ぐみそうになって）しまいます。
⑥この作品を読みながら、何度か作品から目を離して考えさせられました。
⑦みなさん、もっと作品の……について考えてみたいと思いませんか。
⑧　……は小さいとき、どんな子どもだったと思いますか。
⑨　……は、どんなところだと思っていますか。
⑩この作品を読みながら、私はしばらく楽しい空想にひたりました。
⑪何となく読み始めたこの作品から、私は実に多くのものを得ました。
⑫この作品は私の予想に反して、……をするどころか、とても……をもたらしてくれました。
⑬この作品の中に、こういうところがあります。
＊⑬は途中で一度は使わせたい。

【書評の例】
①ルロイ修道士の死で終わりを迎えるこの物語を読み終えたとき、わたしは悲しみに浸るのではなく、ほのぼのとした気分であった。ルロイ修道士と「わたし」の二人が思い出を語り合いながら、物語は進んでいく。悲しく、思い出すのも辛い話の後に、ユニークなエピソードが挟み込まれ、その二つがうまく溶け合っている。……
②「一人一人の人間がいる。それだけのことですから。」この言葉から、ルロイ修道士が個人個人を大切にしようとする優しい思いが伝わってくる。この作品は過去と現在を織り交ぜながら話が展開されているため、ルロイ修道士の優しさは、昔も今も変わらないことがよく分かる。この作品の特徴は、登場人物に全てを語らせないで、指言葉を使っている点だ。直接的な言葉で語られないからこそ、読者は登場人物の気持ちを想像しながら読み進めていくことができるのだ。

I 深まる学びへ

［聞く］評価しながら聞く（1時間扱い／話すこと・聞くこと）

指導事項：〔知技〕(2)イ 〔思判表〕A(1)ア、エ
言語活動例：話し合いの中で、自分の考えと比較したり、話し手の発言の内容や表現の仕方の工夫を評価したりしながら聞く。

単元の目標

(1)情報の信頼性の確かめ方を理解し使うことができる。〔知識及び技能〕(2)イ
(2)目的や場面に応じて、社会生活の中から話題を決め、多様な考えを想定しながら材料を整理し、伝え合う内容を検討することができる。〔思考力、判断力、表現力等〕A(1)ア
(3)話の展開を予測しながら聞き、聞き取った内容や表現の仕方を評価して、自分の考えを広げたり深めたりすることができる。〔思考力、判断力、表現力等〕A(1)エ
(4)言葉がもつ価値を認識するとともに、読書を通して自己を向上させ、我が国の言語文化に関わり、思いや考えを伝え合おうとする。「学びに向かう力、人間性等」

単元の構想

〈単元で育てたい資質・能力／働かせたい見方・考え方〉

相手の意見や主張を聞く際は、自身の考えをもち、相手の話を自分の考えと比較したり関連付けたり、共通点と相違点を整理し、情報の信頼性を確かめながら相手の考えに対する賛否や是非を判断したりする力を身に付けたい。評価しながら相手の話を聞く力を育むことで、話合いを通して他者との合意形成を図ったり、自己の考えを広げたり深めたりできるようにしていきたい。

〈教材・題材の特徴〉

自分の考えをもち、相手の話を評価しながら聞くことができると、問題意識や質問・反論が生まれ、「もっと話し合いたい」という思いが芽生え、話合いの活性化につながっていく。本教材は、聞くことに焦点を当てたものであり、評価して聞くとはどういうことかを思考させたり、聞き方や目的に応じたメモの取り方等も、既習内容を踏まえながら押さえたりすることができる。さらに、同テーマで話し合う活動をすることで、話し手として、多様な考えをもつ聞き手に対して信頼性を確認しながら材料を整理し、伝え合う内容を分かりやすく示す意識も育むことのできる教材である。

〈主体的・対話的で深い学びの視点からの授業改善ポイント／言語活動の工夫〉

相手の話を「評価する」際に、内容や展開にも目がいくように、同一資料を教師が提示して話し合うための準備をさせる。そして、「根拠として挙げた事実に信頼性はあるか」「自分の考えとの共通点と相違点はどこか」「相手の話を受け、どのように展開していったか」などを押さえた上で話合いをさせたい。そして、具体の場面を切り取り、自分の言葉で価値付けることにより、評価しながら聞くということの理解が深まるようにしたい。

単元計画

時	学習活動	学習内容	評価
1	1．目標を確認し、学習の見通しをもつ。 2．既習内容を確認する。 3．教科書の「討論会の一部」を自分の考えと比較しながら聞き、メモを取る。 4．メモを基にそれぞれの主張の内容や根拠の適切さを評価する。 5．話し手と聞き手、司会を決めて3人で話し合いをする。（役割を変えて3回） 6．学習の振り返りをする。	○メモの取り方や意見や根拠の適切さを検討する方法などの既習内容を確認する。 ○ワークシートに、「ペットを飼うこと」に対する自分の意見とその根拠を書く。 ○予想される反論やそれに対する自分の考えを書く。 ○音声を聞きながらメモを取り、評価する。（話し手の主張や根拠、表現の仕方について） ○メモの取り方や、それぞれの話し手をどう評価したかをグループで話し合う。 ○提示された資料から情報を取り出し、自分の考えを補強し、「ペットを飼うことを人に薦めるか」というテーマで話し合う。 ○「評価しながら聞く」際のポイントを、具体的な場面を示しながら価値付ける。	❷ ❶ ❸ ❶❹

評価規準

知識・技能	思考・判断・表現	主体的に学習に取り組む態度
❶情報の信頼性の確かめ方を理解し使っている。　(2)イ	❷「話すこと・聞くこと」において、目的や場面に応じて、社会生活の中から話題を決め、多様な考えを想定しながら材料を整理し、伝え合う内容を検討している。　A(1)ア ❸「話すこと・聞くこと」において、話の展開を予測しながら聞き、聞き取った内容や表現の仕方を評価して、自分の考えを広げたり深めたりしている。　A(1)エ	❹聞き取った内容や表現の仕方を進んで評価し、今までの学習を生かしてメモしようとしている。

〈指導と評価の一体化を図る見取りのポイント〉

情報の信頼性を確かめたり相手の話を評価したりする力を育むために、同じ資料から情報を得て話し合うこととした。同じ資料でも、読み手の目的によって必要な情報や取り出す情報は変わってくる。自分自身の考えを補強する情報をいかに取り出せるか、また、取り出した情報をどのような順序で相手に伝えるかということが大切になる。そして、同じ資料を用いているからこそ、話し方や言い回しなどの表現に留まらず、着目した情報の確かさや話の構成や展開にまで評価する意識が向けられる。評価する際には、聞き取りメモを参考に、自分に生かしたい点を整理させ、どこをどのように評価したのかということを記述から見取っていきたい。

評価しながら聞く

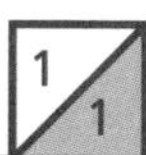

主発問 **話し合いで相手の話を聞くときには、どのようなことを意識すればよいのでしょうか。**

目標

自分の考えと比較したり、内容や表現の仕方などを評価したりしながら聞くことができる。

評価のポイント

❶根拠としている情報について、事実関係や裏付けなどに注意して聞いている。 (2)イ

❷❸自分の意見と根拠を明確にし、相手の共通点と相違点などを整理して評価している。 A(1)アエ

❹聞き取った内容などを評価しようとしている。

準備物 ・ワークシート①、②01、02

ワークシート・ICT 等の活用や授業づくりのアイデア

○既習内容を確認する際には、スライドを準備しておくと板書の時間も省くことができ、生徒が考える時間を保証することにもつながる。

＊これだけは押さえておきたいこと、この時間に活用してほしいことを中心にスライドを作成する。

○討論の様子は、教科書の QR コードを読み取らせ、各自で聞かせてもよい。

1 導入（学習の見通しをもつ）

〈目標を確認し、学習の見通しをもつとともに、既習内容を押さえる〉

T:「評価しながら聞く」力を付けるための学習をします。1年生で学んだメモの取り方、2年生で学んだ意見や根拠の適切さを検討する方法を活用しながら学んでいきましょう。

＊スライドでポイントを示し確認する。

2 展開

〈自分の考えをもつ〉

T:「ペットを飼うこと」に対する自分の意見や根拠、予想される反論やそれに対する考えを書きましょう。

○自分の意見を書き込む。

〈話合いの音声を聞き、メモを取る〉

T:あるクラスで行われた「討論の一部」をこれから流します。ワークシート①にメモを取りながら聞きましょう。

＊教科書は見せずに、メモを取らせる。

＊参考になるメモの取り方をしている生徒がいたら全体で共有する。

○自分のメモに、参考になるポイントや次に生かせることを赤で加筆する。

〈評価しながら聞く〉

T:北野さんと橋田さんのどちらが説得力のある話をしているかを考えながら、もう一度聞きましょう。

3 終末（学習を振り返る）

〈学習を振り返る〉

T:同じ資料を用いても、用いる人によって切り取るポイントが違ったり、示す順序によっても印象が変わったりします。今日の授業の中で得た、相手の話を聞く際に「評価しながら聞く」ことにはどのような価値があるでしょう。ただ聞くだけと比較して書きましょう。

効果的な板書例

評価しながら聞く

【学習目標】
自分の考えと比較したり、内容や表現の仕方などを評価したりしながら聞く。

テーマ「ペットを飼うこと」
〈メモの取り方のポイント〉
①キーワードで書きとる。
②箇条書きにし、番号や記号、線を効果的に用いる。
③自分の考えと比較しやすいようにする。

生徒のメモは実物投影機で拡大して提示したり、写真に撮ってスクリーンに映したりするなど、その場で実物を共有するとよい。

〈話を聞くときのポイント〉
①自分の考えとの共通点や相違点を明らかにする。
②主張に対する根拠に納得できるか。
③反論の余地はあるか。
④根拠となる事実は、自分の考えを補強できるか。

〈学習の振り返り〉
・「評価しながら聞く」ことの価値とは何か。
今日の授業の具体的な場面を示して書きなさい。
※最初にメモを取りながら聞いた時と、ポイントを確認してから聞いた時では、評価の自分の考えに変容や深まりはあったか。

○評価できるポイントや自分にも取り入れたいポイントをワークシート①に書かせる。

T：より説得力があったのは、北野さんと橋田さんのどちらでしたか。グループで意見を交流してみましょう。

＊音声だけだと考えにくい生徒には、教科書を開かせ、分かりやすさや説得力につながっている部分に線を引かせる。

〈意見を補強・整理する〉

T：次に、資料を用いて根拠を補強したり、先ほどのメモの取り方、討論の仕方を参考にしたりしながら3人で話合いをしてみましょう。一人が司会をし、あとの二人が話合いをします。根拠の示し方や話の構成も工夫できるとよいですね。

＊今回の話し合いは、結論を出すことが目的ではないので、意見を一つにする必要はない。

○教師が準備した資料を用いて、自分の意見を補強する。また、反論に対する意見を考え、ワークシート②に記入する。

〈3人での話し合い〉

○時間で区切り、役割を変えて3回話合いを行う。（司会1名、話合い2名）

＊司会は、意見を聞いたり、論点がずれてきたら整理して修正する。また、話合いの様子を評価しながらメモを取る。

＊司会以外の2人も、自分の考えとの共通点や相違点が明確になるようにメモを取る。

〈お互いの発言を評価し合う〉

○メモを基に、評価したことを伝え合う。

＊司会役は内容に対する説得力の度合いや表現の仕方に対して評価したことを、話し合った2人は聞き取りメモに対して評価を伝える。

〈自分に取り入れたいことをまとめる〉

○具体の場面を一般化して、今後の話合いのときに活用できる説得力のある内容にするための工夫や話し方の工夫をまとめる。

I 深まる学びへ

季節のしおり　春（1時間扱い）

指導事項：〔知技〕(1)イ
言語活動例：春の気象にまつわる言葉や、春の情景を詠んだ俳句や和歌、詩の一部、漢詩の一部に描かれた春を感じるとともに、出合った言葉を「言葉カード」に書き記す。

単元の目標

(1)理解したり表現したりするために必要な語句の量を増し、語感を磨き語彙を豊かにすることができる。　〔知識及び技能〕(1)イ
(2)言葉がもつ価値を認識するとともに、読書を通して自己を向上させ、我が国の言語文化に関わり、思いや考えを伝え合おうとする。　「学びに向かう力、人間性等」

単元の構想

〈単元で育てたい資質・能力／働かせたい見方・考え方〉

伝統的な言葉、抽象的な概念を表す言葉についての理解を深めるとともに、その言葉が表現している情景や情感などを豊かに想像する機会としたい。正誤・適否だけでなく、そこで使われている言葉が醸し出す味わいを感覚的に捉えたり、感じたことを言葉にすることで心を豊かにしたりさせたい。

〈教材・題材の特徴〉

木々の芽吹き、やわらかな日差しや風、春にふさわしい命の営みを感じる作品が散りばめられている。古人も桜や月を愛で、心ときめかせたことだろう。季節の移ろいを感じる心には、時を超えて変わらないものがある。初めて出合う言葉や、ものの見方もあるだろう。多様な表現に触れさせることで、言葉との出合いを大切にする態度を養いたい。

このような気象にまつわる言葉や、季節感にあふれた詩歌や散文は春・夏・秋・冬の4箇所に位置付けている。裏見返しにある「季節の言葉」や「学びて時に之を習ふ」「俳句の可能性」「君待つと」なども含めて関連付けたい。

〈主体的・対話的で深い学びの視点からの授業改善ポイント／言語活動の工夫〉

一年間の学習を始めるにあたって、言葉との出合いを大切にし、話や文章の中で使うことを通して、語感を磨き、語彙を豊かにする端緒としたい。そこで、日常生活の中や学習を通して出合った言葉を「言葉カード」に書きためていき、一冊の『季節のしおり』を編むことを提案したい。

その際、春・夏・秋・冬の「季節のしおり」を帯単元として設定し、継続的に語感を磨き語彙を豊かにする取組としたい。

単元計画

時	学習活動	学習内容	評価
1	1．学習のねらいや進め方をつかみ、学習の見通しをもつ。	○気象にまつわる言葉や、季節の情景を詠んだ作品を通して言葉と出合い、ものの見方・考え方を豊かにすることを確認する。 ○これからの学習や日常生活の中で出合った言葉を書きためていき、『季節のしおり』を編むことを確認する。	
	2．心に残った言葉をカードに書き記す。	○言葉のもつ語感やイメージから浮かぶ情景を書き添える。 ○引用したり、感想を書き添えたりする。 ○カードには、出典を明らかにして書く。 ○教科書の作品の他に、必要に応じて、本や新聞、インターネット等を活用して出合った言葉も書く。	❶❷
	3．学習を振り返り、次時の学習を知る。	○「季節のしおり　夏」では、「歳時記」を活用し、「俳句の可能性」と関連付けることを確認する。	

評価規準

知識・技能	主体的に学習に取り組む態度
❶理解したり表現したりするために必要な語句の量を増し、語感を磨き語彙を豊かにしている。 (1)イ	❷伝統的な言語文化に関するこれまでの学習を生かして、作品中の「春」を感じさせる言葉に着目し、情景を想像しようとしている。

〈指導と評価の一体化を図る見取りのポイント〉

作品に用いられている言葉の意味を、文脈に沿って吟味し、言葉が醸し出す味わいを感覚的に捉えたり、感じたことを言葉で表現したりできることが大切である。「言葉カード」の解説や感想の記述から、言葉のもつ語感や美しいイメージを、情景とともに感じ取っているか、出合った言葉が使えるものになっているかを見取る。

ただし、春・夏・秋・冬の「季節のしおり」を帯単元として設定し、継続的に語感を磨き語彙を豊かにする取組とした場合は、各取組を振り返りながら、形成的に評価を進めていく。

季節のしおり　春

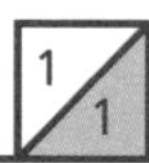

主発問

春にまつわる言葉や作品から春を感じるとともに、出合った言葉を「言葉カード」に書きましょう。

目標

理解したり表現したりするために必要な語句の量を増し、語感を磨き語彙を豊かにすることができる。

評価のポイント

❶理解したり表現したりするために必要な語句の量を増し、語感を磨き語彙を豊かにしている　(1)イ

❷伝統的な言語文化に関するこれまでの学習を生かして、作品中の「春」を感じさせる言葉に着目し、情景を想像しようとしている。

準備物　・言葉カード⇩01

ワークシート・ICT 等の活用や授業づくりのアイデア

○春・夏・秋・冬の「季節のしおり」を帯単元として設定し、継続的に語感を磨き、語彙を豊かにする取組とする。そこで、日常生活や学習を通して出合った言葉を「言葉カード」に書きためていき、一冊の『季節のしおり』を編むこととする。今回は帯単元を始めるに当たって「言葉カード」の書き方を定着させたい。

1　導入（学習の見通しをもつ）

〈学習のねらいや進め方を説明〉

T:「季節のしおり」には、春夏秋冬の気象にまつわる言葉や、季節の情景を詠んだ作品が紹介されています。言葉との出会いを通して、ものの見方・考え方を豊かにできるといいですね。これからの学習や生活の中で出合う言葉を書きためましょう。

2　展開

〈春のイメージをもつ〉

T:「春」をイメージするとき、どのような言葉が浮かびますか。

＊時候のあいさつ、「枕草子序段」「春暁」や「握手」等、既習事項も想起させ、イメージを膨らませたい。

〈音読する〉

T:「季節のしおり　春」には、気象にまつわる言葉や、季節の情景を詠んだ作品が散りばめられています。まずは音読を通して、作品を味わってみましょう。

○範読に続いて音読をする。

＊音読する様子を観察し、読みづらい漢字や初めて出合う言葉について説明する。

T:皆さんが「春」のイメージとして思い浮かべたように、古人も桜や月を愛

3　終末（学習を振り返る）

〈学習を振り返る〉

T:多くの語句を知っているということは、それだけ感じたことや伝えたいことにぴったり合う言葉をもっているということです。「季節のしおり夏」では、「歳時記」を活用し、「俳句の世界」のものの見方・考え方に触れてみましょう。

効果的な板書例

季節のしおり　春

【学習目標】理解したり表現したりするために必要な語句の量を増し、語感を磨き語彙を豊かにする。

【今日のめあて】春にまつわる言葉や作品から春を感じるとともに、出合った言葉を「言葉カード」に書こう。

◎「春」のイメージ
桜　菜の花　土筆　木々の芽吹き　燕　雪解け
朧月夜　小鳥のさえずり　柔らかな日差し　春雨
入学式　出会いと別れ　春眠暁を覚えず

◎言葉カードに書き留めよう

作品・言葉	春風や闘志いだきて丘に立つ
イメージや情景	春の温かい風が増えている。その中で私は、強い闘志を抱いて丘に立っている。
感想	旅立ちの季節に、闘志を抱いて新たな道を歩き出そうとする決意が感じられる。
作者・出典	高浜虚子「ホトトギス」

で、心をときめかせたことでしょう。季節の移ろいを感じる心には、時を超えて変わらないものもあれば、変わるものもありますね。

〈心に残った言葉を班で紹介する〉

T：「この見方・考え方は鋭い、初めて出合った」と感じる言葉があれば、線を引いておきましょう。

○生徒が線を引く様子を机間指導によって支援する。

〈線を引いた言葉を班で紹介する〉

T：線を引いた箇所について、「なぜそこが心に残ったのか。どのようなイメージを抱いたのか」を班で紹介しましょう。

○各班で交流する。

〈言葉カードに書く〉

T：一年間の学習を始めるにあたって、このような言葉との出合いを大切にしたいですね。「季節のしおり」は春・夏・秋・冬とあります。これをひとつながりのものとして扱い、継続的に語感を磨き語彙を豊かにする取組としましょう。そこで、日常生活や学習を通して出合った言葉を一年間「言葉カード」に書きためていき、最終的に一冊の『季節のしおり』としてまとめることにしましょう。

＊教科書の作品だけでなく、日常生活や学習を通して出合った言葉、必要に応じて、本や新聞、インターネット等を活用して出合った言葉も対象とする。

＊言葉カードには次の事柄を書かせる。
・言葉のもつ語感やイメージから浮かぶ情景。
・引用した言葉や作品、感想。
・作者名や出典。

○生徒が自由に利用できるように、「言葉カード」を印刷して教室に置いておく。

学びて時に之を習ふ―「論語」から（2時間扱い／読むこと）

指導事項：〔知技〕(3)ア　〔思判表〕C(1)エ
言語活動例：漢文を読み、批評したり、考えたことを伝え合ったりする。

単元の目標

(1)当時の社会状況や孔子の人生を踏まえて漢文を読むことを通して、その世界に親しむことができる。　〔知識及び技能〕(3)ア
(2)文章に表れているものの見方・考え方や他者の考えとの比較を通して、人間の生き方について自分の考えを広げたり深めたりすることができる。　〔思考力、判断力、表現力等〕C(1)エ
(3)言葉がもつ価値を認識するとともに、読書を通して自己を向上させ、我が国の言語文化に関わり、思いや考えを伝え合おうとする。　「学びに向かう力、人間性等」

単元の構想

〈単元で育てたい資質・能力／働かせたい見方・考え方〉

本単元は、文章に表れているものの見方や考え方を理解した上で、それらと自分の考えとを比べたり、他者の考えと自分の考えとを比べたりすることによって、自分の考えを広げたり深めたりする読み方を学ぶ機会としたい。その際、文章の歴史的背景（孔子の人生や孔子が生きた時代の社会状況)、つまり、文章に表れているものの見方や考え方が形成された背景を手掛かりにしながら解釈を進めていく読み方を身に付けさせることで、表面的な解釈に陥ることを防ぐ。また、自分の経験という狭い視野ではなく、より広い視野から自分の意見を形成することにもつなげたい。

〈教材・題材の特徴〉

本教材は、2500年以上前に書かれた中国の文章である。しかし、本教材において取り上げられている四つの章句が示す学問や他者との向き合い方に関する教えは、常に変化し続ける社会の中で、未知の課題を解決するために学び続け、他者と協働しなければならない現代の日本に生きる私たちにとっても有用なものだと言える。生徒は本教材を通して、将来の自分のあるべき生き方のヒントを見いだすことができるであろう。

〈主体的・対話的で深い学びの視点からの授業改善ポイント／言語活動の工夫〉

本単元の学習の軸として、「私たちが未来を生きる上で役立つヒントを『論語』から見つけよう」という単元課題を設定することで、現代の日本語とは異なる古代中国の文章である漢文を学ぶことに必然性が生まれると考える。また、孔子の人生や当時の社会状況を手掛かりにしながら文章に表れているものの見方や考え方を解釈させ、それに対する自分の考えを明確にもたせ、他者の考えと比べながら再考させるという学習過程を組むことで、生徒は文章を通した孔子との対話、自分自身との対話、他者との対話の三種類の対話を経験できる。その三つの対話を通して意見の拡大・深化を目指したい。

単元計画

時	学習活動	学習内容	評価
1	1．単元の学習課題を確認し、見通しをもつ。 2．文章の歴史的背景を理解し、感想をもつ。 3．四つの章句を読み、現代語訳する。	○「私たちが未来を生きる上で役立つヒントを『論語』から見つけよう」 ○孔子の年譜などの資料を配布する。 ○「孔子の人生は○○な人生だ」という形で感想を表現する。そのようにまとめた理由もノートに書く。 ○教科書の脚注を参考にして各章句を現代語訳し、ペアで確認する。ペアで「孔子の人生と言葉とのつながり」について分析する。	❶
2	1．「未来に最も役立つ『論語』」を一つ選ぶ。 2．４人グループで考えを共有する。 3．全体で共有する。	○「最も役立つ」と限定し、理由を明確にする。 ○お互いが挙げた理由付けに対し、質問や意見を述べる。	❶❷ ❸

評価規準

知識・技能	思考・判断・表現	主体的に学習に取り組む態度
❶当時の社会状況や孔子の人生を踏まえて漢文に表れているものの考え方・見方を解釈している。　⑶ア	❷「読むこと」において、文章に表れているものの見方・考え方や他者の考えとの比較を通して、人間の生き方について自分の考えを広げたり深めたりしている。　C⑴エ	❸自分たちの未来に最も役立つ論語の言葉について、文章や自分、他者との対話を通して根気強く追究し、想定する未来像と漢文の教えとを関連付けて理由を伝え合おうとしている。

〈指導と評価の一体化を図る見取りのポイント〉

本単元では、歴史的背景を踏まえて漢文を読むことで内容理解の深化を図る。その際、「能力があっても世に認められなかった」「年老いてもなお学問に身を捧げ続けた」孔子の人生と、四つの章句の言葉とのつながりを踏まえて現代語訳できているかをポイントに評価することとする。また、文章を通して生き方に対する自己の考えを拡大・深化させているかについては、「未来に最も役立つ『論語』」としてどの言葉を選択するかではなく、選択した理由を述べる際に、孔子の考えとの比較、他者の考えとの比較を通して自己の考えを変容（変化だけではなく、再確認も『変容』と捉える）させているかをポイントに評価することとする。

学びて時に之を習ふ―「論語」から

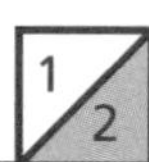

主発問　**「論語」の言葉は孔子の人生とどのようにつながっているのでしょう。**

目標

孔子の人生を踏まえて、「論語」の言葉にあらわれた見方・考え方を理解することができる。

評価のポイント

❶孔子の人生において起こった出来事を意味付けし、「論語」で使われた言葉と出来事のつながりを適切に導き出して説明している。　(3)ア

準備物　・孔子の年譜をまとめたプリント

ワークシート・ICT 等の活用や授業づくりのアイデア

○「孔子年譜」は指導書や資料集などに掲載されているものを活用するとよい。

＊教科書 p.28の孔子や「論語」の説明もワークシートに載せておくと、はじめは教科書を使わない授業展開上、流れがスムーズになるであろう。

1　導入（学習の見通しをもつ）

〈単元の学習の見通しをもつ〉

T：今日から、2500年以上前に書かれた中国の古典である「論語」を学習します。だいぶ古いものですが、この文章にはきっと「私たちが未来を生き抜く上で役立つヒント」が隠れています。皆さんなら、それを見付けられるでしょう。

○単元の学習目標を板書する。

2　展開

〈「孔子年譜」で孔子の人生を理解する〉

○「論語」が孔子やその門人の言行を後の弟子たちが書き起こしたものであることを確認し、「孔子年譜」を配布する。

T：今から、「孔子年譜」を先生が読みます。皆さんは、孔子の人生がどのようなものだったのか考えながら聞きましょう。

○「孔子年譜」を範読する。

T：孔子の人生を一言で表すとしたら、どのような言葉がふさわしいだろう。「孔子の人生は○○な人生だった」という形で表現し、その理由も３行程度で書きましょう。

○ノートに考えをまとめる。

○全体で共有する。

・「孔子の人生は学問そのものだった」15歳から学問を志し、73歳で亡くなるまで300人もの弟子と学び続けたからです。

3　終末（学習を振り返る）

〈次時の学習の見通しを持つ〉

T：言葉の背景にある孔子の人生とのつながりがうまく見いだせましたね。次の時間は、「未来に最も役立つ『論語』」を四つの中から一つ選んでもらいます。どれがどのように人生に役立ちそうか、それぞれ考えておきましょう。

効果的な板書例

学びて時に之を習ふ ―「論語」から

【学習目標】私たちが未来を生きる上で役立つヒントを「論語」から見つける。

【今日のめあて】孔子の人生を踏まえて、「論語」にあらわれた見方・考え方を理解しよう。

○「孔子の人生は○○だ」

「学問そのもの」　温故知新

「弟子に恵まれた」　朋遠方より来たる有り

「理想破れた」「諸行無常」　人知らずしてうらみず

・「孔子の人生は理想が破れた人生だった」
宰相代理まで昇りつめたが、失脚してからは「喪家の犬」と迫害されるなど、権力が支配する世の中に結局は翻弄され、悔しさを味わったからです。

〈四つの章句を音読し、読み方を確認する〉

T：教科書の p.29を開きましょう。今から、私が「論語」の四つの章句を読みます。読み方を確認しながら聞きましょう。

○範読する。

T：今度は、私が「はい」と言ったところまで続いて読みましょう。

○続き読みをする。

T：次に、皆さんだけで読みます。

○斉読をする。

〈脚注を活用して、内容を理解する〉

T：ここまで何回か音読して、大まかな意味は何となく理解できたのではないでしょうか。それでは、下の脚注を参考にして、四つの章句がどのような内容なのか、それぞれ簡単にまとめましょう。

○ノートに簡潔にまとめる。

〈ペアで共有し、孔子の人生と内容とのつながりを見いだす〉

T：ペアで話合いをします。話し合うテーマは、「『論語』の言葉は孔子の人生とどのようにつながっているのだろう」です。互いの考えを共有した後、じっくり話し合いましょう。

○ペアで意見を共有し、話し合う。

○個で考えをまとめた後、全体で共有する。

・「人知らずしてうらみず」は、きっと自分を迫害し、認めなかった人たちへの皮肉ではないでしょうか。「うらみず」と言っているけど、不満に思っていると感じます。君子は自分かもしれません。

・「温故知新」は、15歳から学問を志した孔子が大切にしてきた姿勢なのだと思います。同時に、自分の教えを後の弟子たちに読み返してほしいという願いでもあるかもしれません。

学びて時に之を習ふ―「論語」から

主発問　**四つの章句の中で、未来に最も役立つのはどの言葉でしょう。**

目標

論語にあらわれた見方・考え方や、他者の考えとの比較を通して、人生について自分の考えを深化・拡大することができる。

評価のポイント

❶孔子の時代の出来事と現代・未来の共通点を見いだし、論語の言葉の価値を説明している。　(3)ア

❷❸論語の言葉を現代・未来とつながるように意味付けし、なぜ最も未来に役立つと言えるのか明確な根拠を挙げて伝えている。　C(1)エ

準備物　・４人グループ活動の手順　・観点説明スライド

ワークシート・ICT 等の活用や授業づくりのアイデア

○４人グループでの話合いは、発言力のある生徒の意見のみが展開されないように、発言の順番や話し合う観点を与えて整理するとよい。ただし、その説明よりも話合い自体に時間を割くためにスライドまたは掲示物などを用意して提示すると、時間短縮につながる。

1　導入（学習の見通しをもつ）

〈本時の学習の流れを確認する〉

T：今日は「未来に最も役立つ『論語』」がいったいどの言葉なのか、皆さんにじっくり論じてもらおうと思います。その活動を通して、人生に対する考え方が深まり、広がっていくとよいですね。

○今日のめあてを板書する。

2　展開

〈個で「最も役立つ『論語』を選び、理由を考える〉

T：四つの章句の中で、未来に最も役立つのはどの言葉なのでしょうか。理由を５～７行で書きましょう。

○ノートに選んだ語と理由を書く。

・「学びて時に之を習ふ」
特に「人知らずしてうらみず」は、私たちも必ずしも人に認めてもらえるかは分からないので、そのことにばかり捉われるのでなく、自分がどうあるべきかが大切だと思ったからです。

・「温故知新」
新しいものが現れては消えていく世の中で、大切なものが何なのか見失ってしまうことがあると思います。そんなときに、立ち止まって本質を見つめるためには、先人の教えが役立つと思います。

3　終末（学習を振り返る）

〈単元の振り返り〉

T：この単元を通して学んだこと、考えたことについて、ノートにまとめましょう。

○ノートに学びをまとめる。

・2500年前の言葉にも未来につながる価値が見いだせるのはすごい。

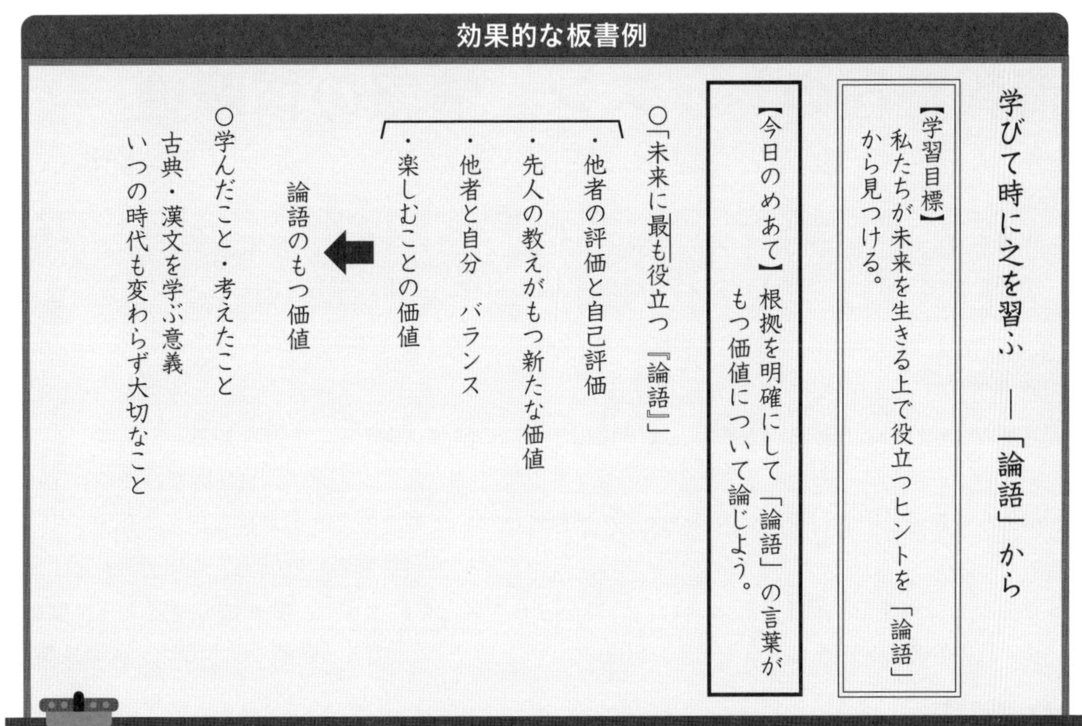

・「学びて思はざれば」
学習だけでなく、大人になって仕事を進める上でも、自分一人のやり方に固執せず他から吸収することも大切だし、人のまねばかりでなく自分の考えを貫くことも時には必要だからです。

・「之を知るものは」
ノーベル賞の授賞者のインタビューなどでも、苦労はありながらも研究を心から楽しんでいた人が多いです。結果、実績につながっています。このように、楽しみが続けるエネルギーになり、すばらしい結果につながると思います。

〈4人グループで考えを共有し、質問や意見を述べ合う〉

T：4人グループで考えを共有します。聞き手は、「最も役立つと言えるか」という観点で聞き、質問や意見を述べ合いながら、どの言葉が最も未来に役立つのか話し合いましょう。

〇4人グループで話し合う。

・「人知らずしてうらみず」は確かにすばらしい態度だと思うけど、たまには愚痴を言い合って、お互いを励まし合うことも大切だと思います。

・「温故知新」は、先人の時代と今とでは世の中や状況が全く違うから、必ずしもそれが役立つとは言えないのではないでしょうか。

→「知新」はそこから新しいことを私たちが見いだすことだから、時代に合わせて私たちが応用すれば十分役立つと思います。今「論語」から学んでいるのも同じことだと思います。

＊「どの言葉が最も役立つか」を目指して話し合うことで理由付けを吟味し、掘り下げて考えさせる手立てとするが、グループで一つに絞ることにこだわり過ぎないように指示するとよい。

T：それでは、〇〇さん、自分の考えと、グループの人の意見の中で、最も納得したことについて紹介しましょう。

〇全体で共有する。

I　深まる学びへ

情報整理のレッスン　情報の信頼性

（1時間扱い）

指導事項：〔知技〕(2)イ　〔思判表〕C(1)イ
言語活動例：情報の発信元や発信日時を比較して、信頼性の高い情報を集める。

単元の目標

(1)情報の信頼性の確かめ方を理解し、より信頼性の高い情報を集めることができる。
〔知識及び技能〕(2)イ

(2)集めた情報を批判的に見て、内容や表現の信頼性について考えることができる。
〔思考力、判断力、表現力等〕C(1)イ

(3)言葉がもつ価値を認識するとともに、読書を通して自己を向上させ、我が国の言語文化に関わり、思いや考えを伝え合おうとする。　「学びに向かう力、人間性等」

単元の構想

〈単元で育てたい資質・能力／働かせたい見方・考え方〉

情報化社会と呼ばれて久しい現在、知りたいことがあればいつでもどこでもインターネットなどを通じて情報にアクセスできるようになった。一方で社会に溢れている情報は玉石混交であり、情報の受け取り手が真偽や信頼性を判断しなければならない。本単元では、情報の発信元や発信日時、言葉や数値の表現などを手掛かりに、情報を多面的に見る力を育てたい。また、複数の情報を比較したり、組み合わせたりすることで信頼性の高い情報を獲得していく力を育成させたい。

〈教材・題材の特徴〉

本教材は大きく二つの内容を取り扱っている。前半は「編集」に焦点を当てている。具体例を活用しながら、同じ情報でも発信者の伝え方によって受け取る側の印象が変わるということを生徒に実感させたい。後半は「情報の信頼性」に焦点を当てている。生徒自身の経験も振り返らせながら、情報の信頼性を判断する際には、どこに注目するべきか考えさせたい。また、教材中にあるチェックポイントを確認しながら、実際にインターネットを利用して情報を調べる学習にも適した教材である。旅行的行事や総合的な学習の時間など、他教科の調べ学習とも関連付けて扱うことができる。

〈主体的・対話的で深い学びの視点からの授業改善ポイント／言語活動の工夫〉

編集の仕方によって受け取り手の印象はどのように変わるのか、生徒一人一人の情報を見る視点を大切にして話し合わせたい。また、情報の信頼性についての話合いでは、「情報のどこに注目したのか」「注目した結果何が分かったのか」などの理由や根拠を明確にして話し合うように指導したい。このような対話を通じて情報を見る視点を増やすことで、情報に対する判断力も養える。

単元計画

時	学習活動	学習内容	評価
1	1．編集の仕方が異なる情報を比較する。	○受け取る側にどんな印象を与えようとしているのか考えながら、編集の仕方が異なる情報を比較する。 ○比較するときに注目した部分や感じた印象を話し合う。	❸
	2．情報の信頼性を確かめる方法を確認する。 3．信頼性の高い情報を集める。	○インターネット、本、テレビ、新聞、それぞれの信頼性を確かめるチェックポイントを確認する。 〈チェックポイント〉 ・発信元　・発信日時　・参考資料名の有無 ・数値の扱い方　・図表や写真の有無　　など	❶
		○インターネットを用いて、より信頼性の高い情報を集める。	❶
		○４人程度のグループで、お互いが集めた情報を比較し、信頼性の高さを話し合う。 〈調査テーマの例〉 ・中学生の平均勉強時間は？ ・人気の海外旅行先は？　・今、最も人気の曲は？ ・一番安く東京まで行く方法は？	❷
	4．学習内容を振り返り、これからの情報との関わり方を考える。	○他教科や実生活で信頼性の高い情報を集めるために意識していきたいことをまとめる。 ・文章でまとめてもよいし、「私の３カ条」のように箇条書きでまとめてもよい。	❸

評価規準

知識・技能	思考・判断・表現	主体的に学習に取り組む態度
❶情報の信頼性の確かめ方を理解し、様々な観点で比較をしながら信頼性の高い情報を集めている。　(2)イ	❷「読むこと」において、情報の発信元や発信日時、内容や表現を比較し、情報の信頼性を判断している。　C(1)イ	❸情報を繰り返し比較したり、対話によって考えたりしたことを基に、これからの情報との関わり方について考えようとしている。

〈指導と評価の一体化を図る見取りのポイント〉

情報の信頼性のチェックポイントを知る活動を基に、チェックポイントに基づいて調べる活動を行わせる。理解と実践を往還させながら、情報の信頼性を判断した根拠を対話の中で繰り返し述べさせていくことが大切である。

情報整理のレッスン　情報の信頼性

主発問　**情報の信頼性は、情報のどんなところを比較して判断すればよいのでしょうか。**

目標

情報の信頼性の確かめ方を理解し、情報の信頼性を比較することができる。

評価のポイント

❶メディアによる信頼性の確かめ方の違いを理解している。　(2)イ

❷集めた情報の発信元や新しさ等を比較して、情報の信頼性を判断している。　C(1)イ

❸比較したり、対話によって考えたりしたことを基に、情報との関わり方について考えようとしている。

準備物　・新聞　・書籍　・インターネット検索端末　・ワークシート⤓01

ワークシート・ICT 等の活用や授業づくりのアイデア

○新聞や書籍は現物を用意し、発行日や情報発信元が書かれている部分を見せるとよい。

○テーマに合わせた情報を、実際にインターネットで検索させる。より信頼性の高い情報はどれかをグループによる話合いによって判断させ、信頼性を判断するポイントを理解させるとよい。

1　導入（学習の見通しをもつ）

〈編集の効果について考える〉

T：「日本チーム　いよいよ決勝進出！」というタイトルのニュース記事がありました。しかし一緒に掲載されている写真が違います。左と右では伝わってくることにどんな違いがあるでしょうか。

・右は試合の激しさです。

・左はチームの仲がよい印象があります。

2　展開

〈情報の信頼性の確かめ方を確認する〉

T：同じ内容を伝える場合でも情報をどのように切り取るかで受け取る印象も変わります。このような情報の切り取り方を「編集」と言います。

T：では情報の信頼性は、情報のどんなところを比較して判断すればよいのでしょうか。「インターネット」「本」「テレビ」「新聞」について考えてみましょう。

＊新聞や書籍は現物を提示し、どこの部分を見るか、実際に触れて考えさせる。

・誰がいつ発信した情報なのかは確認した方がいいと思います。

・インターネットのホームページは公式かどうかで信頼性も変わると思います。

・新聞はニュースを伝える報道なのか、意見を伝える社説なのかで信頼性が違うと思います。

3　終末（学習を振り返る）

〈今後の情報との関わり方ついて考える〉

T：これからの生活の中で、信頼性の高い情報を集めて活用していくためにどんなことを意識していきたいですか。授業を振り返って、ノートに自分の考えを書きましょう。

・より新しい情報を見るようにする。

・複数の情報を組み合わせて考える。

効果的な板書例

情報整理のレッスン　情報の信頼性

【学習目標】
情報の信頼性の確かめ方を理解し、情報の信頼性を比較する。

【今日のめあて】
情報の信頼性を確かめながら、より正確な情報を集めよう。

〈編集による違い〉
日本チーム　いよいよ決勝進出！

選手がシュートをする写真　試合の激しさ　真剣さ

笑顔のチーム集合写真　仲のよさ　チームワーク

〈情報の信頼性〉
インターネット　→公式か非公式か　発信元と発信日時
本　→出版社
テレビ　→編集されている
新聞　→報道か社説か

〈振り返り〉
これからの情報との関わり方

〈信頼性の高い情報を集める〉

T：それではこれから、あるテーマについて、できるだけ信頼性の高い情報を集めてみましょう。タブレット端末を使って情報を検索してください。テーマは「中学生の１日の平均勉強時間はどのくらいか」です。検索の結果や、信頼性が高いと判断した理由をノートにメモしていきましょう。

・家庭教師の人のブログには１日３時間と書いてあるけど、この人の経験上の話みたいだな。

・大手学習塾で行ったアンケート結果があるな。でもアンケート実施の日付が少し古いかな。

・国が全国的に行った調査結果があるな。公の発信元だから信頼性が高そうだな。

・こちらのサイトとあちらのサイトでは主張が違うな。どちらが正しいのだろう。

＊複数の情報を比較し、より信頼性の高い情報を選ばせる。検索で使用したキーワードもメモさせておき、グループ交流の際に発表させる。

〈グループで情報の信頼性を比較する〉

T：４人グループになりましょう。誰の情報が信頼性の高い情報なのか、比較してみたいと思います。順番に検索してみてテーマについて分かったことと、信頼性が高いと判断した理由を発表します。実際に検索結果の画面を見せ合うのもよい方法ですね。その後に話し合って、最も信頼性が高い情報を班で一つ選びましょう。

・私の情報よりも新しい情報をもっている人はいますか。

・僕のは調査人数が一番多いです。信頼性が高いのではないでしょうか。

・学習塾の公式ホームページにこんな情報がありました。公式ホームページということは、ちゃんとした調査結果だという証拠なのではないでしょうか。

T：それでは各グループの代表は、最も信頼性の高い情報とその情報を選んだ理由、比較したポイント等を発表してください。

Ⅰ　深まる学びへ

文章の種類を選んで書こう―修学旅行記を編集する―

（４時間扱い／書くこと）

指導事項：〔知技〕(1)ウ　〔思判表〕B(1)ア、イ
言語活動例：伝えたいことを整理し、情報を編集して文章を書く。

単元の目標

(1)文章の種類とその特徴、伝えたいことに合わせた文章の種類の選び方を理解することができる。
〔知識及び技能〕(1)ウ

(2)伝えたいことに合わせて文章の種類を選び、構成や内容を工夫して記事を書くことができる。
〔思考力、判断力、表現力等〕B(1)ア、イ

(3)言葉がもつ価値を認識するとともに、読書を通して自己を向上させ、我が国の言語文化に関わり、思いや考えを伝え合おうとする。
「学びに向かう力、人間性等」

単元の構想

〈単元で育てたい資質・能力／働かせたい見方・考え方〉

生徒はこれまでの国語科の授業で、様々な文章の種類に触れてきている。下学年での学習内容を振り返りながら、自分が伝えたいことに合う文章の種類を選択させたい。その上で、自分が伝えたいことに合う文章の種類を選択していく力を育てたい。５Ｗ１Ｈや具体的な体験、感想など文章を構成する要素を意識して書く力を育むことが本単元の大きなねらいである。さらに、知識及び技能の側面から、語彙の既習事項も活用していく力を育てたい。

〈教材・題材の特徴〉

本題材は題材の選定、下書き、推敲、清書という「書くこと」の一連の流れを学習できる。この流れは題材や文章の種類が変わっても汎用的に活用できるものであるため、生徒にしっかりと捉えさせたい。また、本題材は文章の種類の例や紙面構成の例を活用しながら、生徒が工夫して文章を書くことができるものである。題材を行事や総合的な学習の時間と関連付けたり、読み手を後輩や保護者、地域の人などと対象を決めることで、生徒の実態に合わせた授業展開が可能となる。

〈主体的・対話的で深い学びの視点からの授業改善ポイント／言語活動の工夫〉

題材の選定や文章の種類の選択、推敲などの場面で編集会議を行う場面を設けたい。その際には伝える相手や目的をその都度確認して生徒に意識付けることが大切である。文章の種類や題材を自ら選んでいく主体的な学びと、お互いに読み合ったり助言し合ったりして文章表現を磨いていく対話的な学びを組み合わせることで、読み手によりよく伝えようと工夫する深い学びへつながっていくことが期待できる。

単元計画

時	学習活動	学習内容	評価
1	1．掲載する記事の内容を決める。	○「読み手」「書く目的」を確認する。 〈例〉 ・保護者に修学旅行の様子を伝える ・後輩にテスト勉強攻略法を伝える。 ・地域の人に生徒会活動の内容を伝える。	❹
	2．文章の種類を決める。	○記事の内容を話し合う。 ・あらかじめ個人で取り上げたい内容を付箋などに書き出しておくとよい。	❹
		○文章の種類（報道文、随筆、論説、紹介文、物語、散文）を話し合う。	❶❹
2	3．文種の特徴を考え、下書きをする。	○割付けの字数に従って下書きを書く。 ・記事のタイトルも候補を決めておくとよい。	❷❸
3	4．お互いに助言し合って推敲し、清書する。	○下書きについて助言し合い、推敲する。 〈助言の観点〉 ・読み手や書く目的に合っているか。 ・文章の種類の特徴を生かしているか。 ・図表や写真などを効果的に使っているか。 ・伝わりにくい表現はないか。 ○清書する。	❸❹
4	5．完成した作品を読み合い、感想を交流する。	○完成した作品を班で読み合って、感想を述べ合う。また、付箋に感想を書いて交流する。 ○文種の特徴を生かす書き方を考察する。	❹

評価規準

知識・技能	思考・判断・表現	主体的に学習に取り組む態度
❶文章の種類とその特徴、内容に合わせた種類の選び方を理解している。 (1)ウ	❷「書くこと」において、内容に合わせて適切に文章の種類を選んでいる。 B(1)ア ❸「書くこと」において、伝えたいことが伝わるように文章の構成や取り上げる内容を工夫して書いている。 B(1)イ	❹自分で内容や文章の種類を決め、他者の意見や助言を生かして自分の考えを文章に表現しようとしている。

〈指導と評価の一体化を図る見取りのポイント〉

「B 書くこと」の学習では「読み手は誰なのか」「何を伝えたいのか」を生徒に意識させることが大切である。読み手への意識をもつことで、相手に合わせた語彙や表現を工夫することができる。また、伝えたいことを明確にすることで、文章に盛り込む内容も吟味することができる。教師も評価の際には読み手に合わせた表現になっているか、伝えたいことを伝えるために過不足なく情報を盛り込んで書けているか見取っていくことが大切である。

文章の種類を選んで書こう

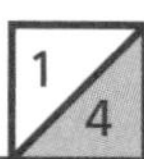

保護者の方に修学旅行の様子を伝えるためにどんな内容をどんな文章の種類で伝えればよいでしょうか。

目標

保護者の方に修学旅行の様子を伝えるために効果的な文章の種類や文章の内容を選ぶことができる。

評価のポイント

❶文章の種類とその特徴を捉え、伝える相手や目的に合わせて種類を選んでいる。 (1)ウ

❹他者の意見を取り入れながら適切な文章の種類や書く内容を考えようとしている。

準備物 ・修学旅行で使用したしおりやメモ ・付箋

ワークシート・ICT 等の活用や授業づくりのアイデア

○付箋に書きたい内容をメモすると、話題の整理がしやすい。また、ICT 端末でジャムボードなどを活用し、取り上げたい内容を付箋アイコンに書き出すと、グループ内での共有がしやすくなる。

○修学旅行中に撮った写真や持ち帰ったパンフレット等も活用し、書く内容を決めるとよい。

1 導入（学習の見通しをもつ）

〈単元全体の見通しをもつ〉

T：5人で一つ、保護者の方へ修学旅行の様子を伝える新聞を作成します。1時間目はそれぞれが担当する記事について文章の種類や書く内容を決めます。2時間目は記事を書き、3時間目はグループの中で記事を読み合って推敲します。4時間目は完成した新聞を読み合いましょう。

2 展開

〈文章の種類を確認する〉

T：これまで学習してきた文章にはどのような種類がありましたか。

・物語や小説・意見文・論説文

・随筆文・紹介文

＊「報道文」や「韻文」は生徒から出にくいと考えられるので、教師から提示することも考えられる。

T：それぞれの文章の種類はどんなことを伝えるときに用いられるでしょうか。

・意見文は当然意見を伝えるものです。

・論説文も意見です。

・紹介文はよいところを伝えるときです。

・報道文はニュースだと思います。

・韻文で伝わるものは何でしょうか…。

＊教師は文章の種類と特徴を板書に整理する。

＊1・2年生の教科書や各学年教科書

3 終末（学習を振り返る）

〈次回の学習内容を確認する〉

T：次回はそれぞれの記事を書き始めます。どんな内容を書くか、この時間に書いた付箋をみながら考えてきましょう。

効果的な板書例

文章の種類を選んで書こう

【学習目標】
読み手や目的に合わせて伝える内容や効果的な文章の種類を選び、文種の特徴を生かして書く。

【今日のめあて】
保護者の方へ修学旅行の様子を伝えるために書く内容と文章の種類を決めよう。

修学旅行新聞　第一回編集会議

読み手：保護者の方
目的　：修学旅行の様子を伝える

〈文章の種類〉
①報道文　→　事実を伝える
②随筆文　→　感じたことを伝える
③論説文　→　意見や主張を伝える
④紹介文　→　魅力を伝える
⑤韻文　→　情景を伝える
⑥物語文　→　想像を伝える

〈記事の内容〉
出来事　（あったこと）　①
印象的だったこと　（楽しかった　驚いた）　②
学んだこと　（考えたこと　意見）　③
現地の様子や情景　（景色、出会った人々）　④⑤

の目次を確認することも効果的である。

〈記事に書きたい内容を考える〉

T：保護者の方へ修学旅行の様子を伝えるためには、どんな内容をどんな文章の種類で伝えればよいでしょうか。まずは記事に書きたい内容を付箋にメモしてみましょう。付箋は一つの話題で１枚使用しましょう。付箋は何枚書いてもよいです。

・現地で見た景色がすごくきれいだったから新聞で伝えたいな。
・現地の人から伺った話が心に残っているから話の内容や、現地の人の気持ちを記事に書きたいな。
・現地の人にインタビューして、行く前には知らなかった事実が分かった。この事実はぜひ新聞で知らせたいな。
・現地を歩いて回ったときの出来事を順番に伝えたいな。

＊修学旅行で使用したしおりや現地で撮影した写真なども見ながら、記事にしたい話題を広げるとよい。

〈文章の種類と記事の内容を決める〉

T：お互いの付箋を見せ合いながら、文章の種類と記事の内容を決めましょう。文章の種類と伝えたい記事の内容が合っているかを話し合う中で考えながら決めましょう。

・現地で見たきれいな景色や感動を短歌とか俳句とか詩で伝えたいな。
・現地の人にインタビューして分かった事実はニュースのように報道文としてまとめたいな。
・インタビュー結果と自分の考えたことを合わせて伝えたいから論説文の方がいいのかな。
・現地を歩いて回ったときの出来事やみんなの様子は随筆文で書くのが合っていると思うな。
・現地での出来事を随筆文で伝えた後に、まとめとして短歌を入れるのはどうだろう。
・同じ種類ばかりにならないように、バランスをとりたいな。

文章の種類を選んで書こう

主発問　**記事を書くときには、どうすれば文章の種類の特徴を生かせるのでしょうか。**

目標

文章の種類ごとの特徴を生かして、修学旅行の様子を保護者に伝える記事を書くことができる。

評価のポイント

❷書きたい内容が効果的に伝わる文章の種類を選んでいる。　B(1)ア

❸記事の内容や文種の特徴に合わせて、文章の構成や表現を工夫している。　B(1)イ

準備物　・記事の下書き用紙　・付箋　・ワークシート01

ワークシート・ICT 等の活用や授業づくりのアイデア

○記事に書く内容を付箋に書き出し、事前に整理しておくことで記事が書きやすくなる。

○文書作成ソフトなど ICT 端末を使って執筆すると推敲や手直しがしやすくなる場合もある。

○下書き用紙を活用する場合は行間に書き込めるレイアウトにすると推敲しやすくなる。

1　導入（学習の見通しをもつ）

〈前時の学習を振り返る〉

T：保護者の方へ修学旅行の様子を伝えるために新聞を作成しています。グループの中で誰がどんな内容の記事を書くのか、文章の種類は何を選んだのか、再度確認してみましょう。どの記事がどれくらいの文字数になるのか割付も決めましょう。

2　展開

〈文種の特徴の生かし方を考える〉

T：今回の新聞記事は「報道文」「随筆文」「論説文」「紹介文」「韻文」を取り上げるグループが多かったですね。それぞれどんなことを伝えやすい文章だったでしょうか。

・報道文は事実を伝えやすいです。

・随筆文は思ったことや感じたことを伝えやすいです。

・論説文には意見や主張が必要です。

・紹介文は魅力をアピールする文章です。

・韻文は情景を詩や短歌や俳句で表現できます。

T：記事を書くときには、どうすれば文章の種類の特徴を生かせるのでしょうか。まずは「随筆文」と「論説文」を比較してみましょう。これまで読んできた随筆文にはどのようなことが書か

3　終末（学習を振り返る）

〈次回の学習内容を確認する〉

T：記事の仕上がり具合はどうでしょうか。保護者の方へ修学旅行の様子は伝わるでしょうか。次回はそれぞれが書いた記事を読み合って推敲し、清書します。書き上げた記事を、自分でも、もう一度読み返してくるとよいですね。

効果的な板書例

文章の種類を選んで書こう

【今日のめあて】文章の種類の特徴を生かして、担当の記事を書こう。

読み手：保護者の方
目的　：修学旅行の様子を伝える

〈文種ごとの特徴（書くことの中心）を生かす〉

①報道文　→　事実
②随筆文　→　感想
③論説文　→　意見や主張
④紹介文　→　魅力
⑤韻文　→　情景や様子

読み手と目的に合わせて書く
特徴に合う情報を多く入れて書く

れていたでしょうか。

・筆者の経験・筆者が体験した出来事

＊既習の随筆文を再度読ませて、文章の特徴を捉えさせてもよい。

T：論説文にはどのようなことが書かれていたのでしょうか。

・数値・問いかけ・問題点・筆者の主張

＊既習の論説文を再度読ませて、文章の特徴を捉えさせてもよい。

T：このようにその種類の文章らしくするための情報や要素を多く取り入れて記事を書くことが大切です。報道文だったら事実やデータを多く取り入れて書きましょう。紹介文は紹介したいものの魅力やよいところがたくさん表現できるように、韻文は表現技法なども使いながら情景が豊かに表現できるように書きましょう。

〈記事を書く〉

＊記事を書き始める前に、書く内容を付箋にメモさせる。前時で記入した付箋を使用してもよい。

＊下書き用紙を活用する際は行間に余裕のあるレイアウトにすると、推敲しやすくなる。

＊文書作成ソフトを利用する際は、元のデータを保存させ、清書で元のデータをコピー＆ペーストできるようにすると清書の効率がよくなる。

＊書く内容や表現に迷う時は適宜グループで話し合うように指導する。

・あの景色を見たときに他の人はどう感じたのだろう…グループの他の人の気持ちも取り入れて随筆文を書きたいな。

・論説文を書いているのだけど、この表現で主張が伝わるか心配だな…ほかの表現はないかグループの意見も聞きながら書こう。

＊書き方や書く内容に迷う生徒が多い場合は、グループの枠を越えて、同じ話題について書いている生徒同士や同じ文章の種類を選んだ生徒同士を交流させる。

・セリフや擬音語が入ると随筆文らしくなるな。

・論説文にはもっと数値データを取り入れよう。

文章の種類を選んで書こう

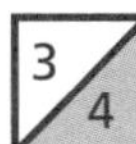

読み手に目的の内容をよりよく伝えるために、どのように推敲すればよいでしょうか。

目標

読み手の立場、伝えたい内容、文章の種類ごとの特徴を踏まえて記事を推敲することができる。

評価のポイント

❸内容や文種の特徴に合わせ、語の種類や文末、文章の構成や表現を工夫している。 B(1)イ

❹他者の意見を取り入れながら複数の表現を比較し、文章をよりよく推敲しようとしている。

準備物 ・記事の清書用紙 ・電子黒板 ・ICT端末

ワークシート・ICT等の活用や授業づくりのアイデア

○推敲活動の途中で目標をおおむね達成している推敲過程を共有したい。推敲記事をタブレットで撮影し、電子黒板に写しながら、どのような観点でどのように推敲しているのか説明させるとよい。修正前と修正後の変化を電子黒板によって全体共有することによって、推敲の観点を具体的に理解させることができる。

1 導入（学習の見通しをもつ）

〈今日のめあてを確認する〉

T：保護者の方へ修学旅行の様子を伝えるために新聞を作成しています。前の時間に記事の下書きは完成しているので、この時間はよりよい記事になるよう、推敲を行います。

2 展開

〈推敲のポイントを確認する〉

T：修学旅行新聞の読み手は保護者の方です。読み手の立場を考えたときに、書き手はどのようなことに気を付けるとよいでしょうか。

・丁寧な言葉遣いです。

・読み手が興味をもてる話題です。

・行ったことがない人にも伝わる表現になっているかです。

T：修学旅行新聞の目的は保護者の方へ修学旅行の様子を伝えることです。この目的を考えたとき、書き手はどのような内容を記事に書くとよいでしょうか。

・修学旅行中に起こった出来事です。

・修学旅行先で感じたことです。

・修学旅行を通じて考えたことです。

・出会った景色や人々についてです。

T：読み手に目的の内容をよりよく伝え

3 終末（学習を振り返る）

〈次回の学習内容を確認する〉

T：各グループですばらしい修学旅行新聞を完成させることができました。次回は、お互いの新聞を読み合いたいとおもいます。どんな力作があるか、楽しみにしていてください。

効果的な板書例

文章の種類を選んで書こう

【今日のめあて】文種の特徴を生かしながら、記事を推敲しよう。

読み手：保護者の方
目的　：修学旅行の様子を伝える

〈推敲のポイント〉
① 読み手
保護者の方を意識した言葉や表現になっているか
※修学旅行には行っていない人に伝える
② 目的
修学旅行の様子、感じたこと、学んだことが伝わるか
③ 文種の特徴を生かしているか
その文種らしくなる情報
言葉や表現

青ペン　→　気になる　要修正
赤ペン　→　修正結果

るために、どのように推敲すればよいでしょうか。特に、文種の特徴につながる情報は、多く入れるとよいですね。ではお互いの記事を読み合って、気になったり修正が必要な部分に青ペンで印を書き込んでいきましょう。修正が必要な理由や修正案があれば印の近くに言葉で書き込みましょう。

＊グループ内で記事を回し読みし、推敲させる。

＊本時の目標をおおむね達成できている推敲例の記事を ICT 端末で撮影し、電子黒板に写す。

T：この班は効果的に推敲ができていますね。どのようなところを意識して記事を推敲し合っているのか、全体へ向けて説明してください。

・これは随筆文なので、書き手の感情が詳しく書かれているかどうかを確認しました。また、時系列に出来事が並んでいる方が、修学旅行に行っていない保護者へも伝わりやすいと考えたので、ここと ここの文の順番を入れ替えることにしました。

・この記事は論説文です。修学旅行のインタビューで分かったことを基に自然環境保護について考えを述べようと思っています。グループの中で、主張を支える根拠が曖昧だという話になったので、ここの部分に主張を裏付ける数値を入れることにしました。あとはいくつか和語を漢語に換えて、文章に硬さを出してみました。

T：こんな観点で推敲するとよりよい記事になりそうですね。他のグループも推敲を続けましょう。

・和語や漢語や外来語の印象は考えてなかったから、もう一度記事を読み直してみよう。

・話題の順番も大切だから、入れ替えてどれがいいか試してみようかな。

T：修正した文章は下書き用紙に赤ペンで書き加えましょう。修正原稿ができたら、清書用紙に清書して、新聞を完成させましょう。

＊新聞用紙を記事ごとパーツに切り、それぞれが清書して貼り合わせると効率がよい。

文章の種類を選んで書こう

記事を書いたり読んだりして学んだことを踏まえると、文種の特徴を生かすには文章をどのように書けばよいのでしょうか。

目標

単元全体の学びを振り返り、文種の特徴を生かした文章の書き方を考えることができる。

評価のポイント

❹新聞を読み比べたり他者の意見を取り入れながら、文種の特徴の生かし方を考えようとしている。

準備物　・付箋　・ICT 端末（授業展開によっては）

ワークシート・ICT 等の活用や授業づくりのアイデア

○新聞を回し読みしながら付箋に感想を書いていく。クラスの人数分やグループ数分、新聞をコピーしておくと読み合いがスムーズに行える。また、新聞をあらかじめスキャンしておき、ICT 端末を活用してデータ上で読み合うこともできる。

1 導入（学習の見通しをもつ）

〈今日のめあてを確認する〉

T：今日はいよいよ完成した新聞を読み合います。各グループがどのような新聞を作ったのか楽しみにしていてください。

2 展開

〈読み合いのポイントを確認する〉

T：各グループの新聞を回し合って読みます。読んだら付箋に感想を書いて新聞に貼り付けましょう。感想を書く観点は二つです。一つ目は新聞全体の感想です。読み手である保護者の立場に立って、新聞を読んだ感想を書いてください。二つ目は特に文種の特徴を生かしている記事について、よいと感じた工夫を書きます。自分が担当したものと同じ文種の記事は工夫も見付けやすいかもしれません。グループのメンバー全員が付箋を貼り付けたら、新聞を次のグループへと回しましょう。

＊教師は全体の進行具合を確認しながら時間をコントロールする。

＊感想の書き方で優れた生徒がいれば、適宜付箋の文章を読み上げて、他の生

3 終末（学習を振り返る）

〈次回の学習内容を確認する〉

T：ここで学んだ文種による書き方の特徴は、これから様々な文章を書く上でも生かすことができます。言葉や表現、取り上げる情報などを工夫して、これからもよりよい文章表現を目指していきましょう。

効果的な板書例

文章の種類を選んで書こう

【学習目標】
読み手や目的に合わせて伝える内容や効果的な文章の種類を選び、文種の特徴を生かして書く。

【今日のめあて】お互いの新聞を読み合って、文種の特徴を生かした文章の書き方を考察しよう。

読み手：保護者の方
目的　：修学旅行の様子を伝える

付箋の書き方

名前
①新聞の感想
②文種の特徴を特に生かせていると思う記事について（理由）

〈振り返り〉
文章の種類の特徴を生かして書くには

徒が参考にできるようにするとよい。

・自分と同じ話題を書いているけれど、この記事は随筆文らしく出来事と感想が詳しく書かれているな。
・自分と同じ論説文を書いているけれど、「例えば」や「つまり」など話題が整理されていて読みやすいな。
・修学旅行に行っていない保護者でも、具体的な説明がたくさん入っている紹介文だから、現地のお土産の魅力がよく分かるな。

〈感想付箋を読む〉

T：全ての班から感想の付箋が集まりました。あなたの班の新聞はどんなところが評価されていましたか。班の中で付箋を読み合って、話し合いましょう。

＊評価の観点や取り上げられている記事ごとに付箋を分類させて、感想を分析させる。

・修学旅行に行っていない保護者を意識して、どの記事も詳しく書くことを意識したのが評価されています。
・論説文らしく根拠となる数値を入れて書いたけれど、少しくどい文章になってしまったみたいです。

〈文種の特徴を生かす書き方を考察する〉

T：ここまで、記事を書き、完成した新聞を読み合い、感想の付箋を分析しました。では単元全体を振り返って考えましょう。文種の特徴を生かすには文章をどのように書けばよいのでしょうか。自分の考察をノートに書きましょう。

＊目標に達している生徒に発表させたり、ペアで発表し合ったりして、気付きや学びを生徒同士で共有できるようにする。

＊「例えば」という言葉を使って書くように指示し、学習を具体的に振り返らせる。

・文章の種類ごとに、その種類らしくするための情報がある。例えば、論説文だとデータなどである。その情報を多く入れて…（略）

漢字1　熟語の読み方／漢字に親しもう1（1時間扱い）

指導事項：〔知技〕(1)ア
言語活動例：社会生活で用いる熟語の読み方について考え、問題を解いて理解を深める。

単元の目標

(1)学年別漢字配当表に示されている漢字について、文や文章の中で使い慣れることができる。
〔知識及び技能〕(1)ア

(2)言葉がもつ価値を認識するとともに、読書を通して自己を向上させ、我が国の言語文化に関わり、思いや考えを伝え合おうとする。「学びに向かう力、人間性等」

単元の構想

〈単元で育てたい資質・能力／働かせたい見方・考え方〉

漢字には音と訓があることをあらためて意識し、表音文字と表意文字の双方の性質をあわせもつ漢字の特徴を意識する機会としたい。日常使っている語彙の中には、通常よく用いられる「音＋音」の熟語や「訓＋訓」熟語だけでなく、重箱読みや湯桶読み、熟字訓にあたる熟語も多く存在することに気付かせたい。日常語彙について読み方に着目して分類することのできる面白さや、熟語の構成に目を向けさせること、または新出漢字を用いた問題演習に取り組むことで、豊かな言語感覚を育てていきたい。

〈教材・題材の特徴〉

本教材で、生徒たちは日常見聞きする熟語も、その読み方や構成に着目することで、十分に学習在として深めることができることに気が付くだろう。設定されている練習問題に取り組んだ後は、「音と音」、「訓と訓」、重箱読み、湯桶読み、熟字訓をもつ熟語を出し合う活動をするなど、発展的な扱いもしていくことのできる教材である。

〈主体的・対話的で深い学びの視点からの授業改善ポイント／言語活動の工夫〉

熟語の構成について分類をはじめに提示してから実例を探していく授業展開もとれるが、先に二字熟語を生徒たちからたくさん挙げさせ、それを読み方の観点から分類していき、「音＋音」「訓＋訓」「音＋訓」「訓＋音」の四分類を発見させていくような授業展開も考えられる。その際には、音読みと訓読みの基礎知識を最初に全体で確認しておくと、活動にスムーズに移行することができる。また、漢字の中には、一見訓読みのようであるが音読みであるもの、音読みのようであるが訓読みであるものも多く存在する。「愛／アイ」、「番／バン」、「場／ば」、「路／じ」など、音読みなのか訓読みなのかが見分けにくい漢字の読みも存在するので注意させたい。逐一教師が正解を教えるのではなく、辞典や教科書末尾の常用漢字表などを用いて、生徒たちが自主的に調べて疑問を解決できるように促していく指導を心がけたい。

単元計画

時	学習活動	学習内容	評価
1	1．「音読み」、「訓読み」について確認する。 2．熟語の構成について知る。 3．練習問題に取り組み、理解の程度を確かめる。 4．p.40「漢字に親しもう１」の問題に取り組む。	◯音読みは中国語由来の漢字の読み、訓読みは日本でつくられた日本語としての読みであることを確認する。 ◯「音＋音」「訓＋訓」が一般的だが、まれに「音＋訓」の重箱読み、「訓＋音」の湯桶読みも存在することを学習する。 ◯熟字訓の例をいくつか確認する。 ◯練習問題に取り組む。 ・言葉の意味が分からないときは、国語辞典等で調べさせるとよい。 →教科書 p.290「三年生で学習した漢字」 →教科書 p.301「三年生で学習した音訓」 →教科書 p.302「常用漢字表」	❷ ❶ ❶

評価規準

知識・技能	主体的に学習に取り組む態度
❶学年別漢字配当表に示されている漢字について、文や文章の中で使い慣れている。　(1)ア	❷言葉がもつ価値を認識し、進んで漢字を読んだり書いたりするなどして、言語文化に関わろうとしている。

〈指導と評価の一体化を図る見取りのポイント〉

言語に関する領域の学習では、日常の言葉について理解を深め、言葉に関心をもたせるようにしていくことを目指したい。単に熟語が読める、という段階に留まるのではなく、どのような組み立てから成り立っている熟語なのか、どのような語源があるのか、など日常的に言葉に対して関心をもてるような生徒の育成を目指したいものである。

ここでは、漢字の音訓や、熟語における音訓の組み合わせに注意して、漢字を読んだり書いたりしている生徒の姿を「概ね満足できる状況」として設定している。

漢字 1　熟語の読み方／漢字に親しもう 1

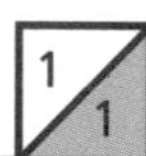

主発問　**熟語の読み方はどのように構成されていますか。**

目標

・熟語の読みの構成について理解を深め、言語文化への関心を高めることができる。

評価のポイント

❶学年別漢字配当表に示されている漢字について、文や文章の中で使い慣れている。　(1)ア

❷言葉がもつ価値を認識し、進んで漢字を読んだり書いたりするなどして、言語文化に関わろうとしている。

準備物　・特になし

ワークシート・ICT 等の活用や授業づくりのアイデア

・熟語の読みの構成が四つの類型に分類できることを理解させるのが、本時の主なねらいとなる。教科書掲載の語例を用いるだけでなく、生徒に熟語を挙げさせて分類整理させる活動を設定することで、学習の理解・定着を促すことができる。

1　導入（学習の見通しをもつ）

〈本時の学習を知る〉

T：今回の授業は、熟語の読み方を学習していきます。

T：熟語というのは、二つ以上の漢字が合わさって一語として使われるようになった言葉のことです。

2　展開

〈熟語の読みの類型を知る〉

T：漢字の音読みと訓読みについては分かりますね。二字熟語で考えた場合、原則として上の漢字を音読みで読めば下も音読み、上の漢字を訓読みで読めば下も訓読みとそろえた読み方をします。

T：他の読み方として「重箱読み」と「湯桶読み」という読み方もあります。

T：重箱読みは、上の漢字を音読み、下の漢字を訓読みする読み方です。例としては「本箱」「台所」「番組」などがあります。他にどんな重箱読みの熟語がありそうですか。

・「両替」もそうだと思います。

・「団子」も重箱読みです。

T：湯桶読みは、上の漢字を訓読み、下の漢字を音読みする読み方です。例と

3　終末（学習を振り返る）

〈本時のまとめ〉

T：この授業では、熟語の読み方について学習し、漢字の演習問題にも取り組みました。これからも日頃自分が使う言葉や漢字に意識を向けていってください。

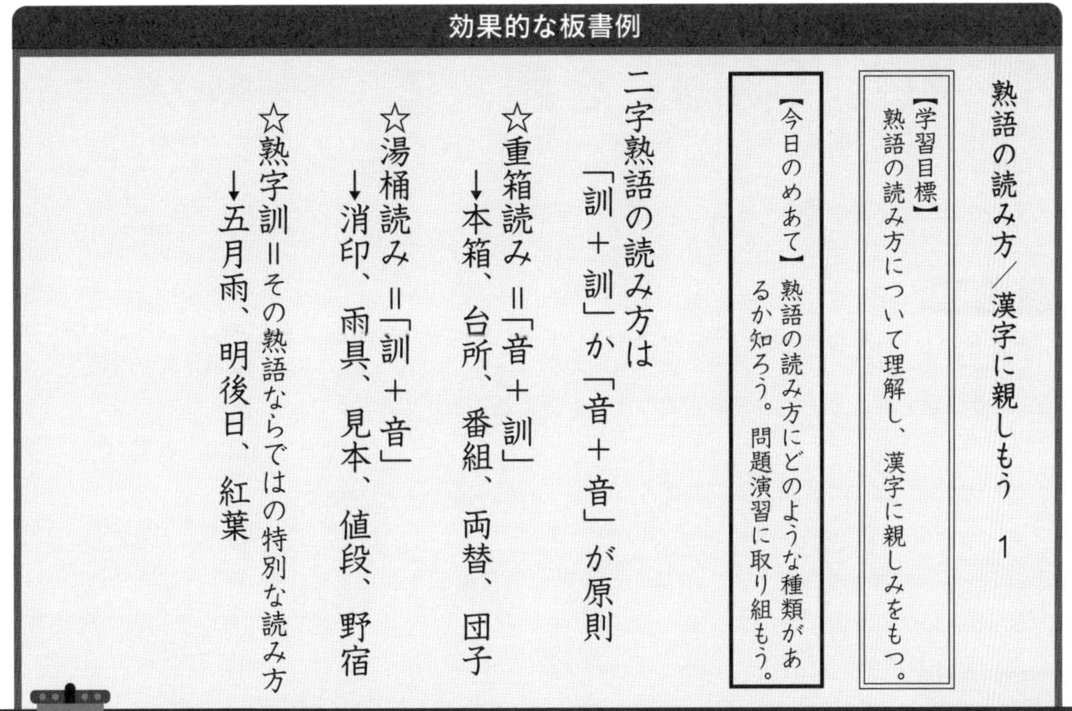

しては「消印」「雨具」「見本」などがあります。他にどんな湯桶読みの熟語がありそうですか。

・「値段」は湯桶読みです。

・「野宿」も湯桶読みだと思います。

〈熟字訓について知る〉

T：熟語ならではの特別な読み方をする「熟字訓」というものもあります。例えば「五月雨」と書いて「さみだれ」と読んだり、「明後日」と書いて「あさって」と読んだりします。五月雨は「五」が「さ」、「月」が「み」、「雨」が「だれ」と読むわけではなく、三文字全体で「さみだれ」なのです。こういうものを熟字訓というのですね。他にも身の回りにたくさんあるので探してみましょう。

〈練習問題に取り組む〉

T：教科書 p.38〜40にある練習問題に取り組みましょう。

＊はじめは何も調べずに取り組み、最後まで進んでから、最初に戻って辞書等を用いて自分で調べ直すようにさせると、一人学習の経験をさせることができる。

T：それでは、答え合わせをしていきましょう。一人１問ずつ順番に答えていってください。

2 視野を広げて

作られた「物語」を超えて（3時間扱い／読むこと）

指導事項：〔知技〕(2)ア　〔思判表〕C(1)ア、ウ
言語活動例：論説を読み、筆者の文章構成や論理の展開について考えたことを文章にまとめる。

単元の目標

(1)文章における具体と抽象の関係を捉えることができる。　〔知識及び技能〕(2)ア
(2)文章の種類を踏まえて、論理の展開の仕方を捉えることができる。
〔思考力、判断力、表現力〕C(1)ア
(3)文章の構成や論理の展開、表現の仕方について評価することができる。
〔思考力、判断力、表現力〕C(1)ウ
(4)言葉がもつ価値を認識するとともに、読書を通して自己を向上させ、我が国の言語文化に関わり、思いや考えを伝え合おうとする。　「学びに向かう力、人間性等」

単元の構想

〈単元で育てたい資質・能力／働かせたい見方・考え方〉

論説文の特徴を踏まえ、既習内容の原因と結果、意見と根拠、具体と抽象といった、情報と情報の関係に着目して、論理の展開について捉える機会としたい。また、ゴリラの専門家ならではの例示や叙述の仕方は、読み手によっては評価が分かれる書きぶりである。教科書に掲載されているからという理由で鵜呑みにするのではなく、批判的な視点をもって文章を読み、他者との対話を通して論理展開の善し悪しを考え、理由や根拠を示しながら論理的に評価できる力を育てていきたい。

〈教材・題材の特徴〉

論説文を読む上で大切になってくるのは、筆者が自分の主張を読者に理解・納得してもらうために、どのように論理の展開を工夫しているのかを捉えることである。本教材は、ゴリラに関する個別の事例を、人間の文化や社会全体に発展させて、自らの主張をまとめている。ゴリラ研究を通して人間の「物語」る特性を示し、注意が必要であることを論じる筆者の論理の展開について、納得できるかどうかということを、挙げられた事例の確かさや、一般化やまとめの適切さという観点から考えることができる。

〈主体的・対話的で深い学びの視点からの授業改善ポイント／言語活動の工夫〉

論理展開を評価するに当たって、筆者の主張を支える客観的な事実・データは何か、それをどう筆者は解釈したのかということを捉えることが大切になってくる。そこで、1枚のワークシートで教材文を一覧できるようにし、付箋を使ってキーセンテンスやキーワードを書かせ、段落ごとのまとまりやつながりを分かりやすくした。さらに、文章構造を捉えるために、教科書の「学習の窓」を参考にしながら図化する手立てを講じ、その構造化した図を基に、論理展開に対する善し悪しを仲間と交流することにより、考えの広がりや理解の深まりを期待した。

単元計画

時	学習活動	学習内容	評価
1	1．学習を見通し、通読する。 2．筆者の問題意識を捉える。 3．キーワードを付箋に書き、文章の構成を一覧できるようにまとめる。	○形式段落に番号を振ったり、文章の話題や筆者の主張を押さえたりしながら範読を聞く。 ○文章中の「物語」の意味を捉え、筆者の問題意識を確認する。 ○個人で段落のキーセンテンスやキーワードを書いた後、グループで確認し合い、つながりを考えて付箋を移動させたり、矢印でつないだりしながら文章構成を可視化する。	❶
2	4．文章構成を捉えながら「具体と抽象」の関係について理解を深める。 5．筆者の主張と論理の展開を捉え、評価を交流する。	○筆者の主張を捉え、論説は読み手を説得するために書かれた文章であることを確認する。 ○教科書 p.48を参考にしながら文章を構造化し、評価の観点を示しながら、自分が下した評価をグループで説明し合う。 〔評価の観点の例〕 ・主張と具体的事例のつながり（妥当性や適切性） ・具体的事例のそれぞれの内容や順序について	❶ ❷❹
3	6．筆者の論理展開について評価し、文章にまとめる。 7．学習を振り返る。	○構造図を基に話し合ったことを踏まえて考えを練り直し、筆者の論理展開について、根拠や理由を具体的に挙げながら、評価する文章を書く。	❸

評価規準

知識・技能	思考・判断・表現	主体的に学習に取り組む態度
❶具体と抽象など情報と情報の関係について理解を深めている。 ⑵ア	❷「読むこと」において、文章の種類を踏まえて、論理の展開の仕方などを捉えている。 C⑴ア ❸「読むこと」において、文章の構成や論理の展開、表現の仕方について評価している。 C⑴ウ	❹進んで文章の構成や論理の展開の仕方について評価し、情報と情報の関係について深めた理解を生かして、文章をまとめようとしている。

〈指導と評価の一体化を図る見取りのポイント〉

目的もなく他者と意見を交流しても、考えの広がりや理解の深まりは得がたい。そこで、交流をする前後に学習の調整の場を設定する。交流前には、何のために交流するのかを自覚化することが大切になってくるので、自分の考えで曖昧な部分や迷っている部分を明確にさせ、どんなことを仲間に相談して考えたいかというようなことを書かせ、見通しをもたせた。そして、交流後には、新たな気付きや考えの変容などを客観的かつ具体的に振り返り、評価する文章を書く際につなげた。

作られた「物語」を超えて

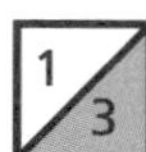

この文章で「物語」とはどういう意味があり、筆者はどのような問題意識をもっているだろうか。

目標

通読して、本文の話題や「物語」がもつ意味を理解し、筆者の問題意識を捉え、構成を整理することができる。

評価のポイント

❶形式段落ごとのキーセンテンスやキーワードを捉え、情報と情報の関係について理解を深めている。 ⑵ア

準備物 ・付箋を貼って整理できるB4のワークシート①⬇01 ・付箋（75mm×50mm）

ワークシート・ICT 等の活用や授業づくりのアイデア

○段落の要点を自分でまとめ、段落同士のつながりを意識しながら構成を考えられるようにする。

＊段落ごとの枠を教師が作成し、デジタルデータでまとめさせることも可能である。

1 導入（学習の見通しをもつ）

〈目標を確認し学習の見通しを持つ〉

T：論説文の読み方を学習していきます。筆者の主張は何か、また、説得力を上げるためにどのように論を展開しているのか、ということを読み取りましょう。そして、最終的に皆さんには、筆者の論理展開について評価してもらいます。

2 展開

〈題名読みをする〉

T：今回の文章の題名は「作られた『物語』を超えて」です。なぜ物語という言葉にカギカッコがついているのでしょう。

・強調したい言葉だから(キーワード)です。

・特別な意味をもたせているからです。（辞書に載っている意味とは異なる）

＊辞書をひかせ、辞書の意味を板書する。

T：この文章における「物語」の意味や、この文章を通して筆者が主張したいことは何かということを考えながら、文章を読んでいきましょう。

○先に形式段落に番号を振る。その後、読めない漢字にふりがなを振り、キーワードに線を引きながら範読を聞く。

＊言葉に補足が必要な場合は、脚注や写真、動画などを用い、説明を加えながら範読する。

3 終末（学習を振り返る）

〈次時への予告〉

T：今日の授業では、内容のまとまりや接続語や指示語に注目して構成を分けることが出来ました。次の時間は、論理展開について考えていきます。読み手を説得するためにどのような工夫をしているのでしょうか。一緒に考えていきましょう。

効果的な板書例

「作られた『物語』を超えて」　山極　寿一

【学習目標】
論説の特徴を踏まえて読み、文章の構成や論理の展開を評価する。

【今日のめあて】本文の話題や「物語」がもつ意味を理解し、筆者の問題意識を捉えて構成を整理しよう。

○「物語」「　」＝強調（キーワード）、本来の意味と異なる。
（辞書）＝作者の見聞または想像を基とし、人物・事件について人に語る形で叙述した散文の文学作品。
（本文）＝人間が都合のいいように解釈した話。

〈筆者の問題意識〉「物語」は動物たちに悲劇をもたらす。

《構成》

序論	話題の提示	①＝人間に都合がいいように作ってきた「物語」は、悲劇をもたらす。
本論1	ゴリラの具体例	②③＝ゴリラへの誤解 ④⑤⑥＝ドラミングの本来の意味 ⑦＝ゴリラに起こった悲劇
本論2	人間の具体例と筆者の考え方	⑧＝人間の性質について ⑨＝人間社会における悲劇 ⑩＝調査を通じての筆者の考え
結論	主張のまとめ	⑪⑫＝作られた「物語」を超えるために必要なこと ・相手の文化や社会をよく理解する。 ・相手の立場に立って考える。 ・常識を疑ってみる。

T：この文章における「作られた『物語』」とはどのような意味でしたか。

・人間に都合がいいように解釈した話です。

T：では、その「作られた『物語』」には、どのような問題があるのでしょう。

・動物たちに大きな悲劇をもたらすという問題です。

〈構成を考える〉

T：１段落はこの文章全体の話題の提示をしています。説明的な文章の基本構成は何でしたか。

・序論、本論、結論です。

T：説明的な文章では、序論は問題提起や話題の提示を行い、結論を導き出すために、本論で具体例を示しながら文章を展開していましたね。

T：各段落の要点を付箋に書き、それぞの段落のつながりを考えながら、全体の構成を考えましょう。

○一つの形式段落につき、１枚の付箋に内容を書き、段落ごとのつながりや役割をワークシート①に書き、一覧できるようにまとめる。

＊一段落を用いて付箋のまとめ方の例示をする。

例）

> 序論（話題の提示）
> 人間が都合のいいようにつくってきた「物語」は動物たちに大きな悲劇をもたらすことがある。
> （例：ライオン・トラ、キツネ・タヌキ）

＊段落同士でつながりがあるものは、付箋を囲んだり、小見出しを付けるように促す。

＊指示語や接続詞にも注目させる。

T：段落同士のつながりを班で交流しましょう。自分と異なる構成を考えている人がいたら、理由を聞きましょう。

＊序論、本論1、本論2、結論の分け方だけではなく、なぜそのように分けるのかという理由、段落ごとの要点のまとめ方なども交流する。（板書参照）

○班で一致しなかったところや、まとめ方に疑問が残るところについては、根拠を明示しながら全体で意見を交流する。

（結論部を⑩⑪⑫段落にしてもよい）

作られた「物語」を超えて

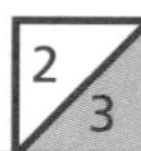

筆者は自分の主張を読者に共感や納得をしてもらうために、どのような論理展開にしているでしょうか。

目標

文章における具体と抽象の関係や筆者の主張を捉え、論理の展開について評価することができる。

評価のポイント

❶ゴリラの事例と人間社会の話に着目して、具体と抽象の関係を理解している。 (2)ア

❷意見と根拠、具体と抽象の関係に着目して、論理の展開の仕方を図式化して捉えている。 C(1)ア

❹評価の観点を基に、自分が下した評価を相手が納得するように説明しようとしている。

準備物 ・文章を構造化したワークシート② 02

ワークシート・ICT 等の活用や授業づくりのアイデア

○教科書 p.48の「学習の窓」を参考にし、論理展開を図化したものをワークシート②で作成し、文章を図化して捉えやすくする。

1 導入（学習の見通しをもつ）

〈論説の確認と本時の目標の共有〉

T：今日は授業の最後に、筆者の論理展開を評価してもらいます。今回扱っている論説文とは、筆者の主張・意見を具体的な事例に基づいて論証し、読み手を説得する文章のことです。筆者がどのように論を展開しているのか捉え、それについて評価しましょう。

2 展開

〈具体と抽象の関係をつかむ〉

T：前回は筆者の問題意識を確認しました、筆者はどのような問題意識をもっていましたか。

・「人間が作る『物語』はときに悲劇をもたらすことがある」ということです。

T：筆者はなぜそのような問題意識をもったのでしょうか。

・野生動物の行動を誤解することがよくあるからです（トラやライオンは狂暴、キツネやタヌキはずる賢い）。

T：そうですね。そして、筆者自身が研究しているゴリラの事例を本論で展開していました。具体的な事例を挙げることで説得力も上がります。このように、複数の具体例から、共通する意味や性質、傾向を取り出すことを「抽象化」と言います。また、形のないものを、具体例

3 終末（学習を振り返る）

〈次時への見通しをもつ〉

T：グループで交流した際には、異なる評価を下した人もいると思います。重点を置く観点が違うと評価が異なってくるものです。ポイントはなぜそう評価したのかという理由です。次の時間は、自分の考えを文章でまとめ、単元の振り返りをしていきます。

効果的な板書例

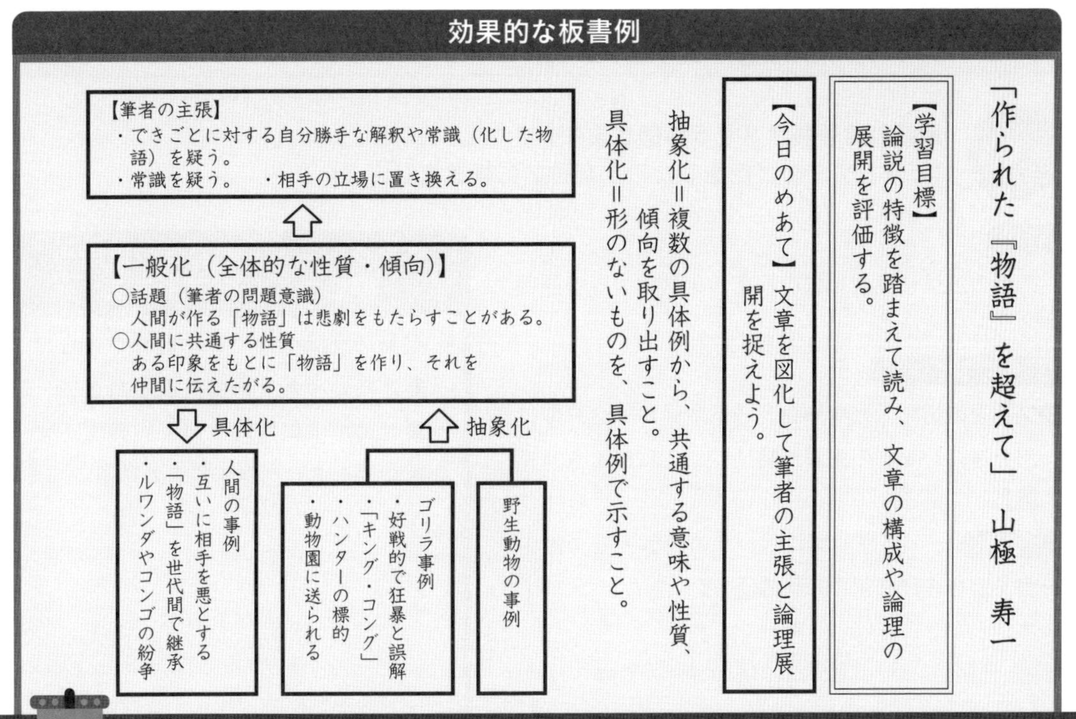

で示すことを「具体化」と言います。

〈筆者の主張を捉える〉

T：この文章における筆者の主張は何ですか。主張となる部分に線を引いて、隣の人と確認しましょう。

○「自分勝手な独りよがりな解釈を避け、常識を疑うこと、何より自分を相手の立場に置き換えて考えてみる視点が重要である。」

T：筆者は、この主張を読み手に伝えて納得や共感を得るために、文章の展開を工夫しながら書いています。主張を伝えるために必要なものは何でしょうか。

・なぜそう言えるのかという根拠です。

・具体的な事実や事例です。

T：先ほどの「抽象化」と「具体化」がポイントとなってきます。では、教科書 p.48の図を参考にして、この文章の論理の展開を図化して整理しましょう。

＊ワークシート②を配布し、まずは個人で考えさせ、その後グループで共有させる。

〈筆者の論理展開を評価する〉

T：筆者の論理展開を評価していきます。次の観点を参考にしてください。

「評価の観点（例）」

・主張と根拠につながりはあるか。

・根拠となる事実やデータに信頼性はあるか。

・取り上げる具体例として適切か。

・抽象化するときに事例の不足はないか。

・根拠として挙げる事例の数や文章量は適切か。

・説明の順序は分かりやすいか。

＊全ての観点を使う必要はないことを伝える。

T：論理展開が適切か、分かりやすいか、共感しやすいかといった評価をし、なぜそう考えるのかという根拠を、評価の観点を参考に、具体的にグループで説明し合いましょう。

＊グループで交流する前に、評価をする際に迷ったことや悩んでいること、疑問等を自覚させた上で説明し合うように促す。

作られた「物語」を超えて

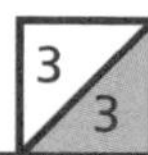

筆者の論理展開をどう評価しますか。
（どうしてその評価をしたのか具体的に書きましょう）

目標

筆者の主張や論理展開を捉え、それについて評価することができる。

評価のポイント

❸文章を構造化したワークシートやグループでの交流を基に、筆者の論理展開について根拠をもって評価している。　C(1)ウ

準備物　・論理展開についての評価とその理由を書くためのワークシート③03

ワークシート・ICT 等の活用や授業づくりのアイデア

○前時の交流で出てきた疑問やさらに考えたいことを再度交流した上で、筆者の論理展開について評価する文章をワークシート③にまとめる。

1　導入（学習の見通しをもつ）

〈学習の見通しをもつ〉

T：この時間は、前回の交流で出てきた疑問やさらに意見を交わして考えたいことをもう一度交流します。そして論理展開について理解を深めた上で、自分は最終的にどのような評価をするのかを根拠を示して文章でまとめてもらいます。

2　展開

〈論理展開についての評価を交流する〉

＊前回の交流で評価が分かれたところや、他者の評価を聞いて疑問に思ったこと、自分の評価を支える根拠を補強することなどを整理させ、自分の中での交流の目的を明確化させる。

T：何を目的としてこの後の交流をしますか。数人に発表してもらいます。

・前回の交流で、示された具体例が主張とつながっているかという観点で評価したのは一緒だったのに、評価が違う人がいたので、理由をさらに聞いて自分の考えを深めたいです。

・本論の２で人間の性質を一般化しているけど、多少強引な感じがしました。そう感じた理由が自分の中ではっきりしていないので、友達にも聞いてみたいです。

＊机間指導する中で、よい視点をもてて

3　終末（学習を振り返る）

〈今回の学習を日常生活にどのように生かしていきたいかを考えて書く〉

T：今回の単元では、筆者の主張を捉え論理展開を評価しながら読んでいきました。これは、文章を読むときになぜ必要になってくるのでしょう。具体的な場面を思い出しながら、自分の言葉で価値付けましょう。

効果的な板書例

「作られた『物語』を超えて」　山極　寿一

【学習目標】
論説の特徴を踏まえて読み、文章の構成や論理の展開を評価する。

【今日のめあて】・筆者の論理展開について、根拠をもって評価しよう。

【評価の観点】
・主張と根拠につながりはあるか。
・根拠となる事実やデータに信頼性はあるか。
・取り上げる具体例として適切か。
・抽象化するときに事例の不足はないか。
・根拠として挙げる事例の数や文章量は適切か。
・説明の順序はわかりやすいか。

【評価する言葉例】
【肯定派】
・〜という点で優れている。　・〜という点で適切だ。
・〜というところが絶妙だ。　・〜の展開が分かりやすい。
・〜が納得を呼ぶ。　・〜から読み手の共感を誘う。
【否定派】
・〜だったら、なおよかった。　・〜という点がもったいない。
・〜という点では及ばない。　・〜には改善の余地がある。

いる生徒を確認して指名する。

T：では、話し合う目的を各自確認したところで、再度交流していきましょう。相手の意見のうち、なるほどと思ったものをメモしましょう。それを、自分の考えをまとめるときに生かしましょう。

〈評価やその根拠を交流する〉

＊全体で共有した方がよいものは適宜取り上げる。

〈自分の考え（筆者の論理展開への評価）を文章にまとめる〉

＊評価する言葉の例を示す。（板書参照）また、生徒の実態に応じて以下のような文章の型を示すことも有効な手立てである。

〈文章の型〉
（主張）私は筆者の論理展開は〇〇だと思う。
（事実）筆者は本文で〜と説明している。
（理由付け）この説明は〜となっている。

＊事実には本文中で自分が選んだ観点でどのように展開されているかをまとめ、理由付けにはその事実をどのように解釈して主張と結び付けたのかを書くように促す。

【肯定派】の生徒の文章例

・私は筆者の論理展開は適切だと思う。自身が研究しているゴリラの事例を通して、人間がどのように「物語」を作り上げ、悲劇をもたらすのか、そしてどうすれば誤解を解いて真実を知ることができるのかを説明している。主張に合った具体例が選ばれることで、筆者の主張が分かりやすくなる。

【否定派】の生徒の文章例

・ゴリラの具体例は詳しい調査によって得られたものであったのに対し、人間の事例については筆者の体験から感じたことで書かれており、分量も少ない。主張は、「物語」を超えるために大切なことと一般化されているので、そこにつなげるためにも、人間世界での具体例を詳しくした方が読者は納得して読み進められるのではないか。根拠となる情報の信頼性という点において十分ではないと評価した。

2 視野を広げて
思考のレッスン　具体化・抽象化
（1時間扱い）

指導事項：〔知技〕(2)ア
言語動例：抽象的な言葉について適切な具体例を挙げて説明する。

単元の目標

(1)具体と抽象などに表れる情報同士の関係を理解することができる。　〔知識及び技能〕(2)ア
(2)言葉がもつ価値を認識するとともに、読書を通して自己を向上させ、我が国の言語文化に関わり、思いや考えを伝え合おうとする。　「学びに向かう力、人間性等」

単元の構想

〈単元で育てたい資質・能力／働かせたい見方・考え方〉

生徒はこれまで文章を書いたり読んだりする中で、抽象から具体への展開や具体から抽象への展開を学習してきている。しかし、具体化もしくは抽象化していく過程を丁寧に捉えなおすことは少ない。どうすれば具体化もしくは抽象化できるのか、その手順を理解し、自覚的に手順を行う力を育てたい。また、情報をどのくらい具体化もしくは抽象化するかは、情報を伝える相手や目的によって異なる。どのくらいという「程度」を生徒自身が調整できる力を育成するのに適した単元である。

〈教材・題材の特徴〉

本教材は抽象から具体への展開と具体から抽象への展開が図で示されている。互いがどのような関係になっているのか視覚的に捉えさせるのに適している。また、どうすれば具体化もしくは抽象化できるのかという手順も視覚的に示されているので、有効に活用したい。特に抽象から体験やエピソードを挙げて具体化していく部分は、今後エッセイなどを「書く」学習や意見を「話す」学習でも大いに活用できる。それらの単元と関連させながら授業を展開することも可能である。

〈主体的・対話的で深い学びの視点からの授業改善ポイント／言語活動の工夫〉

具体と抽象の考えを何度も往復したり、様々な言葉で言い換えたりする場面を設けることで、生徒は言葉の意味や概念について主体的に考えることができる。具体化もしくは抽象化の手順を自覚的に行えるようになるためにも、具体化もしくは抽象化する、別の言葉で言い換えるといった場面を繰り返し設けたい。また、抽象から体験やエピソードを結び付けて具体化していく際には、他の生徒と対話を通じて適切な具体例を引き出せるようにしたい。他者が情報と情報をどのように結び付けているか知ることで、自分自身の考えを振り返ったり、深めたりする機会としたい。

単元計画

時	学習活動	学習内容	評価
1	1．抽象と具体の関係性を理解する。	○仲間分けゲームに取り組み、抽象と具体の関係性を考える。 〈仲間分けゲームの例〉・単語の共通点を探す ① 犬　うさぎ　→　動物 ② 犬　うさぎ　人間　→　哺乳類 ③ 犬　うさぎ　人間　マンボウ　→　生物 ○教材の図から抽象と具体の関係性を理解する。	❶
	2．具体化もしくは抽象化するための展開を理解する。	○教材の図を見て、具体化もしくは抽象化するための手順や、よく使われる接続詞（枕詞）を確認し、練習する。 ・「広げる」のが具体化、「まとめる」のが抽象化であることを捉える。 ・「例えば」は具体化、「つまり」は抽象化を示すことが多い言葉であることを確認する。 （脚注の問題１、２に取り組んでもよい）	❶
	3．抽象的な言葉について具体的なエピソードを挙げて説明する。	○抽象的な言葉について、結びつく具体例を使って説明する。また、具体例を抽象的な言葉でまとめる。 〈例〉 抽象化　具体化 「優しい」⟷　喜ぶことをする。 ⟷　忙しそうなときに手伝う。 ⟷　嫌がることをしない。 ⟷　相手のために厳しい事を言う。	❷❸

評価規準

知識・技能	主体的に学習に取り組む態度
❶具体と抽象など「含む・含まれる」「関連する」といった情報同士の関係を理解している。 ⑵ア	❸他者の意見を踏まえ、具体と抽象、結論と根拠など複数の視点から情報同士の関係を考えようとしている。

〈指導と評価の一体化を図る見取りのポイント〉

「例えば」や「つまり」といった接続詞（枕詞）とそのあとに続く情報を適切に結び付けているか見取ることが大切である。話合いの観察やノートなどへの記入内容の確認が見取りの材料となる。また、具体化もしくは抽象化の程度も評価の観点として考えることができる。

思考のレッスン　具体化・抽象化

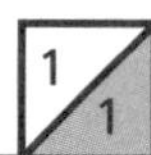

主発問　**具体化したり抽象化したりして考えるには、どのようにすればよいのでしょうか。**

目標

具体化や抽象化など情報同士がどのような関係になっているか捉えることができる。

評価のポイント

❶抽象と具体、含むと含まれるなど情報同士の関係を矢印や言葉を使って説明している。　(2)ア

❸他者の意見を踏まえ、具体と抽象、結論と根拠など複数の視点から情報同士の関係を考えようとしている。

準備物　・言葉カード

ワークシート・ICT 等の活用や授業づくりのアイデア

○「仲間分けゲーム」は電子黒板に生き物の名前を映し出し、何の仲間か予想させながら取り組ませるとよい。

○「優しい」を具体化する場面では、これまで読んできた小説や物語教材の描写を集めさせる方法も有効である。

1　導入（学習の見通しをもつ）

〈仲間分けゲームに取り組む〉

T：仲間分けゲームに挑戦しましょう。これからある仲間に含まれるものの名前が書かれたカードをいくつか見せます。何の仲間のカードか予想しましょう。それでは、第１問。

・動物　　・哺乳類　　・生き物

2　展開

〈具体化と抽象化の関係を理解する〉

T：仲間分けゲームでは仲間の名前がカードに書かれているものを仲間として選んでいます。このような関係になっているとき、カードの名前を含む言葉を考えることを「抽象化」と言い、含まれるカードを考えていくことを「具体化」と言います。では具体化したり抽象化したりして考えるには、どのようにすればよいのでしょうか。

T：具体化は一つのことを分けたり広げたりしていく関係です。一方、複数の事を言い換えたりまとめたりする関係が抽象化です。

T：では説明文などで具体例を挙げるときと結論をまとめるとき、それぞれどんな言葉から始まることが多いでしょうか。

・具体例は「例えば」でしょうか。

3　終末（学習を振り返る）

〈今後の活用について考える〉

T：ここで学んだ具体化と抽象化は話合いや作文などでも生かすことができます。話題を広げたいときには具体化し、まとめたいときには抽象化することで、話題や考えを整理していきましょう。今後の学習場面につなげてこの考え方を活用していきましょう。

効果的な板書例

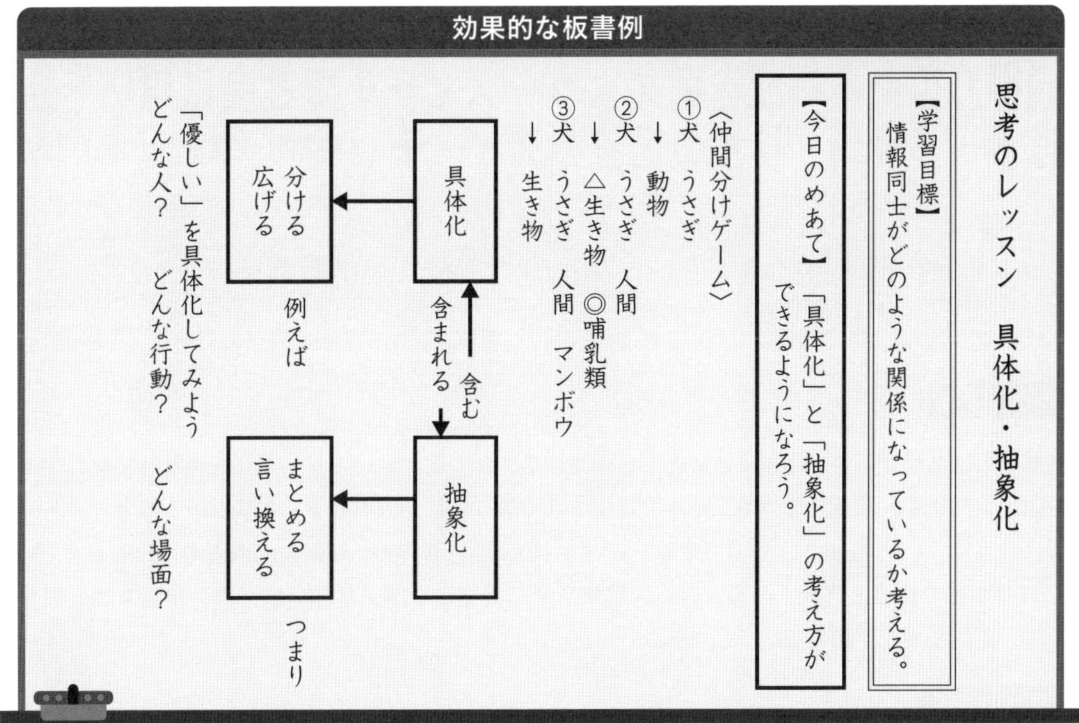

・結論は「つまり」が多いです。

・結論は「以上の事から」などとも言います。

T：具体化は「例えば」という言葉で始まることが多いです。また抽象化は「つまり」などの言葉で始まることが多いです。

〈抽象化の関係を捉える〉

T：それでは抽象化の練習をしてみましょう。これから言ういくつかの言葉をまとめて抽象化してください。第1問「いちご」「メロン」「レモン」。

・果物　　・フルーツ

T：ではここに「ミルク」を足すとどうですか。

・飲み物　　・ジュース

T：ではさらに「ブルーハワイ」を足すとどうですか。

・かき氷

T：抽象化はこのように、情報の全てが含まれるようにまとめることが大切です。情報の共通点を見つけ出してまとめたり言い換えたりしてみましょう。

〈具体化の関係を捉える〉

T：具体化の練習をしてみましょう。「優しい」とはどんな様子でしょうか。「優しい行動」に含まれる行動を挙げてみましょう。

・忙しい人を手伝うことです。

・何かを分けてあげることです。

＊これまで学習した小説や物語教材から「優しい行動」に関する描写を探させてもよい。

T：相手が気持ちよくなる行動がたくさん挙がりましたが、相手の「嫌な気持ち」という側面からも考えられる行動はないでしょうか。

・相手が嫌がることをしないことです。

・相手が嫌な気持ちになっても、相手のために厳しいことを言うことです。

T：相手が嫌な気持ちになっても、厳しいことを言った結果相手が成長すれば「優しい行動」です。挙げられた例は全て「優しい」に含まれる関係になっています。

2 視野を広げて

説得力のある構成を考えよう―スピーチで社会に思いを届ける―／資料　リオの伝説のスピーチ（4時間扱い／話すこと・聞くこと）

指導事項：〔知技〕(2)イ　〔思判表〕A(1)ア、イ
言語活動例：提案や主張など自分の考えを話したり、それらを聞いて質問したり評価などを述べたりする。

単元の目標

(1)根拠となる情報の信頼性を確かめることができる。　〔知識及び技能〕(2)イ
(2)社会生活の中から話題を決め、相手を説得できるように、話の構成を工夫することができる。　〔思考力、判断力、表現力等〕A(1)ア、イ
(3)言葉がもつ価値を認識するとともに、読書を通して自己を向上させ、我が国の言語文化に関わり、思いや考えを伝え合おうとする。　「学びに向かう力、人間性等」

単元の構想

〈単元で育てたい資質・能力／働かせたい見方・考え方〉

本単元では、「聞き手の考え方や行動の変容を促すために、構成を工夫してスピーチを組み立てる力」の育成を目指す。工夫を考える観点は、内容・順序・言葉の選択・話し方の四つである。これらのことについて、スピーチの目的、伝える相手の特徴、場所・時間・場面などの条件に照らして、自分の考えた工夫が効果的だと言える理由を明確化することで、音声言語を運用するための見方・考え方を磨いていく。

〈教材・題材の特徴〉

本単元の中心となる言語活動は、「自分が心から訴えたいこと」について、クラス全体に向けて2分間のスピーチを行うことである。教科書では、スピーチの構成メモと原稿が例示されている。二つの構成メモを比較したり、原稿にある言葉の特徴・効果を分析したりすることで、自分のスピーチを組み立てる際の工夫に役立てられる。本単元では、話すことに関する学習や経験を土台にして、音声言語によるよりよい表現の在り方・方法を考え、実践できるようにしたい。

〈主体的・対話的で深い学びの視点からの授業改善ポイント／言語活動の工夫〉

第1に、教科書に例示されている構成メモ・原稿に見られる工夫を自分のスピーチに活用することができるよう、工夫の特徴やその効果を分析する時間を設定する。第2に、全員のスピーチを視聴・記録することができるよう、ICT を活用して、一人一人のスピーチを録画する。

第3に、一人一人の工夫を踏まえた相互評価ができるように、スピーチを視聴する際には、内容・順序・言葉の選択・話し方の観点でメモをとるようにする。

単元計画

時	学習活動	学習内容	評価
1	1．学習の見通しをもつ。 2．スピーチの話題・目的を設定して、情報を集める。	○「リオの伝説のスピーチ」を通読し、「自分が心から訴えたいこと」を伝えるイメージをもつ。 ○スピーチの話題・目的を決め、主張（自分が心から訴えたいこと）をまとめる。 ○教科書の解説を読み、信頼性を確かめながら情報を集める。（学校図書館・ICT を活用）	 ❷ ❶
2	3．構成メモ・原稿のモデルを分析し、自分のスピーチに取り入れたい工夫を考える。	○教科書の構成メモ例を比較し、話の「順序」の特徴と効果を考える。 ○教科書の原稿例の「内容」「言葉の選択」に着目し、特徴と効果を考える。	❸
3	4．「内容」「順序」の工夫を考えて、構成メモを作る。 5．「言葉の選択」「話し方」の工夫を考えて、スピーチメモを作る。	○スピーチに使う情報を選択し、主張につながるように理由付けを行う。 ○話の順序を考え、構成メモを書く。 ○実際に話す言葉とどのような話し方をするかを考え、スピーチメモを書く。	❷ ❸❹
4	6．スピーチを撮影し、互いに視聴する。 7．スピーチを相互評価し、学習を振り返る。	○ ICT を活用し、スピーチを撮影・保存する。 ○互いのスピーチを視聴し、相互評価する。 ○スピーチの実践・相互評価を踏まえて、振り返りを書く。	❸❹

評価規準

知識・技能	思考・判断・表現	主体的に学習に取り組む態度
❶情報の信頼性の確かめ方を理解し、使っている。 (2)イ	❷「話すこと・聞くこと」において、目的や場面に応じて、社会生活の中から話題を決め、多様な考えを想定しながら材料を整理し、伝え合う内容を検討している。 A(1)ア ❸「話すこと・聞くこと」において、自分の立場や考えを明確にし、相手を説得できるように論理の展開などを考えて、話の構成を工夫している。 A(1)イ	❹相手を説得できるように粘り強く論理の展開などを考えて話の構成を工夫し、今までの学習を生かして自分の考えを話そうとしている。

〈指導と評価の一体化を図る見取りのポイント〉

・観点や書き出しの言葉を指定して、一単位時間の振り返りの文章を蓄積させる。
・ICT 端末を活用し、一人一人のスピーチを撮影・保存する。
・相互評価では書く活動を設定し、音声言語の表現に関する見方・考え方の働かせ方を見取る。

説得力のある構成を考えよう

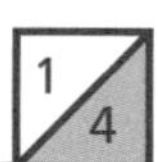

主発問　主張をよりよく伝えるために、スピーチではどの情報を取り上げますか。

目標

スピーチの話題・目的を設定して、信頼性を確かめながら情報を集めることができる。

評価のポイント

❶情報の発信者・出典、調査方法、情報の数などが適切か確認して、必要な情報を集めている。(2)イ

❷話す目的や相手に応じて情報を選択し、主張とのつながりを考えて話す内容を組み立てている。

A(1)ア

準備物　・ワークシート①01　・付箋　・ICT端末等　・ワークシート②02　・ワークシート③03

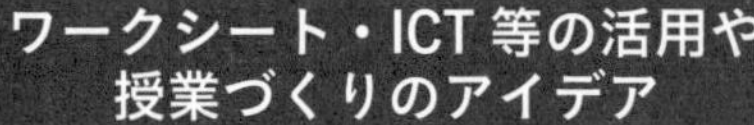

ワークシート・ICT 等の活用や授業づくりのアイデア

スピーチの話題を設定するときは、ワークシート①と付箋を活用する。まず、「現代社会の出来事・問題で気になること」を付箋に書き、洗い出しを行う。ワークシートには「心の揺さぶり」の大小を上下の長い矢印で示しておき、それに合わせて付箋を貼っていく。こうして、自分の興味・関心を可視化し、話題の設定へとつなげる。

1　導入（学習の見通しをもつ）

〈学習の目標を確認する〉

T：あるスピーチを紹介します。

○「リオの伝説のスピーチ」をインターネット上の動画で視聴する。

T：このスピーチは多くの人々の心を動かしました。この学習では、聞き手の考え方や行動に変化を生み出すスピーチの方法を考え、実践します。

2　展開

〈話題を設定する〉

T：現代社会の中にスピーチの話題を求めることにします。テーマは「私が心揺さぶられたこと―現代社会の出来事と問題―」。

「社会」とは、住んでいる地域、国、地球など、学校や家庭よりも広い世界のことです。「心揺さぶられる」とは、喜怒哀楽などの感情や、感動や驚きなどの心の動きのことです。

現代社会の中で、気になるのはどのようなことですか。また、その出来事や問題の中で、心が揺さぶられたのはどのようなことですか。

○話題を設定する（ワークシート①・付箋）

＊教科書 p.240～241「表現テーマ例集」も、話題を探す際の参考になる。

〈目的・主張を考える〉

3　終末（学習を振り返る）

〈次時への見通しをもつ〉

T：今日は、スピーチの目的を考え、「何を話すのか」を整理しました。次回は、「どのように話すのか」――話の順序や使う言葉の工夫を考えます。

効果的な板書例

説得力のある構成を考えよう

【学習目標】
社会生活の中から話題を決め、相手を説得できるように、話の構成を工夫する。

【今日のめあて】
スピーチの目的と主張に合わせて、信頼性の高い情報を選択しよう。

スピーチ ＝ 語り（内容と構成の工夫）
→ 聞き手の考え方や行動に変化を生み出す

※「目的」 どのような変化を生み出したいか
※「主張」 最も訴えたいこと

＊　スライドの例（電子黒板等を活用）

私が心揺さぶられたこと
－現代社会の出来事と問題－

「社会」→　地域、国、地球
「心揺さぶられる」
→　喜怒哀楽、感動・驚き

スピーチの話題・目的

【話題】 プラスチックごみ
【目的】
海の生態系を守るために、スピーチの聞き手に、日常生活での取り組みを考えてもらう

信頼性の高い情報の収集・選択

① 誰からの情報か（公の団体を探す）
② いつの情報か（最新情報を探す）
③ 同じ情報の数（情報源が複数）

＊「目的」「主張」に合わせて選択

T：話題が決まったら、目的を考えましょう。スピーチを聞いた人の考え方や行動にどのような変化を生み出したいのかを考えます。（教科書 p.54のスピーチ例を範読する）このスピーチの話題は、プラスチックごみです。そして、目的は、海の生態系を守るために、スピーチの聞き手にも、日常生活で取り組めることを考えてもらうことです。このように、聞き手にどうなってもらいたいのかを考えておくと、スピーチの主張がより明確になります。「主張」とは、最も訴えたいことです。

自分のスピーチで最も訴えたいのは、どのようなことですか。また、自分のスピーチによって、聞き手にどのようになってもらいたいですか。

○スピーチの目的・主張を考える（ワークシート②）。

＊話題が「○○のすごさ」であれば、○○の「何が」「どのように」「なぜ」すごいのかを掘り下げると、目的・主張が考えやすくなる。

〈根拠となる情報を集める〉

T：目的・主張が明確になったら、インターネットを使って、根拠に必要な情報を集めましょう。今回は、信頼性の高い情報を集めることにこだわります。そのために、次のことに気を付けましょう。

①誰からの情報か（公の機関・団体を探す）
②いつの情報か（最新の情報を探す）
③情報源は複数あるか（複数の情報源を探す）

○インターネットで情報を集める。（ワークシート③）

＊上記①～③はワークシートにも記しておく。

＊教科書 p. 32～33「情報の信頼性」も参考になる。

〈根拠となる情報を選択する〉

T：スピーチの時間は 2 分程度です。全ての情報をそのまま話すわけにいきません。

主張をよりよく伝えるために、スピーチではどの情報を取り上げますか。

○根拠として取り上げる情報を選択し、主張につながる理由を考える。（ワークシート③）

説得力のある構成を考えよう

主発問　**スピーチ【A】と比べて、スピーチ【B】にはどのような特徴がありますか。**

目標

構成メモ・原稿のモデルを分析し、自分のスピーチに取り入れたい工夫を考えることができる。

評価のポイント

❸構成メモ・原稿のモデルを分析し、話の構成や言葉の選択、資料の活用の工夫を例示しながら、その効果を説明している。　A(1)イ

準備物　・ワークシート【A】⊻04　・ワークシート【B】⊻05（教科書 p.53「構成メモ」を基にしたスピーチ例を掲載したもの）

ワークシート・ICT 等の活用や授業づくりのアイデア

ワークシート【A】には、教科書 p.53「最初に作った構成メモ」を基に作成したスピーチ例を掲載する（説得力が不十分なもの）。【B】には、教科書 p.54にあるスピーチ例を掲載する。二つのスピーチ例を比較することで、「内容」「構成」「言葉の選択」の工夫と説得力とのつながりを考えられるようにする。

1　導入（学習の見通しをもつ）

〈学習の目標を確認する〉

T：前回は、スピーチで「何を話すのか」という内容を整理しました。スピーチの説得力を高めるには、話の構成や言葉の選択、資料の提示などの工夫も必要です。今日は、ある二つのスピーチを比較・分析して、説得力を高めるのための表現の在り方や方法を考えていきましょう。

2　展開

〈二つのスピーチを比較する〉

T：これから分析するスピーチは、「プラスチックごみ」を話題にしたものです。スピーチの目的は、「海の生態系を守るために、スピーチの聞き手に、日常生活での取組を考えてもらうこと」です。この目的を達成するために作ったスピーチを活字で紹介します。

＊スピーチ例の話題・目的を提示する。

＊ワークシート【A】を配布し、一つ目のスピーチ例を提示する。

＊内容を確認するために、スピーチ例【A】を音読する（範読・斉読）。

T：説得力を高めるために、このスピーチを推敲したものを紹介します。

＊ワークシート【B】で二つ目のスピーチ例を提示し、【A】との違いに着目するために音読する（範読・斉読）。

3　終末（学習を振り返る）

〈次時への見通しをもつ〉

T：今日は、スピーチの説得力を高めるための工夫の在り方と方法を考えました。次回は、自分のスピーチの内容を改めて見つめ直し、構成や言葉の選択、資料活用の仕方を工夫して、実際にスピーチを組み立てましょう。

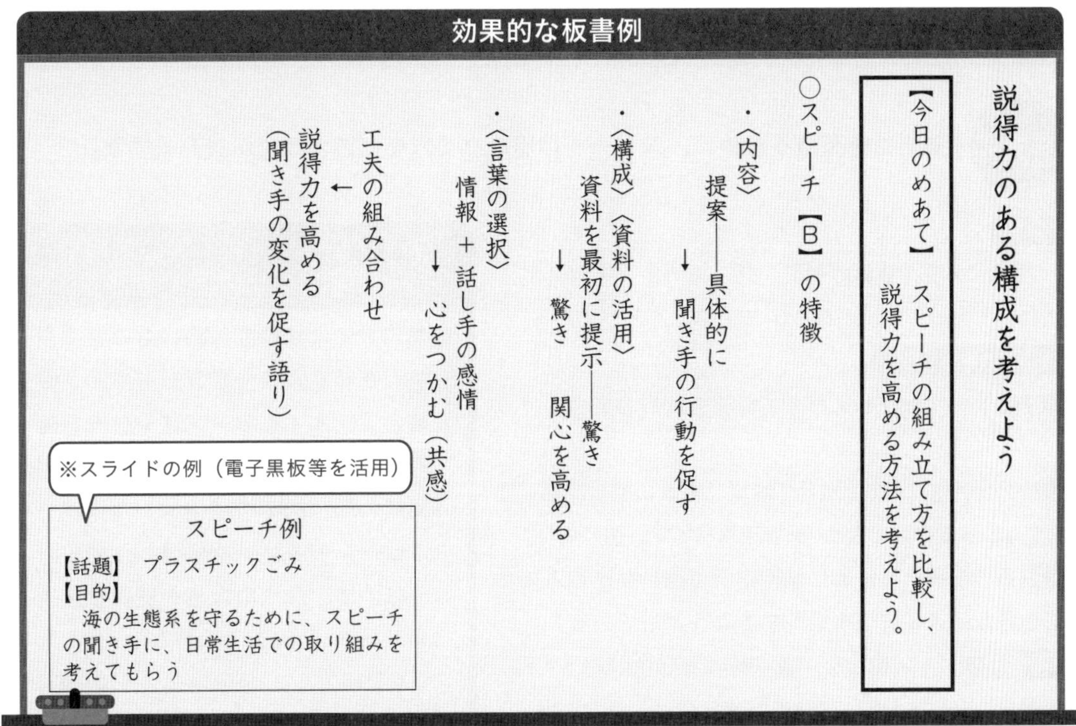

T：スピーチ【A】と比べて、スピーチ【B】には、どのような特徴がありますか。話し手の工夫とその効果をノートに書きましょう。

○二つのスピーチ例を比較して考えたことをノートに書き、発表する。

・【B】では、「ペットボトルの代わりに水筒を持ち歩く」という提案をしています。具体的な行動の例を示すことで、聞き手の行動を促す効果があります。

・【B】では、冒頭で「ストローが鼻に詰まったカメの写真」を提示しています。インパクトのある資料なので、最初に提示することで、聞き手を驚かせ、話題への関心を高める効果があります。

・【B】では、「衝撃を受けました」「効果は絶大」「傷つく姿を見たくありません」など、率直で、強い言葉を使っています。資料や情報を淡々と伝えるのではなく、話し手の感情を重ねて表現することで、聞き手の心を惹きつけ、共感を生む効果があります。

＊スピーチの「内容」「構成」「言葉の選択」「資料の活用」という観点で生徒の考えを分類・整理する（意図的な指名の活用）。

＊スピーチ【B】に見られる工夫を洗い出すだけではなく、一つ一つの工夫の効果（説得力を高めることにつながっていると言える理由）まで考えられるようにする。そのために、机間指導や発表の場面で、生徒の考えを掘り下げ、具体化させていく。

〈自分のスピーチで活用したい工夫を考える〉

T：スピーチ【B】にある工夫の中で、自分が特にまねをしたいのは、どの工夫ですか。一つを選び、選んだ理由をノートに書きましょう。

○自分のスピーチに取り入れたい工夫の中で、特に効果的だと思うものを一つ選び、選んだ理由をノートに書き、発表する。

＊本単元の学習の軸は「スピーチの構成」であることから、発表では「構成」の工夫を取り上げた生徒を中心に発表させたい。

説得力のある構成を考えよう

主発問 **説得力を高めるために、スピーチの組み立て方をどのように工夫しますか。**

目標

内容、構成、言葉の選択、話し方の工夫を考えてスピーチを組み立て、構成メモを作ることができる。

評価のポイント

❷主張とのつながりを考えて情報を選択している。 A(1)ア

❸意図を明確にして、内容、構成、言葉の選択、話し方の工夫を考えてスピーチを組み立てている。A(1)イ

❹説得力を高めるために試行錯誤を重ねながら工夫を考え、スピーチを組み立てようとしている。

準備物 ・ワークシート④（構成メモ）06 ・ICT端末

ワークシート・ICT 等の活用や授業づくりのアイデア

○構成メモは教科書 p.53のものをモデルとさせる。ワークシートには、横書きで記入できるシンプルな表を掲載する。

○構成メモを推敲するために、少人数でスピーチを聞き合う場面を設定する。その際は、評価の観点を提示し、共通の見方・考え方で工夫の在り方・方法を評価することができるようにする。

1 導入（学習の見通しをもつ）

〈学習の目標を確認する〉

T：前回は、スピーチの説得力を高めるための工夫の在り方と方法を考えました。今日は、自分のスピーチの内容を改めて見つめ直し、構成や言葉の選択、資料活用の仕方を工夫して構成メモを作り、スピーチの練習をしましょう。

2 展開

〈構成メモの作り方を確認する〉

T：話す内容とその順番、使いたい言葉、話し方の工夫など、最低限のことを書いた構成メモを作ります。そして、構成メモを基にして、話を膨らませ、言葉をつなぎ、その場、その瞬間だからこそできる語りを聞き手に届けることに挑戦します。スピーチは2分間です。

1回目の授業で使ったワークシートには、何を目的に、何を話すかが書かれているはずです。ここからは、新たなワークシートを使って、次のような進め方で構成メモを作ります。

①話す内容を箇条書きやキーワードで整理する。

②話のまとまりに見出しを付ける（主張、提案、根拠、説明、導入など）。

3 終末（学習を振り返る）

〈次時への見通しをもつ〉

T：今日は、説得力のあるスピーチを目指して、構成メモを作りました。次回は、いよいよスピーチの本番です。ぜひ、家庭学習としてスピーチの練習に取り組み、自信をもって本番に臨みましょう。

効果的な板書例

説得力のある構成を考えよう

【今日のめあて】説得力を高める工夫を考え、スピーチの構成メモを作ろう。

＊スライドの例（電子黒板等を活用）

構成メモの作り方

①内容を整理【黒】
（箇条書き、キーワード）
②話のまとまりに見出し付け【黒】
（主張、提案、根拠、説明、導入）
③構成を決める【黒】
（話す順序、資料提示のタイミング）
④こだわる言葉を決める【赤】
⑤話し方の工夫を考える【青】
（声の大小、速度、間、アクション）

工夫の内容・方法

①内容
②構成
③資料の活用
④言葉の選択
⑤話し方

説得力を高めることにつながっているか

---

③話の構成を決める（話す順序、資料提示のタイミング）。

④こだわる言葉を決める（「この言葉を絶対に使いたい」というもの）。

⑤話し方の工夫を考える（声の大小、速度、間の取り方、視線、アクションなど）。

T：①・②・③は黒色、④は赤色、⑤は青色で書きます。説得力を高めるために、スピーチの組み立て方をどのように工夫しますか。工夫の効果を考えながら、ワークシートに構成メモを作りましょう。

○ワークシートを使って、構成メモを作る。

○必要に応じて提示する資料を作成する。

＊構成メモの作り方とモデルを提示する。

＊資料の作成・提示には、プレゼンテーションアプリなどの ICT 端末を活用させてもよい。

＊第 2 時のノートを参照させ、聞き手にとっての効果を想定してスピーチの組み立てを工夫できるようにする。

＊教科書 p.55「学習の窓」も参考になる。

〈スピーチを練習して構成メモを推敲する〉

T：構成メモを基に、スピーチを練習しましょう。 2 分間、時間を計ります。着席したまま、一斉にスピーチをやってみましょう。

○一人一人、スピーチを練習する。

T：今度は、隣同士でスピーチを聞き合います。二人のスピーチが終わったら、参考にしたいと思った工夫や、改善点とその代案について、考えたことを伝え合いましょう。

○隣の席同士でスピーチを聞き合い、参考にしたいことや、工夫の代案について伝え合う。

T：スピーチの練習と友達の感想・助言を基にして、自分の構成メモを推敲しましょう。

＊スピーチを聞き合う際は、「内容」「構成」「資料の活用」「言葉の選択」「話し方」という観点を提示し、工夫の在り方・方法を互いに評価できるようにする。

＊実態に応じて、 4 人一組で練習させてもよい。

説得力のある構成を考えよう

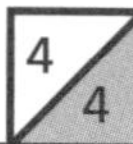

主発問 **説得力のあるスピーチには、どのようなことが必要ですか。**

目標

スピーチの実践と振り返りを通して、説得力を高めるための工夫の在り方や方法を考えることができる。

評価のポイント

❸意図を明確にして、内容・構成・言葉の選択・話し方の工夫を考えてスピーチを組み立てている。
A(1)イ

❹説得力を高めるための工夫を考え、これまでの学習を生かして話そうとしている。

準備物　・構成メモ　・ICT 端末　・ヘッドセット　・ワークシート⑤⬇07　・ワークシート⑥⬇08

ワークシート・ICT 等の活用や授業づくりのアイデア

○スピーチの相互評価を促す材料として、ワークシート⑤⑥を作成する。

○相互評価を踏まえて、スピーチを再度推敲させ、一人一人のスピーチを録画する。互いのスピーチを視聴できるようにするとともに、学習評価の材料として役立てる。

1　導入（学習の見通しをもつ）

〈学習の目標を確認する〉

T：この学習では、説得力のあるスピーチをするための考え方や方法を学んできました。今日はその集大成として、スピーチ発表会をします。スピーチの実践と、様々な人のスピーチを聞くことを通して、説得力のある話とは、どのようなものかを改めて考える時間にしましょう。

2　展開

〈スピーチ発表会の進め方を確認する〉

T：スピーチ発表会は班ごとに行います（座席順５～６人）。次のような進め方をしましょう。

【話し手】

①その場に起立する。

②構成メモを基に２分間で話す。

【聞き手】

①ワークシート⑤にメモをとる（スピーチの内容と工夫の特徴）。

②２分間で時間が余ったら感想を伝えたり質問をしたりする（スピーチの内容）。

T：時間は全体で計ります。黒板に向かって右前の座席の人から時計回りで、班ごとのスピーチ発表会を始めましょう。

○班ごとに机を合わせ、一人ずつスピーチをしたり、メモをとったりする。

＊スピーチ発表会の進め方を提示する。

3　終末（学習を振り返る）

〈振り返りを書く〉

T：【主発問】説得力のあるスピーチには、どのようなことが必要ですか。学習全体の振り返りをワークシート⑥に書きます。「例えば」という言葉を必ず使いましょう。

○振り返りをワークシートに書く。

T：この学習での成果を生かして、人前で話す力を更に磨いていきましょう。

効果的な板書例

説得力のある構成を考えよう

【学習目標】社会生活の中から話題を決め、相手を説得できるように、話の構成を工夫する。

【今日のめあて】スピーチ発表会を通して、説得力のある話に必要な条件を考えよう。

※スライドの例（電子黒板等を活用）

スピーチ発表会
【話し手】
①その場に起立
②構成メモを基に話す（2分）
【聞き手】
①ワークシート⑤にメモ
②時間が余ったら感想・質問

相互評価（ワークシート⑥）
【良いところ】【改善点・代案】
①内容
②構成
③資料の活用
④言葉の選択
⑤話し方

振り返り
説得力のあるスピーチに必要なこと
「例えば」という言葉を必ず使う

〈スピーチを相互評価する〉

T：今の発表とメモを踏まえて、互いのスピーチを評価します。評価では、相手の取組や作品に対して二つのことを伝えます。
①よいところ、②改善点と代案

T：評価の観点は次の五つです。
①内容（納得できるか）、②構成（話の順序）、③資料の活用、④言葉の選択、⑤話し方

T：この観点の中からいくつかを選び、「よいところ」「改善点と代案」を伝え合います。
お互いの評価は、ワークシート⑥に書きます。ワークシート⑥を班の中で時計回りに回し、友達のものに評価を書きましょう。自分のものが手元に戻ってきたら完了です。

○班ごとにスピーチを相互評価する。

＊評価の方法を提示する。

〈評価を基にスピーチを推敲し、録画する〉

T：相互評価を踏まえて、もう一度スピーチを行いましょう。次のような流れで、スピーチの学習を締めくくります。
①相互評価を踏まえてスピーチを推敲する。
②推敲したスピーチを練習する。
③推敲したスピーチを録画する（タブレットで録画し、共有ドライブに保存する）。
スピーチの録画は学級を半分に分けて、一斉に行います。まずは、推敲と最後の練習に取り組みましょう。

○一人一人、スピーチの推敲と練習に取り組む。

○学級で半分に分かれ、一斉にスピーチを録画する（一人一台のタブレット端末を使用）。

T：最後に録画したスピーチは、共有ドライブの中でお互いに視聴することができます。家庭学習として、同じ班以外の人のスピーチもぜひ聞いてみましょう。

＊周囲の雑音を減らすために、録画は半数に分けて行う。ヘッドセットがあるのが望ましい。

2 視野を広げて

漢字に親しもう２（１時間扱い）

指導事項：〔知技〕(1)ア
言語活動例：新出漢字について理解し、問題を解いて漢字の理解を深める。

単元の目標

(1)学年別漢字配当表に示されている漢字について、文や文章の中で使い慣れることができる。
〔知識及び技能〕(1)ア
(2)言葉がもつ価値を認識するとともに、読書を通して自己を向上させ、我が国の言語文化に関わり、思いや考えを伝え合おうとする。「学びに向かう力、人間性等」

単元の構想

〈単元で育てたい資質・能力／働かせたい見方・考え方〉

新出の漢字を学習する中で、既習の漢字と声符や意符が共通しているかどうか、どのような熟語で使われている字か考えながら学習するような姿勢を育みたい。単なる知識の吸収としてではなく、今後の生活や学習の中で場面に応じて読んだり書いたりできるように、活用場面を意識させるような働きかけをしていきたい。

〈教材・題材の特徴〉

新出の漢字の書き方や音訓を学び、それらを用いた熟語を知ることで、活用できる語彙として身に付けられるように実践的な問題演習まで設定されている教材である。新しく覚えた漢字の知識をすぐに用いて生徒がもつ語彙を豊かに耕していくことが期待される。

〈主体的・対話的で深い学びの視点からの授業改善ポイント／言語活動の工夫〉

個人学習が中心となる教材ではあるが、既習の漢字との関連に話題を拡げたり、該当する漢字を含む熟語を出し合ったりするなど、授業内に教室で扱うからこそ行える学習も展開できる。機械的に暗記をさせるのではなく、どの部分が意符で、どの部分が声符かを板書で整理したり、別の部首に替えるとどの漢字になるか考えさせたりするなど、生徒が主体的に関わりながら新出漢字を学んでいけるような教師の働きかけをしていきたい。

単元計画

時	学習活動	学習内容	評価
1	1．新出漢字を確認する。 2．練習問題に取り組む。 3．発展的な学習を提示する。	○漢字の音訓、部首、送り仮名などの既習事項を思い出させる。 ・言葉の意味が分からないときは、教科書掲載の資料ページや国語辞典等で調べさせるとよい。 → p.290「三年生で学習した漢字」 → p.301「三年生で学習した音訓」 → p.302「常用漢字表」	❶❷

評価規準

知識・技能	主体的に学習に取り組む態度
❶学年別漢字配当表に示されている漢字について、文や文章の中で使い慣れている。(1)ア	❷言葉がもつ価値を認識し、進んで漢字を読んだり書いたりするなどして、言語文化に関わろうとしている。

〈指導と評価の一体化を図る見取りのポイント〉

言語に関する領域の学習では、日常の言葉について理解を深め、言葉に関心をもたせるようにしていくことを目指したい。単に熟語が読める、という段階に留まるのではなく、どのような組み立てから成り立っている熟語なのか、どのような語源があるのか、など日常的に言葉に対して関心をもてるような生徒の育成を目指したいものである。

ここでは、新出漢字の部首や音訓、その漢字を用いた熟語について知ろうとしたり、新出の漢字を進んで読んだり書いたりしている生徒の姿を「概ね満足できる状況」として設定している。

漢字に親しもう 2

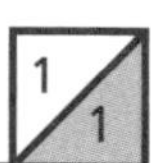

主発問　**新出漢字を使い分けられるようになりましょう。**

目標

・新出漢字について学習しながら漢字に対する理解を深め、言語文化への関心を高めることができる。

評価のポイント

❶学年別漢字配当表に示されている漢字について、文や文章の中で使い慣れている。　(1)ア

❷言葉がもつ価値を認識し、進んで漢字を読んだり書いたりするなどして、言語文化に関わろうとしている。

準備物　・特になし

ワークシート・ICT 等の活用や授業づくりのアイデア

・単なる新出漢字の暗記や、問題演習のみで終わらないように、既習の漢字と組み合わせてどのような熟語が作れるか考えさせたり、声符をそのままに意符を入れ替えることで別の漢字になることを確認したりする活動を通じて、生徒の言語文化に関する興味を引き出すような手立てを講じたい。

1　導入（学習の見通しをもつ）

T：今回の授業は、新出漢字を中心に学習していきます。

2　展開

〈新出漢字の確認をする〉

T：それでは、新出漢字の書き方、読みの確認をしていきましょう。まずは書き方の確認からです。書き順も意識しながら、板書に合わせながらノートに練習しましょう。

T：練習ができたら、この漢字を使った例文を作って書いてみましょう。

〈練習問題に取り組む〉

T：教科書 p.60にある練習問題に取り組みましょう。

＊はじめは何も調べずに取り組み、最後まで進んでから、最初に戻って辞書等を用いて自分で調べ直すようにさせると一人学習の経験をさせることができる。

＊机間指導を行いながら、様子を見て個別の配慮が必要な生徒には一緒に問題

3　終末（学習を振り返る）

〈本時のまとめ〉

T：この授業では、新出漢字を学習し、漢字の演習問題にも取り組みました。これからも日頃自分が使う言葉や漢字に意識を向けていってください。

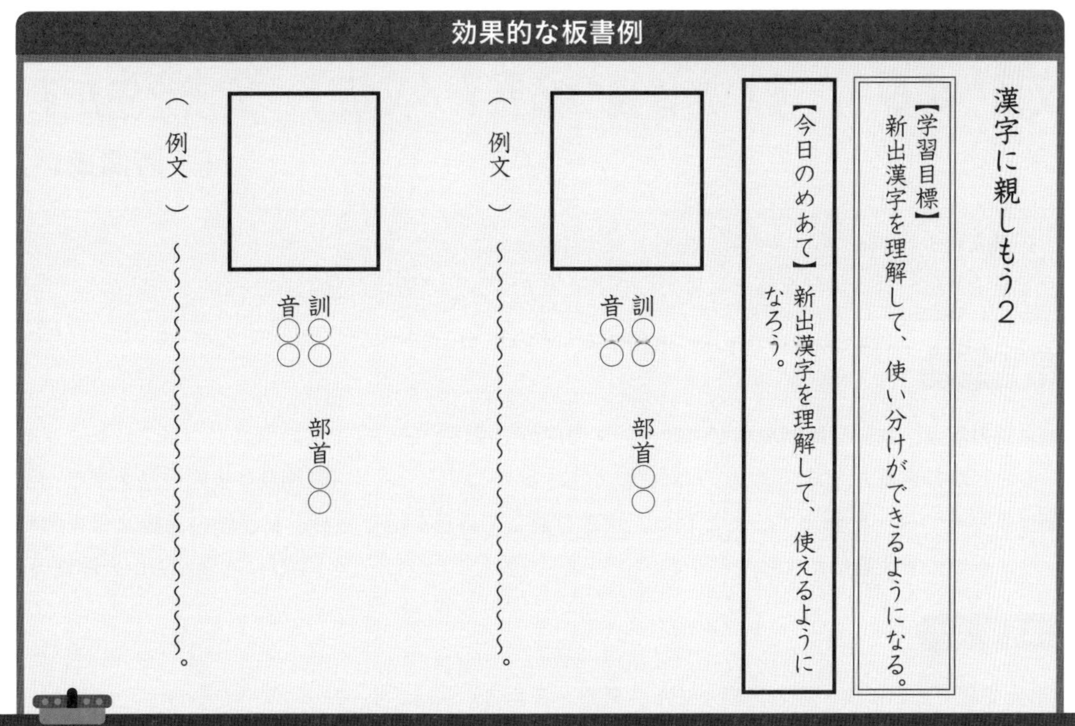

を解いたり、説明を加えたりしていく。

〈全体で解答を確認していく〉

T：それでは、答え合わせをしていきましょう。一人１問ずつ順番に答えていってください。

〈発展的な学習を提示する〉

T：教科書 p.60にある①～④の形式に則って、オリジナルの漢字演習問題を作りましょう。考えられたら手を挙げて教えてください。

・「親睦」の「睦」の字は「睦月」と使うこともあります。

・教科書にある漢字の他に「にんべん」のつく漢字は何があると思いますか。

・「にんべん」だと僧侶の「僧」になるけど、「きへん」にしたら水槽の「槽」の字になります。

＊既習の漢字との関連に話題を拡げたり、該当する漢字を含む熟語を出し合ったりする。

2 視野を広げて

文法への扉1　すいかは幾つ必要？／文法1　文法を生かす

（1時間扱い）

指導事項：〔知技〕第2学年(1)オ
言語活動例：文や俳句を読み、考えたことを話し合ったり書いたりする。

単元の目標

(1)単語の活用、助詞や助動詞などの働き、文の成分の順序や照応など文の構成について理解を深めることができる。　〔知識及び技能〕第2学年(1)オ

(2)言葉がもつ価値を認識するとともに、読書を通して自己を向上させ、我が国の言語文化に関わり、思いや考えを伝え合おうとする。　「学びに向かう力、人間性等」

単元の構想

〈単元で育てたい資質・能力／働かせたい見方・考え方〉

文や俳句で使われている言葉に注目し、単語の活用の仕方や助詞・助動詞などの働き、文の成分の順序や照応などの文の構成について理解する機会としたい。そして、日常で生徒たちが使ったり見聞きしたりする「誤解を生じさせてしまう表現」を修正したり、一字の違いで印象がどのように変わってしまうかを言葉の働きや使い方に着目して考え、述べ合ったりして、伝えたいことを正確に伝えたり適切に表現したりしていく知識や技能を身に付けさせたい。

〈教材・題材の特徴〉

本教材で、生徒たちは日常に見られる文の中に誤解の生まれる表現があることや、文学の中の表現には効果的な工夫があることを再確認し、言葉に目を向けて言葉を吟味することになるだろう。このとき、文節や連文節の対応や呼応の副詞などを確かめて考えたり、助詞の働きを自身の言語感覚と照らして検討したりすることを通して、既習事項である言葉の特徴や使い方がさらに理解できる題材である。

〈主体的・対話的で深い学びの視点からの授業改善ポイント／言語活動の工夫〉

巻末「文法1」を関連づけて扱い、生徒が文から感じる違和感や俳句から受けるイメージを大切にしつつ、言葉にこだわって考える時間や他の生徒との対話を通して言葉の特徴や使い方について考えさせたい。そこで、例文や問題文から感じる違和感を修正したり、俳句に使われる言葉を変えたときの印象の違いについて考えたりし、それを互いに文法的な言葉を使って説明し合うことで、理解を促す手立てとした。また、修正したり、考えたり、説明したりしたことを踏まえて振り返りを行い、言葉の特徴や使い方をメタ的に捉えることで理解の深まりを引き出したい。

単元計画

時	学習活動	学習内容	評価
1	1．板書された例文を見て感じたことを述べ合う。	○「すいかと桃を三つ買ってきて。」の例文についてペアで意見交換する。 ・すいかと桃をいくつずつイメージしたか。 ・誤解を与えないためにはどうすればよいか。	
	2．学習を見通す。	○この単元の流れと目標を確認する。	
	3．「文節・連文節の対応」について例文や問題をもとに考えて説明する。	○例文について考えた後、設問に取り組む。 ○文法的な言葉を使って修正した箇所についてペアで説明する。	
	4．「意味のまとまり」について例文や問題をもとに考えて説明する。	○例文について考えた後、設問に取り組む。 ○文法的な言葉を使って修正した箇所についてペアで説明する。	
	5．「呼応の副詞」について例文や問題をもとに考える。	○例文について確認した後、設問に取り組む。	
	6．俳句に使われている助詞について考えて説明する。	○与謝蕪村の俳句を例にした説明について確認し、俳句の設問に取り組む。 ○別の助詞に置き換えた場合の意味や表現効果の違いについてペアで説明する。	❷
	7．本時の振り返りをする。	○本時を通して考えた言葉の特徴や使い方について振り返ってまとめる。	❶

評価規準

知識・技能	主体的に学習に取り組む態度
❶単語の活用、助詞や助動詞などの働き、文の成分の順序や照応など文の構成について理解している。　第2学年(1)オ	❷進んで単語の活用、助詞や助動詞などの働き、文の成分の順序や照応など文の構成について理解し、学習の見通しをもって説明しようとしている。

〈指導と評価の一体化を図る見取りのポイント〉

問題となっている文のどのようなところに違和感を覚えるか、特定の助詞を入れたときにどのような印象を受けるかを言語化させ、その上で修正させたり、説明させたりすることが大切である。

文法への扉１　すいかは幾つ必要？／文法１　文法を生かす

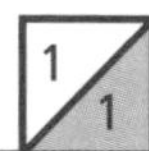

主発問　**問題文を別の表現にすることで何がどのように変わるか説明しましょう。**

目標

問題を解いて文法的な言葉を使って説明し、言葉の特徴や使い方について理解することができる。

評価のポイント

❶単語の活用、助詞や助動詞などの働き、文の成分の順序や照応など文の構成について自分の考えを書いている。　第２学年(1)オ

❷問題を解き、文法的な言葉を使って説明しようとしている。

準備物　・既習の文法事項の資料　・ICT 端末

ワークシート・ICT 等の活用や授業づくりのアイデア

○修正は各自の ICT 端末を使って行う。それらを電子黒板に映し出して共有する。

○ノートには、生徒が考えた答えを書かせるだけでなく、互いに文法的な言葉を使って説明し合う中で出てきたことをメモさせるとよい。

○互いに説明し合う際に活用させたい文法的な言葉を板書する。

1　導入（学習の見通しをもつ）

〈導入問題について考え、見通しをもつ〉

T：今考えてもらった「すいかと桃を三つ買ってきて。」は二通りの解釈ができ、誤解を生んでしまいますが、みなさんが言ってくれたような表現にすれば伝えたいことが正確に伝わります。今日は、このような表現を文法の視点で考え、言葉の特徴や使い方について理解を深めていきます。

2　展開

〈教科書 p.212の例文について考える〉

T：「司会をするとき、僕が意識するのは、常に論点を明確にする。」という文は、対応していない部分があります。どこですか。また、どのように修正すれば整いますか。

・「僕が意識するのは」と「明確にする」が対応していません。

・「明確にする」を「明確にすることだ」にします。

T：これは主・述の関係が対応していません。これから解く教科書の問題も、対応していない部分があります。どのようなところが整っていないか、文法的に考えてください。また、どのように修正すれば対応するかを考えてください。

＊文法的に考える上で必要な言葉を生徒

3　終末（学習を振り返る）

〈今回学習した文法事項の特徴や使い方について考えて書く〉

T：説明したり、メモしたりしたことを踏まえて、考えてみましょう。今回考えた文法的な事柄にはどのような特徴がありますか。また、どのようなことに気を付けて使うとよいと考えますか。

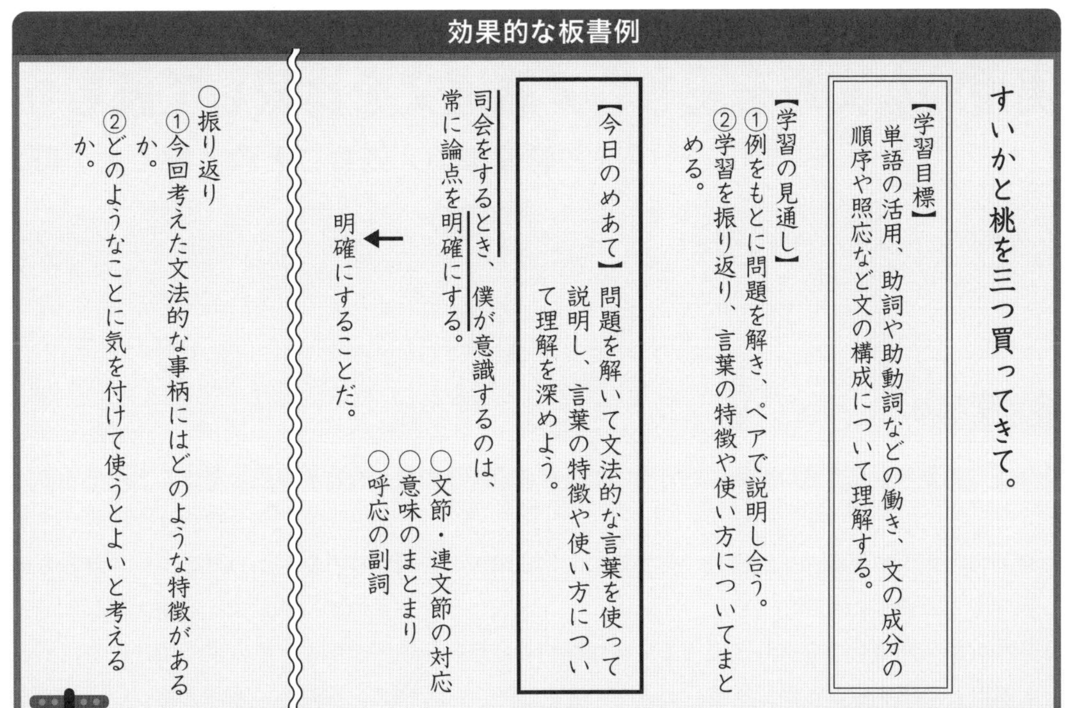

と確認したり、板書して示したりする。

〈教科書 p.212下段の問題を解く〉

T：教科書の問題を解いて、自分の考えをノートに書いてください。書き終わった人は、文法的な言葉を使ってどのように説明するか考えてください。

○個人で問題に取り組み、考える。

＊既習の文法事項の資料を配付する。教科書巻末や国語便覧等を活用することも考えられる。

〈ペアで説明し合う〉

T：ペアになって、どのようなところが整っておらず、どのように修正したのか文法的な言葉を使って説明してください。また、互いの説明の中で出てきたことはノートにメモしてください。

・①は、主語の「夢は」と述語の「〜したいです。」が合っていません。

・②は「妹に」と「笑わせている」が合っていません。「に」を「を」という助詞に変えます。

・③は述語が「思う」だから、主語を「僕には」から「僕は」に変えます。

・④の文の最後の「感激したことが、きっかけです。」を「感激したことです。」に変えます。

＊どの部分が整っていないかは分かるが、文法的な言葉を使って説明することが難しい場合は、配付した既習の文法事項の資料を活用して説明させる。

〈教科書 p.213の次の例文について考える〉

T：「試合に出る田中さんの弟が来た。」という文は、試合に出る人が「田中さん」と「田中さんの弟」の二通りに解釈できます。どのように修正すれば誤解を生まない表現になりますか。

・「試合に出る」のあとに読点をうちます。

・「田中さんの弟が来た。彼は試合に出る。」のように二文にします。

○このあと、問題を解いて説明し合う。そのあとは同様の流れで「3　呼応の副詞」、「❷文法を生かして読み味わう」に取り組む。

情報社会を生きる

実用的な文章を読もう／報道文を比較して読もう

（３時間扱い／読むこと❷、書くこと❶）

指導事項：〔知技〕(2)イ　〔思判表〕B(1)ア・C(1)イ、ウ
言語活動例：実用的な文章や報道文を読み、実生活へ生かすための意見や考えを文章にまとめる。

単元の目標

(1)情報の発信元や発信者の意図に目を向けて、その信頼性の確かめ方を理解し使うことができる。
〔知識及び技能〕(2)イ

(2)情報の客観性や信頼性を確認し、実生活における情報との関わり方や生かし方について自分の意見や考えを書くことができる。　〔思考力、判断力、表現力等〕B(1)ア

(3)情報の事実関係とその本質を捉えるために批判的に読み、情報の伝え方や表現の仕方について自分なりに評価することができる。　〔思考力、判断力、表現力等〕C(1)イ・ウ

(4)言葉がもつ価値を認識するとともに、読書を通して自己を向上させ、我が国の言語文化に関わり、思いや考えを伝え合おうとする。　「学びに向かう力、人間性等」

単元の構想

〈単元で育てたい資質・能力／働かせたい見方・考え方〉

本単元では「情報の信頼性の確かめ方」について、実生活との関連を図りながら実践的に学び、自分の考えを深める機会としたい。情報化が進展し、生徒の身の回りには多くの情報が溢れている。そうした情報を鵜呑みにせず、立ち止まって自ら批判的に読み、情報の伝え方や表現の仕方について評価していくことで、必要な情報を取捨選択して活用する力を育てていきたい。

〈教材・題材の特徴〉

本教材は、「情報整理のレッスン 情報の信頼性」の学習を受け、「実用的な文章」と「報道文」の二つの教材から実生活と関連付けて「情報の信頼性の確かめ方」を学んでいく。前者では、具体的な実用的な文章（広告、取扱説明書、パンフレット等）を基に、相手意識や情報の伝え方の工夫を理解し、実生活の中でどう生かしていくかを考えていく。後者では、二つの新聞記事を比べて読み、書き手の意図や表現によっては異なった内容として伝達されることを理解していく。

〈主体的・対話的で深い学びの視点からの授業改善ポイント／言語活動の工夫〉

学習材は、生徒の実態や興味・関心に応じて“旬な素材”を選ぶのがよい。「実用的な文章」は、身の回りから探させると、より実生活との関わりを意識できる。「報道文」では、意見交流を行うことで、互いの受け取り方の違いに気付くことができる。

単元計画

時	学習活動	学習内容	評価
1	1. リード文を読んで、学習の見通しをもつ。 2. 「やってみよう」❶〜❸に取り組む。 3. 考えをまとめる。 ・ホワイトボードに記入して、黒板に貼り共有する。	○身の回りにある様々な文章を探し、実生活との関わりに気付く。 ○読み比べ、工夫点を見つけて書き出す。(❶) ○ペアになって交代で説明し合う。(❷) ○班で確認すべき情報を指摘して話し合う。(❸) ○班でまとめた意見や考えを全体で共有する。 ○自分なりの考えをまとめる。	❶ ❹
2	4. 二つの記事を読み比べ、印象の違いを述べ合う。 5. 観点ごとに図にまとめる。 ・思考ツールを活用する。	○各自で二つの記事を読み比べ、どのような印象の違いがあったかを発表し合う。 ○二つの記事を読み比べ、班で気付いたことを、観点ごとにベン図に整理してまとめる。	❸ ❺
3	6. 班ごとに順番に発表する。 7. 今後の心掛けについての意見や考えを書く。 ・ワークシートにまとめる。 8. 学習を振り返る。 ・ワークシートにまとめる。	○班ごとに前に出て発表し、聞く側の生徒はメモを取りながら聞く。 ○「ここに注目」を読んで、池上彰さんに伝えるつもりで、「報道文」を読む際に自分が気を付けることや、大切にしたいことを書く(200字程度)。 ○学習を振り返りながら、これからどのように「実生活」に生かしていくか、自分の考えを書く。	 ❻ ❷

評価規準

知識・技能	思考・判断・表現	主体的に学習に取り組む態度
❶情報の発信元や発信者の意図や目的に目を向けて、その信頼性の確かめ方を理解し使っている。 (2)イ	❷「書くこと」において、情報の客観性や信頼性を確認し、実生活における情報との関わり方や生かし方について自分の意見や考えを書いている。 B(1)ア ❸「読むこと」において、情報を批判的に読んで、事実関係と書き手の意図や思惑の違いを捉えている。 C(1)イ ❹「読むこと」において、情報の伝え方や表現の仕方について、自分なりに評価している。 C(1)ウ	❺観点を立てて比較し、共通点や特徴の違いを整理しながら粘り強くまとめようとしている。 ❻積極的に情報の信頼性を確かめ、その本質を見極めようとしている。

〈指導と評価の一体化を図る見取りのポイント〉

情報の「発信者」と「受信者」の両方の目線や立場から考えることにより、生徒に気付いたことや考えたことを自分の言葉で言語化させていくことが大切である。その際に、生徒が情報の伝え方や表現を自分なりに評価し、その情報とどのように向き合い、活用しようとしているかを丁寧に見取ることがポイントである。

実用的な文章を読もう／報道文を比較して読もう 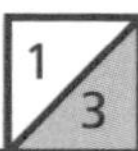

情報としての「実用的な文章」を実生活の中でどう生かしていけばよいでしょうか。

目標

「やってみよう❶〜❸」の学習活動を通して、情報としての「実用的な文章」と実生活との関わりについて、自分の考えを述べることができる。

評価のポイント

❶資料（❶〜❸）ごとに、工夫点や相手意識、確認すべき点について具体的に指摘している。 (2)イ

❹実生活との関わりから、情報の伝え方や表現の仕方について自分なりに評価している。 C(1)ウ

準備物 ・拡大した資料 ・ホワイトボード（マグネット付） ・ICT端末 ・ワークシート01

ワークシート・ICT等の活用や授業づくりのアイデア

○黒板用に拡大した資料を用意して、生徒の気付きや指摘をすぐに書き込めるようにする。

＊オリジナルの資料を用意したり、生徒に持参させたりしてもよい。

○ホワイトボードを黒板に貼ることで、短時間で考えを共有する。

＊ICTの活用により、円滑な資料の投影と意見や考えの共有が可能である。

1 導入（学習の見通しをもつ）

〈本時のねらいと活動の見通しを示す〉

T：皆さんは、「実用的な文章」と聞くと、どのようなものを思い浮かべますか。教科書のリード文を見てください。

○リード文を読んで確認する。

T：今日は、実際に活動しながら「実用的な文章」と実生活の関わりを考えます。

＊学習のねらいと見通しを確認する。

2 展開

〈やってみよう❶に個人で取り組む〉

T：まず「やってみよう❶」を見てください。二つのパンフレットを読み比べた時、「子供用」には、どのような工夫点がありますか。指摘してください。

○個人で指摘し、発表により共有する。

・ひらがなや平易な言葉を使っています。

・ふりがなを振っています。

・相手に呼びかけています。

〈やってみよう❷にペアで取り組む〉

T：様々な工夫点を見つけましたね。次は「やってみよう❷」についてペアで取り組みます。資料の下線部は、小学3年生のみどりさんが分からないと言った部分です。ペアになって、相手に伝わるように工夫して説明します。

＊説明を考える時間を確保する。

T：では、順番に交代しながら説明して

3 終末（学習を振り返る）

〈自分の意見や考えをまとめる〉

T：他の班の考えも参考にしながら、よりよい情報の伝え方や表現の仕方についての自分なりの考えをまとめてください。

○自分の考えをノートなどにまとめる。

＊時間があれば何人か指名して発表させる。

＊各班の考えはメモを取らせたり、後日、一覧にして配付したりしてもよい。

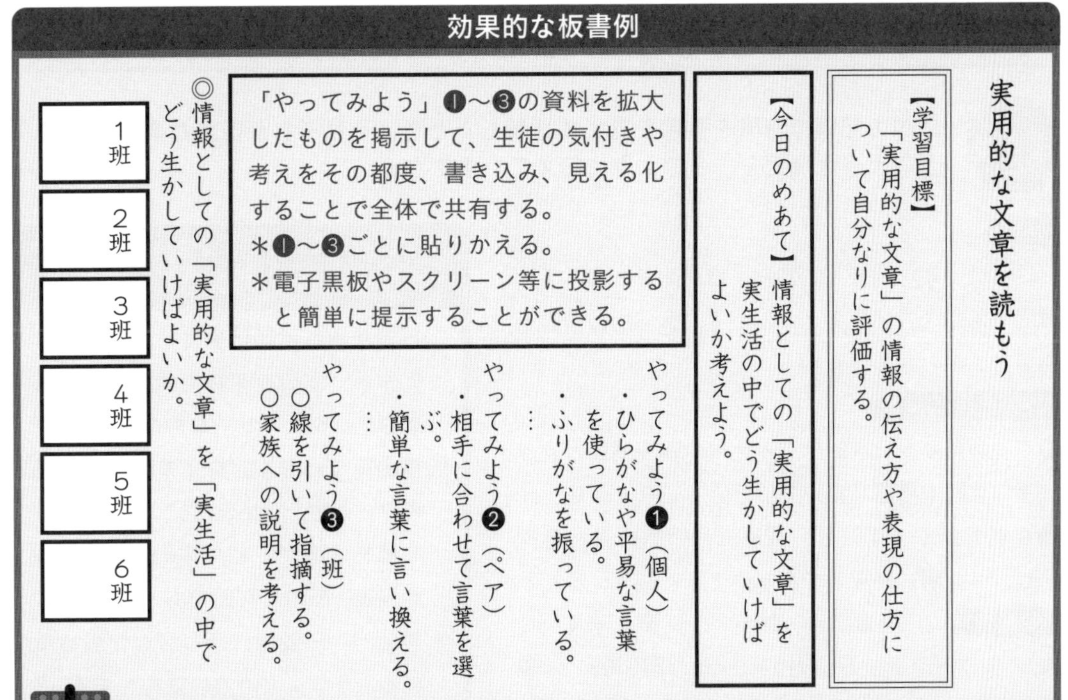

ください。みどりさん役は、説明で分からないことがあれば、質問しても構いません。

○立場を交代してペアで説明し合う。

T：分かりやすく伝えるには、どのような工夫が必要でしたか。ペアで話し合ってください。

○ペアで工夫した点について話し合う。

・相手に合わせて言葉を選びます。

・簡単な言葉に言い換えます。

・具体的な例を加えます。

T：話し合ったことを発表してください。

＊ロールプレイにより体験的に理解を深め、ペアでの気付きは全体で共有する。

〈やってみよう❸に班で取り組む〉

T：情報の受け手への相手意識も大切な要素だと分かりましたね。他にも、私たちの身の回りには、多くの情報としての「実用的な文章」があります。今度は「やってみよう❸」について班で取り組みます。インターネットで自転車を購入する際に確認すべき情報はどこかを話し合って、該当部分に線を引きましょう。また、あなたなら、その情報を家族にどのように説明するかも考えましょう。

○説明方法も含めて班で話し合う。

・組み立てが必要→自分で組み立てます

・返品不可→よく確認します

・アフターサービス×→近所で修理します。

T：それでは指摘したことを発表してください。

＊指摘された内容は拡大した資料に線を引く。

〈班で話し合って、意見や考えをまとめる〉

T：ここまでの学習を踏まえて、情報としての「実用的な文章」を実生活の中でどう生かしていけばよいでしょうか。班で話し合って、意見や考えをまとめてください。

○ホワイトボードに各班の意見や考えを書く。

・情報を正しく見極めて取捨選択する。

・誰に向けての情報なのか相手意識を考える。

・情報の発信元、発信者を確かめる。

＊班でまとめたものを黒板に貼って共有する。

実用的な文章を読もう／報道文を比較して読もう 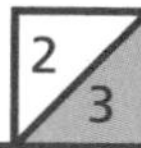

二つの記事の特徴を観点を立てて比較したとき、それぞれが伝えた事実は何で、どのような場面を、どのように伝えていますか。

目標

二つの記事を比較して読み、事実関係と書き手の意図や思惑の違いを捉えることで、批判的に情報と向き合うことができる。

評価のポイント

❸二つの記事を批判的に読み比べ、事実関係と書き手の意図や思惑を捉えている。　C(1)イ

❺観点を立てて比較し、共通点や特徴の違いを探し、ベン図に整理してまとめようとしている。

準備物　・模造紙　・付箋　・記事と写真（拡大）　・ワークシート①⏬02　・ベン図⏬03　・発表の手引き⏬04

ワークシート・ICT 等の活用や授業づくりのアイデア

○日頃から、新聞記事はスクラップしておき、生徒の興味や関心を高めるものや、タイムリーなものを使う。

○模造紙ではなく、ロイロノートの思考ツールや、Google スプレッドシート等を活用すると、考えの整理や共同編集するのに有効である。

＊対話的、協働的に話し合いが進められるようなまとめ方の工夫をする。

1 導入（学習の見通しをもつ）

〈全体の流れを確認し学習の見通しを示す〉

T：これから二つの新聞記事を読んで比較します。この二つは、同じ日の、同じ出来事を報じています。各自で読んだ後、班で協力しながら共通点や相違点について具体的に考察していきます。

＊二つの新聞記事を比較して読むねらいを明確にして、主体的な活動を促す。

2 展開

〈二つの記事の印象の違いを発表する〉

T：今回は、東京オリンピック・パラリンピックのボランティア募集が始まったことを報じた新聞記事を読み比べます。まず、記事A を読みます。

○各自で記事A を読む。

T：読み終わりましたか。ワークシートに記事A の「見出し」を書き写します。その後、そのことに関連する箇所を探して線を引いてください。

○見出しを書き、それに関連する箇所に線を引いて、記事の内容を理解する。

＊比較させる前に、それぞれの記事の話題や内容をしっかりと把握させる。

T：次は、記事B を読みます。読み終えたら、同様に見出しを書き写し、関連する箇所に線を引きます。

○同様に記事B に取り組む。

3 終末（学習を振り返る）

〈次回の発表について確認する〉

T：発表の準備は終わりましたか。次回は、ベン図にまとめたものを資料に用いて、班全員で役割分担をしながら、順番に3分程度で発表します。あらかじめ班で、発表に向けて打ち合わせておきましょう。

＊発表方法と時間について予告しておく。その上で各班で準備を進めさせるとよい。

効果的な板書例

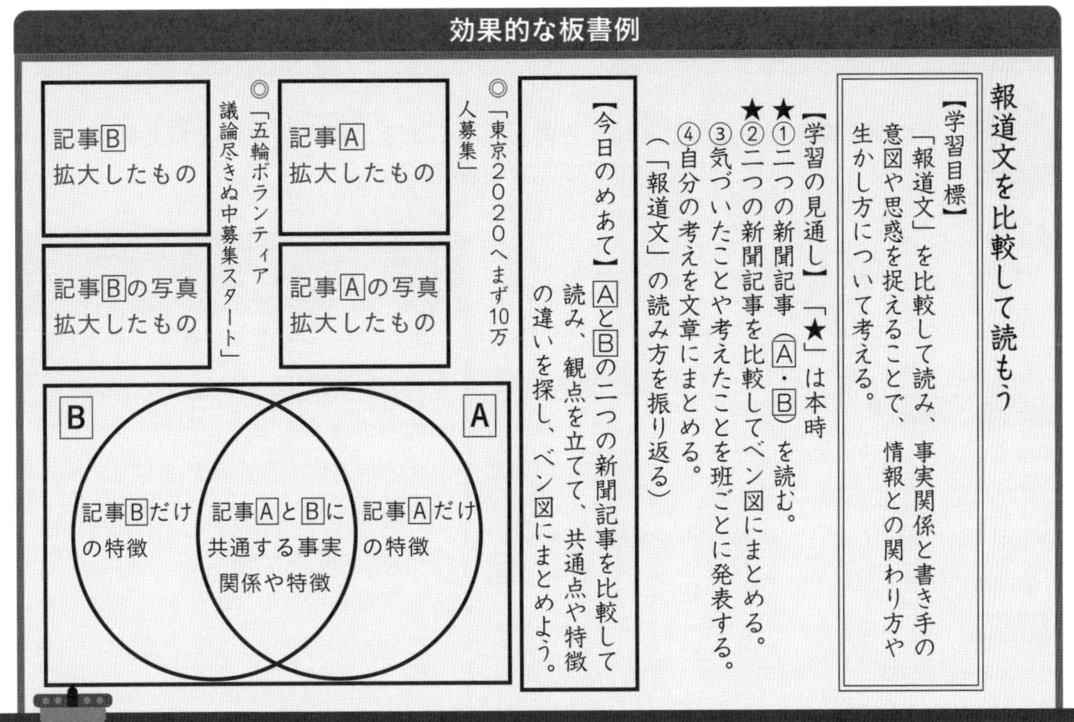

T：では、二つの記事を読んでみて印象の違いはありましたか。班になって気付いたことを話し合ってみましょう。

○印象の違いについて班内で述べ合う。

・Aは前向きさを感じますが、Bはやや批判的に述べています。

・Aはよい面を中心に述べていますが、Bは課題についても述べています。

＊同じ日の、同じ出来事でも報じ方によって異なる印象を受けることに気付かせたい。

〈観点を立てて比較して図表にまとめる〉

T：二つの記事には印象の違いがありましたね。これから各班にベン図が書かれた模造紙と付箋を配付します。黒板を見てください。ベン図は、二つの共通点と、一方にしかない特徴についてまとめるのに向いている「思考ツール」です。二つの記事の特徴を観点を立てて比較したとき、それぞれが伝えた事実は何で、どのような場面を、どのように伝えていますか。書き手の意図や思惑に目を向けてみましょう。

・見出し（受け取る印象は違うか）

・リード文（書き手の伝えたいことは何か）

・本文（事実は何か、どんな立場か）

・写真（どんな場面か、意図は何か）

＊単なる観点だけの比較ではなく、着眼点をもたせ事実関係を整理させながら考察を促していく。

＊表でも構わないが、ベン図等で大枠を示し、生徒が自由に考え、対話的に学習活動できる状況を設定してもよい（付箋を活用）。

T：考えはまとまってきましたか。次回の授業で班ごとに発表をしてもらいます。残りの時間は、発表に向けて、二つの記事を読み比べ、班でベン図にまとめていく中で、気付いたことや、考えたことを整理してみましょう。

○発表に向けての準備をする。

＊「発表の手引き」を配付して、基本的な発表モデルを示すとよい。

実用的な文章を読もう／報道文を比較して読もう 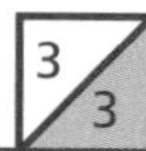

これから報道文を読むときに、どのようなことを心掛けますか。池上彰さんに伝えるつもりで意見や考えを書いてみましょう。

目標

報道文を読むときの心掛けを考えながら、実生活における情報との関わり方や生かし方について、自分の考えをまとめることができる。

評価のポイント

❷報道文を読むときの心掛けについて、池上彰さんに伝えるように意見や考えを書いている。B(1)ア

❻実生活へ生かすために、積極的に情報の信頼性を確かめて比較したり、考えたりしようとしている。

準備物 ・発表の手引き⬇04 ・ワークシート②⬇05 ・模造紙 ・ワークシート③⬇06 ・定期テスト問題例⬇07

ワークシート・ICT 等の活用や授業づくりのアイデア

○ワークシートはメモのスペースを設けて主体的に聞けるようにする。

＊相手の考えを聞くことで、自分の考えも深まり、見方も広がる。

○班の発表にロイロノートや、Google Classroom 等を活用してもよい。

＊発表資料の共有で、班員全員が同時に別々の場所で発表することも可能。共有に即時性が生まれる。

1 導入（学習の見通しをもつ）

〈前時と本時のつながりを意識させる〉

T：前回は、二つの新聞記事を比較して、事実関係と書き手の意図や思惑について班でベン図に整理しました。今日は、各班が気付いたことや考えたことを発表により共有します。その後、関連した文章を読み、自分の考えを深めていきます。

＊学習の「つながり」を意識させる。

2 展開

〈「発表の手引き」で確認する〉

T：最初に「発表の手引き」で発表の流れとポイントを確認します。

①発表時間は３分程度とする。

②班でまとめたベン図（模造紙）を活用する（黒板にマグネットで貼る）。

③共通する事実関係や特徴を述べる。

④それぞれの書き手の意図や思惑、特徴の違いを述べる。

⑤各班で気付いたことや、考えたことを述べる。

→①〜⑤を分担して班員全員で発表する。

＊特定の生徒だけでなく、できるだけ多くの生徒に発表の機会を与える。

〈「発表の手引き」に沿って発表する〉

T：順番に前に出て発表してください。

○班ごとに前に出て発表する。

（共通する事実関係や特徴）

3 終末（学習を振り返る）

〈単元全体を振り返ってまとめる〉

T：今回、学習してきた「実用的な文章」と「報道文」は、実生活で目にする機会が多いものです。そうした情報との関わり方について、単元全体を振り返りながら、自分の考えをまとめてみましょう。

＊単元を通した振り返りを言語化させることで、考えの変容を見取ることができる。

効果的な板書例

報道文を比較して読もう

【学習目標】
「報道文」を比較して読み、事実関係と書き手の意図や思惑を捉えることで、情報との関わり方や生かし方について考える。

【今日のめあて】○各班の発表を聞いて気づきや考えを交流しよう。
○関連する文章を読んで、自分の考えをまとめよう。

03：00

【発表の手引き】
①発表時間は三分程度とする。
②班でまとめたベン図（模造紙）を活用する。
③共通する事実関係や特徴を述べる。
④書き手の意図や思惑、特徴の違いを述べる。
⑤各班で気付いたことや、考えたことを述べる。
↓①～⑤を分担して班員全員で発表する。

（問い）
・これから報道文を読むときに、どのようなことを心掛けるか。
・池上彰さんに伝えるように書く。
◎池上さんへ、私は、これから報道文を読むときに、…
・複数の報じ方を比較して検討します。
・事実関係について整理して、書き手の意図や思惑も考えます。
・その情報は確かなものかどうか、様々な角度から信頼性を検討します。
・…

＊発表中は、黒板に発表班のベン図を貼って、必要に応じてベン図を指し示しながら発表する。タイマーも黒板等、見えるところにおいて、時間配分を調整させるとよい。

・どちらもオリンピックボランティアの募集が始まったという事実を取り上げています。
（A の記事だけの特徴）
・元日本代表の笑顔の写真を用いています。
・史上最大規模のボランティア募集について応募を促すような意図や思惑があります。
（B の記事だけの特徴）
・討論会を取り上げていて、課題を指摘しながら賛否両論の立場から報じています。
・問題提起により、議論を促すことへの意図や思惑があります。
（気付いたことや考えたこと）
・同じ話題や事実を扱った記事でも、報じ方により、与える印象には違いがあります。
・読むときには、論点がどこにあるかを考える必要があります。
＊発表を聞きながらワークシート②にメモを取ることで、考えを広げたり、深めたりしていく。

〈報道文を読むときのポイントをまとめる〉

T：それぞれ鋭い視点から考察できていましたね。次に、池上彰さんの「ここに注目」を読みます。これから報道文を読むときに、どのようなことを心掛けますか。池上彰さんに伝えるように意見や考えを書いてみましょう。
○ワークシート③に自分の考えをまとめる。
・複数の報じ方を比較して検討します。
・事実関係について整理して、書き手の意図や思惑について考えるようにします。
・その情報は確かなものかどうか、様々な角度から信頼性を検討します。
＊「池上さん、私は、これから報道文を読む時に、……」のように書き出しを決めると、書きやすい。理由も添えて200字程度で書く。
＊池上彰氏の別の文章を紹介してもよい。
T：班内で書いた文章を読み合ってください。
○他の人の考えを読むことで考えを広げる。
＊時間があれば、何人か発表させて、全体で共有してもよい。

3 言葉とともに

俳句の可能性―［書く］俳句を作って楽しもう―／俳句を味わう（3時間扱い／読むこと❶、書くこと❷）

指導事項：〔知技〕(1)イ、ウ 〔思判表〕C(1)ウ・B(1)イ、ウ
言語活動例：俳句を読んで鑑賞文を書いたり、自分でも俳句を作ったりする。

単元の目標

(1)俳句の鑑賞に必要な語句を学び、語感を磨くことができる。 〔知識及び技能〕(1)イ
(2)俳句の特徴について理解を深めることができる。 〔知識及び技能〕(1)ウ
(3)読み手の納得を得られるように構成を工夫して鑑賞文を書くことができる。
〔思考力、判断力、表現力等〕B(1)イ
(4)語の取り合わせや表現の仕方を工夫して俳句を作ることができる。
〔思考力、判断力、表現力等〕B(1)ウ
(5)俳句に表された作者のものの見方・感じ方や、表現の仕方について評価し、俳句を鑑賞することができる。 〔思考力、判断力、表現力等〕C(1)ウ
(6)言葉がもつ価値を認識するとともに、読書を通して自己を向上させ、我が国の言語文化に関わり、思いや考えを伝え合おうとする。 「学びに向かう力、人間性等」

単元の構想

〈単元で育てたい資質・能力／働かせたい見方・考え方〉

俳句の鑑賞では、例えば昔からの自然の見方・感じ方を実感しつつ季語を読んだり、身の回りの風物に対する作者独特の見方や感じ方に気づいて鑑賞したりすることができる。また俳句の創作に挑むことで、自らの気付きや感じ方を言い表す言葉選びの感性を磨いたり、語と語の連なりが生み出す意味の豊かさを楽しんだりすることができる。こうした俳句の教材性を生かし、ものごとに対する見方や感じ方を言葉で表すことそのものの有り方を見つめ直す学習を成立させたい。

〈教材・題材の特徴〉

俳句は省略の文芸である。それを可能としているのは、「季語」や「切れ字」の効果、「取り合わせ」等の独特の構成法や様々な表現技法である。こうした俳句の特色を理解し鑑賞の手がかりにすることでより深い読みや、効果的な表現が可能になる文芸であるとも言えよう。またその創作活動は、対象に対する見方を伝える上で、言葉を選び、意識的に表現の効果を考える学習を成立させることにつながる教材である。

〈主体的・対話的で深い学びの視点からの授業改善ポイント／言語活動の工夫〉

少ない時間で主体的な学びを引き出し効果を高めるため、自分が選んだ俳句のミニ鑑賞文を書く

ことをゴールとして示し、俳句の鑑賞にはどんなポイントがあるかを探して「俳句の可能性」を読むことにする。また互いの鑑賞文や俳句作品をICTを活用して読み合うことで効果を高めたい。

単元計画

時	学習活動	学習内容	評価
1	1．学習の見通しをもつ。 2．「俳句の可能性」を読む。 3．「俳句を味わう」を音読し、気に入った俳句を選ぶ。	○俳句に関する知識を思い出しながら、俳句についての学習の見通しをもつ。 ○「俳句の可能性」を読んで、俳句鑑賞のための語彙を学び、鑑賞のポイントを見付ける。 ○「俳句を味わう」の俳句について、大意や季語と季節などを確認したりしながら音読し、気に入った句（鑑賞文を書く句）を決める。	❶
2	4．鑑賞文を書く。 5．鑑賞文を読み合い、コメントし合う。	○気に入った俳句について、第1時で学んだ鑑賞の観点を生かして鑑賞メモをつくる。 ○ICTを活用しミニ鑑賞文を書いて登録する。 ○ICT端末の一覧機能で互いの鑑賞文を読み合い、学習班（4人程度）でよさを指摘し合う。 ＊次時は俳句を作ることを知り、題材案をいくつか考えてくることを宿題とする。	❷ ❸❺ ❻
3	6．「俳句を作って楽しもう」を読み、作句法を学ぶ。 7．俳句を作り、清書する。 ＊俳句は掲示して鑑賞する。	○「俳句を作って楽しもう」を読んで、「取り合わせ」で作る方法を学ぶ。 ○用意した題材案から俳句を作る。 ○できた句を短冊に清書して提出する。	❹❻

評価規準

知識・技能	思考・判断・表現	主体的に学習に取り組む態度
❶俳句の鑑賞に必要な語を学び、活用して俳句を読んでいる。 (1)イ ❷俳句の特徴を理解し鑑賞に生かしている。 (1)ウ	❸「書くこと」において、構成を工夫して鑑賞文を書いている。 B(1)イ ❹「書くこと」において、言葉選びや表現の仕方を工夫して俳句を作っている。 B(1)ウ ❺「読むこと」において、作者の見方・感じ方や表現法などを評価し鑑賞している。 C(1)ウ	❻学んだことを生かしながら、粘り強く鑑賞文や俳句を書き上げようとしている。

〈指導と評価の一体化を図る見取りのポイント〉

俳句の特徴の知識は、鑑賞の手がかりにもなる。またそうした特徴を観点に俳句を鑑賞することを通して、俳句への理解も深まることに留意したい。ノート等への記述や観察で評価するとよい。

俳句の可能性―［書く］俳句を作って楽しもう―／俳句を味わう

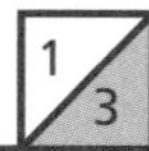

俳句の鑑賞にはどんなポイントがあるでしょう。どんな言葉や言い方で鑑賞文を書くとよいでしょうか。

目標

俳句の味わい方（鑑賞のポイント）を学び、鑑賞文で使うとよい言葉や言い方をつかむことができる。

評価のポイント

❶俳句の鑑賞に必要な語を学び、活用して俳句を読んでいる。 (1)イ

準備物　・「俳句の可能性」の全文プリント。

※既習の俳句を想起させるので、生徒たちが小学校で使った教科書を調べておいたり、特に芭蕉、蕪村、一茶などの人口に膾炙（かいしゃ）した名句や俳人をリストアップしておくとよい。

ワークシート・ICT 等の活用や授業づくりのアイデア

○「俳句の可能性」については色ペンで書き込みをするので、教科書とは別に、「全文プリント」を用意するとよい。

＊多めに用意してあげると、安心して色ペンを使える生徒も少なくない。

○小学校で習った俳句・俳人や有名な俳句・俳人等をスライド資料として1～2枚で紹介してもよい。

1 導入（学習の見通しをもつ）

〈俳句の既習知識を想起する〉

T：どんな俳句を知っていますか？

T：俳句の作者のことを何という？（俳人）

T：どんな俳人を知っていますか？

○学習の見通しをもつ。

T：今回は、俳句の鑑賞の仕方を学んで鑑賞文を書いたり、ちょっと面白い俳句の作り方を学んだりしていきます。

2 展開

〈「俳句の可能性」を読む〉

T：俳句について学んでいきましょう。教科書には「俳句の可能性」という文章と、p.74の「俳句を味わう」に俳句がたくさん出ていますね。今回は俳句の読み方を学んで、p.74・75の俳句の中から一句選んで鑑賞文を書きます。鑑賞文を書くに当たって、宇多さんの「俳句の可能性」を読みましょう。読みながら、

①俳句の鑑賞用語。この言葉は俳句を詠む上で大切な言葉だと思う語句。

②鑑賞文で使ってみたい言葉や表現に色ペンで線を引いてみましょう。①は赤。これは大事な俳句の用語だなと思う言葉をチェックしましょう。②は青。この言い方分かりやすい、かっこいいなど、使ってみたい言葉や表現に

3 終末（学習を振り返る）

○次回は、今選択した俳句について鑑賞し、鑑賞文を書き上げて、読み合うことを確認する。

＊もし本時に鑑賞する句を選ぶところまで終えられなかった場合（選べなかった生徒がいた場合）は、どの句を鑑賞するか決めてくるように指示する。

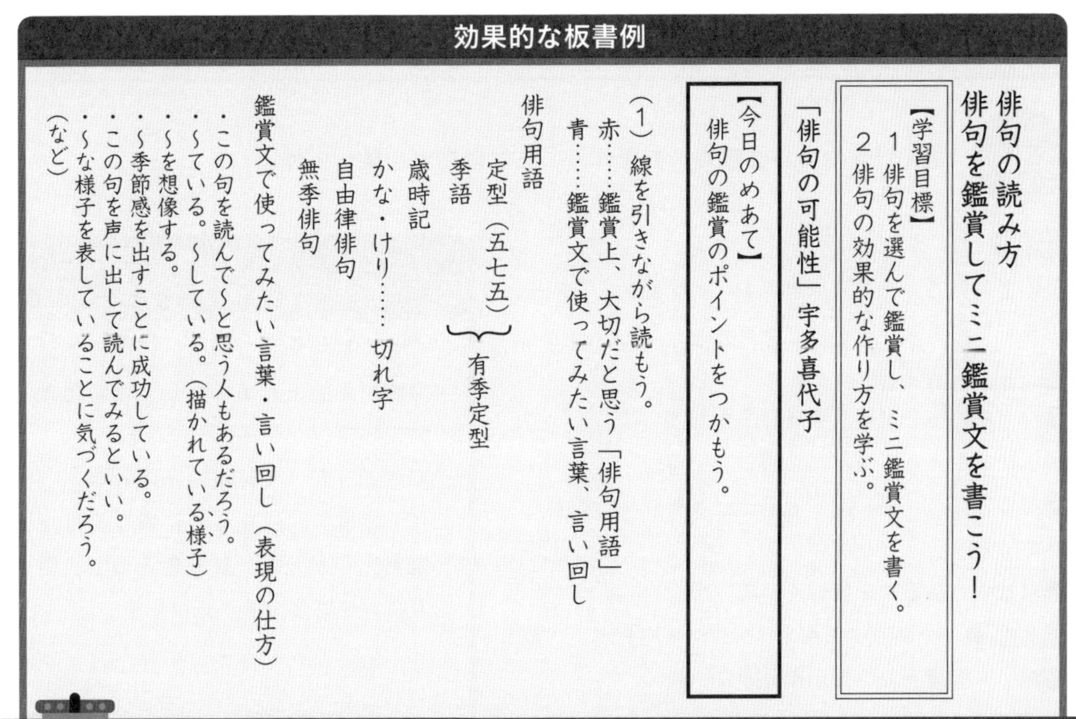

線を引きます。では音読しましょう。

〈「俳句の可能性」を音読する〉

T：A さん「どの子にも」の句とその後の文章を声に出して読んでください。

T：今の部分には、「どの子にも」の句について、情景を想像したり説明したりして鑑賞している部分と、俳句そのものについて解説している部分とがあったのに気付きましたか？

〇この句には～ということだけである。

〇この句を読んで～人もあるだろう。

T：課題の①大切な「俳句用語」は「俳句そのものの説明」の中に、②「鑑賞文で使ってみたい語句や言い回し」は例句の鑑賞の中にありそうですね。では次の句の部分を B さん。

＊例句の鑑賞部分を枠囲みさせたり、ラインマーカーで色分けさせたりしてもよい。ただし課題の赤・青は使わないように注意させる。

〇以下同様に最後まで音読させる。

〈もう一度、線を引きながら通読させる〉

＊教師のリードで音読しながらだと、十分に赤や青の線を引けない生徒も多い。そこでもう一度線を引きながら通読（黙読がよい）させる。

〈赤線を引いた俳句用語を共有〉

T：どんな俳句用語を見付けましたか、赤線を引いた語句を共有して確かめましょう。

＊本文を確認し補足しつつ定義を確かめる。

〈青線を引いた鑑賞文で使いたい語などを共有〉

T：青線を引いた、鑑賞文で使ってみたい言葉や言い回しを発表し合って共有しましょう。

T：鑑賞文に使える表現をたくさん見付けましたね。これらはただ上手な表現というだけでなく、鑑賞のポイントにもなっていますね。

〈「俳句を味わおう」から鑑賞する句を選ぶ〉

〇鑑賞する句を選ぶことを伝えた上で、一句ずつ音読する。破調（字余り）や中間切れ、自由律などを補足しながら読むとよい。その後句を選ぶ。

俳句の可能性─［書く］俳句を作って楽しもう─／俳句を味わう

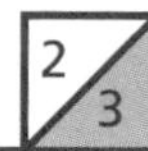

主発問　**選んだ句について鑑賞メモを作り、ミニ鑑賞文を書いて提出しましょう。**

目標

作者の見方・感じ方や表現法などを捉え、構成を工夫して鑑賞文を書くことができる。

評価のポイント

❷俳句の特徴を理解し鑑賞に生かしている。　(I)ウ
❸構成を工夫して鑑賞文を書いている。　B(I)イ
❺作者の見方・感じ方や表現法などを評価し鑑賞している。　C(I)ウ
❻粘り強く鑑賞文を書いている。

準備物　・鑑賞メモ用のワークシート⤓01　・歳時記　・鑑賞メモ（掲示用）⤓02

ワークシート・ICT 等の活用や授業づくりのアイデア

○鑑賞の観点を示しつつ、俳句の鑑賞文の材料をまとめられるよう、鑑賞メモのワークシートを作るとよい。
○ロイロノートや Class room などの ICT 環境を利用すると、書き上げた鑑賞文が手元で一覧できるので、相互批評や感想交流が行いやすい。

1　導入（学習の見通しをもつ）

〈前時を振り返り今日の目標を確かめる〉

T：前回は「俳句の可能性」を読んで鑑賞のポイントや鑑賞文で使えそうな言葉・表現を考えました。
T：今日は、選んだ句について、鑑賞メモを作って鑑賞文を完成させ、最後にはお互いに読み合います。

2　展開

〈鑑賞メモをつくる〉

T：鑑賞用のメモを作ります。ワークシートには五つの項目があります。
①季語と季節：それぞれの俳句の季語と季節を確かめてください。「歳時記」も活用しましょう。
②作者が見ている情景：作者はどんな情景、どんな様子を見ているのか、具体的に想像してみましょう。句の言葉で直接描かれているものだけでなく、まわりの様子なども想像してみましょう。
③作者の感動：作者が何にハッとしたり、よい・美しいと感じたりしているのかを考えましょう。〇〇が□□だったことにハッとしている。〇〇を見て……と感じている。などと想像します。
④言葉選びや表現のすごさ：ここは選んだ俳句の表現の仕方について、ここが

3　終末（学習を振り返る）

○本時の学習を振り返って鑑賞文が書けたことを評価するとともに、次回は俳句を作ることを予告し、題材をノートに思いつくままメモ書きしてくるよう伝える。
T：次回は俳句を作ってみます。夏だなあと感じたことや、最近の学校生活で印象に残っていることなどを、句の形でなく普通の文でメモしてきましょう。

効果的な板書例

俳句の読み方
俳句を鑑賞してミニ鑑賞文を書こう！

【今日のめあて】
選んだ俳句を読み味わい鑑賞文を完成させよう。

＊左は「鑑賞メモ」のワークシートです。
メモ例をスライドにして映し出して説明します。

俳句	古池や蛙飛び込む水の音	作者	芭蕉
季語（季節）	蛙　（仲春・今の三月ごろ！）		

作者が見ている情景（五感：視・聴・嗅・味・触）
・誰もいない静かな池。
・ポチャンと蛙が池に飛び込む音。波紋。

作者の感動（ハッとした。〇〇だなあ。）
・静かだと思っていたらポチャン。ドキッ！
・波紋がきれいだなあ。
・あれ？　蛙だ！　え？　冬眠から覚めた？
・春が来たんだ！

言葉選びや表現のすごさ（表現の工夫）
・体言止め
・古池（静）→水の音（動）対照的

選んだ理由（その他・これも言いたい！）
・蛙が春でびっくり（夏だと思ってた）。
・なんか季節の移り変わりが感じられて感動。

すごいな！　この表現が素敵、などと感じたことがあれば書きます。表現技法なども探してみましょう。

⑤選んだ理由：選んだ理由は②から④と重なるかもしれませんね。まだ言えてないことでここが好きとか、このことも言いたい！ということがあれば自由に書いてみましょう。

＊「鑑賞メモ」の例（板書例を参照）を作成して提示すると、どんなことを書けばよいかひと目で分かり、ゴールが見えるので生徒の主体的な取り組みを引き出し易い。

＊「鑑賞メモ」のワークシートはA5程度のカードサイズがメモらしく、負担感も少ない。大きくてもB5サイズとするとよい。

＊全ての項目を埋めなくてもよいと言葉を添えると安心して取り組める。

〈鑑賞文を書く〉

T：メモが書けたら鑑賞文を書きます。ロイロノートのカードを使って書きます。文字数は特に決めませんが、カード1枚で仕上げてください。

T：（カードの画面をスクリーンに教師が書いた書きかけの鑑賞文例を映しながら）たくさん書きたい人は小さなサイズの文字で、たくさんは書けませんという人は……（と、画面上で大きな文字のフォントにしてみせると、書ける文字数がどんどん少なくなって生徒は大笑い）。もちろん、文字が大きすぎて中身が薄いのはダメです。仕上げたら、ロイロノートの「提出箱」に出してください。

＊俳句の鑑賞などは苦手意識をもつ生徒も少なくない。楽しい気持ちで書き始められると、書きたいことが次々と出てきたり、内容も濃くなったりして結果的に学習効果が高まるものだ。

〈鑑賞文を読み合う〉

○提出作品の共有機能を使って鑑賞文を読み合う。時間が足りない場合は、次の時間の冒頭に鑑賞文交流の時間を取るとよい。

俳句の可能性―［書く］俳句を作って楽しもう―／俳句を味わう

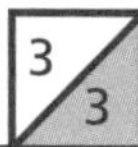

主発問　**「取り合わせ」の方法を使って俳句を作ってみましょう。**

目標

「取り合わせ」による作句法を理解し、活用して俳句を完成することができる。

評価のポイント

❹言葉選びや表現の仕方を工夫して俳句を作っている。　B(1)ウ

❻「取り合わせ」の方法を取り入れたり、既習の有季定型の約束事を踏まえて粘り強く俳句を作っている。

準備物　・俳句を清書するための短冊（市販の短冊教材だと本物感があるが、色画用紙等でも代用できる。）

ワークシート・ICT 等の活用や授業づくりのアイデア

○本事例では３時間配当のため、句会（出来た俳句作品の披講の会）までいかないことを想定して、短冊に清書し、教室に掲示するなどして相互鑑賞する展開を想定した。

しかし、もう１時間配当を増やせるなら、短冊掲示はもちろん、ICT で作品を閲覧し合い、互いの作品を講評し合う句会を開くのもよいだろう。

1　導入（学習の見通しをもつ）

〈本時は俳句を作ることを確認する〉

T：俳句の学習の最後に、今までの学習で学んだ俳句の約束を生かして俳句を作ってみましょう。俳句の約束を表す四字熟語、覚えていますか？（有季定型）

今日は「取り合わせ」という新しい方法を学びます。使えたら、俳句づくりに生かしてみてください。

2　展開

〈「取り合わせ」による創作法の説明〉

T：鑑賞文の例として「古池や」の句を示しましたね。あの句は先に「蛙飛び込む水の音」の部分ができたのだと弟子たちが伝えています。上の五文字は何がよいか、その場にいた弟子たちにも考えさせ、結局、「古池や」とその場の様子を付けたのだそうです。

＊句の成立のエピソードとしては、高弟の宝井其角（たからいきかく）が「山吹や」としてはどうかと提案したが、芭蕉は「ただ『古池や』とするのがよい」と言ってこの句形に定めたと伝えられている（各務支考（かがみしこう）『葛の松原』他）。「山吹」を「蛙」に取り合わせるのは和歌常套の発想で新し味がないと芭蕉は考えたのだろう。

T：この句のように「蛙が飛び込む音」と「古池」と二つのものを取り合わせ

3　終末（学習を振り返る）

〈俳句の学習を振り返り、俳句の短冊は掲示することを伝えて学習のまとめとする〉

T：今回は、俳句について学習しました。いろいろな俳句用語も学びましたね。全部言えますか？（生徒に想起させる）みなさんが作った俳句の短冊は、教室に掲示します。お互いの作品を読み合って、感想を伝え合うといいですね。

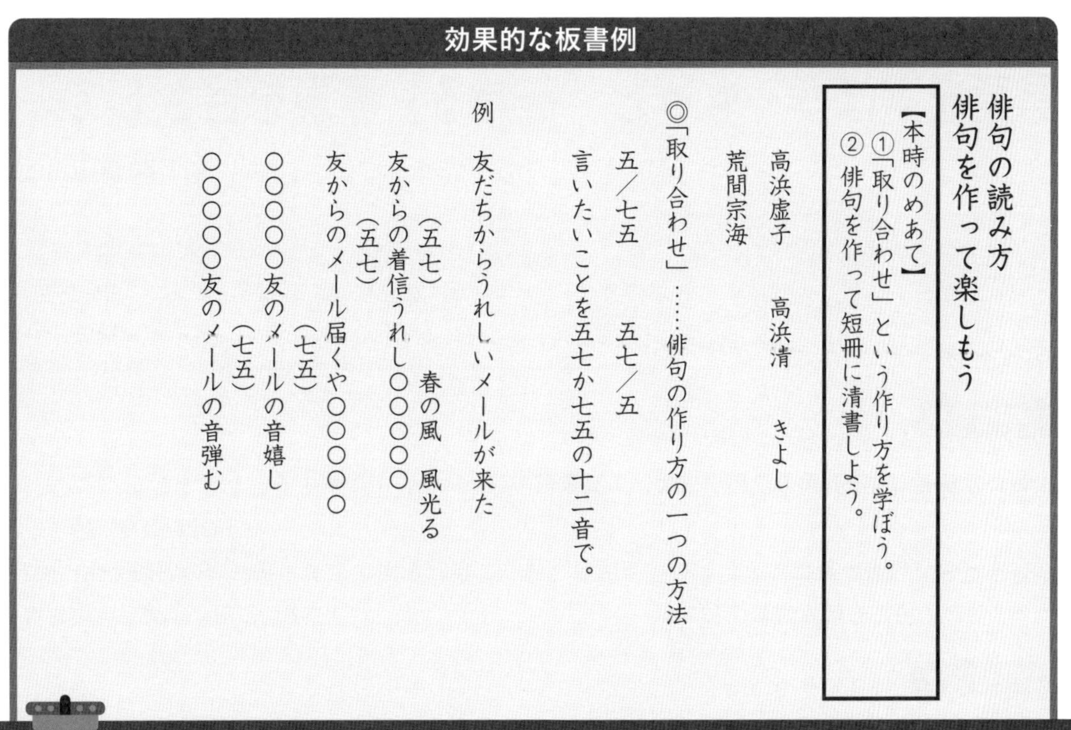

て俳句にする方法を「取り合わせ」というのです。取り合わせる言葉によっては、古池と蛙の水の音のように、静と動の反対のイメージがぶつかることもあるし、木々の万緑の勢いに、赤ちゃんの歯が生えたという成長の勢いのように相乗効果を上げることもあります。

T：教科書には取り合わせによる俳句づくりのやり方としてこんな例が出ています。言いたいことは、「友達からうれしいメールが来た」ということだとします。この言いたいことを「五七」か「七五」の十二音にするのです。俳句なのにいきなり五七五でなく、十二というのが面白いですね。皆さんならどんなふうに五七か七五にしますか？　教科書では、「友からの着信うれし」で十二にする例が出ています。他にも考えられますか？

・「友からのうれしいメール」です。

T：そうですね。それもいいですね。ここには季語がないので、残り五文字に季語を入れます。例えば「春の風」を入れてみましょう。

友からの着信うれし／春の風

友からのうれしいメール／春の風

ほら俳句っぽいでしょう。

T：「春の風」を取り合わせると、なんだかそれだけで楽しそうですね。だから「うれしい」と言わずに例えば「友からの着信弾む／春の風」などと変えてみてもいいですね。それでは、皆さんも考えてきた題材を使って、まずは十二音で伝えたいことを言ってみましょう。そして季語を組み合わせて俳句にしてみましょう。もしいきなり五七五が浮かんだらそれも結構です。一つできたらもっとよい形にならないか推敲してみましょう。

○句ができたら短冊に清書させる。

○上手く進められない子には、言いたいことを定型にあてはめる支援を行うとよい。

※参考　みつむら web magazine
「そがべ先生の国語教室　第27回」

3 言葉とともに

言葉を選ぼう―もっと「伝わる」表現を目ざして―

（1時間扱い）

指導事項：〔知技〕(3)ウ

言語活動例：時代や世代による言葉の変化について具体例を挙げて話し合ったり、場面や相手によって言葉を言い換えたりする。

単元の目標

(1)時間の経過による言葉の変化や世代による言葉の違いについて理解することができる。

〔知識及び技能〕(3)ウ

(2)言葉がもつ価値を認識するとともに、読書を通して自己を向上させ、我が国の言語文化に関わり、思いや考えを伝え合おうとする。 「学びに向かう力、人間性等」

単元の構想

〈単元で育てたい資質・能力／働かせたい見方・考え方〉

実生活において、言葉が使われた意図や文脈を考えずに表面的に受け取ると、相手の意図を理解できなかったり、誤解が生じてしまったりすることがある。実際のコミュニケーションの場で求められるのは、言葉をたくさん知っていることよりも、知っている言葉のニュアンスを理解して使えることである。既習単元や自身の体験を振り返りながら、時代や世代による言葉の変化について、具体例を取り上げながら言葉の変化について話し合ったり、より相手に伝わるように言い換えたりしながら、語彙を増やすことの重要性や語彙運用の必要性に気付かせたい。

〈教材・題材の特徴〉

中学3年生ともなると、知っている言葉が増えてくる。その中には、同じような意味をもつ言葉も多くなる。しかしながら、日常会話や書き言葉の中では、使い慣れた言葉に頼ってしまうことがままある。時代や世代によって意味や用法が異なる語を理解したり、言葉による印象の違いを話し合ったりすることで、増えてきた言葉を、どんなときに、どのように使い分ければよいのかということを考えさせられる教材である。その際、直後に設定されている単元「言葉1　和語・漢語・外来語」と合わせて指導することも効果的である。

〈主体的・対話的で深い学びの視点からの授業改善ポイント／言語活動の工夫〉

既習の古典教材や世代の異なる人との交流を想起させ、意味や使い方が異なる言葉を複数挙げさせ、学級内で共有することによって言葉の変化について考えるきっかけとしたい。また、自分の伝えたいことを相手に「伝わる」ようにするためには、相手や場面によってどのように言葉を使い分ければよいのかということを考えさせたい。そこで、同じ文章で、想定する相手や場面によって伝わらない（伝わりにくい）言葉に色を変えて線を引かせ、どのような言葉に言い換えることができるかを複数考えさせる。そして、複数出てきた言葉の中でどれを選択するか、なぜその言葉を選択したのかということを互いに説明し合う活動を取り入れることによって、語感を磨き、言葉を使い分ける手立てとした。

単元計画

時	学習活動	学習内容	評価
1	1．目標を確認し、学習の見通しをもつ。	○提示された若者言葉の意味や用法を説明する。 （言葉は移りゆくものであることを実感する。）	
	2．言葉の変化について知る。	○時代や世代によって変化した言葉を教科書の例を参考に確認する。	
	3．時代や世代によって変化した言葉を探し、それについて話し合う。	○教科書の例以外の言葉を、既習の古典教材や自身の体験から想起し、ワークシートに書いて、時代や世代によって異なる言葉の例を話し合う。	❶
	4．話す場面や相手を設定し、分かりやすく伝えられるように言葉を選ぶ。	○教科書の文章を、設定された相手や場面に従って、分かりやすく言い換える。 （世代の異なる相手・公私の異なる場面）	
	5．グループで共有する。	○伝わりにくい言葉はどれか、どのような言葉に言い換えられるか、なぜその言葉を選択したのかをグループで共有する。	❷
	6．学習の振り返りをする。	○相手や場面によってどんなことを意識していきたいのかという視点で振り返りを書く。	

評価規準

知識・技能	主体的に学習に取り組む態度
❶時間の経過による言葉の変化や世代による言葉の違いについて理解している。 ⑶ウ	❷時間の経過による言葉の変化や世代による言葉の違いについて進んで理解し、試行錯誤しながら相手や場面によって言葉を選んで話そうとしている。

〈指導と評価の一体化を図る見取りのポイント〉

語彙指導では、語彙の量（豊富な語彙知識）と語彙の質（精度の高い語彙運用）の両方をともに充実させていくことが大切である。ただの言葉の言い換えに留まらないように、類義語を複数提示させた上で、相手や場面に応じた言葉の選択をできるようにさせたい。その際、和語・漢語・外来語といった語種によって、受け取る側の印象がどのように異なるのか、それぞれの言葉がもつ意味の幅の違いはどれくらいあるのかということを考え、他者と共有させたい。そして、教科書の文章の言葉を言い換える際に、なぜその言葉に言い換えたのかということを、自分の言葉で書いて説明させることで見取っていきたい。

言葉を選ぼう―もっと「伝わる」表現を目ざして―

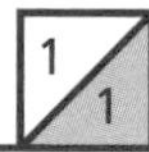

同じ内容を伝える場合でも、相手や場面によっては、伝わりにくいことがあります。どのようなことを意識すればよいでしょう。

目標

言葉を観察し、時間の経過による言葉の変化や世代による言葉の違いについて理解することができる。

評価のポイント

❶古典や近代文学、年配の人との会話の例などの中から、自分たちの世代とは異なる言葉の使い方を見付けている。(3)ウ

❷時間の経過による言葉の変化や世代による言葉の違いについて進んで理解し、試行錯誤しながら相手や場面によって言葉を選ぼうとしている。

準備物 ・文章を書き替えるためのワークシート01 ・イラスト02〜07

ワークシート・ICT 等の活用や授業づくりのアイデア

○授業内容に合わせたスライドを作成しておくと、前半部分をテンポよく進められる。

＊視覚優位な生徒は、音声だけで指示されるよりも、文字やイラストを伴って指示されたほうが分かりやすい。

1 導入（学習の見通しをもつ）

〈目標を確認し学習の見通しを持つ〉

T：言葉の変化や違いについて学習します。言葉についてよく観察し、相手や場面に適切な言葉を選び、使い分けられるようにしていきましょう。

＊若者言葉や、親世代が若い時に流行った言葉を取り上げ、生徒に説明させてみる。（エモい、タピる、ナウい、サボる等）

2 展開

T：みなさんはこのイラストを見てどう表現しますか。

・「かわいい」です。

＊紙かスライドでイラストを提示する。

T：では、平安時代の人たちはこのイラストを見て何と表現するでしょう。「竹取物語」や「枕草子」を思い出してみてください。

・「うつくし」です。

T：長い年月の中で、言葉は変化しています。これは時代による変化ですね。今まで学習した古典や近代文学などを思い出しながら、時代によって意味の異なる言葉を探してみましょう。

＊教科書や便覧などを活用するように促す。

T：学習班で、探した言葉を交流しましょう。意味がどのように変化したかも確認してください。

3 終末（学習を振り返る）

〈今回の学習を日常生活にどのように生かしていきたいかを考えて書く〉

T：同じ内容を伝えるのであっても、相手や場面によって使う言葉が変わってきます。これからの学校生活や社会生活を想像して、どのように言葉を使い分けていくのかを振り返りで書いてみましょう。

効果的な板書例

・(昔の言葉) いと・あまた
(今の言葉) とても・たくさん

T：使われている言葉や言葉の意味が変化しているので、古典の学習は難しいと感じる人が多いのかもしれませんね。

T：では、このイラストを何と呼びますか。

＊紙かスライドでイラストを提示する。

・レインコート、合羽（カッパ）

T：同じ時代を生きている私たちでさえも、世代によって意味や使い方が異なる言葉もあります。これが、世代による言葉の変化や違いです。お年寄りの方と会話をする中で伝わらなかった、意味が分からなかったという経験をした人もいるのではないでしょうか。最初に提示した若者言葉も、世代によっては伝わらないことのほうが多いでしょう。親世代の方や年配の方との会話を思い出して、世代によって異なる言葉を学習班で探して交流しましょう。

＊お年寄りの方との交流がない生徒もいるので、最初から班での交流とする。

T：教科書 p.77を開きましょう。そこに書かれている文章を、次の相手、または場面で対面で話すとして書き換えをしてみましょう。学習班で役割分担してください。

① 地域の老人ホームで参加を呼び掛ける場合
② 小学３年生の弟を誘う場合
③ 級友に学活の時間に呼びかける場合
④ 親しい友達の両親を誘う場合

＊この四つとは異なる設定をしてもよい。
(世代の異なる相手・公私の異なる場面)

〇担当する「設定」で、相手に伝わるように言葉を言い換える。

＊伝わりにくい言葉に線を引かせ、その言葉をどう言い換えるとよいかを考えさせる。

T：書き換えたものを学習班で共有しましょう。その際、どのようなことを意識して言い換える言葉を選んだのかを説明しましょう。

＊和語・漢語・外来語の学習も想起させる。

3 言葉とともに

言葉１　和語・漢語・外来語（１時間扱い）

指導事項：〔知技〕(1)イ
言語活動例：身近な文章から言葉を探して語種の性質について話し合ったり、語種による印象の違いを意識して書いたりする。

単元の目標

(1)理解したり表現したりするために必要な語句の量を増し、慣用句や四字熟語などについて理解を深め、話や文章の中で使うとともに、和語、漢語、外来語などを使い分けることを通して、語感を磨き語彙を豊かにすることができる。　〔知識及び技能〕(1)イ
(2)言葉がもつ価値を認識するとともに、読書を通して自己を向上させ、我が国の言語文化に関わり、思いや考えを伝え合おうとする。　「学びに向かう力、人間性等」

単元の構想

〈単元で育てたい資質・能力／働かせたい見方・考え方〉

和語・漢語・外来語それぞれの語種の性質について理解した上で、より豊かな言語生活を送るために、それらを適切に使い分けていこうとする態度を養いたい。日常生活の中であふれている外来語を和語や漢語に言い換えて表現したり、難しい漢語をより平易な和語に言い換えたり、相手と場面に応じて言葉を吟味し、最も適切なものを選んだりできるようにしたい。その際、それぞれの語の意味が完全に一致するわけではないことや、言葉によって与える印象が異なることに注意しながら、自分の伝えたい内容に合った言葉の選択ができる力を育てたい。

〈教材・題材の特徴〉

日本語の語種（語彙の出自による分類）は、和語・漢語・外来語の３種類に分類される（混種語を含めると４種）。語種の区別の仕方や大まかな歴史については小学生で学んできているため、生徒も大きな抵抗なく学習することができる。身近な文章がそれぞれの語種に分類できることに気付かせ、語種による語感の違いを比較することを通して、それぞれの語種の性質の理解や、相手や場面によって適切に言葉を選択できる能力や態度の育成を図ることのできる教材である。

〈主体的・対話的で深い学びの視点からの授業改善ポイント／言語活動の工夫〉

今後の日常生活においても、場面や相手に応じて言葉を使い分けることができるように、それぞれの語種の性質については生徒同士の対話を通して気付かせたい。そのため、教師が準備したそれぞれの語種の言葉をグループで分類させたり、比べて気付きを共有しながら話し合わせたりする。話し合いの際には、使われる場面や相手などを具体的に浮かべたり、既習の文法知識なども思い起こしたりするように促す。また、分類した言葉から１セット選び、同じ文の中で語種の異なる言葉だとどのように印象が異なるかを比較した後に、一般化させて、実際に使用する際の注意点やポ

イントを各グループでホワイトボードにまとめ、発表で全体共有することで、新たな発見や思考の広がりや深まりを期待したい。

単元計画

時	学習活動	学習内容	評価
1	1．目標を確認し、学習の見通しをもつ。 2．既習内容を確認する。 3．和語・漢語・外来語の性質をグループで話し合う。 4．語種が異なることによる印象の違いから導き出した使い分けのポイントをグループで話し合い、発表して全体で共有する。 5．言葉を使い分けて文章を書く。 6．学習の振り返りを行う。	○漢字の音訓や日本語の歴史について簡単に確認し、概略やポイントをまとめる。 ○言葉の比較・分類から語種の性質を見いだす。 ・教師が用意した15の言葉を分類する。 ・語種の性質についての気付きを交流する。 ○語種の異なる類義語の例文で印象比較を行う。 ・分類したカードから1セット選び、例文を考え、印象の違いを比較する。 ○和語・漢語・外来語の使い分けのポイントを班でまとめ、ホワイトボードに書く。 ○今まで書いた文章（振り返りや作文等）を読み返し、言い換えられる言葉を考え、吟味する。 ○使い分けのコツや意識したいことを踏まえ、学習の振り返りを書く。	❷ ❶

評価規準

知識・技能	主体的に学習に取り組む態度
❶理解したり表現したりするために必要な語句の量を増し、和語、漢語、外来語について理解を深め、話や文章の中で使うとともに、和語、漢語、外来語などを使い分けることを通して、語感を磨き語彙を豊かにしている。 (1)イ	❷進んで和語・漢語・外来語の性質を理解し、今までの学習を生かして相手や場面に応じて適切に使い分けようとしている。

〈指導と評価の一体化を図る見取りのポイント〉

過去に自分が書いた文章を読み返し、言葉を吟味して、その言葉を選択した理由を書かせる活動を通して見取ることができる（吟味した上で自分が伝えたいことと合致するのであれば変える必要は無く、その際には変更しなかった理由を書かせて見取っていく）。吟味する過程で、授業の学びを生かして語種の異なる類義語を探したり、語感を比較したりすることができる。また、自分が書いた文章と限定することで、自分の文章の傾向にも気付き、語彙を増やす必要性に気付くきっかけともなると考える。

言葉1　和語・漢語・外来語

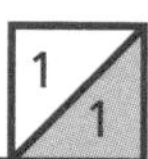

主発問　どのようなことを意識して「和語」「漢語」「外来語」を使い分けるとよいでしょう。

目標

和語・漢語・外来語それぞれの語種の性質を理解し、相手や場面に応じて適切に使い分けることができる。

評価のポイント

❶和語、漢語、外来語それぞれの語種の性質について理解し、相手や場面に応じて使い分けのコツをまとめている。(1)イ

❷今までに書いた自分の文章を読み返し、言葉を吟味して使い分けようとしている。

準備物　・ワークシート01　・和語、漢語、外来語カード（黒板用・学習班分）02–31

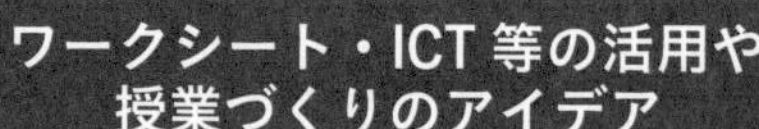

ワークシート・ICT等の活用や授業づくりのアイデア

○カードは、紙で用意してもよいし、データ（PowerPointのテキストボックスで移動できるようにして配信する等）で用意してもよい。

○和語、漢語、外来語で対応している言葉を学習班分準備しておくと、例文を考えさせる際にも使いやすい（今回は学習班が10班ある想定なので、300枚のカードを準備）。

1　導入（学習の見通しをもつ）

〈ゴールの説明と既習内容の確認〉

T：和語・漢語・外来語について学びます。知識として知っているだけで終わるのではなく、性質や特徴を理解した上で使い分けられるようにしましょう。

T：日本語の表記について、今までに学習したことを思い出してみましょう。

＊表記や漢字の音訓について確認する。

2　展開

〈カードを班で分類する〉

T：（黒板にカードを貼る）

この30枚のカードを3つのグループに分けてみましょう。（板書参照）

○学習班で30枚のカードを分類する。

＊分類の仕方がどの班も共通しているか、立ち歩いて確認させる。そして、分類したものがそれぞれ「和語」「漢語」「外来語」であることを確認する。

〈語種の性質や特徴について話し合う〉

T：三つにグループ分けしたカードは、どのような性質や特徴がありますか。気付いたことを学習班で話し合ってワークシートに記入しましょう。

・和語はひらがなで書かれていたり、訓読みするものが多く、やわらかくて優しい感じがします。大人や子供、外国の方にも意味が分かりやすいです。

3　終末（学習を振り返る）

〈今回の学習を日常にどのようにつなげていくかを書く〉

T：自分の書く文章の傾向が見えてきた人もいるかもしれません。相手や場面に応じて言葉を使い分けるためにも、語彙を増やしていくことが大切ですね。普段から言葉に対してアンテナを高くして生活しましょう。

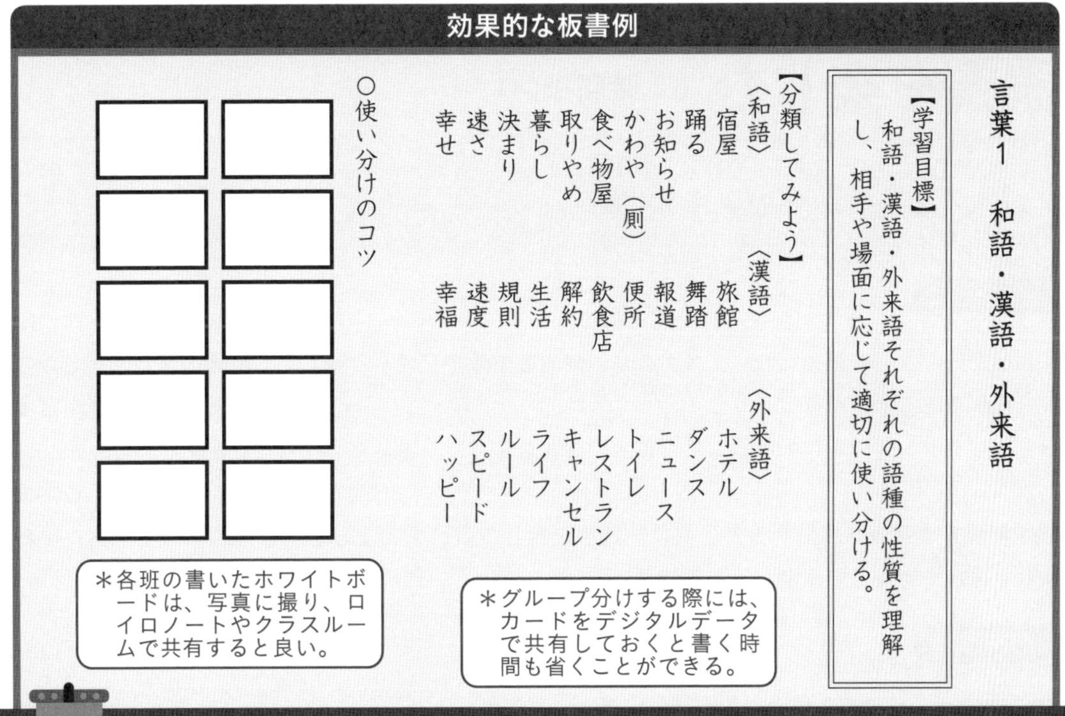

・漢語は音読みが使われています。堅苦しい感じがします。新聞や公的な場面で使われることが多いです。意味が広い（抽象的）です。一つの和語に対して複数の漢語があります。話し言葉だと、漢字が想像できない人には意味が通じません。

・外来語はカタカナで表記されることが多いです。新鮮に感じられ、軽快な印象を与えます。意味を知らない人には伝わりません。お年寄りや小さな子供などには分かりにくいです。専門性が高い言葉が多いです。

〈例文を作り、比較する〉

T：学習班で１セット選び、それぞれの語が入った例文を三つつくり、印象や使われ方の違いを比較してみましょう。そして、日常生活で使用するときに、どんなことを意識して使い分けるとよいかを「使い分けのコツ」としてホワイトボードにまとめましょう。

＊性質に応じた使い分けを意識するためにも、メリットやデメリット、具体的な場面や相手を想定して考えるように促す。

○作成した例文を紹介しながら、使い分けのコツを発表し合いましょう。

T：それぞれの性質や特徴を踏まえた上で、使い分けのコツを考えていましたね。言葉がもっている性質や使う場面、相手に応じて使い分けることが大切ですね。

T：では、今までみなさんが書いた文章を読み返し、言い換えられる言葉がないか探してみましょう。

○今まで書いた作文や振り返りを読み返して言い換える言葉を探し、ワークシートに書く。

＊言い換えの言葉を探すときには、類語辞典を使ったり、インターネット上の百科事典サイトなどを活用したりするように促す（知っている言葉であっても辞書を引かせたい）。また、和語を漢語に言い換える際には、文脈に応じてどれが適切かも吟味させる。

読書生活を豊かに

読書を楽しむ（1時間扱い）

指導事項：〔知技〕(3)オ　〔思判表〕C(1)エ
言語活動例：本の感想を交流したり、本の魅力を紹介したりする。

単元の目標

(1)自分が好きな本の魅力について考えたり、他者と感想を交流したりして、読書の意義と楽しみ方を理解することができる。　〔知識及び技能〕(3)オ

(2)様々なジャンルの本に触れることで自分の考えを広げたり深めたりすることができる。　〔思考力、判断力、表現力等〕C(1)エ

(3)言葉がもつ価値を認識するとともに、読書を通して自己を向上させ、我が国の言語文化に関わり、思いや考えを伝え合おうとする。　「学びに向かう力、人間性等」

単元の構想

〈単元で育てたい資質・能力／働かせたい見方・考え方〉

中学３年生は絵本や児童書から社会人向けの一般書まで幅広いジャンルの本に親しめる年代である。主人公の心の動きに共感したり、考えもしなかった生き方に触れたりすることもできる。しかし、同時に自分が読みやすい文体や興味のあるジャンルに選書が偏りがちでもある。同じ作家の本や、同じような内容の本ばかりを読み続けることも少なくない。今後、豊かな読書生活を実現するために、紹介や交流を通じて多様なジャンルの本に触れようとする態度を養いたい。また、自分が好きな本についてあらためて語ったり、他者の語りを聞いたりすることで、これからどんな読書生活をつくっていきたいか、具体的にイメージする力を育てたい。

〈教材・題材の特徴〉

本教材は自分が好きな本の魅力をあらためて考えたり、他者と感想を交流したりする方法が具体的に示されている。読書には時間が必要なため、長期休暇の前などに手順の確認や準備を指示し、休暇明けに実際の授業を展開するといった方法も考えられる。また、紹介を目的とした「ブックトーク」や、感想の共有を目的とした「読書会」など、目的別に学習活動が示されているので、生徒自身にどの学習活動を行いたいか選択させることもできる教材である。

〈主体的・対話的で深い学びの視点からの授業改善ポイント／言語活動の工夫〉

生徒が自分の読書生活を振り返り、紹介したい本や感想を交流したい本を選ぶことで、これまでの本との関わり方を主体的に考えることができるようにすることが大切である。魅力や感想を考える過程を通じて、「この本が好き」である理由を深く掘り下げることができる。また、他者の紹介や感想を聞きながら対話することで、新しい魅力的な本を知り、あらたなジャンルの本を手に取る意欲を高められるとよい。実際に実物の本を持ち寄らせて、互いに手に取る時間を設けることも効果的である。

単元計画

時	学習活動	学習内容	評価
1	1．自分が紹介したい本や感想を交流したい本を選ぶ。	○これまで読んできた本の中から好きな本を選ぶ。 ○その本を読んだときの感想や自分が感じる魅力をメモする。 ・付箋に話題を分けてメモすると、交流のときに話す順番なども考えやすくなる。	❸ ❶
	2．取り組みたい学習活動を選ぶ。	○「ブックトーク」「読書会」「ビブリオバトル」の中から取り組みたい学習活動を選ぶ。 ①ブックトーク 決めたテーマに関連する本を様々なジャンルから集めて紹介する方法。 ②読書会 共通の本や似たジャンルの本を読み合い、話したいテーマを決めて感想を交流する方法。 ③ビブリオバトル 好きな本を選び、魅力や感想を織り交ぜながら紹介し、どの本を読みたくなったか競い合う方法。	❷
	3．学習活動を行う。	○グループに分かれて学習活動を行う。	❷
	4．これからどんな本を読んでみたいか考える。	○はじめて知った本やこれから読んでみたい本を書き出す。	❶❸

評価規準

知識・技能	思考・判断・表現	主体的に学習に取り組む態度
❶自分の好きな本の魅力について考えたり、他者と感想を交流したりして読書の様々な楽しみ方を理解している。 (3)オ	❷「読むこと」において、様々なジャンルの本を知り、自分の考えを広げたり深めたりしている。 C(1)エ	❸自分のこれまでの読書経験を振り返るとともに、今後の読書生活の在り方について進んで考えようとしている。

〈指導と評価の一体化を図る見取りのポイント〉

自分の選んだ本について魅力を語れているかと同時に、他者の紹介にも意欲的に耳を傾けているか見取ることが大切である。様子の観察や交流中に生徒が書いたメモも評価の参考になる。

読書を楽しむ

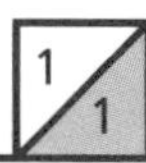

主発問 **自分の好きな本やお気に入りの本にはどのような魅力があるでしょうか。**

目標

自分の好きな本やお気に入りの本の魅力を考え、交流を通じて読書の楽しみ方を理解することができる。

評価のポイント

❶自分の選んだ本の魅力について、登場人物や場面などの具体例を挙げて考えている。 (3)オ

❷様々なジャンルの本を知り、自分の考えを広げたり深めたりしている。 C(1)エ

❸交流を通じて自分の読書経験を振り返り、新たに読みたい本などを見付けようとしている。

準備物 ・生徒それぞれが好きな本 ・付箋 ・ワークシート⬇01～03 ・タップベル

ワークシート・ICT 等の活用や授業づくりのアイデア

○長期休暇前など、事前に三つの活動の「テーマ」を知らせ、取り組みたいものを一つ選ばせる。対象の本を読むなど事前準備をさせておく。

○教室を三つのコーナーに区切って活動を行う。その際に、発表する生徒は壁を背に立たせ、教師が教室の中央にいると全ての発表生徒を見取りやすくなる。

1 導入（学習の見通しをもつ）

〈三つの学習活動から１つを選ぶ〉

T：自分の好きな本の魅力を交流しましょう。交流の仕方は「ブックトーク」「読書会」「ビブリオバトル」の三つです。自分が取り組みたい活動を一つ選んで、そのコーナーに移動しましょう。移動したら、気に入っている場面や伝えたい魅力をメモに書き出してみましょう。

2 展開

〈交流で話したいことをメモする〉

T：「ブックトーク」を選んだ人はテーマに合わせ、３分間で２～３冊の本を紹介してください。今回のテーマは「家族」です。「読書会」を選んだ人は共通の本や作家について、感想を語り合いましょう。今回は「向田邦子の作品」について交流してください。「ビブリオバトル」を選んだ人は自分の選んだ本の魅力を３分間で紹介してもらいます。誰の本が魅力的だったか最後に投票をするので、チャンプ本目指して頑張ってください。では、それぞれ交流で話したいことを付箋に書き出してみましょう。

・好きな登場人物を紹介しようかな。

・ストーリーを半分まで話して、結末を予想してもらおうかな。

3 終末（学習を振り返る）

〈読んでみたい本や今後の読書生活について考える〉

T：読んでみたい本のタイトルや気になった理由をワークシートに書きましょう。また、これからどのように読書を行っていきたいかも書きましょう。

T：この授業で考えたことをもとに、これからも読書を楽しんでいきましょう。

効果的な板書例

読書を楽しむ

【学習目標】
自分の読書経験を振り返り、読書の魅力やこれからの読書生活の在り方を考える。

【今日のめあて】
好きな本の魅力を伝え合い、読んでみたい本やこれからの読書生活について考えよう。

学習活動を選ぶ

①ブックトーク（黒板前）
テーマに合わせて二～三冊の本を紹介する。
時間：一人三分間
テーマ：家族

②読書会（教室後ろ）
共通の本や作家について感想を交流する。
テーマ：向田邦子の作品

③ビブリオバトル（教室窓側）
自分が選んだ本の魅力を紹介して聞き手に「読みたい」と思わせる。最も読みたくなったチャンプ本を投票する。
時間：一人三分間

※読んでみたいと思った本はメモする。

〈選んだ学習活動に取り組む〉

T：それでは、「ブックトーク」と「ビブリオバトル」のコーナーは一人目の発表を始めしょう。時間は３分間です。ベルが鳴ったら次の人に交代してください。「読書会」のコーナーは出席番号が早い順に感想を発表し、その後は自由に意見を交流する時間にしたいと思います。では始めましょう。

①ブックトーク

・私はＡ、Ｂ、Ｃの３冊の本を紹介します。この３冊の主人公は全員事情があって親とは一緒に暮らしていません。しかし、そのことに絶望している主人公もいれば、強く前向きに生きている主人公もいます。では、まずＡの主人公はどうでしょうか…。

②読書会

・私は向田邦子のＤという本を読みました。この本には横暴な父親が出てきますが、私はなんだかこの父親が憎めない人のように感じています。同じような感想の人はいますか？…

③ビブリオバトル

・私が紹介したい本はＥです。みなさん、もし何でも一つ願い事が叶うとしたら、どんなことを願いますか。この本の主人公は死を恐れ、病気もケガもしない不老不死を望みます。永遠の命を手に入れた主人公は、ここぞとばかりに自由にいろいろなことをし始めます。あなただったらどんなことをしたいですか？○○さんは何をしますか？

○教師は発表者を中心に活動の様子を見取りながら、ベルなどで進行時間を知らせる。

＊「読書会」は発言する生徒が固定しないように適宜声掛けをするとよい。

T：読んでみたい本があったら、タイトルや感想を簡単にメモしておきましょう。それではビブリオバトルはチャンプ本の投票を行います。投票したい本に一人１回手を挙げてください。ではＥに投票する人は？…

読書生活を豊かに

「私の一冊」を探しに行こう（1時間扱い）

指導事項：〔知技〕(3)オ　〔思判表〕C(1)エ
言語活動例：様々な本の探し方を併用しながら、読んでみたい本を探す。

単元の目標

(1)本を探すための様々な方法やその特徴を理解することができる。　〔知識及び技能〕(3)オ
(2)様々なジャンルの本を知り、読んだ内容を参考にして人間、社会、自然などについて自分が考えたことを文章にまとめることができる。　〔思考力、判断力、表現力等〕C(1)エ
(3)言葉がもつ価値を認識するとともに、読書を通して自己を向上させ、我が国の言語文化に関わり、思いや考えを伝え合おうとする。　「学びに向かう力、人間性等」

単元の構想

〈単元で育てたい資質・能力／働かせたい見方・考え方〉

様々な情報メディアが発達した現在では、多様な方法で魅力ある本を探すことができる。一方で探す方法によって出合える本の種類には偏りがある。また、誰が紹介しているのか情報の発信元も意識する必要がある。有名な書評家が書いた解説もあれば、インターネット販売でよくある「購入者のレビュー」のようなものもある。自分が探したい本に合わせて、探し方を選んでいく力、もしくは複数の探し方を組み合わせていく力を育みたい。さらに、新たな本との出合いで感じたことや考えたことを言葉で表現する力の育成も大切である。

〈教材・題材の特徴〉

本教材は魅力ある本を探すための様々な方法が紹介されている。本の裏表紙にある紹介文やポップなどは実際のものを提示すると理解も深まりやすくなる。紹介されているもの以外にも、本の帯や宣伝ポスターなども補助資料として活用できる。インターネットを使って書籍紹介サイトを検索することも有効である。また、公共の図書館や学校図書館の活用にもつなげていきたい。本教材と併せて、図書施設にある端末による蔵書検索やレファレンスサービス（選書専門家による本の紹介）の利用方法などにも触れることで、生涯に渡って幅広く本を探す方法を指導できる。

〈主体的・対話的で深い学びの視点からの授業改善ポイント／言語活動の工夫〉

公共の図書館や学校図書館、地域の書店などと連携して、実際に本を探す学習活動を設けることが大切である。実際に経験させることで、授業後も自分で主体的に必要な本や読んでみたい本を探すことができるようになる。また、見つけた本の情報を交流する機会があると、対話を通じてさらに広いジャンルの本に興味をもてるようになる。実際に使った「本を探す方法」と「見つけた本の魅力」は「読書レポート」の形で表現できるとよいだろう。様々な方法で本を探し、読みたい本を自分で選ぶことを通じて、読書生活を豊かにする力を身に付けさせることが肝要である。

単元計画

時	学習活動	学習内容	評価
1	1．本を探すための方法を知る。	○様々な本の探し方を確認する。 〈例〉 ・本の裏表紙にある紹介文　・書店のポップ ・本の帯　・宣伝用ポスター　・書籍紹介サイト ・図書館の蔵書検索　・レファレンスサービス	❶
	2．方法を選んで本を探す。	○学校図書館へ行き、読んでみたい本を探す。 ・複数の方法に取り組ませ、それぞれの方法のよさを交流させる。気付いたことをメモさせる。 ・前単元の発表で気になった本を探してもよい。	❶❸
	3．実際に本を読む。	○興味をもった本を読んでみる。 ・冒頭だけ読ませて選書させてもよい。 ・読み切れない分は貸し出し制度などを利用して継続的に読書に取り組ませる。	❸
	4．「読書レポート」を書く。	○実際に使った「本を探す方法」と「見付けた本の魅力」を読書レポートにまとめる。 〈例〉 ・実際に使った「本を探す方法」 ・その方法を使った「理由」 ・見つけた本（書名、著者名、出版社名、発行年） ・その本を読みたくなった「理由」 後日、実際に読んだ感想なども記入させるとよい。	❷

評価規準

知識・技能	思考・判断・表現	主体的に学習に取り組む態度
❶本を探すための様々な方法とその特徴を理解し、自分に適したものを選んでいる。　(3)オ	❷「読むこと」において、様々なジャンルの本を知り、その本を探すために使った方法や、見付けた本の魅力を「読書レポート」にまとめている。　C(1)エ	❸興味のもてそうな本を積極的に探し、自ら読書に取り組んで読んだ内容について考えようとしている。

〈指導と評価の一体化を図る見取りのポイント〉

本を探すための方法を複数用意し、生徒の意志で探す方法や手に取る本を選択させることが大切である。また、単元終了後も定期的に自分の選んだ本の魅力を紹介させるなど、読書を促す働きかけを行って、生徒の読書への取り組み状況を把握していくことも重要である。

「私の１冊」を探しに行こう

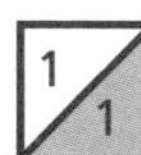

主発問

本を探すにはどのような方法があるのでしょうか。また、それぞれの方法にはどのようなよい点があるのでしょうか。

目標

様々な本の探し方を知り、それらの方法を用いて読んでみたい本を見付けることができる。

評価のポイント

❶様々な本の探し方を知り、その特徴を考えてノートに記述している。 (3)オ

❷様々な本を知り、本の探し方や見付けた本の魅力を「読書レポート」にまとめている。 C(1)エ

❸自ら読んでみたい本を見付け、読んでみたい理由や使った探し方を読書レポートに記述している。

準備物 ・ワークシート01 ・書店のポップ ・本の帯 ・宣伝用ポスター ・書籍検索用端末

ワークシート・ICT 等の活用や授業づくりのアイデア

○書店のポップ、本の帯、宣伝用ポスターは現物を提示し、身の回りの本に関する情報をイメージしやすくする。

○書籍検索用端末で実際に書籍紹介サイトを閲覧すると、授業後も生徒自身で本を探せるようになる。

○司書教諭などと連携し、レファレンスサービスを体験できるようにする。

1 導入（学習の見通しをもつ）

〈これまでの本の探し方を振り返る〉

T：これまで、読んでみたい本がなかなか見付からないとき、どうやって本を探してきましたか。

・インターネット ・書店で実物を見る

T：どうしてその方法を使ってきたのでしょうか。

・早いから ・簡単だから

2 展開

〈本の探し方を知る〉

T：では他にどんな本の探し方があるか、確認してみましょう。書店や図書館でこのようなものを見たことはありますか。

＊ポップ、ポスター、本の帯の現物を提示する。

T：このようなものからも新しい本の情報を得ることができます。では、それぞれの本の探し方にはどんなよい点があるのでしょうか。どんなときにその方法を使うのか、本のどんな情報が得られるのかに注目して、ノートによい点をまとめましょう。

・ポップは店員さんのおすすめが分かる。

・ポスターは最新刊の情報が多い。

＊使った経験などを発表させながら、板書に〈本の探し方〉と〈特徴〉をまとめる。

3 終末（学習を振り返る）

〈読んでみたい本について読書レポートを書く〉

T：読んでみたくなった本の情報を読書レポートにまとめましょう。

T：読書レポートに取り上げた本は、これから実際に読んでみましょう。読み終わったら感想を読書レポートに書き加えておきましょう。

効果的な板書例

「私の一冊」を探しに行こう

【学習目標】
様々な本の探し方とその特徴を理解し、実際に活用する。

【今日のめあて】
特徴に合わせて様々な本の探し方を使い、読んでみたい本を探そう。

〈本の探し方〉　〈特徴〉
・インターネット検索　→早い
・書店で探す　→実際に手に取れる
・蔵書検索　→その場所にある本
・ポップ　→おすすめしている人がいる
・ポスター　→流行　新刊
・本の帯　→テーマやキャッチコピー

〈本探しの専門家〉
・書評　→専門家の評価
・レファレンスサービス　→自分に合う　細かい要望

〈読書レポート〉
①見つけた本について（タイトル　作者　出版社など）
②探し方について（使った方法　使った理由）
③読みたくなった理由について
（例）キャッチコピーが気に入った
自分の○○に合っていると紹介された

〈本探しの専門家について知る〉

T：本を探す際には専門家に相談する方法もあります。例えば本の後ろについている「書評」は本の専門家の評価が書かれています。その本の価値や魅力が端的に語られているので参考になります。また、図書館には司書さんがいて、読みたい本のジャンルや要望を伝えると、自分に合った本や必要な本を紹介してもらえます。これをレファレンスサービスと言います。

＊説明しながら〈本探しの専門家〉を板書にまとめる。

〈実際に本を探す〉

T：それではこれから学校図書館へ行って、実際に読んでみたい本を探してみましょう。今学んだ方法をいろいろ使ってみてください。読んでみたいと思った本の情報はメモしておきましょう。

＊レファレンスカウンター、検索用端末コーナー、書架とエリアを分けておくとよい。

・私はお気に入りの作家がいるから、その人の本を探してみたいな。蔵書検索で作家名をキーワードに検索してみよう。

・今、人気の本はどんな本なのだろう。ポスターやポップを眺めて回ろうかな。

・簡単な内容を知ってから読みたい本を決めたいな。本の帯にあるあらすじや、本の後ろについている書評を比べてみようかな。

・「宇宙」についての本を読みたいけれど、インターネット検索すると当てはまる本が多すぎて選べないな。レファレンスサービスで自分に合う本を紹介してもらおうかな。

T：気になる本が見付かったら、周りの人と見付けたきっかけを交流したり、実際に冒頭を読んでみたりしましょう。

・このキャッチコピーが気に入ったから読んでみようかな。

・このジャンルは初めてだから読んでみよう。

T：一つの方法を試したら、他の方法でも本を探してみましょう。

読書生活を豊かに

季節のしおり　夏（1時間扱い）

指導事項：〔知技〕(1)イ
言語活動例：教科書や「歳時記」の中から出合った夏を感じる言葉を「言葉カード」に書き、それを使って俳句を作る。

単元の目標

(1)理解したり表現したりするために必要な語句の量を増し、語感を磨き語彙を豊かにすることができる。〔知識及び技能〕(1)イ

(2)言葉がもつ価値を認識するとともに、読書を通して自己を向上させ、我が国の言語文化に関わり、思いや考えを伝え合おうとする。「学びに向かう力、人間性等」

単元の構想

〈単元で育てたい資質・能力／働かせたい見方・考え方〉

伝統的な言葉、抽象的な概念を表す言葉についての理解を深めるとともに、その言葉が表現している情景や情感などを豊かに想像する機会としたい。正誤・適否だけでなく、そこで使われている言葉が醸し出す味わいを感覚的に捉えたり、感じたことを言葉にすることで心を豊かにしたりさせたい。

〈教材・題材の特徴〉

百合の花、入道雲、夕立、夏にふさわしい命の営みを感じる作品が散りばめられている。古人も花や月を愛で、心ときめかせたことだろう。季節の移ろいを感じる心には、時を超えて変わらないものがある。初めて出合う言葉や、ものの見方もあるだろう。多様な表現に触れさせることで、言葉との出合いを大切にする態度を養いたい。

このような気象にまつわる言葉や、季節感にあふれた詩歌や散文は春・夏・秋・冬の４箇所に位置付けられている。裏見返しにある「季節の言葉」や「学びて時に之を習ふ」「俳句の可能性」「君待つと」などとも関連付けて取り組みたい。

〈主体的・対話的で深い学びの視点からの授業改善ポイント／言語活動の工夫〉

１年間の学習を通して言葉との出合いを大切にし、話や文章の中で使うことを通して、語感を磨き、語彙を豊かにする取組の一節としたい。そこで、春・夏・秋・冬の「季節のしおり」を帯単元として設定し、日常生活や学習の中で出合った言葉を「言葉カード」に書きためていくことを通して、継続的に語感を磨き語彙を豊かにする。

今回は、「歳時記」を紹介し、「俳句の可能性」や「夏草」、書写とも関連付け、俳句をつくり短冊に書く言語活動を通して、季節を表す言葉について語感を磨き語彙を豊かにする取組としたい。

単元計画

時	学習活動	学習内容	評価
1	1．学習のねらいや進め方をつかみ、学習の見通しをもつ。	○前回の学習を想起し、気象にまつわる言葉や、季節の情景を詠んだ作品を通して、言葉と出合い、ものの見方・考え方を豊かにする取組の一環であることを確認する。	
	2．心に残った言葉を「言葉カード」に書き記す。	○「俳句の可能性」や「歳時記」で出合った言葉を書きためる。 ○言葉のもつ語感やイメージから浮かぶ情景を書き添える。 ○引用したり、感想を書き添えたりする。 ○カードには、出典を明らかにして書く。	❶ ❷
	3．「言葉カード」を使って俳句を作る。	○「言葉カード」を参照して、俳句を作り、小筆で短冊に書く。	
	4．学習を振り返り、次時の学習を知る。	○「季節のしおり　秋」では、古典の学習と関連付けることを確認する。	

評価規準

知識・技能	主体的に学習に取り組む態度
❶理解したり表現したりするために必要な語句の量を増し、語感を磨き語彙を豊かにしている。(1)イ	❷伝統的な言語文化に関するこれまでの学習を生かして、作品中の「夏」を感じさせる言葉に着目し、情景を想像しようとしている。

〈指導と評価の一体化を図る見取りのポイント〉

作品に用いられている言葉の意味を、文脈に沿って吟味し、言葉が醸し出す味わいを感覚的に捉えたり、感じたことを言葉で表現したりできることが大切である。「言葉カード」の解説や感想の記述から、言葉のもつ語感や美しいイメージを、情景とともに感じ取っているか、出合った言葉が使えるものになっているかを見取る。

ただし、春・夏・秋・冬の「季節のしおり」を帯単元として設定し、継続的に語感を磨き語彙を豊かにする取組とした場合は、各取組を振り返りながら、形成的に評価を進めていく。

季節のしおり　夏

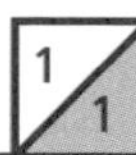

夏にまつわる言葉や作品から夏を感じるとともに、出合った言葉を使って俳句を作りましょう。

目標

理解したり表現したりするために必要な語句の量を増やし、語感を磨き語彙を豊かにすることができる。

評価のポイント

❶理解したり表現したりするために必要な語句の量を増し、語感を磨き語彙を豊かにしている　(1)イ

❷伝統的な言語文化に関するこれまでの学習を生かして、作品中の「夏」を感じさせる言葉に着目し、情景を想像しようとしている。

準備物　・言葉カード　・「歳時記」　・俳句を書くための短冊

ワークシート・ICT 等の活用や授業づくりのアイデア

○春・夏・秋・冬の「季節のしおり」を帯単元として設定し、継続的に語感を磨き、語彙を豊かにする取組とする。そこで、日常生活や学習を通して出合った言葉を「言葉カード」に書きためていき、一冊の『季節のしおり』を編むこととする。今回は書きためた言葉を使って俳句を作り、短冊に書く。

1　導入（学習の見通しをもつ）

〈学習のねらいや進め方を説明〉

T：「季節のしおり春」では、心に残った言葉を「言葉カード」に書きためました。

○「言葉カード」の集まり具合や書き方を確認する。

T：今回は夏にまつわる言葉との出合いを通して、ものの見方・考え方を豊かにし、それを俳句で表現しましょう。

2　展開

〈夏のイメージをもつ〉

T：「夏」をイメージするとき、どのような言葉が浮かびますか。

＊「俳句の可能性」、時候のあいさつ、「枕草子序段」等、既習事項も想起させ、イメージを膨らませたい。

〈音読する〉

T：「季節のしおり夏」には、気象にまつわる言葉や、季節の情景を詠んだ作品が散りばめられています。まずは音読を通して、作品を味わってみましょう。

○範読に続いて音読をする。

＊音読する様子を観察し、読みづらい漢字や初めて出合う言葉について説明する。

T：皆さんが「夏」のイメージとして思い浮かべたように、古人も夏の力強い

3　終末（学習を振り返る）

〈学習を振り返る〉

T：多くの語句を知っているということは、それだけ感じたことや伝えたいことにぴったり合う言葉をもっているということです。「季節のしおり秋」では、文学作品の一部を引用し、解説や感想を添えて紹介しましょう。

効果的な板書例

季節のしおり

【学習目標】
理解したり表現したりするために必要な語句の量を増し、語感を磨き語彙を豊かにする。

【今日のめあて】夏にまつわる言葉や作品から夏を感じるとともに、出合った言葉を使って俳句を作ろう。

◎「夏」のイメージ
入道雲　雷　夕立　朝顔　ひまわり　海水浴
かぶと虫　夏休み　花火　かき氷　ほとばしる汗
日焼け顔

◎言葉カードに書き留めよう

◎俳句作りに挑戦しよう

「俳句の可能性」より
有季定型
・俳句にしたいことを短い文で表そう
・五・七、または七・五で表現しよう
・季語がなければ季語を、あれば他の言葉を当てはめよう。

虹立ちて……　高浜虚子

生命を感じたことでしょう。そこには、時を超えても変わらないものがあれば、変わるものもありますね。

〈心に残った言葉を班で紹介する〉

T：「この見方・考え方は鋭い、初めて出合った」と感じる言葉があれば、線を引いておきましょう。

○生徒が線を引く様子を机間指導によって支援する。

〈夏の俳句を作る〉

T：中でも俳句は、季節感を短い言葉で鋭く切り取った文学です。「歳時記」を参考に、自分が表現したい夏にぴったりな季語を選び、俳句を作りましょう。

○季語を別の言葉で置き換えたり、言葉の順序を入れ替えたり、言葉を省いたり、体言止めにしたり、感動の中心を切れ字で強調したりして推敲することを促す。

〈俳句を短冊に書く〉

T：筆ペンを用いて、俳句を短冊に書きましょう。行書で書ける漢字は行書で、仮名は漢字に調和するように書きましょう。

〈言葉カードに書く〉

T：「春」に続けて言葉との出合いを大切にしたいですね。日常生活や学習を通して出合った言葉を「言葉カード」に書きためておきましょう。

＊教科書の作品だけでなく、日常生活や学習を通して出合った言葉、必要に応じて、本や新聞、インターネット等を活用して出合った言葉も対象とする。

＊言葉カードには次の事柄を書かせる。
- 言葉のもつ語感やイメージから浮かぶ情景。
- 引用した言葉や、感想。
- 作者名や出典。

○生徒が自由に利用できるように、「言葉カード」を印刷して教室に置いておく。

4　状況の中で

挨拶―原爆の写真によせて（2時間扱い／読むこと）

指導事項：〔知技〕(1)イ　〔思判表〕C(1)ウ、エ
言語活動例：詩歌を読み、批評したり、考えたことなどを伝え合ったりする。

単元の目標

(1)理解や表現に必要な語句の量を増し、語感を磨き語彙を豊かにすることができる。
〔知識及び技能〕(1)イ

(2)詩の構成や表現の仕方を評価し、詩を読んで考えたことや自分の意見を伝え合うことができる。
〔思考力、判断力、表現力等〕C(1)ウ、エ

(3)言葉がもつ価値を認識するとともに、読書を通して自己を向上させ、我が国の言語文化に関わり、思いや考えを伝え合おうとする。「学びに向かう力、人間性等」

単元の構想

〈単元で育てたい資質・能力／働かせたい見方・考え方〉

厳しい社会状況とそこに置かれた人間の姿について、言葉による見方・考え方を働かせながら、読み取らせていく。登場人物や時代の設定を理解させた上で、表現の効果や意図などに注意して読む力を育て、それを基に自分の思いや考えによって作品の価値などを批評できるように導きたい。最終学年にふさわしく、人間と社会との関わりの普遍的な在り方について考えを深めるような読みに挑戦させたい。

〈教材・題材の特徴〉

従来、ヒロシマでの原爆投下を素材とした文学作品は、戦争の犠牲者への哀悼や鎮魂が主題であるものが多かった。この作品については、原爆投下という事象を人類史における忌まわしきエポックとして表層的・受身的に捉えさせるのではなく、今を生きる我々への警告・メッセージとして捉えられるよう、比喩や象徴的な表現の抱える意味を、我が身に迫り我が身を振り返る形で考えさせたい教材である。また、複数の表現がある意味の上で関連し合っていることを理解させることで、この警告・メッセージは確かに伝わるであろう。

〈主体的・対話的で深い学びの視点からの授業改善ポイント／言語活動の工夫〉

繰り返し使われている「顔」について、それぞれの相違点を「いつの・どこの」という観点から確認させたい。その上で「なぜ『姿』などではなく、『顔』と表現したのか」という問いを畳みかける。個々が個々に持つもの、服装・髪型と違い普遍的なのが「顔」であること、「すこやか」で「すがすがし」く「安らか（やすらか）」で「美しい」かどうかを瞬時に感じ取れるのが「顔」であること、どのように他の表現との関連に気付かせるためである。さらに、この「顔」を中心とした表現の関連をどのように構造化して表現するか、考えさせる自分たちの手で読みをつくり上げさせたい。

単元計画

時	学習活動	学習内容	評価
1	1．作品の題材について、既有の知識を出し合う。 2．学習を見通し、通読する。 3．学習の対象とする言葉を確認し、その意味と意図を考え合う。	○「太平洋戦争」「原爆」についての知識を出し合う。補足のための資料を読む。 ○指導者の音読もしくは朗読CDを聞き、さらに自分たちで斉読する。繰り返し使われている言葉に線を引きながら聞いたり読んだりする。 ○複数の「顔」について、 ・それぞれの「顔」は、いつの・どこのものか？ ・なぜ他の言葉ではなく「顔」なのか？ ・「顔」に関係する表現とその意味は？ に対する考えや理由を考え合い、述べ合う。	❶ ❸
2	4．前時の板書に対して、グループで改善点を話し合う。 5．今回の学習を振り返り、成果や課題を記す。	○「過去―広島」→「現在―ここ、どこでも」→「未来―どこかの」→「過去―広島」という、詩の構成に沿った時系列の図式では作者のメッセージに迫れない、という教師の揺さぶりを受けて話し合う。理由も付け、新図式案を発表し合う。 ○観点は次の通り。 ・言葉にこだわって活動できたのは、どんな点か。 ・学習を進める上で「刺激」になったのは、どのようなことか。	❷ ❹

評価規準

知識・技能	思考・判断・表現	主体的に学習に取り組む態度
❶理解や表現のために必要な語句の量を増し、語感を磨き語彙を豊かにしている。(1)イ	❷「読むこと」において、詩の構成や表現の仕方について評価している。C(1)ウ ❸「読むこと」において、詩を読み、考えを広げたり深めたりして、人間、社会、自然などについて、自分の意見をもっている。C(1)エ	❹詩の構成や表現の仕方について積極的に評価し、学習課題に沿って読み深めた詩について、感じたことや考えたことを伝え合おうとしている。

〈指導と評価の一体化を図る見取りのポイント〉

生徒参加による板書がポイント。第1時では、書いてある構成に沿って教師が板書を行うが、第2時は、「油断していた／一瞬にして死んだ二五万人の人」と「戦火の跡もとどめぬ／すこやかな／すがすがしい／いま在る」人々とが二重写しになる、意味上の構図・メッセージ的構図に生徒が作り直していくよう導くのである。生徒の案を書かせて終わり・評価ではなく、さらなる改善点などの指導、再考、表現という往復を描きたい。

挨拶―原爆の写真によせて

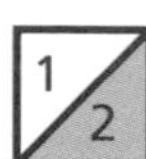

主発問　なぜ他の言葉ではなく、「顔」なのでしょうか。

目標

「顔」を学習対象の表現とし、その意味と意図を考え、伝え合うことができる。

評価のポイント

❶繰り返される表現について、場面ごとに込められた特別な意味など発言し合いながら、語感を磨いている。　(1)イ

❸詩を読み、考えを広げたり深めたりして、人間、社会、自然などについて、自分の意見をもっている。　C(1)エ

準備物　・黒板に貼り出すため、本文を拡大印刷したシート

ワークシート・ICT 等の活用や授業づくりのアイデア

○詩教材を学習する場合、教科書以外に、全文が一覧できるシートを用意したい。教科書自体１ページや見開き２ページでは収まりきらないことも多い。連と連との関係や、そこから構成の意図を読み取るために、全文シートは効果的である。

1　導入（学習の見通しをもつ）

〈今回の学習目標を確かめる〉

T：今回の教材は、詩です。詩の中の表現の仕方について考え、詩の構成を学びます。詩の題材は決して、明るい、楽しいものではありません。広島への原爆投下です。「太平洋戦争」「原子爆弾」について、知っていることをグループ内で出し合いましょう。

2　展開

〈既有の知識に加え、補足資料に学ぶ〉

T：資料を読み、もう少し詳しく調べましょう。

＊資料集などを利用する。デジタル教科書に付属している資料でもよい。続く通読にも、そのままデジタル教科書の音読機能が利用できる。

〈通読する〉

T：詩「挨拶」を読んでみましょう。

T：もう一度、皆で声を揃えて読みます。この詩には、繰り返し出てくる表現があります。読みながら、その表現を探りましょう。

＊二度の音読の間に、本文を拡大印刷したものを黒板に貼り出す。可能であれば、休み時間中に本文を板書することも考える。電子黒板での投影はディスプレイに十分な広さがなく、一覧する

3　終末（学習を振り返る）

〈次回は構成を見直すことを予告する〉

T：今、出してもらったメッセージの中で、○○さんのものに注目したいと思います。ただ、この、黒板に書いたままではそのメッセージがなかなか伝わりにくいと思います。次回は、分かりやすい形に組み替える学習に取り組みましょう。

効果的な板書例

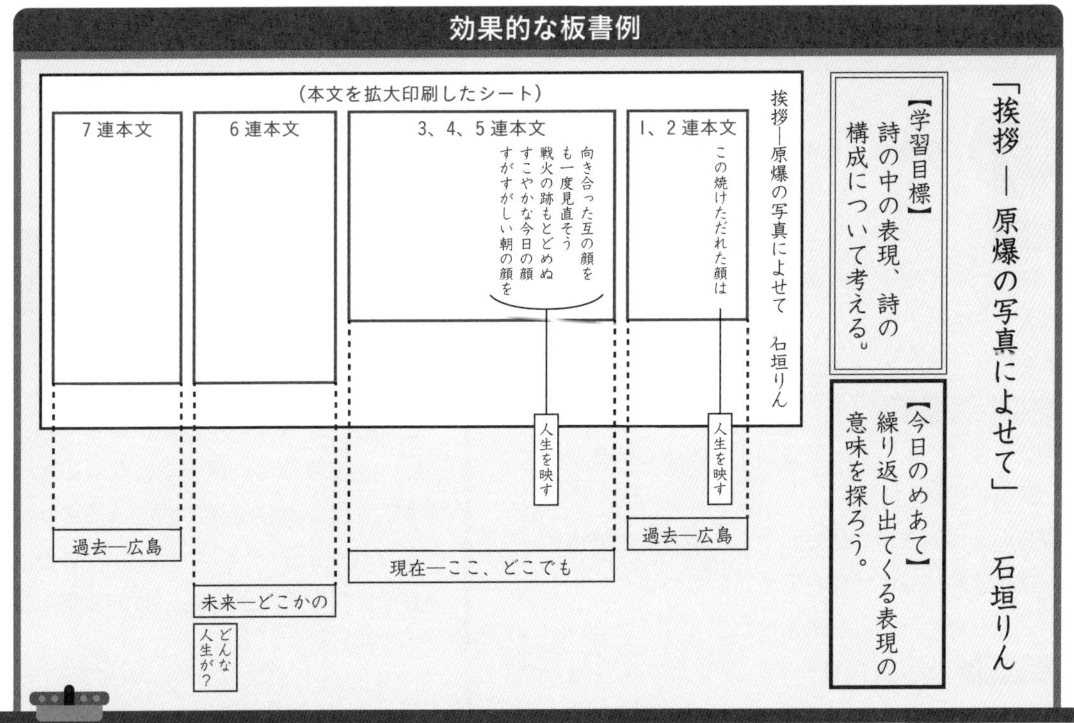

のは難しい。

〈繰り返し出てくる表現の意味を考える〉

T：分かりましたか？　繰り返し出てくるのは「顔」という表現です。それぞれの「顔」が、いつの、どこのものか。発表してください。

・第１連の「顔」は、1945年８月６日のものです。広島にいた人の顔です。

＊生徒の発言を受け、黒板の本文１、２連の下部に「過去―広島」と書き込む。以下、同様に「現在―ここ、どこでも」を第３、４、５連の下部に書き込む。第６連以降にも「未来―どこかの」「過去―広島」を書き込む。

T：なぜ「顔」なのでしょうか？「姿」ではダメなのでしょうか？

○各グループで考えを伝え合う。

○挙手や教師からの指名によって、グループで出されたことを紹介する。

＊問いが難解に受け取られているようであれば、「姿というと、どんな要素が含まれるか」「顔とは人間にとってどのようなものか。そのことは、姿とどう違うか」「すこやか・すがすがしい・安らか・美しい、これらを判断するのは姿ではダメなのか」など補助発問をする。

・顔は一人一人に固有のものだからです。

・姿となると、髪形や服装などいろいろな要素を含み、重複することがあります。

・健やかや安らかは姿には使いません。健やかは赤子や幼児に、安らかは亡くなったときの顔に使うことが多いからです。

＊「顔」とは、我々の「人生を映すもの」に迫らせ、そのような注釈を黒板の本文中「顔」の傍らに書き込む。

〈詩に込められた作者のメッセージを、この時点で出し合う〉

T：黒板を見てください。この詩には、作者のどんなメッセージが込められているでしょうか。

○黒板の書き込みを、教科書に写しとりながら考え、指名された数名が考えを発言する。

挨拶―原爆の写真によせて

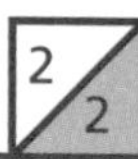

主発問 作者のメッセージが伝わるように、連と連との関係を構造化しましょう。

目標

詩について意味上の構図、メッセージ的な構図に組み替えることができ、翻ってもともとの構成の意図を伝え合うことができる。

評価のポイント

❷詩の構成について、構造図を考えることを通して評価している。 C(1)ウ

❹詩の構成や表現の仕方について積極的に評価し、学習課題に沿って読み深めた詩について、感じたことや考えたことを伝え合おうとしている。

準備物 ・全文シート（連ごとに切り離しブロック化させる） ・上のシートを拡大印刷したもの

ワークシート・ICT 等の活用や授業づくりのアイデア

○全文シートについて、1枚の紙のまま使い通すという考え方は、時に崩したい。子供は切り貼りが好きである。一度壊して、再び新たなものをつくり出す喜びを体感しているのかもしれない。そのようなねらいをもったワークシートを、目的に応じて立案したい。

1 導入（学習の見通しをもつ）

〈今回の学習目標を確かめる〉

T：前回は詩「挨拶」について、繰り返し出てくる「顔」の意味、背景を考えました。そして最後に、この詩に込められた作者のメッセージを考えましたね。○○さんが発言してくれた「わたしたちへの警告」を採用し、今日のハードルかつゴールにしたいと思います。

2 展開

〈ねらいに迫る具体的な方策を知る〉

T：教科書の原文のまま、前回の黒板のようでは「わたしたちへの警告」というメッセージは、つかみにくいです。そこで（全文シートを配布）メッセージが伝わりやすい形に、この詩の構成を組み替えてみましょう。まず、シートの詩を連ごとに切り離します。これらを、どのように組み替えたら「わたしたちへの警告」というメッセージが、より強く伝わるでしょうか？方法は分かりましたか？ 始める前に、質問などありませんか？

＊予想される質問と返答例を挙げる。

①同じ連を複数回使ってよいか→1回ずつ使ってやってみましょう。

②自分で考えた言葉を挿入してよいか。→認めません。詩原文の組み替えで。

3 終末（学習を振り返る）

〈今回の学習の成果と課題を振り返る〉

T：今回の学習を振り返りましょう。そのための観点は、次の二つです。

①言葉にこだわって活動できたのは、どのような場面、どのような点だったか。

②学習を進めるうえで「刺激」になったのは、どのようなことか。

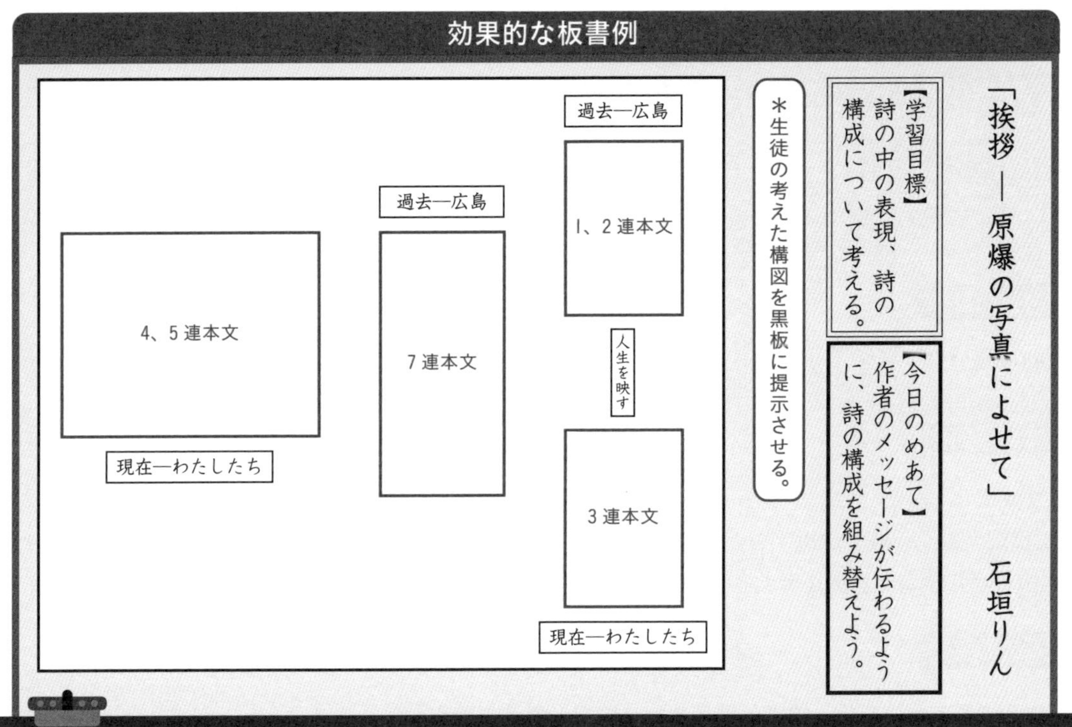

③二段組みでつくってよいか→とてもよいアイデアです。

④「過去―広島」や「現在、未来のわたしたち」のような説明は付けてよいか→原文を加工したのではないし、理由を示すことにもなるので認めます。

⑤連のブロックだけでなく、ある行を切り離して組み替えてよいか。→理由によります。

＊③④のような発想が欲しい。机間指導でその方向へ導いたり誰かの気付きを広めたりすることも考えておく。

T：では、作業を始めます。当然、組み替えた理由も言えるようにしてください。

○個人で作業を始める。切り離したブロックをノートや机の上で様々に組み替える。

○各グループで案を見せ合い、理由を伝え合う。

○挙手や教師からの指名によって、グループでつくり上げた案を黒板に示し（拡大印刷のブロックを張り並べていく）、そうした理由を述べる。

＊他のグループから質問、意見を求める。出てきたことは板書したグループに返し、さらなる改良に生かすか、どうすればよいか返答させる。

＊人、個人などを、黒板の本文中「顔」の傍らに書き込む。

〈もともとの構成の意味、意図を考える〉

T：「わたしたちへの警告」というメッセージが伝わりやすくなりましたか？一番よいと思う構図で、ノートに貼りましょう。ただし、こういう質問や意見もあったということを、余白にメモしておきましょう。

T：今回、最後の質問です。教科書 p.94～を見てください。原文は、どうしてこの構成なのでしょうか？

○近くの人と話し合う。

○指名された数名が考えを発言する。

＊最後の七連で、広島の犠牲者と自分たちとが初めて重なり心が揺さぶられるなど、読者の衝撃・印象を考慮した展開に気付かせたい。

4 状況の中で

故郷（5時間扱い／読むこと）

指導事項：〔知技〕(3)オ　〔思判表〕C(1)イ、エ
言語活動例：小説を読み、考えたことを話し合ったり書いたりする。

単元の目標

(1)人の生き方や社会との関わり方を考える上での、読書の意義を理解することができる。
〔知識及び技能〕(3)オ

(2)小説を批判的に読み、時代や社会の中で生きる人間の姿について考えることができる。
〔思考力、判断力、表現力等〕C(1)イ、エ

(3)言葉がもつ価値を認識するとともに、読書を通して自己を向上させ、我が国の言語文化に関わり、思いや考えを伝え合おうとする。
「学びに向かう力、人間性等」

単元の構想

〈単元で育てたい資質・能力／働かせたい見方・考え方〉

小説の中の対象と言葉、言葉と言葉の関係を捉えたり問い直したりしながら批判的に読み、考えたり話し合ったりしたことを踏まえ、読書の意義を理解する機会としたい。そして、登場人物の行動や物語の展開の意味を考えたり、登場人物と自分との考え方の違いを確認したりしながら他の生徒と対話し、人の生き方や社会との関わり方に対する自分の考えを広げたり深めたりして自分の意見をもつ読みの力を育てていきたい。

〈教材・題材の特徴〉

本教材で、生徒たちは、幼いころは親しい関係にあった「私」と「ルントウ」との関係が時代の流れとともに大きく変化したのはなぜか、「私」が離郷する船中で抱いた「希望」とは何かなどを考えながら、人や社会について思いを巡らすことになるだろう。このとき、「私」や「ルントウ」の会話や描写を小説の展開と合わせて捉え、吟味したり検討したりしながら考えることで、人の生き方や社会との関わり方について意見をもつことができ、読書の意義も実感できる教材である。

〈主体的・対話的で深い学びの視点からの授業改善ポイント／言語活動の工夫〉

生徒が自ら出した疑問を大切にしつつ、文章を通した作者との対話や他の生徒との対話（話合い・説明）を通して自分の考えをもたせたい。そこで、生徒に読んで感じた疑問を出してもらい、目標の実現に向けて有効な疑問を自ら選択する機会を設け、主体的に取り組める手立てとした。また、交流は二つの場面を設定する。一つは自らの疑問について話し合い、考えをより明確にする機会とするためである。もう一つは、考えたものを他の生徒に説明し、それに質問や反論をしてもらう中で自分の考えの再構成を図る機会とするためである。

単元計画

時	学習活動	学習内容	評価
1	1．学習を見通し、通読する。 2．疑問を出す。	○疑問に感じたところに線を引いたり、書き込んだりする。	
2	3．小説の展開と登場人物の関係を確認する。 4．前時で出した疑問を共有し、取り組む疑問を決める。	○現在の場面と回想の場面、登場人物の関係を捉える。 ○取り組む疑問を決める。 〈取り組む疑問の例〉 ①現在の場面と回想の場面でルントウの描写はどのように変化しているか。なぜ変化したか。 ②ルントウと再会した場面で「私」が感じた「悲しむべき厚い壁」とは何か。 ③最後の場面で「私」が抱く「希望」とはどのような社会か。どうすればそのような社会になると「私」は考えているか。	
3	5．自分で選択した疑問について考える。	○個人で考えたあと、同じ疑問の人同士で意見交換しながら考える。	❷
4	6．疑問と答えを他の生徒に説明する。	○疑問についての自分の考えを説明する。 ○聞き手は、質問したり反論したりする。	❹
5	7．人の生き方や社会との関わり方について意見を書く。 8．読書の意義について自分の考えを書く。	○今回の単元を通して考えたことを踏まえて自分の意見を書く。 ○今回の単元を通じて考えたことを振り返って、読書の意義について自分の考えを書く。	❸ ❶

評価規準

知識・技能	思考・判断・表現	主体的に学習に取り組む態度
❶人の生き方や社会との関わり方を考える上での、読書の意義を理解している。 (3)オ	❷「読むこと」において、文章を批判的に読み、文章に表れているものの見方や考え方について考えている。 C(1)イ ❸「読むこと」において、文章を読んで考えを広げたり深めたりして、人間や社会について自分の意見をもっている。 C(1)エ	❹進んで人の生き方や社会との関わり方について考え、学習の見通しをもって説明しようとしている。

〈指導と評価の一体化を図る見取りのポイント〉

選んだ疑問について生徒が考える際に、批判的な読みの視点を示して考えさせ、人の生き方や社会との関わり方を考えることにつなげさせることが大切である。

故郷

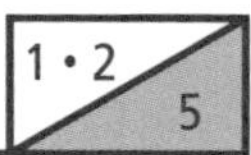

主発問 **「故郷」の中で考えたい疑問はどれでしょう。**

目標

場面の展開や登場人物を捉え、取り組みたい疑問を決めることができる。

評価のポイント

（本時は評価せず）

準備物　・全文のテキストデータ

ワークシート・ICT 等の活用や授業づくりのアイデア

○互いの疑問を書き込み合って可視化して共有できるように、ICT 端末で全文のテキストデータを用意する。

＊紙媒体で「全文プリント」を用意して疑問を書き込ませて共有することも考えられる。

1　導入（学習の見通しをもつ）

〈5回の授業展開とゴールを説明〉

T：小説を批判的に読んで、人の生き方や社会との関わり方について意見をもつことができるようになることを目指します。小説を読んで疑問に思ったことについて考えていき、友達と話し合いながら考えを深めていきましょう。

2　展開

〈通読する〉

T：今回読むのは「故郷」という小説です。さっそく読んでいきましょう。読んでいて疑問に思ったところは、線を引いたり書き込んだりしましょう。

＊生徒が線を引きながら通読する様子を机間指導によって支援する。

＊漢字の読みや語句の意味を確認。質問が出たら共有する。

〈疑問を交流する〉

T：疑問に思ったところや疑問に思ったことを、コメント機能を使って書き込みましょう。

・現在の場面と回想の場面でルントウの描写はどのように変化しているか。なぜ変化したか。

・ルントウと再会した場面で「私」が感じた「悲しむべき厚い壁」とは何か。

3　終末（学習を振り返る）

〈取り組みたい疑問を決める〉

T：自分が取り組みたい疑問を決めましょう。

○取り組む疑問は自分が考えたものでも他の生徒が考えたものでもよい。

＊単元全体の学習目標を意識させて選ばせるとよい。

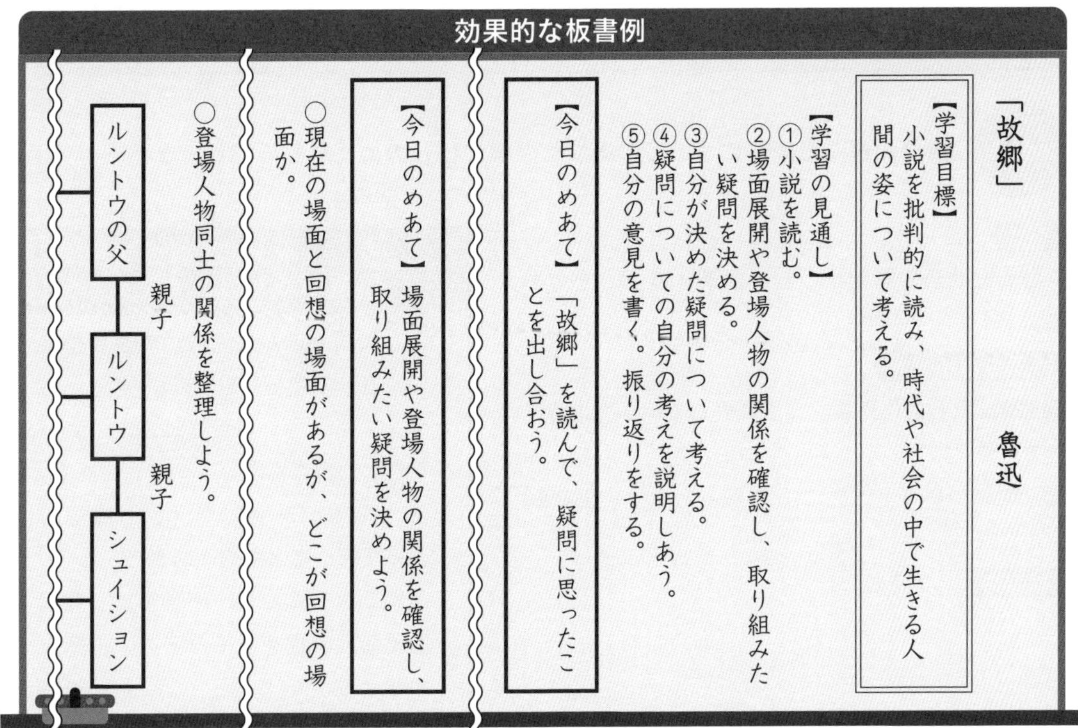

・最後の場面で「私」が抱く「希望」とはどのような社会か。どうすればそのような社会になると「私」は考えているか。

＊教師は生徒の様子を観察し、支援する。

(以降、第２時)

〈現在の場面と回想の場面を確認する〉

T：「故郷」は現在の場面と回想の場面とに分かれています。どこからどこまでが回想の場面ですか。また、なぜそこが回想の場面だと思いますか。

・「このとき突然、」からが回想の場面だと思います。

・「私」の子供の時の話が出てくるからです。

・「それきり顔を合わす機会はなかった。」までだと思います。そのあとに、「今、母から」とあって、今に戻っているからです。

〈登場人物を確認する〉

T：「故郷」に出てきた登場人物は誰ですか。

・私　・ルントウ　・母　・ホンル

・シュイション　・ヤンおばさん

〈登場人物の関係を整理する〉

T：登場人物同士の関係を確認し、整理しましょう。

・「私」とルントウは子供のときは友達同士でした。

・シュイションはルントウの子どもです。

・ルントウの父と「私」の父が雇われ人と雇い主の関係だったので、ルントウと「私」は出会いました。

・ホンルとシュイションは仲がいいです。

＊ノートに登場人物同士の関係を文章で書かせる方法や、人物相関図を作って整理させる方法などが考えられる。

＊現在の場面と回想の場面での関係性の変化に注目させる。

〈第１時に出てきた疑問を確認する〉

T：場面や登場人物などが確認できました。それを踏まえて１時間目に話し合った「疑問」について考えてみましょう。

故郷

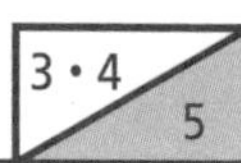

主発問 **自分が選んだ疑問についてのあなたの考えはどのようなものでしょう。**

目標

疑問について考えたことを説明することができる。

評価のポイント

❷文章を批判的に読み、文章に表れているものの見方や考え方について考えている。 C(1)イ

❹疑問について考えたことを説明しようとしている。

準備物 ・特になし

ワークシート・ICT 等の活用や授業づくりのアイデア

○同じ疑問を選んだ人同士の意見交換は、自分の考えをもってから行う。

＊考えがもてない場合には、どのようなことが分からないか明確にさせる。

＊テキストデータにコメント機能を使って行うことも考えられる。

○説明し合う際には、聞き手に（質問をする、反論をするなどの）役割をもたせる。

1 導入（学習の見通しをもつ）

〈前時を振り返り今日の目標を確かめる〉

T：前回は「故郷」を読んで、疑問に思ったことの中から自分が取り組みたいものを決めました。今日は、それぞれが選んだ疑問について、考えていきます。前回確認した場面の展開や登場人物同士の関係を踏まえて考えられるといいですね。

2 展開

〈選んだ疑問について考える〉

T：疑問について考える際には、文章を批判的に読むという視点も意識しましょう。

＊教師は生徒の様子を観察し、支援する。

＊自分の疑問に関連しそうな語句や表現を探して線や印を付けて考えさせるのもよい。

〈同じ疑問を選んだ人同士で意見交換をする〉

T：疑問についてどのような考えをもったか。また、それはなぜかについて意見交換をしましょう。

○「現在の場面と回想の場面でルントウの描写はどのように変化しているか。なぜ変化したか。」

についてを疑問に選んだ生徒。

・子供のときは艶のいい丸顔だったが、大人になったら黄ばんだ色になり深い

3 終末（学習を振り返る）

〈次回は、疑問について考えたことをもとに、自分の意見を書くことを予告する〉

T：ノートを提出してください。次回は、これまで疑問について考えたことを踏まえて、人の生き方や社会との関わり方についての自分の考えを書きます。

＊ノートを確認して生徒の状況を把握し、次回の授業での指導につなげる。

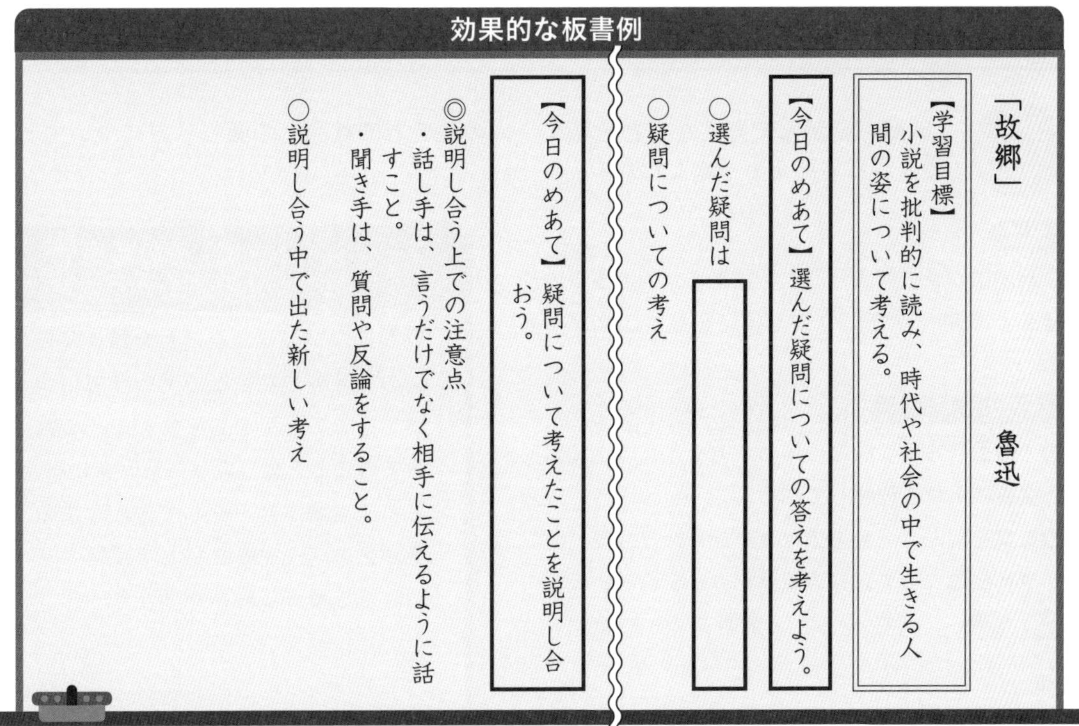

しわがあります。

・「私」の呼び方が「旦那様」になっています。

・つらい思いをしたから変わってしまったと思います。ルントウが暮らし向きについて聞かれたあとのセリフからそう考えました。

○「ルントウと再会した場面で「私」が感じた『悲しむべき厚い壁』とは何か。」

についてを疑問に選んだ生徒。

・「私」とルントウとの間にできた、身分の違いによる隔たりです。

・「私」が感じた、もう昔のようには戻れないという実感。「旦那様」と言われた後にこの壁を感じているからです。

・二人にできた関係性の距離感。遠い存在になってしまったということです。

○「最後の場面で『私』が抱く『希望』とはどのような社会か。どうすればそのような社会になると『私』は考えているか。」

についてを疑問に選んだ生徒。

・ルントウや「私」が経験しなかった生活です。

・「歩く人が多くなれば」そのようになるです。

＊本文中の根拠となる描写やセリフを具体的に取り上げさせるとよい。

(以降、第４時)

〈疑問について考えたことを説明し合う〉

T：疑問についての考えを聞く側の人は、質問をしたり反論をしたりしてください。お互いの考えを述べ合って、考えを深めましょう。

・ルントウの変化について、外見のことを述べていたけれど、私は中身も変わってしまったと思います。なぜなら、「私」が最後故郷を離れる際、ルントウは来ていたのに「私」に別れを言わなかったからです。

・「私」が「悲しむべき厚い壁」を感じた時、ルントウはどう思っていたのでしょう。

・「歩く人が多くなれば」というのはつまりどういうことでしょうか。

＊説明し合う中で出た新しい考えをノートに書く。

故郷

主発問 **「故郷」を読んで考えたことを基に、人の生き方や社会との関わり方についてどのような意見をもちましたか。**

目標

疑問について考えたことを踏まえ、人の生き方や社会との関わり方について意見をもつことができる。

評価のポイント

❶人の生き方や社会との関わり方を考える上での、読書の意義を理解している。 (3)オ

❸文章を読んで考えを広げたり深めたりして、人間や社会について自分の意見をもっている。C(1)エ

準備物 ・特になし ・定期テスト問題例01

ワークシート・ICT 等の活用や授業づくりのアイデア

○疑問について考えたことを踏まえて人の生き方や社会との関わり方について自分の意見を書くために、これまでのことを振り返って整理させる。

＊これまで書き込みをしてきた全文のテキストデータを共有して整理させることも考えられる。

1 導入（学習の見通しをもつ）

〈前時を振り返り今日の目標を確かめる〉

T：前回は自分が取り組んだ疑問について考えたことを説明し合って、考えを深めました。今日は、疑問について考えたことを踏まえて、人の生き方や社会との関わり方について意見をもち、自分の考えを書きます。

2 展開

〈疑問について考えたことを振り返って整理する〉

T：ノートや教科書を見返して、これまで疑問について考えてきたことを確認しましょう。そして、人の生き方や社会との関わり方に関連する事柄を整理しましょう。

＊これまで考えてきたことをノートにまとめさせたり、人の生き方や社会との関わり方に関連する事柄に線を引かせたりするとよい。

〈自分の意見を書く〉

T：整理したことを基に、人の生き方や社会との関わり方について自分の意見を書きましょう。

○「現在の場面と回想の場面でルントウの描写はどのように変化しているか。なぜ変化したか」

3 終末（学習を振り返る）

〈読書の意義について自分の考えを書く〉

T：今回の単元を振り返って、小説を読むことの意義とは何だと思いますか。また、小説を読むときに意識したいことはどのようなことですか。

＊疑問について考えたことや人の生き方や社会との関わり方について意見をもったことを振り返らせて考えさせるとよい。

効果的な板書例

「故郷」　魯迅

【学習目標】
小説を批判的に読み、時代や社会の中で生きる人間の姿について考える。

【今日のめあて】○人の生き方や社会との関わり方について意見を書こう。
○小説を読むことの意義について自分の考えを書こう。

○疑問について考えたことを振り返って整理しよう。
・これまで考えてきたことをノートにまとめたり、人の生き方や社会との関わり方に関連する事柄に線を引いたりしよう。

○疑問について考えたことを踏まえて、人の生き方や社会との関わり方について自分の意見を書こう。

【学習のまとめ】
疑問について考えたことや人の生き方や社会との関わり方について意見をもったことなどを振り返り、小説を読むことの意義について自分の考えを書こう。

についてを疑問に選んだ生徒。

・私は、ルントウが子供のころは艶のいい丸顔だったのに、大人になったら（中略）これまでルントウはとても大変な思いをしてきたのだと思いました。そしてルントウは、中身も変わってしまったと思います。（中略）でも、子供の頃はあれほど楽しく過ごしたのに、別れも言わないようになってしまってよいのでしょうか。（中略）ですが、つらい思いをしたとしても、友達であるならば最後まで大切にすべきだと思うし、自分はそうしていきたいと思います。

○「ルントウと再会した場面で「私」が感じた『悲しむべき厚い壁』とは何か」

についてを疑問に選んだ生徒。

・「悲しむべき厚い壁」とは、「私」とルントウとの間にできた、身分の違いによる隔たりだと考えました。そう考えたのは、子供のころは「私」のことを「シュンちゃん」と呼んでいたのに、（中略）。ですが、ルントウはどう感じていたのでしょうか。少なくとも文中で「私」はこのときのルントウの気持ちを考えてはいないと思います。もし「私」がルントウの気持ちを考えて何か言っていたなら、この後の二人の関係は変わったかもしれません。だから、（中略）。

○「最後の場面で『私』が抱く『希望』とはどのような社会か。どうすればそのような社会になると『私』は考えているか」

についてを疑問に選んだ生徒。

・「私」は、自分たちとは違う新たな生活を望んでいると思います。しかし、「私」はそのような社会にするためには一人ではできないと考えていると思います。このことは、現代の社会でも当てはまります。社会をつくっていくのは（中略）。

＊疑問について考えたことを踏まえて考えさせるとよい。

＊生徒が疑問について考えたことからどのような意見が言えるか具体的に示すとよい。

4　状況の中で

聞き上手になろう―質問で相手の思いに迫る―

（1時間扱い／話すこと・聞くこと）

指導事項：〔知技〕(1)エ　〔思判表〕A(1)エ
言語活動例：質問をして相手の話を引き出しながら、対談を行う。

単元の目標

(1)敬語などの相手や場に応じた言葉遣いを理解し、適切に使うことができる。
〔知識及び技能〕(1)エ
(2)話の展開を予測しながら聞き、聞き取った内容や表現の仕方を評価して、自分の考えを広げたり深めたりすることができる。　〔思考力、判断力、表現力等〕A(1)エ
(3)言葉がもつ価値を認識するとともに、読書を通して自己を向上させ、我が国の言語文化に関わり、思いや考えを伝え合おうとする。　「学びに向かう力、人間性等」

単元の構想

〈単元で育てたい資質・能力／働かせたい見方・考え方〉

相手の思いに迫り、気持ちよく話してもらうために、相手が話したいことを予測しながら聞くこと、話の内容を自分の言葉で言い換えて確認すること、相手の話を価値付けるような応答をすること、といった「聞き方」を学ぶ機会としたい。そして、公私に応じた言葉遣いを理解した上で適切に使い、話の展開を予測しながら、相手の思いに迫り、相手が話したいことを引き出すような質問や応答ができる力を育てていきたい。

〈教材・題材の特徴〉

目的や相手に応じて対話に参加し、相手の思いや考えを引き出す聞き方を学ぶ教材である。1・2年生ではスピーチの後に質問をしたり、取材のためにインタビューしたりという活動を通して、話の聞き方を学んできている。これらは、自分が知りたいことを問いかけて、話を引き出すために聞くことが中心だった。本教材で設定されている言語活動である「対談」では、相手を主役としてその思いや考えを引き出すとともに、自分の感想や考えを返して語り合っていくことが求められる。そのため、既習の質問の仕方を確認しながら、さらに学びを深めていける教材となっている。

〈主体的・対話的で深い学びの視点からの授業改善ポイント／言語活動の工夫〉

質問の仕方や応答の仕方で話の展開が変わっていくことや、相手から引き出した内容で、自分の考えが広がったり深まったりする実感をもたせたい。そのために、事前準備の段階で、話し手が書いた題名を見て「自分が聞きたいこと」だけでなく、「相手が話したいことは何か」、「聴衆が聞きたいことは何か」と様々な視点で質問を考えるように促し、質問の発想を広げられるようにした。

また、相手の話したいことを想定した上で、予測した内容について詳しく聞く質問、価値付けを促す質問など、思いつく限り挙げさせた。さらに、実際の対談を例示し、相手が話しやすい状況をつくるために、質問だけでなく、感想や自身の体験を述べることの効用についても引き出したい。

単元計画

時	学習活動	学習内容	評価
1	1．目標を確認し、学習の見通しをもつ。 2．「対談」について理解する。 3．既習内容を確認する。 4．「私を作ったもの」というテーマに沿い、話し手の立場で準備を行う。 5．話し手の題名を聞き、聞き手の立場で準備を行う。 6．役割を決めて対談をする。 7．学習を振り返る。	○音声を聞き、インタビューと対談の違いを確認した上で、教科書に線を引きながら相手の思いを引き出していた質問や応答を確認する。 ○スピーチ後の質問やインタビューを想起させ、質問の仕方やポイントなどを確認する。 ○今の自分の生き方や考え方に影響を与えた出会いや出来事について想起し、題名や話したいことを決めてワークシートに記入する。 ○話し手が決めた題名を聞き、話し手が話したいことを予想して、様々な質問を考えて書く。 ○４人グループで、話し手、聞き手、聴衆の役割をローテーションして対談を行う。（４分×４回） ○グループで相手の思いに迫る質問や応答はどのようなものがあったかを話し合い、各自で「コツ」としてまとめる。 ※ ICT 端末で対談を録画し、ポイントとなった質問や応答を見直しながら振り返ってもよい。	 ❶❸ ❷

評価規準

知識・技能	思考・判断・表現	主体的に学習に取り組む態度
❶敬語などの相手や場に応じた言葉遣いを理解し、適切に使っている。　(1)エ	❷「話すこと・聞くこと」において、話の展開を予測しながら聞き、聞き取った内容や表現の仕方を評価して、自分の考えを広げたり深めたりしている。　A(1)エ	❸粘り強く話の展開を予測しながら聞き、今までの学習を生かして質問したり評価したりしようとしている。

〈指導と評価の一体化を図る見取りのポイント〉

ICT 端末で対談を録画することで、話したい内容を引き出せた質問や聞き手の対応はどのようなものがあったかということを振り返り、コツとしてまとめる際に、何となく思い返しておぼろげな記憶で振り返るのではなく、見返して確認することができるようにした。音声言語は一過性だが、ICT 端末のカメラを活用し記録として残すことで、すぐに活動を振り返ったり、その後も繰り返し確認したりすることが可能となる。また、グループを越えて記録した内容を他者と共有することもできるため、思うようにコツを捉えることができなかった生徒に見せて、自分と比較させて考えさせることもできる。

聞き上手になろう―質問で相手の思いに迫る―

主発問 **対談の中で相手の思いや考えを引き出すためには、どのような質問や応答をすればよいのでしょう。**

目標

話の展開を予測しながら聞き、質問で話を引き出しながら「対談」を行うことができる。

評価のポイント

❶対談の中で、話し手も聞き手も、適切な言葉遣いをしている。 (1)エ

❷対談の中で、相手の思いに迫った質問や話をプラスに展開させた応答について捉えている。A(1)エ

❸話の展開を予測しながら聞き、今までの学習を生かして質問したり評価を述べたⅠりしている。

準備物 ・付箋や短冊 ・ICT端末 ・ワークシート①01 ・ワークシート②02

ワークシート・ICT等の活用や授業づくりのアイデア

○対談の準備に時間はあまりかけられないので、事前に「私を作ったもの」というテーマで授業をすることを告知し、題材を考えさせておく。

＊今の自分の生き方や考え方に影響を与えた出会いや出来事について整理できるワークシートを準備する。

＊時間に余裕がある場合は、2時間で取り扱ってもよい。

1 導入（学習の見通しをもつ）

〈目標を確認し学習の見通しを持つ〉

T：話の展開を予測しながら聞き、質問で話を引き出す力を付ける学習をします。今までもスピーチの後に質問したり、下調べをして他者にインタビューしたりしましたね。今回の学習活動は「対談」です。インタビューとの違いは何か考えながら音声を聞きましょう。

2 展開

＊音声CDを用いて対談の例を聞き、気付きをワークシート①にメモさせる。

〈質問や応答のポイントを整理する〉

T：「対談」と「インタビュー」の共通点や相違点は何でしょう。今までの経験を踏まえて答えても構いません。

・インタビューは自分が知りたいことを聞くのに対して、対談は同じテーマで対等な関係で話しています。

・インタビューのときは「映画を宣伝する」ために、インタビューする人が質問していくけど、対談は演者や監督、脚本家などが、映画の魅力について語り合っているイメージです。インタビューは手段だけど、対談はそれ自体が目的だと思います。

T：聴衆の存在も大きなポイントです。聴衆の期待に応えるためにどんな質問

3 終末（学習を振り返る）

〈今回の学習を日常生活にどのように生かしていきたいかを考えて書く〉

T：全体で出てきた「コツ」の中で、今後の生活で意識して使っていきたいものを一つ選び、その理由を書きましょう。

＊多様なポイントが出てきた中で、一つを選び理由を書くことで、学習を自分の言葉で価値付けることができる。

効果的な板書例

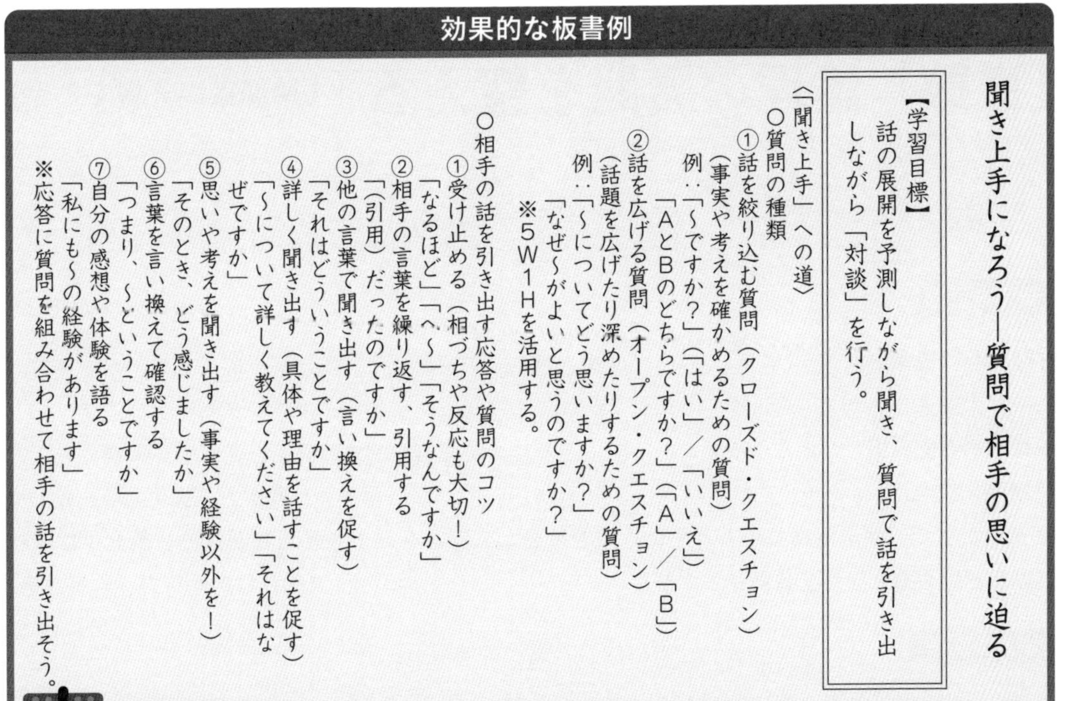

が必要かも考えたいですね。

T：では、教科書の例の、相手の思いを引き出していた質問や応答の箇所に線を引きましょう。

・話し手の「勇気づけられた」という言葉を引用し、具体的に話すように質問しています。

・相手の話を肯定して、自分の経験を語り、その人の価値観を問うような質問をしています。

T：一問一答ではなく、相手の話を広げたり深めたりする応答や質問が大切ですね。

〈話し手の立場で準備する〉

T：「私を作ったもの」というテーマで対談します。材料を集め、整理しましょう。

○理由や体験談など、話したいことを箇条書きで書き出し、話したい内容を順位付けする。

＊「私を作ったもの」を一言で短冊に書かせる。

〈聞き手の立場で準備する〉

T：隣の人の短冊を見て、相手の話したい内容を予想し、話を引き出す質問を考えましょう。

＊自分が聞きたいことだけではなく、話し手が話したいこと、聴衆が聞きたいことを予想しながら質問を考えるように促す。

〈4人グループで対談を行う〉

T：話し手、聞き手、聴衆（2人）に分かれて、4分間で対談をします。

○対談をし、その様子をICT端末で録画する。

＊聴衆は話し手の反応をよく観察し、聞き手の質問や応答についての気付きをメモする。

〈対談を振り返り、コツをまとめる〉

T：相手の話を引き出していた質問や応答について、この先も使える「コツ」としてワークシート②にまとめましょう。（板書例参照）

○気づいた具体的な質問や応答を一般化したり抽象化したりして、整理して書く。

＊個の時間を取る前に、数人に具体的な質問や応答を発表させ、教師が一般化して例示することで、この後の活動がスムーズになる。

＊個人でまとめさせたら、全体で発表させ、生徒との対話の中で上の板書のように整理する。

4　状況の中で
［推敲］論理の展開を整える（1時間扱い／書くこと）

指導事項：〔知技〕(2)ア　〔思判表〕B(1)エ
言語活動例：目的や意図に応じた内容や表現を吟味し、文章を推敲する。

単元の目標

(1)適切な「具体と抽象」「事実と意見」「意見と根拠」の関係について理解を深めることができる。
〔知識及び技能〕(2)ア
(2)目的や意図に応じた内容や表現になっているかについて客観的に吟味し、文章全体を整えることができる。
〔思考力、判断力、表現力等〕B(1)エ
(3)言葉がもつ価値を認識するとともに、読書を通して自己を向上させ、我が国の言語文化に関わり、思いや考えを伝え合おうとする。
「学びに向かう力、人間性等」

単元の構想

〈単元で育てたい資質・能力／働かせたい見方・考え方〉

本単元では、目的や意図に応じた内容や表現になっているかを俯瞰的な視点から吟味し、文章全体の内容及び構成を推敲し整える力を育むことを目指したい。その際、意見（主張）と根拠（取り上げた事実とその論理的価値付け）とが効果的に結び付いているかどうか、主張につなげるための論理の展開が効果的かどうかについて読み手の立場に立って吟味させることで、自らが文章を書く際に生かせる推敲の力を育てていきたい。

〈教材・題材の特徴〉

本教材は、文章の内容や表現が「目的」及び「書き手の意図」に応じたものになっているかどうか吟味する上で、書き手から見てどうかだけではなく、読み手から見てどうかという観点も大切だということに気付かせるものとなっている。また、推敲の際の具体的な観点として、内容面・構成面の両面が例示されており、既習事項を活用して文章を推敲する第3学年らしい教材であると言える。

〈主体的・対話的で深い学びの視点からの授業改善ポイント／言語活動の工夫〉

本単元の学習は、「書くこと」における推敲の学習を、あえて読み手の立場と書き手の立場とを往還して行うものであるということを生徒に伝えた上で学習に入ることが大切である。それにより、本単元の学びが、自らの文章を推敲する際に生きる価値があるものだと生徒は自覚できるであろう。さらに、より強く読み手を意識させるための手立てとして、推敲した文章をペアで読み合い（計2回）、観点に基づいて相互評価させる活動を設定する。そのことで、より多様な読み手を想定して文章を推敲する力を育むことにつなげたい。

単元計画

時	学習活動	学習内容	評価
1	1．学習の位置付けを確認する。	○「読み手と書き手両方の立場から文章を吟味し、自分の推敲に生かそう」	
	2．教材文の主張と構造を捉える。	○教材文のみが書かれたプリントを基に、書き手の主張と表現の実際を捉える。	
	3．教材文の説得力を評価する。	○「あなたは読み手としてこの意見文の説得力をどのように評価するだろう」	❶
	4．教材文を推敲する。	○「あなたならどのようにしてこの意見文の説得力を上げるだろう。」	❷
	5．ペア×2で相互評価する。	○「読み手に主張を納得させるという点で」 ・文章構成・展開の工夫 ・事実と意見の整理 ・具体例の選択 ・意見と根拠のつながりが適切か。	
	6．再び推敲する。 7．全体で共有する。	○電子黒板に表示しながら、自分の意図と推敲の具体、ペアの評価を紹介する。	❸

評価規準

知識・技能	思考・判断・表現	主体的に学習に取り組む態度
❶適切な「具体と抽象」「事実と意見」「意見と根拠」の関係について理解を深めようとしている。 (2)ア	❷「書くこと」において、目的や意図に応じた内容や表現になっているかについて客観的に吟味し、文章全体を整えようとしている。 B(1)エ	❸読み手に主張を納得させる意見文を目指し、観点に基づいて粘り強く推敲し、自らの意図や他者からの評価に対する考えを明確に伝えようとしている。

〈指導と評価の一体化を図る見取りのポイント〉

本単元では、文章の具体がどれだけ読み手の立場に立ったものになっているか吟味する上で、どのような観点に着目すればよいのか、既習事項を想起しながら考えさせる。その際、生徒の推敲の具体のみならず、読み手に対してどのような効果があると想定してそのような推敲をしたのかという意図を言語化させ、その客観性を評価する。また、読み手に主張を納得させるという点において、文章の内容及び表現が単発的に効果を発揮しているのではなく、それらが相互に影響しながら効果を発揮しているということを踏まえて言語化しているかどうかは見取る上で大切なポイントである。

[推敲] 論理の展開を整える

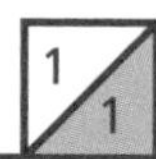

主発問 **あなたならどのようにしてこの意見文の説得力を上げますか。**

目標

説得力を高めるための書き方について、読み手・書き手両方の立場から考えを深めることができる。

評価のポイント

❶書き方の工夫が生み出す効果について具体的に記述している。 (2)ア

❷読み手を意識して推敲し意図を伝えたり、書き手の意図に応じて評価を伝えたりしている。 B(1)エ

❸ペアの評価を材料に、より納得してもらえる意見文を目指して推敲している。

準備物 ・教材文プリント（推敲書き込み用）

ワークシート・ICT 等の活用や授業づくりのアイデア

○直接書き込んで推敲できるように行間を空けて教材文のプリントを用意する。その際、推敲の意図を書く欄と、ペアの評価及びアドバイスを書くメモ欄、振り返りを書く欄を設けるとよい。プリントに書き込んだ推敲の実際は電子黒板等で映しながら説明させることで、視覚的にも分かりやすく共有することが可能。

1 導入（学習の見通しをもつ）

〈説得力を評価する際の立場を説明〉

T：今日の授業では、読み手に主張を納得させる書き方について、書き手と読み手の立場を行ったり来たりしながら考えていきます。様々な観点で吟味しながら読むことと、読み手からの評価を生かしてよりよく推敲することの両方を大切にしましょう。

2 展開

〈教材文を通読し意見とそれを支える具体例の内容を捉える〉

T：○教材文プリントを配付
○範読する。

＊書き手の意見と根拠に線を引きながら聞くよう指示する。

T：書き手の意見はどのようなことでしたか。

T：その意見を支える根拠はどのようなものでしたか。

T：その意見や根拠の内容自体には納得できましたか。

○挙手で考えを示す。

・納得できた。 ・納得できなかった。

〈教材文を再読し、説得力を評価する〉

○教材文をもう一度黙読する。

＊「書き方が説得力を生み出すものになっているか」という観点で読むよう

3 終末（学習を振り返る）

〈単元の学びを振り返り、価値付けする〉

T：学習の振り返りをします。今日の学習を通して、「読み手」と「書き手」両方の立場から新たに学んだこと・気付いたことについてまとめましょう。

○振り返りを書く。

○全体で共有する。

効果的な板書例

［推敲］論理の展開を整える

【学習目標】
説得力を高めるための書き方について、読み手・書き手両方の立場から考えを深める。

・意見の述べ方 → 双括型
　一回目の主張　〇危機感理解させる
　二回目の主張　△挙げた根拠生かすように

・根拠（具体例）の挙げ方
　段落構成　△内容ごとに分けて分かりやすく
　内容の選択　△「富山きときと空港」の例
　　意見とのつながり？
　　→「きときと」と共通語の比較があっても

・事実と考えの整理
　△「私たちの生活をいろどってくれる」
　　「困難を～気持ちが共有され」
　　具体例から飛躍？
　　→例を補う
　　書き手の考えであること示す文末

指示する。

T：あなたは読み手として、この意見文の説得力をどのように評価するでしょう。具体的な書きぶりを根拠に挙げ5～7行で書きましょう。

○考えをまとめる。

○全体で共有する。

＊生徒の着眼点をアナウンスすることで下位層を支援する。「○○さんは具体例の挙げ方に着目して考えているね。」など

＊全体で共有する際には、立場（説得力がある・ない）で分けて指名する。その際、さらに「論の展開」「具体例の挙げ方」「その他」など、着目した点で分類すると整理しやすい。これが、次の指導過程において考える際の材料となる。

〈書き手の立場に立って推敲の仕方を考える〉

T：読み手の立場からたくさんのことに気付くことができました。今度は書き手の立場になって考えます。あなたならどのようにしてこの意見文の説得力を上げるでしょう。推敲の方向性を簡潔に書きましょう。また、そのように書き直す意図も書きましょう。

○推敲の具体と意図を書く。

〈ペア×2で相互評価する〉

T：まずは横のペアで相互評価をします。ペアに推敲の方向性と意図を説明し、聞き手はそれを受けて評価とアドバイスを述べましょう。その際の観点は教科書 p.116の「上達のポイント」を参考にしましょう。そこまでできたら役割交代です。

○横のペア、縦のペアで2回相互評価する。

〈ペアで受けた評価を材料に再推敲し、全体で共有する〉

○「初めの推敲と意図」「ペアからの評価」「再推敲と意図」の順に説明する。

＊上記の順で説明することで、書き手の意図と読み手からの実際の評価を照らし合わせて聞くことができる。また、電子黒板等に示して視覚的にも分かりやすく共有するとよい。

4 状況の中で

言葉2　慣用句・ことわざ・故事成語

（1時間扱い）

指導事項：〔知技〕(1)イ
言語活動例：言葉を調べ、調べた言葉を相手や目的に合わせて使って書く。

単元の目標

(1)慣用句や四字熟語などについて理解を深め、文章の中で使うことができる。
〔知識及び技能〕(1)イ

(2)言葉がもつ価値を認識するとともに、読書を通して自己を向上させ、我が国の言語文化に関わり、思いや考えを伝え合おうとする。「学びに向かう力、人間性等」

単元の構想

〈単元で育てたい資質・能力／働かせたい見方・考え方〉

生徒が日常生活の中で見聞きしたり自分で使ったりしている言葉を基に、慣用句やことわざ、故事成語などについて理解を深める機会としたい。そして、慣用句やことわざ、故事成語の意味や使い方について考えたり、自分から新しい慣用句やことわざ、故事成語に触れたりしながら、相手や目的に合わせた言葉を吟味して選択していく中で、実際の生活で生きて働く知識や技能を身に付けさせていきたい。

〈教材・題材の特徴〉

本教材で、生徒たちは慣用句やことわざ、故事成語が、自分が伝えたいことを印象的に表現できる言葉であったり、相手の印象に残る新鮮な表現であったりすることに気付くだろう。また、これらの言葉の中には、生きる上での教訓や、よりよく過ごすための知恵を言い表した言葉があることを感じることになるだろう。このとき、自分で様々な慣用句やことわざ、故事成語を調べ、それらの言葉を相手や目的に合わせて使うことを通して、言葉についての理解を促すことができる教材である。

〈主体的・対話的で深い学びの視点からの授業改善ポイント／言語活動の工夫〉

生徒が慣用句やことわざ、故事成語に向ける関心を大切にしつつ、使い方を考えて他の生徒と伝え合ったり、言葉を調べたりすることを通して、慣用句やことわざ、故事成語の意味や使い方を考えさせたい。そこで、自分の知らない様々な慣用句やことわざ、故事成語を、目的をもって調べる時間をつくり、生徒の主体性を引き出す手立てとした。また、相手や目的を設定して贈る言葉を考えさせることで、慣用句やことわざ、故事成語への理解の深まりを引き出したい。

単元計画

時	学習活動	学習内容	評価
1	1．学習を見通し、目標を確認する。 2．教科書の例を確認する。 3．慣用句について確認する。 4．ことわざと故事成語について確認する。 5．他の慣用句やことわざ、故事成語を調べる。 6．慣用句やことわざ、故事成語を使って、身の回りの人に贈る言葉を考える。 7．慣用句やことわざの誤用について確認する。	○この単元の流れと目標を確認する。 ○「腕を磨く」「腕を上げる」「腕が鳴る」が言葉とは別の意味になっていることを確認する。 ○慣用句とはどのようなものか確認する。 ○教科書にある慣用句が使われる場面を考え、ペアで意見交換し、教科書の三つの慣用句を使って短文を作る。 ○ことわざと故事成語とはどのようなものか確認する。 ○教科書にあることわざと故事成語が使われる場面を考え、ペアで意見交換し、教科書のことわざと故事成語の意味を辞書やタブレットを使って調べる。 ○資料集や辞書、タブレットを使って他の慣用句やことわざ、故事成語を調べる。 ○具体的な相手とその言葉を贈る目的を設定して、身の回りの人に贈る言葉を考える。 〈相手と目的の例〉 ・相手：友達、目的：感心していることを伝える。 ・相手：弟、目的：注意を促す。 ○具体的な誤用を取り上げて確認する。	❷ ❶

評価規準

知識・技能	主体的に学習に取り組む態度
❶慣用句やことわざ、故事成語などについて理解を深め、文章の中で使っている。 (1)イ	❷積極的に慣用句やことわざ、故事成語などを理解し、学習課題に沿って調べようとしている。

〈指導と評価の一体化を図る見取りのポイント〉

様々な慣用句やことわざ、故事成語を生徒の興味・関心に沿って調べさせる中で、具体的にどのような文脈の中で使えるのかを考えさせることが大切である。

言葉２　慣用句・ことわざ・故事成語

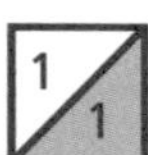

主発問　**調べた慣用句やことわざ、故事成語は、誰にどのような目的で贈りますか。**

目標

調べた慣用句やことわざ、故事成語について、贈る相手と目的を考えることができる。

評価のポイント

❶慣用句やことわざ、故事成語などについて理解を深め、文章の中で使っている。　(1)イ

❷積極的に慣用句やことわざ、故事成語などを理解し、学習課題に沿って調べようとしている。

準備物　・資料集　・ICT 端末

ワークシート・ICT 等の活用や授業づくりのアイデア

○短文を作ったり、意味を調べたりするときに、個人で考えるだけでなく、他の生徒との意見交換の場面を設定する。

○教科書以外の言葉を調べる際には、辞書や資料集、ICT 端末など、いくつかの選択肢の中から生徒自身が自分に合った方法を選択できるように準備する。

1　導入（学習の見通しをもつ）

〈ゴールと授業展開の説明〉

T：今日は、慣用句・ことわざ・故事成語の学習をします。まず例を確かめたり、問題を解いたりしていきます。そして、辞書や資料集、タブレットを使って、様々な慣用句・ことわざ・故事成語を調べ、その中から贈りたい言葉を決めて、誰にどのような目的で贈るか考えます。

2　展開

〈教科書 p.117の慣用句の例について考え、慣用句がどのような言葉か確認する〉

T：この「腕を磨く」「腕を上げる」「腕が鳴る」という言葉は、言葉そのままの意味ではありません。どのような意味だと思いますか。

・「腕を磨く」は、上達するように訓練することです。

・「腕を上げる」は、技術が上達することです。

・「腕が鳴る」は、自分の力を発揮したくてじっとしていられないことです。

〈教科書 p.117の慣用句が使われる場面を考える〉

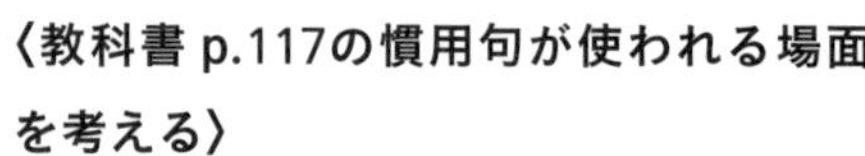

T：「頭が下がる」という慣用句は、例えばどのような場面で使われますか。

・友達が、自分にはできない大きなこと

3　終末（学習を振り返る）

〈誤用について確認し、日常生活につなげる〉

T：今日学習した慣用句やことわざの中には誤って使われるものもあります。適切な使い方をすることで相手に伝えたいことをより効果的に伝えることができます。誤用にも気を付けながら日常生活の中で使い、さらに理解を深めましょう。

効果的な板書例

慣用句・ことわざ・故事成語

【学習目標】
慣用句や四字熟語などについて理解を深める。

【学習の見通し】
①慣用句について確認する。
②ことわざ、故事成語について確認する。
③教科書以外の慣用句やことわざ、故事成語を調べる。
④贈りたい言葉を選び、相手と目的を考える。
⑤慣用句やことわざ、故事成語の注意点を確認する。

【今日のめあて】慣用句やことわざ、故事成語について理解を深め、贈りたい言葉を選んで相手と目的を考えよう。

・腕を磨く
・腕を上げる
・腕が鳴る

○調べた言葉の中から贈りたい言葉を選び、誰に、どのような目的で贈りたいか考えよう。

を成し遂げたときです。

＊これまでの経験の中から考えさせて発言させるとよい。

＊個人で考えたことを、ペアやグループで意見交換させるとよい。

〈教科書 p.117の言葉を使って短文を作る〉

T：「息をのむ」という言葉を使って例文を作ってみましょう。

・彼の行動に息をのんだ。

・息をのむほど驚いた。

〈ことわざ、故事成語がどのような言葉か確認し、教科書 p.118の例が使われる場面を考える〉

T：ことわざと故事成語とはどのような言葉か確認しましたが、実際に使うのはどのような場面でしょう。例えば、「猿も木から落ちる」はどのような場面で使いますか。

・上手な人が失敗したときです。

・慣れている人がミスをしたときです。

＊個人で考えたことを、ペアやグループで意見交換させるとよい。

〈教科書 p.118のことわざ、故事成語の意味を調べて確認する〉

T：「灯台下暗し」や「ひょうたんから駒が出る」などの言葉の意味を調べましょう。

〈教科書以外の言葉を調べ、贈りたい相手と目的を考える〉

T：辞書や資料集、タブレットを使って他の慣用句やことわざ、故事成語を調べてみましょう。

T：見つけた慣用句やことわざ、故事成語は、例えば誰に、どのような目的で贈りたいですか。

・「心を打たれる」を使って、友達に、励ましの言葉をもらったときに感動したことを伝えるために贈りたいです。

・「後悔先に立たず」を使って、弟に、今やっていることが後悔につながらないか考えてもらうために贈りたいです。

4 状況の中で

漢字２　漢字の造語力／漢字に親しもう３（１時間扱い）

指導事項：〔知技〕(1)ア
言語活動例：文章を読んで漢字の意義について考え、漢字への理解を深める。

単元の目標

(1)学年別漢字配当表に示されている漢字について、文や文章の中で使い慣れることができる。
〔知識及び技能〕(1)ア

(2)言葉がもつ価値を認識するとともに、読書を通して自己を向上させ、我が国の言語文化に関わり、思いや考えを伝え合おうとする。「学びに向かう力、人間性等」

単元の構想

〈単元で育てたい資質・能力／働かせたい見方・考え方〉

幕末から明治の時代にかけて日本が急速に西洋化を進める中で西洋的な文化や学術用語を翻訳する際、新しい日本語が多く作り出されていった。その際に漢字がもつ表意文字としての側面、一字一字が意味を表すという性質が新しい熟語を作り出すのに大きく寄与したことに気付かせたい。また、教科書本文にもあるように、言葉は社会や生活様式の変化によって絶えず生み出されたり、変化したりしていくものだという言語観を、生徒たちに実感を伴った理解をさせていくことが期待される。

〈教材・題材の特徴〉

言語教材は、生徒によっては知識として暗記すればよいという認識をしてしまいがちである。一つ一つの語彙や例示を覚えるだけで学習を終わらせてしまうことのないようにさせたい。知識として最低限習得させる必要はあるが、それとともに、日常から言葉に関して興味をもって自ら進んで調べようという意識をもったり、既習の知識を応用することで、そこに働く規則性を見いだそうとしたりする姿勢を育むことを目標として指導に臨みたい。

〈主体的・対話的で深い学びの視点からの授業改善ポイント／言語活動の工夫〉

それまでにはなかった物事を一語で言い表そうとする際、漢字を組み合わせて表現することの利便性に気付かせたい。生活の中にある実例を生徒から考えさせてもよいし、教師から提示するのもよい。その際、アルファベットを用いて表したものと漢字を用いて表したものを比較すると表意文字としての漢字の特長が実感をもって理解され、学びが深まりやすいだろう。例えば「ICU」(intensive care unit) とするよりも、「集中治療室」とする方が意味するところが誤解なく伝わりやすい、といった実例を踏まえて考えさせることで、本教材の学習内容が生徒にとって生きた実感を伴った学びとなっていく。

単元計画

時	学習活動	学習内容	評価
1	1．本文を読み、漢字による新しい言葉の創造について考える。	◯導入の文章を読み、新しい日本語が考え出された経緯を知る。 ◯教材文を読み、「翻訳語」と「新しい語」の側面から漢字の造語力について知る。	❷
	2．練習問題に取り組む。	◯練習問題に取り組み、理解の程度を確かめる。 ・言葉の意味が分からないときは、教科書や国語辞典などで調べさせるとよい。 →教科書 p.290「三年生で学習した漢字」 →教科書 p.301「三年生で学習した音訓」 →教科書 p.302「常用漢字表」	❶
	3．「漢字に親しもう３」の練習問題に取り組む。	◯教科書 p.122「漢字に親しもう３」の問題に取り組む。	❶

評価規準

知識・技能	主体的に学習に取り組む態度
❶学年別漢字配当表に示されている漢字について、文や文章の中で使い慣れている。　(1)ア	❷言葉がもつ価値を認識し、進んで漢字を読んだり書いたりするなどして、言語文化に関わろうとしている。

〈指導と評価の一体化を図る見取りのポイント〉

言語に関する領域の学習では、日常の言葉について理解を深め、言葉に関心をもたせるようにしていくことを目指したい。単に熟語が読める、という段階に留まるのではなく、どのような組み立てから成り立っている熟語なのか、どのような語源があるのかなど、日常的に言葉に対して関心をもてるような生徒の育成を目指したいものである。

ここでは、漢字の音訓や、熟語の組み立てに注意して、漢字を読んだり書いたりしている生徒の姿を「概ね満足できる状況」として設定している。

漢字２　漢字の造語力／漢字に親しもう３

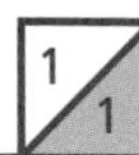

主発問　**漢字はどのようにして新しい言葉を作り出すのでしょうか。**

目標

・漢字の造語力について理解を深め、言語文化への関心を高めることができる。

評価のポイント

❶学年別漢字配当表に示されている漢字について、文や文章の中で使い慣れている。　(1)ア

❷言葉がもつ価値を認識し、進んで漢字を読んだり書いたりするなどして、言語文化に関わろうとしている。

準備物　・特になし

ワークシート・ICT 等の活用や授業づくりのアイデア

・漢字の「造語力」という言い回しに戸惑いを覚える生徒もいることが予想される。漢字は「応用が利きやすい」や「意味を推測しやすい」「新しい事柄を表現しやすい」などにより新しい言葉（熟語）を作りやすいなどと、生徒が実感をもって理解できるように意識していきたい。

1　導入（学習の見通しをもつ）

T：今回の授業は、「漢字の造語力」ということについて考えていきます。

T：漢字は日本語にとって切り離せない存在になっていますが、どうしてこれほどまでに漢字が広く使われるようになったのでしょうか。

2　展開

〈教科書本文を通読する〉

T：では、まず教科書に書いてある文章を読んでみましょう。順番に音読していってください。

T：漢字はもともと中国で使われていた文字が日本に入ってきたものでした。そして、長い年月を経て日本の文化と融合していったのですね。

T：明治時代には海外からそれまでになかった考え方や文化がたくさん入ってきました。それらを日本語として表すために漢字が役立ったということです。何かそういう例で知っている言葉はありますか。

・確か「野球」は正岡子規が訳して作った言葉だと聞きました。

・「手術」や「写真」などもそうだと思います。

3　終末（学習を振り返る）

〈本時のまとめ〉

T：現代社会は常にめまぐるしく変化し続けていて、これからも新しい言葉が漢字によって生み出されていくことでしょう。生活の中で出会う言葉一つ一つがどのように生み出された言葉なのか、意識してみると面白いですね。

効果的な板書例

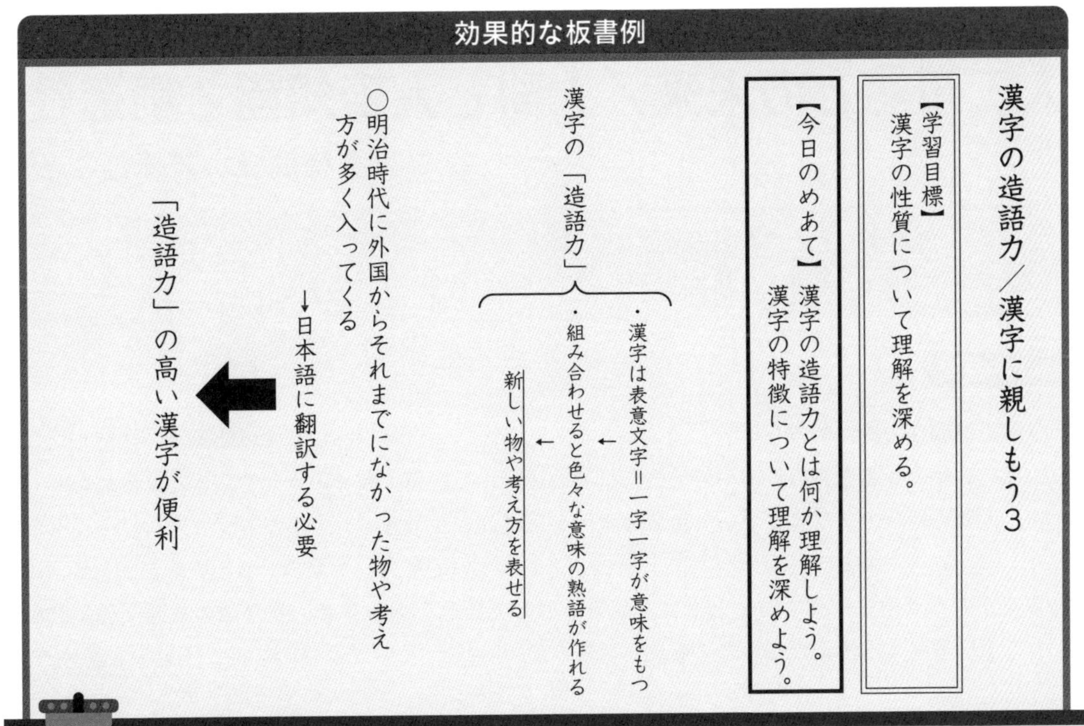

〈漢字の特性について考える〉

T：漢字はそれまでに世の中になかった新しい物事や考え方を表すのに非常に便利だったということが分かりましたね。

T：では、どうしてこんなふうに短い熟語に訳すことができたのでしょう。漢字が文字としてどんな特徴をもっているからですか。

・一字一字が意味を表せるからです。

・一字で意味を表せるから、組み合わせもできます。

T：それでは、今回読んだ教科書本文の内容を踏まえて、漢字の特徴や利点について自分の考えを文章にまとめましょう。

＊数名に発表させ、全体で共有する時間をとる。

・漢字はもともと外国の言葉として入ってきた日本にとっては未知のものだったから、未知の物を表すのに向いている言葉なのだと思いました。

・熟語には、言葉同士を結び付けた言葉が多いと思っていたけど、それには漢字の「造語力」が関わっていることが分かりました。

〈練習問題に取り組む〉

T：教科書 p.119〜122にある設問と練習問題に取り組みましょう。

＊はじめは何も調べずに取り組み、最後まで進んでから、最初に戻って辞書等を用いて自分で調べ直すようにさせると一人学習の経験をさせることができる。

T：それでは、答え合わせをしていきましょう。一人１問ずつ順番に答えていってください。

5 自らの考えを

人工知能との未来／人間と人工知能と創造性

（3時間扱い／読むこと）

指導事項：〔知技〕(2)イ　〔思判表〕C(1)イ、エ
言語活動例：論説を比較して読み、グループで討論し自分の考えをまとめる。

単元の目標

(1)情報の信頼性の確かめ方を理解し使うことができる。　〔知識及び技能〕(2)イ

(2)文章に表れているものの見方や考え方を批判的に読みながら、自分の考えを広げたり深めたりして、人間や社会のあり方について自分の考えをもつことができる。　〔思考力、判断力、表現力等〕C(1)イ、エ

(3)言葉がもつ価値を認識するとともに、読書を通して自己を向上させ、我が国の言語文化に関わり、思いや考えを伝え合おうとする。　「学びに向かう力、人間性等」

単元の構想

〈単元で育てたい資質・能力／働かせたい見方・考え方〉

多様化する社会の中で、クリティカルに思考し、課題を解決する力はますます重要になっている。ここでは、比較、批評、討論といった言語活動を通して、文章の内容や述べ方について信頼性や客観性を吟味し、自分の知識・経験と比べて納得できるか否かを検討するような批判的な読み方を身に付け、課題解決に向け様々な立場・考え方に立って話し合わせたい。その過程において、多様性の中で強さと柔軟性をもって思考し続ける自己を確立させたい。

〈教材・題材の特徴〉

本教材が二つの文章を組み合わせて提示されているということは、いわゆる「比べ読み」の学習に資することを意図している。身の回りの至る所で目に付くようになった「人工知能（AI）」を題材とした二つの論説の比べ読みに当たっては、どちらにより賛成・共感を覚えるかを話し合うだけでなく、「人工知能との付き合い方の内容や、その述べ方を比べる」という思考操作のポイントを踏まえ、「比較の観点」を設定して読み比べることを意識させたい。今回の学習を通して、人工知能やそれにまつわる様々な技術や社会への関心が高まり、より広い関連読書へとつながるよう導きたい。

〈主体的・対話的で深い学びの視点からの授業改善ポイント／言語活動の工夫〉

「比較」については、中学最終学年であることから、これまでよりも高次な取組をさせたい。教科書 p.128に一部が示してある「人工知能に対する立場」など文章内容に関することを、言葉の面から深く考察させるのである。つまり、「人工知能に対する立場」を「語句の選び方や文体の特徴」など、述べ方に関する観点と結び付けて捉えさせたい。

単元計画

時	学習活動	学習内容	評価
1	1．学習の目標を確かめ、見通しをもつ。 2．題材への興味・関心を高めながら、本文を通読する。 3．二つの文章、それぞれの要旨をまとめる。	○「批判的に読む」ことについて、教科書 p.128【学習の窓】で確認する。 ○「人工知能」について既有の知識を発言し合ってから、範読を聞くなどする。 ○教科書 p.234❸「要旨・要約」を参考に、要旨をまとめていく。	❶
2	4．二つの文章を比較する。 5．比較しての気付きなどをグループで共有するために討論する。	○比較の観点を話し合い、ワークシート１の表に、共通点・相違点をまとめていく。 ○自分になかった見方や考え方については、ワークシート１②にメモする。終わりには、メモを基にした自分の考えを伝え合う。	❷
3	6．自分の考えをノートにまとめる。 7．今回の学習を振り返る。	○「これからの時代に大切なこと」について、以下の点に注意しながらワークシート２に、300字程度の文章を書く。 ・主張が明確な構成にすること。 ・第２時終末で伝え合った根拠を使うこと。 ○観点は次の通り。 ・言葉にこだわって活動できたのは、どんな点か。 ・学習を進める上で「刺激」になったのは、どのようなことか。	❸ ❶❹

評価規準

知識・技能	思考・判断・表現	主体的に学習に取り組む態度
❶情報の信頼性の確かめ方を理解し使っている。　(2)イ	❷「読むこと」において、文章を批判的に読みながら、文章に表れているものの見方や考え方について考えている。　C(1)イ ❸「読むこと」において、文章を読んで考えを広げたり深めたりして、人間、社会、自然などについて、自分の意見をもっている。　C(1)エ	❹積極的に二つの文章を批判的に読み、学習の課題に沿って、自分の考えを文章にまとめようとしている。

〈指導と評価の一体化を図る見取りのポイント〉

「比べ読み」の学習活動から自分としての考えをきちんともたせるためには、まず大まかな印象での比較にならないよう、「観点」「共通点・相違点」「意見と根拠」などの用語と内容を確実に理解させて学習に臨ませたい。これらについてワークシート１に「話型・文型」の例を示し、討論の内容が散漫にならず、分類・整理が進められていくように仕組んでいる。

人工知能との未来／人間と人工知能と創造性

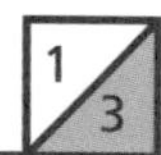

主発問 二つの論説文を批判的に読み、それぞれの要旨をまとめましょう。

目標

二つの文章を通読し、それぞれの内容の信頼性や客観性を確かめながら、要旨をまとめることができる。

評価のポイント

❶疑問に思う箇所について線を引き、キーワードを適切に使いながら要旨をまとめている。 (2)イ

準備物 ・マス目を切り字数を示した用紙 ・電子黒板やタブレット PC 上に提示する、原稿用紙設定の型

ワークシート・ICT 等の活用や授業づくりのアイデア

○マス目を切り、字数を示した原稿用紙型のデータやペーパーは適宜使えるように用意しておきたい。

○要旨の案は板書させるほかに、Word、クラスルーム等を用い電子黒板や ICT 端末上に提示し、共有させることも考えたい。

1 導入（学習の見通しをもつ）

〈目標を確かめ、学習の見通しをもつ〉

T：今回は、同様の題材を扱った二つの論説文を読み、比較します。今日は、それぞれの文章について、事実として正しいか・裏付ける根拠はあるかなど、批判的に読みながら信頼性を確かめていきましょう。その上で、それぞれの要旨をまとめる、そこまでが今日の学習です。

2 展開

〈題材への興味関心を誘い、本文を読む〉

T：二つの文章で取り上げられているのは、「人工知能」です。身の回りの「人工知能」、知っている「人工知能」について教えてくれませんか。

T：いろいろ出してもらってありがとう。では、本文を読んでみましょう。漢字の読みや意味の分かりづらい語句などにチェックを入れながら聞きましょう。

＊デジタル教科書の音読機能を利用したり、教師の音読で行う。指示したようにチェックをしているか机間指導で見取る。

○読後に、チェックを入れた語句について、読みや意味を近くの者同士で確かめ合う。

〈信頼性、客観性を確かめる〉

T：教科書 p.128《学習の窓》を参考

3 終末（学習を振り返る）

〈「要旨」の捉え方について再確認する〉

T：今日は、文章の要旨を捉える学習をしました。教科書 p.234にあるようなこと、題名に注目して絞り込みができることが理解できたでしょうか？ 今後、学習の場だけでなく、日常、身の回りの情報を正しく捉えるために活用していきましょう。

効果的な板書例

「人工知能との未来」羽生善治
「人間と人工知能と創造性」松原仁

【学習目標】二つの論説文を批判的に、かつ比較して読む。これをもとに、グループで討論して自分の考えをまとめる。

【今日のめあて】二つの文章、それぞれの要旨をまとめよう。

◎「人工知能との未来」要旨
［キーワード］
○今後・必要・現実的・建設的・新たな、新しい
○百五十字程度
（まとめた例は、電子黒板で提示）

◎「人間と人工知能と創造性」要旨
［キーワード］
○
人間と人工知能は（が、も）
人工知能は（〃）
人間は（〃）
（まとめた例は、電子黒板で提示）

に、もう一度読み返しながら、内容の信頼性や客観性、納得できるかどうかを吟味しましょう。疑問に感じられるところには、線を引いてください。

＊教師は、線引きした箇所がなかったかどうか机間指導と一斉への問い掛けで確かめる。指摘された箇所については全体がどう捉えているか意見を募り、教師が補足することとする。

〈『人工知能との未来』の要旨をまとめる〉

T：『人工知能との未来』の要旨を p.234の「❸要旨・要約」を参考にまとめてみましょう。また、題名の「未来〜これから」について述べられているところに注目です。要旨に使うべきキーワードとして、どんな表現を挙げますか。

＊教師は生徒とのやり取りにより、
・今後　・必要　・現実的　・建設的
・新たな、新しい
を引き出す。

T：それでは、これらの表現があるところに注目しながら、150字程度で要旨をまとめてみましょう。

＊教師は机間を巡り進捗を観察、支援する。一定時で１〜２名を指名し、要旨の実際を板書させる。または電子黒板に映した原稿用紙型に入力、提示させる。

〈『人間と人工知能と創造性』の要旨へ〉

T：もう一つの『人間と人工知能と創造性』の要旨をまとめます。同じく題名に注目すると、あえて「人間」を入れ『人間と人工知能…』とあります。人間と人工知能、それぞれについての特性を対比するように要旨をまとめてみよう。同じように150字程度でできますか？

＊教師が次を板書し、続きを補う形でまとめさせる。机間を巡り進捗を観察、支援する。

人間と人工知能は（が、も）
人工知能は（が、も）
人間は（が、も）

一定時で１〜２名を指名し、要旨の実際を全体に提示させる。

人工知能との未来／人間と人工知能と創造性

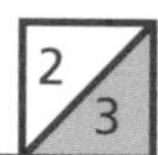

主発問 二つの論説文を批判的に読み、それぞれの要旨をまとめましょう。

目標

観点を設けて二つの文章を比較し、気付いたことを共有するために討論することができる。

評価のポイント

❷二人の「人工知能」に対する立場や主張について共通点や相違点をワークシートにまとめ、グループ討論での発言、質問や応答、意見の整理に生かしている。 C(1)イ

準備物 ・観点を設け二つの文章を比較するためのワークシート1 ⏬01

ワークシート・ICT 等の活用や授業づくりのアイデア

○ワークシート1には、それぞれが列挙した事柄について、共通点・相違点を明確にして発言するための話型を示している。今回だけでなく後々の学習にも継続して使えるものとしていきたい。よって、この部分だけを「話型シート①」などとして別刷りし、②③…と蓄積させていくのも一手である。

1 導入（学習の見通しをもつ）

〈前時を振り返り今日の目標を確かめる〉

T：前回は、人工知能との付き合い方について述べられた二つの文章について、信頼性を確かめたうえで、それぞれの要旨をまとめました。今日は二つを比較し、共通点・相違点を探っていきましょう。

2 展開

〈比較するための観点を考え、分類する〉

T：それでは早速、二つの文章を比較していきたいと思いますが、比較するには「観点」が必要です。どのような点から比べたらよいと思いますか？

＊様々に意見が出されることも考えられる。留意したい、させたいことを挙げる。

・人間と人工知能との比較の観点と混同しないこと。

・将棋と小説など「具体的な事例」は観点として出やすいと思われる。ならば、何を述べるための「具体例」か、という方向付けで賛否の立場や関係性の提言に導きたい。

＊別添のワークシート1；記入例には二つの観点を例示している。話し合いを経て、教師が後からこれらを提示し

3 終末（学習を振り返る）

〈次回は総まとめとなる学習目標に取り組むことを予告する〉

T：今日の討論は有意義なものとなったでしょうか。共通点・相違点の読み分けもできましたか。さて次回は、最終的な目標の達成を目指します。筆者たちの主張や今日の討論を基に、あなた自身の考えを文章にまとめます。

効果的な板書例

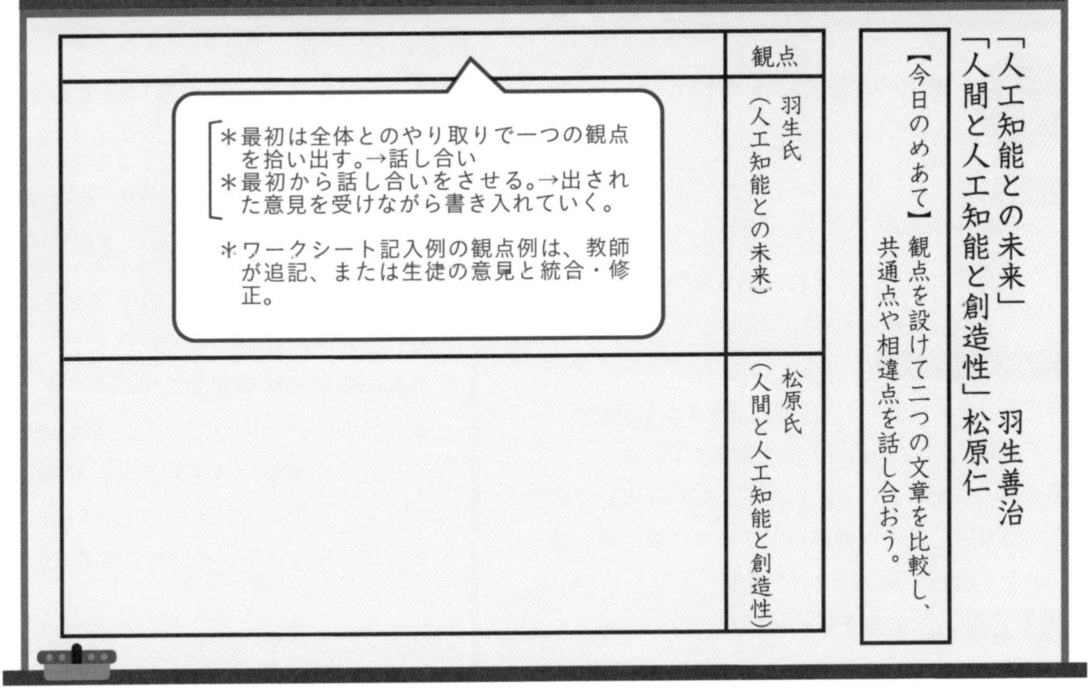

「人工知能との未来」羽生善治
「人間と人工知能と創造性」松原仁

【今日のめあて】観点を設けて二つの文章を比較し、共通点や相違点を話し合おう。

観点	
羽生氏（人工知能との未来）	
松原氏（人間と人工知能と創造性）	

＊最初は全体とのやり取りで一つの観点を拾い出す。→話し合い
＊最初から話し合いをさせる。→出された意見を受けながら書き入れていく。

＊ワークシート記入例の観点例は、教師が追記、または生徒の意見と統合・修正。

てもよい。「『無意識、美意識』のゆくえ」という観点例はすぐには理解しづらいかもしれないが、記入例のように「無意識、美意識」に関係する記述を取り出していくことで、羽生・松原両氏の立場、主張が共通するものか相対するものか、生徒の思考・判断を活性化させるものとなろう。

T：観点が整いましたね。それぞれの観点から、内容を分類していきましょう。目的は、共通点・相違点についての気付きを話し合うこと、そのために比較します。表の中に書けたことの頭でもお尻でもよいので、共通していると思うものに○、相違を感じるものに△の記号を付けることとします。

＊教師は、机間指導で次のことを中心に支援する。
・観点に沿った内容を挙げられているか。
・要約した形で挙げることが難しければ、まずは関係していると思う箇所を抜き出してみること。
・共通点、相違点というものが理解されているか。

〈気付きを共有するために話し合う〉

T：比較して表にまとめたことをグループで出し合いましょう。発言の仕方はワークシート1に示していますのでそれに沿って進めます。また、話し合いの途中で自分は気付かなかった見方・考え方をシート②にメモしてほしいのです。進行する人は、その時間も考慮してください。

○各グループで、共通点・相違点についての気付きを交流する。

＊教師は机間を巡り進捗を観察、支援する。

○黒板の表組の中に自分たちの考えを板書していく。（挙手→指名）

T：黒板を見て、自分にはなかった見方・考え方についてシート②に追記しましょう。

人工知能との未来／人間と人工知能と創造性

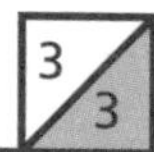

前回の討論などを基にして、「これからの時代に大切なこと」を文章にまとめましょう。

目標

グループで討論したことを基に、二人の筆者の述べていることを再度確かめながら自分の考えを文章にまとめることができる。

評価のポイント

❸本文の表現やグループでの討論を生かしながら「人工知能」に対する自分の考えを書けている。 C(1)エ

❹今回の学習における、言葉にこだわるという国語科学習らしい場面や事柄、学習の調整や試行錯誤を引き出した刺激について意識しようとしている。

準備物 ・下書き欄が付いた、自分の考えをまとめるためのワークシート2 ⊻02 ・要旨例 ⊻03

ワークシート・ICT 等の活用や授業づくりのアイデア

○ワークシート2には、考えを述べるのに「前回の討論内容に触れたり、本文から必要な部分を引用したりする」際の文型を示している。考えを述べやすくするためでもあり、討論が本文から離れて独り歩きしていなかったかを確認させるためでもある。

1 導入（学習の見通しをもつ）

〈前時を振り返り今日の目標を確かめる〉

T：前回は二つの論説文を比較し、共通点・相違点についてグループで討論をしました。今日は「これからの時代に大切なこと」と題して、あなた自身の考えをまとめてみましょう。前回の討論を基にします。また、討論の論点がずれていなかったか本文も確かめながら書きましょう。

2 展開

〈自分の考えを整理する〉

T：配布されたワークシート2を見てください。留意点を挙げます。

・A どんな時代になるか、B そんな時代に大切なこと、自分はどうするか、二つの観点から下書きをします。

・前回の討論の内容や、本文を使う場合の文型を示しています。必須ではありませんから、他の書き方も試してよいですよ。

・その上で、◎が打たれた用紙に清書をします。300字でまとめましょう。質問がなければ、A 並びに B へ下書きを始めましょう。

＊教師は、机間指導で個別に支援を行う。特に、書けずに困っている生徒には、

・初めから文章化をねらわず、書きたい使いたい単語等を書き出してみる

3 終末（学習を振り返る）

〈学習の成果や課題を振り返る〉

T：今回の学習を振り返り、成果や課題を挙げてみましょう。観点は次の二つとします。

・言葉にこだわって活動できたのは、どんな点か。

・学習を進めるうえで「刺激」になったのは、どのようなことか。

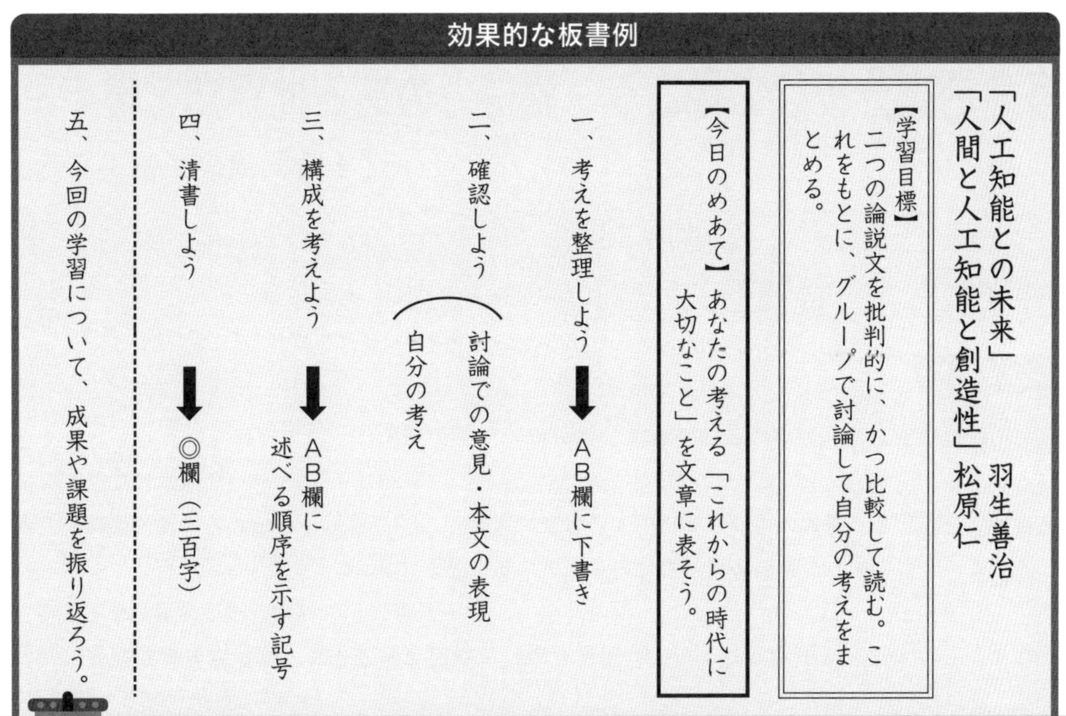

ことから始めてはどうか。

・ワークシート１を見直し印象に残っていることを書き出してみる。

・結局、今の時点で人工知能や未来に対して、どんな感じを受けるか。そこから書き出し、その感覚を引き出した表現や発言を補ってはどうか。

などの声掛けを行う。

T：手を止めましょう。途中ですが、いくつか確認しましょう。次のことを確かめましょう。

・「A どんな時代になるか」「B そんな時代に大切なこと、自分はどうするか」それぞれ、思い付きの独りよがりな文章になっていないか。友達との討論や本文にあることが生かされているか。

・逆に、討論や本文にあることをなぞるだけで、自分はどう考えるのかが見当たらなかったりしないか。

では、続けましょう。

＊教師は、上の確認も終えた生徒に対しては、清書に向けて文章構成を考え始めるよう指示をする。

〈自分の考えを伝わりやすいようにまとめる〉

T：下書きができましたね。では、清書に向けて構成を考えましょう。AB をそのままの順序で書き写すだけでなく、例えば

羽生氏の言葉を引用→自分の考え、

（また、さらに、一方）

討論で知った新たな見方→自分の考え

など、相手に伝わりやすい構成を考えてみましょう。AB の欄に、そのための書き込みをしてください。その上で清書にうつります。

○記号など書き込みの仕方をはじめ、伝わりやすくなったかの実際について、他の生徒と話し合いながら作業に取り組む。

＊教師は机間を巡り進捗を観察、支援する。

T：構成について考えが定まった人から、清書を始めましょう。

5 自らの考えを
多角的に分析して書こう―説得力のある批評文を書く―
（4時間扱い／書くこと）

指導事項：〔知技〕(2)ア 〔思判表〕B(1)イ、ウ
言語活動例：関心のある事柄について批評するなど、自分の考えを書く。

単元の目標

(1)具体的な事実とそれがもつ価値を客観的に分析し、その関係について理解を深めることができる。 〔知識及び技能〕(2)ア

(2)批評文を通して、対象の持つ価値に対する自分の考えが多様な読み手に伝わる論理の展開や文章の構成、表現の仕方や資料の引用の仕方を工夫することができる。
〔思考力、判断力、表現力等〕B(1)イ、ウ

(3)言葉がもつ価値を認識するとともに、読書を通して自己を向上させ、我が国の言語文化に関わり、思いや考えを伝え合おうとする。 「学びに向かう力、人間性等」

単元の構想

〈単元で育てたい資質・能力／働かせたい見方・考え方〉

本単元では、説得力のある批評文を書くという活動設定で、①対象とする事柄に適した観点を設定し、多角的な問いを基に的確に分析する力、②考えが読み手に伝わる「表現の工夫」「資料の引用」「構成・展開の工夫」を身に付けさせる。今回は批評文という形だが、①②は様々な形の文章または口頭で自らの考えを相手に伝える際に欠かすことのできない力である。

〈教材・題材の特徴〉

本教材は、説得力のある批評文を書くために必要なプロセスを、具体的なモデルを用いて丁寧に示している。批評の対象である広告は、生徒にとって身近で、しかも、構成要素がそれほど多くないため観点を設定することが難しくなく、分析のプロセスを身に付けさせる入り口として適切である。また、批評文のモデルとポイントが挙げられているため、それらとその他の既習事項とを想起しながら説得力を支える要素について考えを深めることができる教材である。

〈主体的・対話的で深い学びの視点からの授業改善ポイント／言語活動の工夫〉

「私が好きな○○のもつ魅力・価値をクラスメイト全員に共感してもらう」という批評文の目的を設定することで、生徒の本単元に対する意欲や、具体的な相手意識をもった学習となるよう留意する。「クラスメイト全員に納得させる」ということ自体は不可能だろうが、どのようにしたらより多くの相手に共感してもらえるか生徒は試行錯誤を重ねるであろう。また、教科書で示されているモデルに対する評価を述べあったり、対象に対して設定した観点や立てた問いを紹介し合った

り、書いた批評文を観点に基づいて相互評価させたりすることで、的確な分析の仕方や説得力を支える要素について生徒が考えを拡大・深化させる手立てとしたい。

単元計画

時	学習活動	学習内容	評価
1	1．学習の見通しをもつ。 2．教科書の分析の例を基に、観点の設定の仕方、問いの立て方について考える。	○「私が好きな○○の持つ魅力・価値をクラスメイト全員に共感してもらう」 ○「あなたは広告を見てどのようなことを考えただろう」「他に着目できる点は無いだろうか」問いの観点の分析、自分の考えとの比較	❶
2	3．批評の対象を選び、観点を設定し、問いと自分なりの答えをもつ。 4．グループで紹介し合い、視野を広げる。 5．引用する資料を探す。	○観点の設定例を参考にする。 ○受け手の印象や知りたいと感じたことを伝え合う。 ○自分が最も伝えたいこと、受け手の意見を材料に批評文の軸を決め、それを支える資料を探す。	❶ ❷❸
3	6．教材文を分析する。 7．批評文を書く。	○「この文章で広告のもつ価値に共感できたか」理由を説明する。	❶ ❷❸
4	8．批評文をペアで相互評価する。 9．全体で共有する。 10．批評文を推敲する。 11．学びを振り返る。	○魅力・価値に共感させる「多角的な分析」「表現の工夫」「構成・展開」「資料の引用」 ○電子黒板に提示して説明する。	❶ ❷ ❸

評価規準

知識・技能	思考・判断・表現	主体的に学習に取り組む態度
❶具体的な事実とそれがもつ価値を客観的に分析し、その関係について理解を深めようとしている。　(2)ア	❷「書くこと」において、批評文を通して、対象の持つ価値に対する自分の考えが多様な読み手に伝わる論理の展開や文章の構成、表現の仕方や資料の引用の仕方を工夫しようとしている。　B(1)イ、ウ	❸読み手に魅力や価値を納得させるという目的を意識し、説得力を生み出そうと工夫して粘り強く推敲し、学習の見通しをもって批評文を書こうとしている。

〈指導と評価の一体化を図る見取りのポイント〉

批評の軸となる分析は多角的で深いものでなければならないが、それがしっかりと「魅力・価値」へとつながるものになっているかという点に最も留意して評価したい。また、完成した批評文の具体はもちろん評価対象だが、説得力を生み出すためにどのように工夫しようとしたのかという意図を言語化させ、振り返りをさせることも重要だと考える。

多角的に分析して書こう

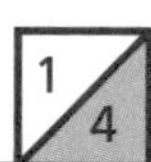

主発問　**あなたはどのような点に疑問をもち、どのように考えるでしょう。**

目標

題材例の広告の分析を通して、対象の価値を分析する際の見方・考え方を広げることができる。

評価のポイント

❶多様な事実に着眼し、その事実がもつ効果について多面的・多角的に記述している。　(2)ア

❸自分の考えに共感してもらうための工夫とその効果に対する考えを、学び合いを通して広げようとしている。

準備物　・広告プリント（拡大したもの）

ワークシート・ICT 等の活用や授業づくりのアイデア

○教科書の広告を拡大したものをプリントにする。

＊教科書の「分析する」等の先入観が無い状態で広告を観察させるため、教科書は見せず、写真とキャッチコピーの文のみ掲載するのがよい。

1　導入（学習の見通しをもつ）

〈単元のゴールを確認する〉

T：この単元の学習では、「私が好きな○○のもつ魅力・価値をクラスメイト全員に共感してもらう」ことを目指して、批評文を書きます。今日はそのために、対象をどのような観点で分析すればよいのか皆で考えていきましょう。

○学習目標、今日のめあてを確認する。

2　展開

〈広告を見て考えたこと・感じたことを出し合う〉

○電子黒板に広告を提示し、同じ内容のプリントを配付する。

T：分析する前に、まずはこの広告をじっくり見てみましょう。この広告からどのようなメッセージを感じますか。

○広告を観察する

○考えをノートに書く。

○全体で共有する。

・自分の身の回りにも、もしかしたらいろいろなことを教えてくれるありがたい存在がいるのかもしれません。

・自分自身も知らないうちに誰かに何かを教えていることもあるのかもしれません。

T：なるほど。そのようなメッセージをこの広告から皆さんは感じ取ったのですね。

3　終末（学習を振り返る）

〈級友の見方・考え方を評価する〉

T：この時間を通して、「この人のこんな見方・考え方がすごい」と感じたことをノートにまとめましょう。

○ノートに考えをまとめる。

○全体で共有する。

効果的な板書例

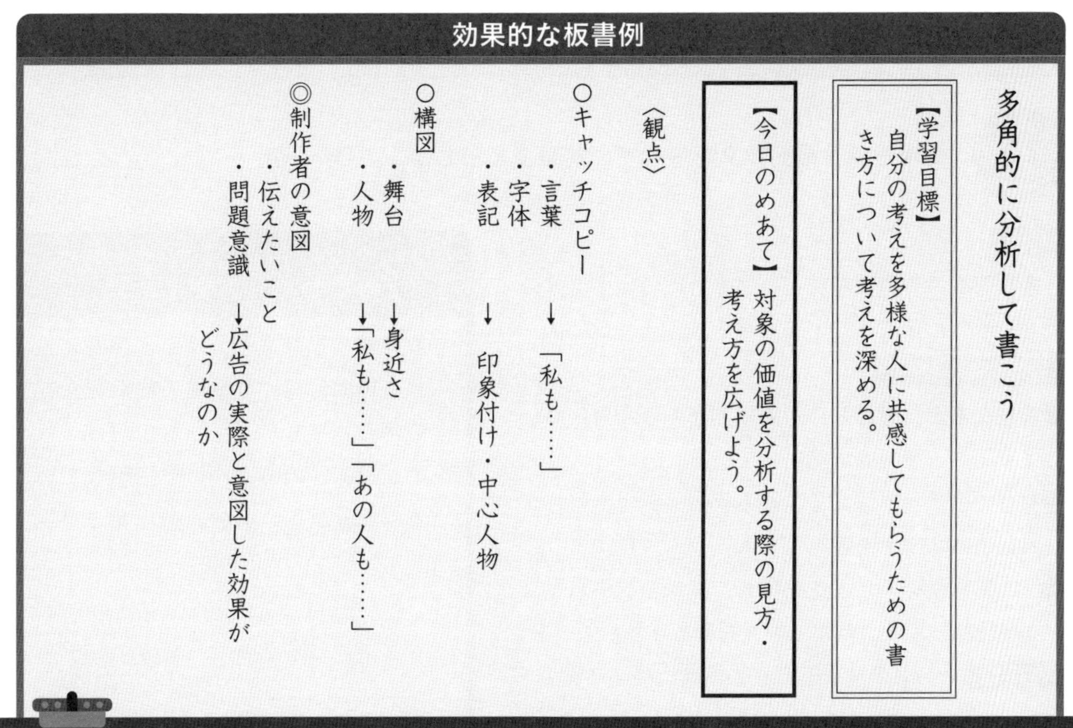

〈広告の中にあるメッセージを生み出している要素を見付けて分析する〉

T：では、具体的に広告のどのようなところから、そのメッセージを受け取ったのでしょう。教科書ではどのような観点に着目しているか見てみましょう。

○教科書 p.131　②分析する」を確認する。

T：教科書では目に見える要素として「キャッチコピー」「構図」に着目しているね。他にあなたが気付いたことはないですか。

○気付きを書き出す。

○全体で共有する。

・写っている人物

・キャッチコピーの字体・ふきだし

T：それらの様子をよく観察してみると、「なぜこうなっているのかな」と疑問に感じることがあるはずです。例えば、教科書では……などと、問いを立てて自分なりに答えを出しています。そうすることで、広告の工夫とその効果、つまり広告がもつ価値について考えを深めることができそうですね。

〈問いの設定と自分なりの答えを考える〉

T：教科書を参考にし、自分なりに問いと答えを書き出してみましょう。あなたはどのような点に疑問をもちどのように考えるでしょう。

○問いと答えを書き出す。

・右端の高校生はなぜ選ばれたのか。
→大人だけが「せんせい」になるのではない。「あなたも」が強調される。

・作り手にはどのような問題意識があったのだろう。
→人々のつながりの希薄さ。お互いの存在価値の一例が学び合い。周囲に目を向けて！

○ペアで紹介し合い、感想や他の考え方を述べ合う。全体で共有する。

＊全体で共有する際、生徒の問いの着眼点を「○○の面」とラベリングして価値付けすることで、分析の観点が具体化する。

多角的に分析して書こう

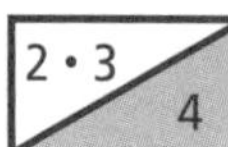

主発問　**あなたはこの批評文を読んで、共感できましたか。（第３時）**

目標

多様な読み手の共感を生む書き方について自分の考えをもち、伝えることができる。

評価のポイント

❶多様な事実に着眼し、その事実がもつ効果について多面的・多角的に記述している。　(2)ア

❷教材文の分析を通して、読み手の共感を生む書き方について考えを述べている。　B(1)イ、ウ

❸「共感を生む」ことを目指し、他者のアドバイスを積極的に取り入れて批評文を書こうとしている。

準備物　・ICT 端末等資料の検索に使える機器

ワークシート・ICT 等の活用や授業づくりのアイデア

○教科書の批評文を分析し、評価を述べる場面では、電子黒板に批評文を提示し、指し示しながら説明させることで、どの点について説明しているのか分かりやすくなる。（第３時）

1　導入（学習の見通しをもつ）

【第２時】

〈学習の流れを確認し、見通しをもつ〉

T：今日は皆さんが選んできた「好きなもの」のもつ魅力や価値に共感してもらうためにどのような内容を取り上げたらよいか考えましょう。

＊前時の終わりに批評文の対象を選んでおくよう指示しておくとよい。

2　展開

〈対象を分析し、批評文のねらいと取り上げる根拠を選ぶ〉

○対象を分析し、気付いた特徴やその意味・価値を書き出す。

＊教科書 p.131の分析例や前時のノートを参考にするよう指示する。

T：次に、自分が最も伝えたい魅力や価値はどんなところなのか決めます。その上で、先ほど書き出した特徴から根拠として挙げる内容を選びましょう。

○最も伝えたい内容、根拠に挙げる内容を選ぶ。

＊教科書の例と同じように、二つの特徴を根拠として取り上げるよう指示する。

〈グループで紹介し合い視野を広げる〉

T：グループで「最も伝えたい魅力・価値」「根拠として取り上げる特徴」について紹介し合います。聞き手は、根

3　終末（学習を振り返る）

〈批評文に取り入れたい工夫について考えをまとめる〉

T：前時のグループからのアドバイスや皆の教材文の分析を聞いて、自分の批評文に取り入れたいと思ったことについてノートにまとめましょう。

○ノートに考えをまとめる。

○全体で共有する。

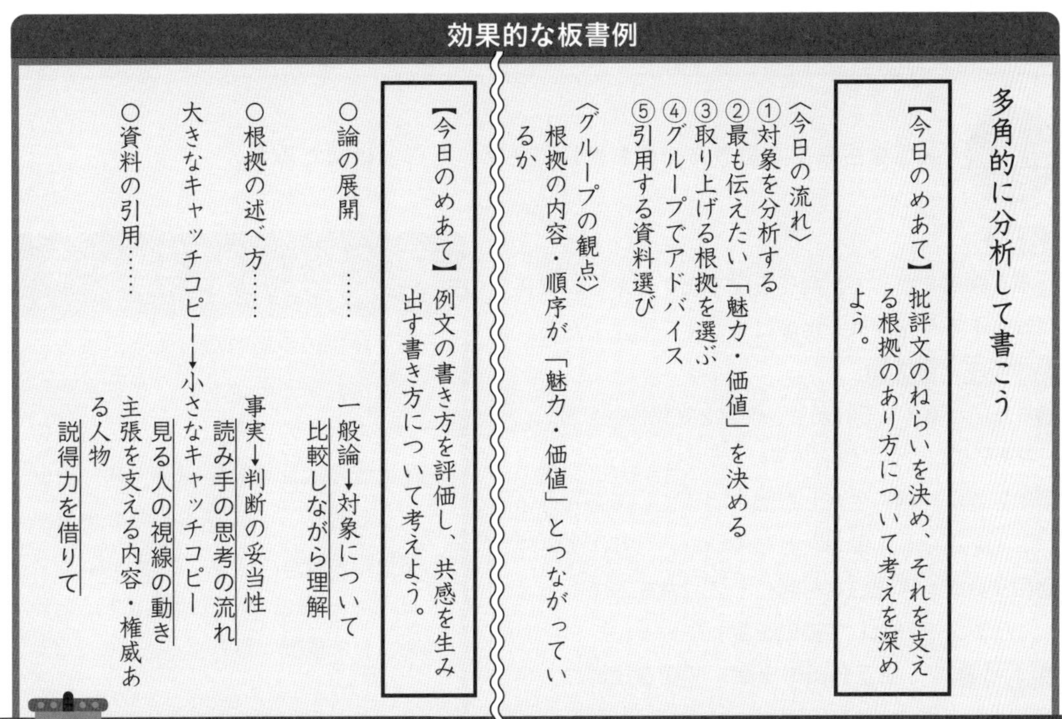

拠が「魅力・価値」としっかりつながっているかに着目して聞き、内容や順序性について率直にアドバイスしましょう。

○グループで紹介・アドバイスを述べ合う。

＊根拠の内容・順序の両面が文章のねらいに応じたものになっているか吟味させたい。

〈グループでもらったアドバイスを材料に、実際に挙げる根拠と引用する資料等を決定する〉

＊引用する資料は「伝えたい魅力・価値」への共感を生むような情報を探すよう指示する。方向性は机間指導で適切に指導したい。

【第３時】

〈教科書の批評文例を分析する〉

T：教科書 p.132を開きましょう。今から批評文の例を私が読みます。その際、批評文の書き手が最も伝えたいことはどんなことなのか、そして、それに共感できる書き方になっているか考えながら聞きましょう。

○範読する。

T：書き手が最も伝えたい内容はどんなことでしたか。

・「学び」の形の豊かさです。

・学びはいつでもどこでも実現できる楽しいものだということです。

T：あなたはこの批評文を読んで、このことに共感しましたか。理由を５～７行で書きましょう。

○ノートに考えをまとめる。

○全体で共有する。

・一般的な学びのイメージを先に説明することで、広告のメッセージと比較して理解できる。

・広告の具体的特徴とその効果の述べ方に論理の飛躍がなく、自然である。

＊着眼点、根拠の述べ方、構成・展開など、多様な観点を共有できるよう指名したい。

〈原稿用紙に批評文を書く〉

＊教科書同様、双括型を基本とし、本論の根拠の挙げ方をそれぞれ工夫させることで、共通の土台で評価できるよう留意したい。

多角的に分析して書こう

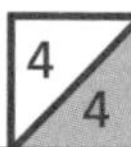

主発問　**共感を生み出す書き方で最も大切だと感じたことは何だろう。**

目標

相互評価を通して、共感を生み出す書き方の工夫について考えを深め、推敲に生かすことができる。

評価のポイント

❶具体的な事実とそれがもつ価値を客観的に分析し、その関係について理解を深めようとしている。　(2)ア

❷客観的な評価を生かし意図を明確にして書き方の工夫を凝らして書こうとしている。　B(1)イ、ウ

❸相互評価を客観的な材料にして、共感してもらえる批評文を目指して推敲を重ねている。

準備物　・相互評価の手順　・観点説明のスライド

ワークシート・ICT 等の活用や授業づくりのアイデア

○相互評価の手順や観点を提示することで、何をどのように、どこまで話せばよいのか明確になり、活動が整理される。活動の時間を十分に確保するためにも、スライドでの提示が効率的である。

＊提示する観点は、教科書 p.133を参考にして整理するとよい。

1　導入（学習の見通しをもつ）

〈今日のめあてと活動の流れを確認する〉

T：今日のめあては「相互評価を通して、共感を生み出す書き方の工夫について考えを深め、推敲に生かそう。」です。めあてにもあるように、今日はペアで批評文を読んでアドバイスを述べ合い、それを材料にして推敲につなげます。あえて厳しくアドバイスしてあげましょう。

2　展開

〈観点と手順を確認し、相互評価をペアで行う〉

T：ペアの手順を説明します。

○電子黒板に手順を提示する。

T：後ほど提示する観点を意識しながら、まずはまっさらな状態でお互いの原稿を読みます。お互いの最も伝えたかったことは何なのか当てましょう。その後、窓側の列の人から、「最も伝えたい魅力や価値」「書き方の意図」を説明します。それを踏まえて、読み手としてどのように感じたか伝えましょう。

T：次に相互評価の観点を説明します。

○電子黒板に観点を提示する。

T：魅力・価値に共感してもらう「多角的な分析」「表現の工夫」「構成・展開」「資料の引用」です。すべての書き方が「共感」につながっているか吟味して具

3　終末（学習を振り返る）

〈単元の学びを振り返る〉

T：共感を生み出す書き方で最も大切だと感じたことは何だろう。ノートに考えをまとめましょう。

○ノートに考えをまとめる。

○全体で共有する。

効果的な板書例

多角的に分析して書こう

【学習目標】
自分の考えを多様な人に共感してもらうための書き方について考えを深める。

【今日のめあて】
相互評価を通して、共感を生み出す書き方の工夫について考えを深め、推敲に生かそう。

多角的な分析 → より多くの人の共感

表現の工夫 → 読み手の「知りたい」をくすぐる
想像のしやすさ　納得感

構成・展開 → 読み手の理解の土台づくり
順を追って納得

資料の引用 → 客観性・一般化

体的にどうしたらよいかアドバイスしましょう。

○相互評価を２回行う。

＊ペアから受けたアドバイスは、原稿に青ペンでメモさせ、その後推敲する際には、消しゴムで消さずに赤ペンで加除修正させることで個の変容を視覚化すると、推敲の理由が明確になり、全体共有の際に効果的になる。

〈アドバイスを基に推敲する〉

T：実際の読み手から貴重な意見がもらえましたね。これを生かして、より共感してもらえる批評文に推敲しましょう。

○赤ペンで推敲する。

〈全体で個の変容を共有する〉

T：何人か紹介してもらいましょう。〇〇さん、原稿を持って前に来てください。

○原稿を撮影し、電子黒板に提示する。

T：まずは推敲前の原稿を読みましょう。

○原稿を音読する。

T：「最も伝えたい魅力」「書き方の意図」を教えてください。

・究極の癒しを生むキャラクター

・癒しを必要とする現代社会について触れた後に、癒しを生み出している要素について説明することで納得感を生む。

T：なるほど。読み手からはどのようなアドバイスをもらいましたか。

・現代社会の説明は効果的だったが、癒しにつながる要素に客観性が足りないということです。

T：それを受けて、どのように推敲したのかな。

・丸いものが人の心を安心させる研究結果を引用しました。

T：ここまでの説明を聞いて、どのように感じましたか。

○感想を述べる。

＊たくさんアドバイスを受けた生徒、モデルと言える生徒の２名程度を指名する。電子黒板に原稿を提示して、指し示しながら説明させることで分かりやすく共有できる。

5 自らの考えを

漢字に親しもう 4 (1時間扱い)

指導事項:〔知技〕(1)ア
言語活動例:新出漢字について理解し、問題を解いて漢字の理解を深める。

単元の目標

(1)学年別漢字配当表に示されている漢字について、文や文章の中で使い慣れることができる。
〔知識及び技能〕(1)ア

(2)言葉がもつ価値を認識するとともに、読書を通して自己を向上させ、我が国の言語文化に関わり、思いや考えを伝え合おうとする。「学びに向かう力、人間性等」

単元の構想

〈単元で育てたい資質・能力/働かせたい見方・考え方〉

新出の漢字を学習する中で、既習の漢字と声符や意符が共通しているかどうか、どのような熟語で使われている字か考えながら学習するような姿勢を育みたい。単なる知識の吸収としてではなく、今後の生活や学習の中で場面に応じて読んだり書いたりできるように、活用場面を意識させるような働きかけをしていきたい。

〈教材・題材の特徴〉

新出の漢字の書き方や音訓を学び、それらを用いた熟語を知ることで、活用できる語彙として身に付けられるように実践的な問題演習まで設定されている教材である。新しく覚えた漢字の知識をすぐに用いることで生徒がもつ語彙を豊かに耕していくことが期待できる。

〈主体的・対話的で深い学びの視点からの授業改善ポイント/言語活動の工夫〉

個人学習が中心となる教材ではあるが、既習の漢字との関連に話題を拡げたり、該当する漢字を含む熟語を出し合ったりするなど、授業内に教室で扱うからこそ行える学習も展開できる。機械的に暗記をさせるのではなく、どの部分が意符で、どの部分が声符かを板書で整理したり、別の部首に替えるとどの漢字になるか考えさせたりするなど、生徒が主体的に関わりながら新出漢字を学んでいけるような教師の働きかけをしていきたい。

単元計画

時	学習活動	学習内容	評価
1	1．新出漢字を確認する。 2．練習問題に取り組む。	◯漢字の音訓、部首、送り仮名などの既習事項を思い出させる。 ・言葉の意味がわからないときは、教科書掲載の資料ページや国語辞典等で調べさせるとよい。 → p.290資「三年生で学習した漢字」 → p.301資「三年生で学習した音訓」 → p.302資「常用漢字表」	❶❷

評価規準

知識・技能	主体的に学習に取り組む態度
❶学年別漢字配当表に示されている漢字について、文や文章の中で使い慣れている。 (1)ア	❷言葉がもつ価値を認識し、進んで漢字を読んだり書いたりするなどして、言語文化に関わろうとしている。

〈指導と評価の一体化を図る見取りのポイント〉

言語に関する領域の学習では、日常の言葉について理解を深め、言葉に関心をもたせるようにしていくことを目指したい。単に熟語が読める、という段階に留まるのではなく、どのような組み立てから成り立っている熟語なのか、どのような語源があるのか、など日常的に言葉に対して関心をもてるような生徒の育成を目指したいものである。

ここでは、新出漢字の部首や音訓、その漢字を用いた熟語について知ろうとしたり、新出の漢字を進んで読んだり書いたりしている生徒の姿を「概ね満足できる状況」として設定している。

漢字に親しもう 4

主発問 **新出漢字を確実に使っていけるようになりましょう。**

目標

・新出漢字について学習しながら漢字に対する理解を深め、言語文化への関心を高めることができる。

評価のポイント

❶学年別漢字配当表に示されている漢字について、文や文章の中で使い慣れている。 (1)ア

❷言葉がもつ価値を認識し、進んで漢字を読んだり書いたりするなどして、言語文化に関わろうとしている。

準備物 ・特になし

ワークシート・ICT 等の活用や授業づくりのアイデア

・単なる新出漢字の暗記や、問題演習のみで終わらないように、既習の漢字と組み合わせてどのような熟語が作れるか考えさせたり、声符をそのままに意符を入れ替えることで別の漢字になることを確認したりする活動を通じて、生徒の言語文化に関する興味を引き出すような手立てを講じたい。

1 導入（学習の見通しをもつ）

T：今回の授業は、新出漢字について中心に学習していきます。

2 展開

〈新出漢字の確認をする〉

T：それでは、新出漢字の書き方、読みの確認をしていきましょう。まずは書き方の確認からです。書き順も意識しながら、板書に合わせながらノートに練習しましょう。

T：練習ができたら、この漢字を使った例文を作って書いてみましょう。

〈練習問題に取り組む〉

T：教科書 p.134にある練習問題に取り組みましょう。

＊はじめは何も調べずに取り組み、最後まで進んでから、最初に戻って辞書等を用いて自分で調べ直すようにさせると一人学習の経験をさせることができる。

＊机間指導を行いながら、様子を見て個別の配慮が必要な生徒には一緒に問題

3 終末（学習を振り返る）

〈本時のまとめ〉

T：この授業では、新出漢字を学習し、漢字の演習問題にも取り組みました。これからも日頃自分が使う言葉や漢字に意識を向けていってください。

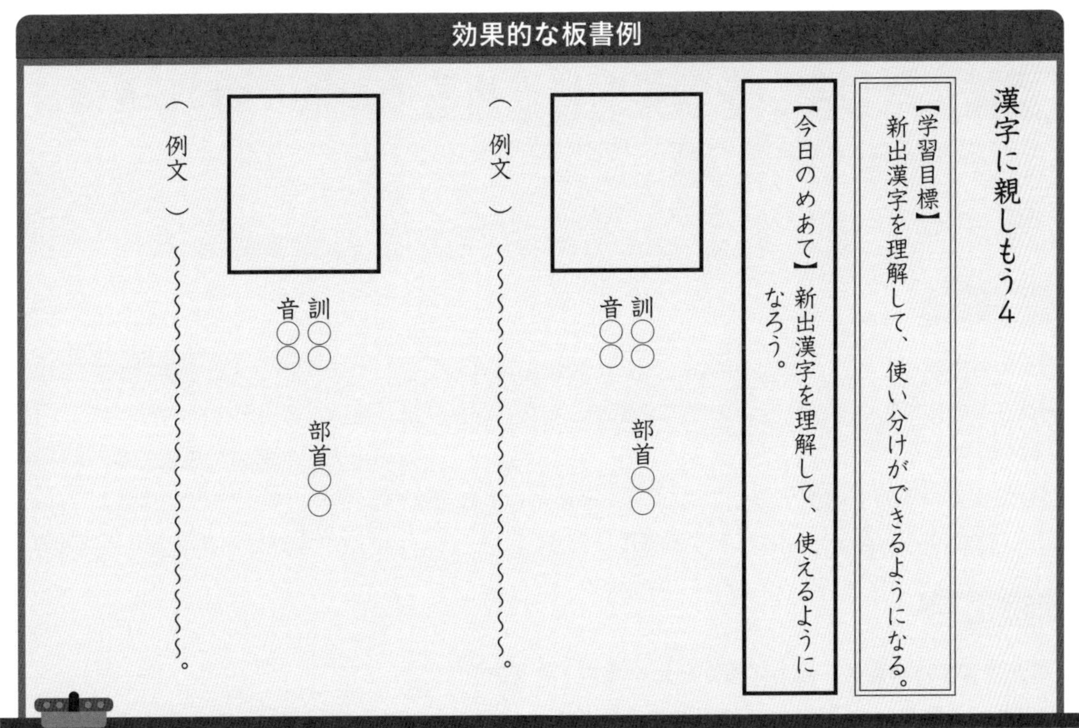

を解いたり、説明を加えたりしていく。

〈全体で解答を確認していく〉

T：それでは、答え合わせをしていきましょう。一人１問ずつ順番に答えていってください。

〈発展的な学習を提示する〉

T：教科書 p.134にある❷の問題をもう少し考えてみましょう。「旋回」と「詠唱」は似たような漢字を続けた熟語。「山麓」と「苦杯」は上の漢字が下の漢字を修飾している熟語。「吉凶」と「緩急」は正反対の漢字を並べた熟語。「募金」と「造幣」は下の漢字が上の漢字の目的語になっている熟語です。それぞれ、他にも熟語がないか、探して紹介し合いましょう。

・似たような漢字を続けた熟語は、他にも「拡張」や「鋼鉄」があります。

・熟語は普通の表現に直すこともできるね。「熱湯」なら「熱い湯」だし、「急行」なら「急いで行く」と置き換えられます。

5 自らの考えを

［議論］話し合いを効果的に進める（1時間扱い／話すこと・聞くこと）

指導事項：〔知技〕(2)ア　〔思判表〕A(1)オ
言語活動例：互いの考えを生かしながら議論や討論をする。

単元の目標

(1)具体と抽象など情報と情報の関係について理解を深めることができる。　〔知識及び技能〕(2)ア
(2)進行の仕方を工夫したり互いの発言を生かしたりしながら話し合い、合意形成に向けて考えを広げたり深めたりすることができる。　〔思考力、判断力、表現力等〕A(1)オ
(3)言葉がもつ価値を認識するとともに、読書を通して自己を向上させ、我が国の言語文化に関わり、思いや考えを伝え合おうとする態度を養う。　「学びに向かう力、人間性等」

単元の構想

〈単元で育てたい資質・能力／働かせたい見方・考え方〉

本単元の重点は、「話合いを効果的に進めるためには、目的に照らし合わせて、論点の整理・順位付けを考えることが必要だ」という考え方を身に付けさせることにある。

「話合い」とは、目的を共有した人々が考えを持ち寄り、互いの考えを材料にして考え合いながら、新たなものの見方や考え方を見いだす営みである。話合いには二つの種類がある。一つは、案を洗い出したり、多様な発想に触れたりしながら考えを広げることを目指す「拡散的な話合い」である。もう一つは、立場の異なる考え方の中から一つを選択したり、合意を形成したりしながら考えをまとめることを目指す「収束的な話合い」である。本単元では、論点の整理・順位付けの在り方・方法を考えることで、収束的な話合いを効果的に進めるための見方・考え方を洗練していく。

〈教材・題材の特徴〉

本単元で中心となる活動は、「論点を整理する」「話合いの展望をもつ」という観点から、話合いを効果的に進める方法について考えることである。題材としては、卒業文集のテーマ設定の在り方・方法について合意形成を目指す話合いの様子が例示されている。

「論点」とは、結論を導くために話合いの中で解決するべき事柄のことである。例えば、「文集のテーマを設定するか、しないか」「テーマの内容を何にするか」「結論をどのように周知するか」のように、参加者の発言を踏まえて、話合いの初期段階で整理する。その上で、「話合いの展望をもつ」ために、「全体に関わる大きな論点から具体的な論点へ」という考え方で、論点を扱う順序を考える。

このように、話合いの進め方を提案するには、「論点を整理する」「話し合う論点の順序を考える」などの段階を踏んで考える必要がある。国語科で大切なのは、今の自分がどの段階について考えているのかを自覚させることである。話合いを俯瞰的に見つめ、効果的な進め方を考えさせることで、実生活における話合いをよりよいものにするための見方・考え方を育むことにつなげたい。

〈主体的・対話的で深い学びの視点からの授業改善ポイント／言語活動の工夫〉

(1)発問・考えの発表によって「論点の整理」を丁寧に行う

本単元では、「論点を整理する」段階で発問を設定し、必要な考え方や方法が身に付くようにする。例えば、「5人の発言内容にはどのような共通点（相違点）があるだろうか」「5人の発言から、いくつの論点が立てられるだろうか」「論点が三つだとしたら、どのような言葉で整理できるだろうか」など、生徒の実態に応じてスモールステップを設定し、発問を投げ掛ける。そして、考えたことを発表し合いながら、個の考えの不足を補い、論点の整理を丁寧に行えるようにする。

(2)「話し合う論点の順序」の理由を考える

「論点の整理」を踏まえて、「話し合う論点の順序」を考える際には、その順序を提案する理由も考えさせたい。教科書にある「全体に関わる大きな論点から、より具体的な論点へ」という考え方と、自分が考えた順序とが同じである理由を言語化し、話し合う順序の提案とともに発表させる。そうすることで、話合いの順序を決める際に必要な見方・考え方を磨くことにつなげたい。

単元計画

時	学習活動	学習内容	評価
1	1．学習の見通しをもつ。	○教科書に例示されている話合いの音声を聞いたり、話合いの内容を活字で確認したりする。	
	2．「論点を整理する」「話合いの展望をもつ」という観点から、話合いを効果的に進める方法を考える。	○話合いの内容について、共通点・相違点を整理する。	❶
		○整理した共通点・相違点を基に、論点を立てる。	
		○整理した論点を基に、「全体にかかわる大きな論点（抽象的な論点）から具体的な論点へ」という考え方で、話し合う順序とその理由を考える。	❷
	3．学習を振り返る。	○「話合いを効果的に進めるためには」という観点で振り返りを書く。	❸

評価規準

知識・技能	思考・判断・表現	主体的に学習に取り組む態度
❶具体と抽象など情報と情報との関係について理解を深めている。 (2)ア	❷「話すこと・聞くこと」において、進行の仕方を工夫したりお互いの発言を生かしたりしながら話し合い、合意形成に向けて考えを広げたり深めたりしている。 A(1)オ	❸積極的に進行の仕方を工夫し、学習したことを生かして効果的な話し合いについて考えようとしている。

〈指導と評価の一体化を図る見取りのポイント〉

話合いを効果的に進めるための提案と、その理由について、自分の考えをノート等に書かせる時間を設定する。自分の考えを書かせることで、音声言語との向き合い方を可視化することができる。また、振り返りを書かせる際には、観点・書き出しの言葉・必ず使ってほしい言葉などを提示し、ねらいに即して、生徒が自らの学びを意味付けられるようにする。

話し合いを効果的に進める

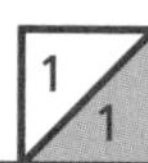

話合いを効果的に進めるには、整理した論点をどのような順序で話し合えばよいでしょうか。

目標

「論点整理」「話合いの順序」の観点から、話合いを効果的に進める方法を考えることができる。

評価のポイント

❶話合いの内容を読み、論点を整理している。(2)ア

❷話合いの目的と整理した論点とを結び付け、根拠を明確にして話合いの順序について考えている。A(1)オ

❸教科書の「上達のポイント」を生かして、論点を整理したり、話合いの順序を考えたりしている。

準備物　・特になし

ワークシート・ICT 等の活用や授業づくりのアイデア

○「論点整理」については、教師がモデルを示し、生徒がその方法を体験できるようにする。

○「話合いの順序」については、生徒一人一人に自分の考えを書かせた上で、隣の席同士で考えを交流させ、順序の意図が明確になるようにする。

1　導入（学習の見通しをもつ）

〈学習の目標と進め方を確認する〉

T：話合いには、「広げる話合い」と、「まとめる話合い」があります。今日は、「まとめる話合い」の方法を学びます。みなさんは、とある話合いの参加者です。話合いを効果的に進めるにはどうしたらよいか、試行錯誤しながら考えていきましょう。

2　展開

〈「論点」とは何かを確認する〉

T：話合いを効果的に進めるには「論点」を整理することが必要です。「論点」とは、結論を導くために話合いの中で解決するべき内容のまとまりのことです。まずは、論点の整理を一緒にやってみましょう。

〈論点整理を実践する〉

T：教科書にある話合いの様子から、論点を三つ立てるとしたら、どのような言葉で整理できるでしょうか。「テーマ」という言葉を必ず使い、ノートに書きましょう。

○自分の考えをノートに書き、発表する。

・テーマ設定の有無

・テーマの内容

・テーマ設定についての結論の伝え方

3　終末（学習を振り返る）

〈振り返りを書く〉

T：今日の学習を振り返ります。文章の書き出しを「話合いを効果的に進めるためには」として、授業を通して考えたことを書きましょう。

○振り返りをノートに書く。

T：次回は、今日の学習を生かして、この学級の中で話合いに挑戦します。

効果的な板書例

話し合いを効果的に進める

【学習目標】
話し合いを効果的に進めるために必要な視点を学ぶ。

【今日のめあて】〈論点〉と〈順序〉に着目し、効果的な話し合いの方法を考えよう。

「話し合い」 考え合う → 新たな見方・考え方
1 広げる
2 まとめる

◎効果的な話し合い
1 〈論点〉の整理
…話し合いの中で解決するべき内容のまとまり
〈例〉・テーマ設定の有無
・テーマの内容
・結論の伝え方
2 話し合う〈順序〉
…「大きな論点」から「具体的な論点」へ
〈例〉①テーマ設定の有無
②テーマの内容
③結論の伝え方
※共通点を切り口に
※話し合いの目的を確認

〈話合いの順序とその理由を考える〉

T：教科書には、「全体に関わる大きな論点から、より具体的な論点へと話合いを進めるように意識する」とあります。では、この卒業文集制作委員会の話合いを効果的に進めるには、整理した論点をどのような順序で話し合えばよいでしょうか。自分が考えた順序とその理由をノートに書きましょう。

○自分の考えをノートに書き、発表する。

・①「テーマ設定の有無」、②「テーマの内容」、③「結論の伝え方」という順序で話し合えばよいと思います。「結論の伝え方」の前に、テーマの設定についての結論を出した方がよいと思います。発言した５人の中で４人が「テーマ設定の有無」や「テーマの内容」について話しています。共通点が見えるところから解決していくべきです。

T：今の発表とは違う順序を考えた人はいますか。

・①「テーマの内容の案」、②「テーマ設定の有無」、③「テーマの内容（設定有の場合)」、④「結論の伝え方」という順序を考えました。テーマの内容の候補がいくつかあると、テーマ設定の有無を考える材料になると思います。

T：大きな流れは似ているけれど、より解決しやすいように論点をさらに分けたのですね。

＊話合いの順序の意図を明確にするために、その順序を考えた理由を具体的に説明させたい。

〈話合いの進め方を提案する〉

T：ここまで考えてきたことを材料にして、卒業文集制作委員会の一員になりきり、話合いの進め方を提案しましょう。

・論点を整理しませんか。５人の話を聞いていて、三つくらい論点があると思いました。

・まずは、テーマ設定の有無と、テーマの内容について話し合いませんか。その結論が出たら、みんなへの伝え方を考えましょう。

5 自らの考えを

合意形成に向けて話し合おう―課題解決のために会議を開く―

（4時間扱い／話すこと・聞くこと）

指導事項：〔知技〕(2)ア 〔思判表〕A(1)オ
言語活動例：身近な課題を解決するために、合意を形成しながら話し合う

単元の目標

(1)具体と抽象など情報と情報の関係について理解を深めることができる。 〔知識及び技能〕(2)ア

(2)進行の仕方を工夫したり互いの発言を生かしたりしながら話し合い、合意形成に向けて考えを広げたり深めたりすることができる。 〔思考力、判断力、表現力等〕A(1)オ

(3)言葉がもつ価値を認識するとともに、読書を通して自己を向上させ、我が国の言語文化に関わり、思いや考えを伝え合おうとする態度を養う。 「学びに向かう力、人間性等」

単元の構想

〈単元で育てたい資質・能力／働かせたい見方・考え方〉

本単元では、「合意形成に向けて、互いの考えのよさを引き出したり、観点を設定して比較・検討したりしながら話し合う力」の育成を目指す。「合意形成」とは、互いに納得のいく考えを見いだすことである。そのためには、相手を説得するだけでなく、自分が納得できるように相手の考えを十分に引き出そうとする姿勢を互いにもつことが必要である。また、観点を設定して、互いの考えの比較・検討を重ねることも求められる。互いの考えの接点を探り、新たな考えを見いだす営みを通して、質の高い話合いを実現させるための見方・考え方を磨いていく。

〈教材・題材の特徴〉

本単元の中心となる言語活動は、社会生活の中にある課題を解決するために自分たちが取り組むことについて、合意を形成しながら話し合うことである。教科書では、「①課題の選定・議題の設定」「②解決策の立案」「③合意形成を目指した話合い」「④学習の振り返り」という流れが示されている。特に、上記③については、「提案を分類・整理する」「観点を決めて、提案を検討する」「互いの意見を生かして、合意形成に導く」という話合いの工夫が例示されており、話合いを行う際の手引きや、振り返りの観点として活用することができる。

〈主体的・対話的で深い学びの視点からの授業改善ポイント／言語活動の工夫〉

地域・学校の環境や生徒の実態を踏まえて、生徒が「何とかして解決したい」と思うような課題の提示・議題の設定を工夫したい。また、自分たちの話合いの在り方・方法の成果・課題を考える場面を設定したい。まず、ICT を活用して話合いを録画（録音）する。そして、教科書にある「学習の窓」を踏まえて、効果的な発言を意味付けたり、改善策を考えたりする。

単元計画

時	学習活動	学習内容	評価
1	1．学習の見通しをもつ。 2．地域・学校の課題解決に必要な議題を設定する。 3．議題を基に、解決策の案を洗い出す。	○目標と学習の進め方を確認する。 ○提示された課題・議題を確認する（または、課題を選択し、議題を設定する）。 ○グループ（5～6名）を組み、議題を基に、解決策の案を洗い出す（ブレーンストーミングの活用）。	❶
2	4．洗い出した案を基に、グループごとに話し合う。 5．録画（録音）した話合いを分析し、改善策を考える。	○「相手の考えを十分に引き出す」「観点を設定して、互いの考えの比較・検討を重ねる」という考え方を確認する。 ○グループで合意形成を目指して話し合い、提案する内容を考える（話合いを録画・録音する）。 ○録画（録音）を視聴し、効果的な発言を洗い出して意味付けたり、改善策を考えたりする。	❷❸ ❷❸
3	6．改善策を基に、再度グループごとに話し合う。 7．複数のグループで集まり、互いに提案を説明する。	○改善策を基に、グループで再度話し合い、提案内容と他のグループへの説明方法を考える。 ○複数のグループで集まり、互いの提案を説明し合う（または、学級全体で説明し合う）。	❶❷
4	8．各グループの提案を基に、話し合う。 9．学習を振り返る。	○複数のグループで集まり、取組の内容を決めるために、合意を形成しながら話し合う。 ○話合いの実践・修正を通して考えたことについて振り返りを書く。	❷❸

評価規準

知識・技能	思考・判断・表現	主体的に学習に取り組む態度
❶具体と抽象など情報と情報との関係について理解を深めている。 (2)ア	❷進行の仕方を工夫したりお互いの発言を生かしたりしながら話し合い、合意形成に向けて考えを広げたり深めたりしている。 A(1)オ	❸積極的に進行の仕方を工夫し、学習したことを生かして効果的な話合いについて考えようとしている。

〈指導と評価の一体化を図る見取りのポイント〉

(1) ICT を活用して話合いの様子を撮影・保存し、「相手の考えを十分に引き出す」「観点を設定して、互いの考えの比較・検討を重ねる」ことをどのように実践しているのかを分析する。

(2)話合いの分析では書く活動を設定し、話合いの在り方や方法を考える際に、言葉による見方・考え方をどのように働かせているのかを分析する。

(3)一単位時間の振り返りの文章を蓄積し、話合いの実践の場面だけではなく、その前後の過程における、生徒の取組や考え方の変化を分析する。

合意形成に向けて話し合おう

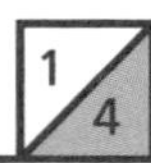

主発問 **お互いの考えには、どのような共通点や相違点がありますか。**

目標

話合いの議題に対して、自分の考えを洗い出し、互いの考えの共通点や相違点を整理することができる。

評価のポイント

❶話合いの議題に対して、互いの考えを伝え合い、共通点や相違点を考えている。 (2)ア

準備物 ・付箋 ・模造紙 ・太い色ペン（黒・赤・青）

※5～6人一班でブレーンストーミング・KJ 法を行えるように、必要な数を準備する。

ワークシート・ICT 等の活用や授業づくりのアイデア

○合意形成に必要な方法を一人一人が実践できるように、本案では、班ごとの話合いに重点を置いて学習を進める。

○話合いに十分な時間を割くために、本案では、生徒の実態や実生活に即して話合いの課題・議題を教師が設定する（例：「卒業前に解決したい○○中学校の課題」と題したアンケートを実施し、その中から選択する）。

1 導入（学習の見通しをもつ）

〈学習の目標を確認する〉

T：教科書 p.135では「まとめる話合い」の効果的な進め方を学習しました。話合いで考えをまとめることを「合意形成」と言います。今日からの学習では、この学校のとある課題の解決策を話合いで考えます。互いの考えのよさを生かして、合意を形成するための考え方や方法を学びましょう。

2 展開

〈話合いの課題・論題を確認する〉

T：「卒業前に解決したい○○中学校の課題」というアンケートの中に、このような課題がありました。

＊取り上げる【課題】を下記のように提示する（スライド等）。

“【課題】学校図書館を利用する人が少ない”

＊アンケートで上記の【課題】を挙げた生徒に「その課題を解決することに、どのようなよさがあるのか」を語らせ、課題意識を共有できるようにしたい。

＊【課題】を解決するための【議題】を下記のように提示する（スライド等）。

“【議題】学校図書館をよりよい場所にするために、3年生としてできること”

T：まずは、この議題に対して互いのアイデアを出し合い、整理しましょう。

3 終末（学習を振り返る）

〈次時への見通しをもつ〉

T：今日は、互いにアイデアを出し合い、共通点と相違点を整理しました。次回は、「学校図書館をよりよい場所にするために、3年生としてできること」として取り組むことを、各班で一つにまとめます。班ごとに作った模造紙を考える材料にして、話合いを進めましょう。

効果的な板書例

合意形成に向けて話し合おう

【学習目標】
互いの考えを生かしながら、合意形成に向けて話し合う。

【今日のめあて】
議題に対するアイデアを洗い出し、共通点と相違点を考えよう。

「合意形成」…互いの考えを生かして、納得のいく結論を見いだす

＊　スライドの例（電子黒板等を活用）

卒業前に解決したい○○中学校の課題
「学校図書館を利用する人が少ない」
↓
学校図書館をよりよい場所にするために、３年生としてできること

ブレーンストーミング
－アイデアの洗い出し－
① 一つの付箋に一つのアイデア
② 短い言葉で
③ 右下に自分の名前

ＫＪ法
－アイデアの整理－
① 共通点がある付箋を集める
② 赤ペンで囲む
③ 青ペンで見出しを付ける
④ １枚のままの付箋もＯＫ

〈ブレーンストーミングで考えを洗い出す〉

T：自分のアイデアを付箋に書きます。書くときは、次のことをきまりにします。
①一つの付箋には一つのアイデアだけを書く。
②文章ではなく、短い言葉で書く。
③付箋の右下に自分の名前を書く。
ここでは、質よりも量が大切です。思いついたことを次々と書き出しましょう。
○議題に対する考えを付箋に書き出す。
T：互いのアイデアを共有します。付箋に書いた短い言葉を基に、自分のアイデアを班の人に説明しましょう。共有は次のように進めます。
①一人が１枚の付箋を模造紙に貼る。
②貼った付箋の内容を解説する。
③どんなアイデアも否定せずに聞く。
この流れを一人ずつ順番に繰り返します。手元の付箋がなくなったら終了です。
○班ごとに机を合わせ、付箋を模造紙に貼りながら互いの考えを共有する。

〈KJ 法で互いの考えを整理する〉

T：お互いのアイデアには、どのような共通点や相違点がありますか。次のような進め方で、お互いのアイデアを整理しましょう。
①共通点がある付箋を集めて、並べて貼る。
②付箋の集まりを赤ペンで囲む。
③赤ペンの囲みの共通点が分かるように青ペンで見出しを付ける。
④共通点が見付からない付箋は１枚のまま貼っておく。
どのような共通点があるか、どのような相違点があるかを話し合いながら、班ごとに付箋を整理しましょう。
○班ごとに付箋を整理し、互いの考えの共通点や相違点を考える。
＊「ブレーンストーミング」「KJ 法」という学習用語を活用できるようにしたい。
＊話合いの方法は、スライドで提示したり、A４用紙１枚にまとめて各班に配布したりする。

合意形成に向けて話し合おう

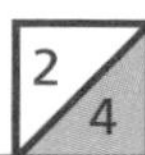

主発問　**「納得のいく結論」に近付くには、話合いの中でどのような工夫が必要ですか。**

目標

話合いの実践と分析を通して、合意形成を導くための話合いの在り方や方法を考えることができる。

評価のポイント

❷話合いを振り返り、実際の発言を例示し、その発言が合意形成を導くと言える理由を説明したり、より効果的な代案を提示したりしている。A(I)オ

❸話合いを振り返り、合意形成を導くための話合いの在り方や方法について言語化しようとしている。

準備物　・前時の模造紙　・ICT 端末　・A 3 用紙

ワークシート・ICT 等の活用や授業づくりのアイデア

○話合いの様子を班ごとに ICT 端末で録画し、その様子を分析することができるようにする。

○ ICT 端末を班ごとに交換し、他班の話合いの様子を分析することで、発言の仕方や進め方の工夫を考えられるようにする。

○本時における話合いの実践・分析を踏まえて、次時に話合いに再挑戦する。

1　導入（学習の見通しをもつ）

〈学習の目標を確認する〉

T：前回は「学校図書館をよりよい場所にするために、3年生としてできること」のアイデアを出し合いました。今日は、班の考えを一つにまとめます。大切なのは「班の全員が納得のいく結論」を見いだすことです。話合いを実践しながら、合意形成に必要な方法を考えていきましょう。

2　展開

〈班ごとに話し合い、提案をまとめる〉

T：この話合いの目的は「学校図書館をよりよい場所にすること」です。そのための取組を班ごとに提案します。前回の授業で班ごとにつくった模造紙を材料にして話し合い、提案とその根拠・意義を紙一枚にまとめましょう。

　話合いで目指すのは「班の全員が納得のいく結論」を見いだすことです。そのために、発言の仕方や進め方を工夫してほしいのです。教科書 p.135で学習したことや、p.139の「学習の窓」にある考え方を意識して、話合いに参加しましょう。

○提案とその根拠・意義をまとめるために班ごとに話し合う（10分程度)。

＊話合いの様子を班ごとに ICT 端末で録画し、共有ドライブ等に保存する。

3　終末（学習を振り返る）

〈振り返りを書く〉

T：今日の授業を通して考えたことをノートに書きましょう。

○振り返りをノートに書く。

〈次時への見通しをもつ〉

T：今日の授業で考えたことを生かして、次回は、班ごとの話合いに再挑戦します。

効果的な板書例

合意形成に向けて話し合おう

【今日のめあて】「納得のいく結論」を見いだす話し合いの方法を考えよう。

○「納得のいく結論」に近付くために

・話し方
事例　＋　理由付け（目的とのつながり）

・聞き方（受け止め方）
根拠・意義（考えの背景）
→共通点・相違点

・比べ方
論点は一つずつ解決

※質問の工夫（お互いに）
相手の考えを掘り下げる・引き出す
相手に新たな考えに気付かせる
→接点を探る

〈他班の話合いの進め方を分析する〉

T：班ごとの話合いを終わります。結論が出ていなくても構いません。
　ここまでの話合いの進め方を振り返ります。隣の班同士でタブレットを交換しましょう。

○班ごとにICT端末を交換する。

T：他の班の話合いを分析します。「納得のいく結論」に近付くための工夫を探し出します。録画を観ながら、発言の仕方や進め方の工夫だと思うことを洗い出し、ノートに箇条書きしましょう。

○班ごとに話合いの録画を視聴し、気付いたことを自分のノートに書く（10分程度）。

T：タブレットを交換した班同士で、ノートに書いたことを伝え合いましょう。片方の班から一人ずつ自分の気付きを紹介します。全員の話が終わったら、もう片方の班が話します。話を聞くときは、色ペンでメモをとりましょう。

○二つの班で集まり、互いの気付きを紹介する。

〈合意形成に必要な話合いの方法を考える〉

T：「納得のいく結論」に近付くには、話合いの中でどのような工夫が必要ですか。他の班から学んだことを材料にして、自分の考えをノートに書きましょう。

○自分の考えをノートに書き、発表する。

・自分の考えを伝えるときには、根拠となる事例を示すだけではなく、その事例が目的の達成につながる理由を具体的に話します。
・相手の考えを聞くときには、提案の内容だけではなく、その根拠・意義を十分に理解した上で、自分との共通点・相違点を考えます。
・互いの考えを比較するときには、「より目的に合っているのは？」「より実現性が高いのは？」などの論点を決め、一つずつ考えます。
・互いの考えの接点を探るには、質問を重ねることが大切だと思う。相手が伝え切れていないことや気付いていないことを引き出すことで、互いの考えやその背景を理解し合えます。

合意形成に向けて話し合おう

「納得のいく結論」を見いだすには、各班の考えをどのように生かしたらよいですか。

目標

各班の考えを踏まえて、学級での合意形成に向けて話合いの進め方の工夫を考えることができる。

評価のポイント

❶各班の考えを聞き、「提案」「根拠・意義」における共通点を考えている。　(2)ア

❷各班の考えを聞き、質問したいことや検討するべきこと、考えの組み合わせ方などを考え、学級での合意形成に向けた見通しを立てている。A(1)オ

準備物　・第1時の模造紙　・発表用紙　・ワークシート①01　・ワークシート②02→ワークシートはA3で出力する。

ワークシート・ICT等の活用や授業づくりのアイデア

○本時では、学級全体での話合いに向けた下準備に取り組むことで、合意形成への見通しをもてるようにする。

○各班の発表内容を整理し、共通点を見いだすためにワークシートに次のような欄を設ける。

①各班の考えを「提案」「根拠・意義」に分けてメモする欄

②各班の考えの共通点を整理する欄

1　導入（学習の見通しをもつ）

〈学習の目標を確認する〉

T：前回は、班ごとに話合いを実践し、「納得のいく結論」を見いだすための話合いの方法を考えました。それを生かして、今日は班ごとの話合いに再挑戦しましょう。そして、まとまった考えを、班の提案として発表します。学級全体での話合いに向けた準備をする時間にしていきましょう。

2　展開

〈班ごとに話し合い、提案をまとめる〉

T：この話合いの目的は「学校図書館をよりよい場所にすること」です。班ごとに提案とその根拠・意義を発表用紙一枚にまとめます。

前回と同じく、「班の全員が納得のいく結論」を目指します。前回のノートを見返しながら、工夫して話合いを前に進めましょう。

○班ごとに話し合い、提案とその根拠・意義を発表用紙にまとめる（15分程度）。

＊発表用紙の表面に提案を、裏面に根拠・意義を書く。

＊班の提案の発表の仕方（何を、どの順序で、どのように伝えるか）も考える。

〈班ごとに考えを発表し、共通点を整理する〉

T：ここからは学級全体で話し合い、

3　終末（学習を振り返る）

〈振り返りを書く〉

T：今日の授業を通して考えたことをノートに書きましょう。

○振り返りをノートに書く。

〈次時への見通しをもつ〉

T：今日の授業で考えたことを生かして、次回は、学級全体で「納得のいく結論」を目指して話し合います。

効果的な板書例

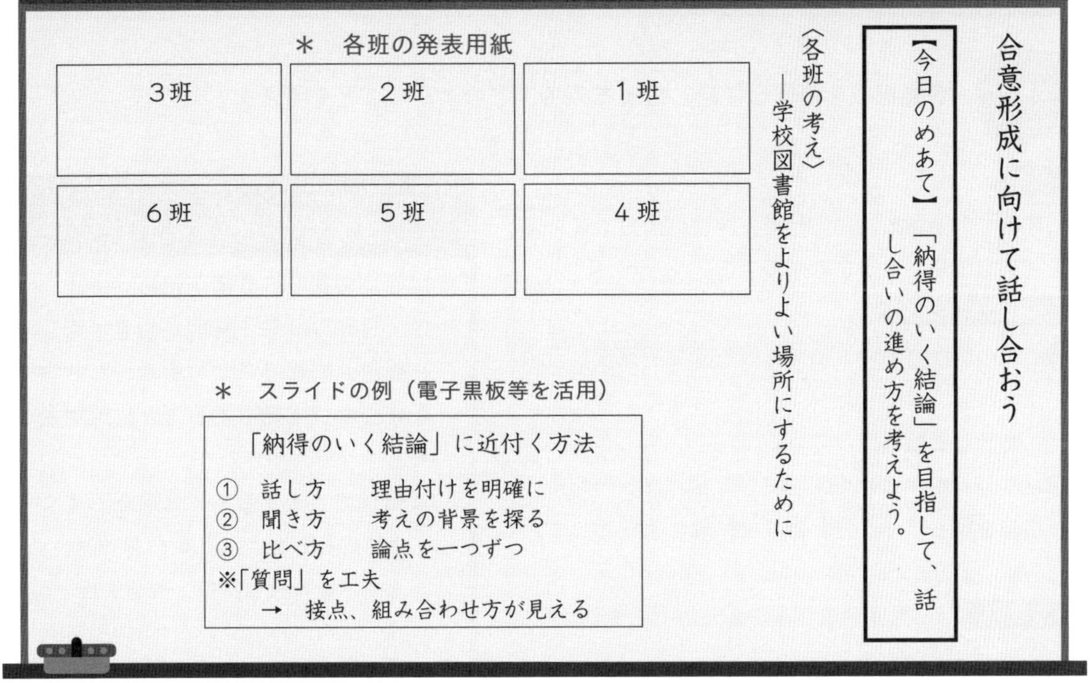

合意形成に向けて話し合おう

【今日のめあて】「納得のいく結論」を目指して、話し合いの進め方を考えよう。

〈各班の考え〉
―学校図書館をよりよい場所にするために

＊　各班の発表用紙

3班	2班	1班
6班	5班	4班

＊　スライドの例（電子黒板等を活用）

「納得のいく結論」に近付く方法
① 話し方　理由付けを明確に
② 聞き方　考えの背景を探る
③ 比べ方　論点を一つずつ
※「質問」を工夫
→ 接点、組み合わせ方が見える

「納得のいく結論」を目指します。一つの班の提案を選ぶのではなく、各班の考えのよさを生かして新たな考え方を見いだすという考え方で話し合いましょう。

まずは、各班の結論を発表し、考えを共有します。発表の内容は、提案とその根拠・意義に分けてワークシート①にメモをとりましょう。

○発表用紙を見せながら、班ごとに考えを発表する（各班２分程度）。

○発表内容をワークシート①にメモする。

＊各班で発表係を決めておく。

＊発表を終えた班は、発表用紙を黒板に貼る。

T：各班の発表内容には、どのような共通点がありますか。ワークシート②に整理しましょう。

○ワークシート①のメモを基に、共通点を見いだし、各班の提案とその根拠・意義を分類・整理する。

＊共通点の見いだし方としてモデルとなるものを全体の場で紹介し、考える材料にさせる。

〈合意を形成するための見通しを立てる〉

T：「納得のいく結論」を見いだすには、各班の考えをどのように生かしたらよいですか。次回の話合いに向けて、班で作戦を立てましょう。

○班ごとに話し合い、学級全体での合意形成への見通しを立てる（10分程度）。

・１班、２班、３班の提案は○○という点で共通していると思います。

・４班と５班の提案は違うものに見えるけど、根拠や意義は△△という点で似ていると思います。

・６班の提案には□□という課題があるけれど、その課題をどうしたら解決できるか、全体に質問してみましょう。

＊各班の発表内容の共通点（直前に一人一人が整理したもの）が考える材料になる。

＊論点を決めて検討したり、他班への質問を考えたり、複数の考えを組み合わせたりするなど、これまでの学習で実践したことを活用できるように働きかける。

合意形成に向けて話し合おう

主発問 **合意形成を目指して話し合ってみて、どのようなことを考えましたか。**

目標

学級での合意形成に向けて、発言の仕方や進め方を工夫して話し合うことができる。

評価のポイント

❷各班の提案とその根拠・意義を分類・整理し、論点を決めて検討したり、互いの考えのよさを生かしたりして話し合っている。 A(1)オ

❸粘り強く相手の考えを理解したり、互いの考えの接点を探ったりして、合意を形成しようとしている。

準備物 ・第3時のワークシート ・発表用紙

ワークシート・ICT 等の活用や授業づくりのアイデア

○話合いの司会は教師が務め、生徒には、考えの分類・整理、観点に即した検討、異なる考えの組み合わせ方などについて発言することに集中させる。

○教師は司会者として、合意を形成するために話し合うべき事柄を「問い」として生徒に投げ掛け、発言を促す。

1 導入（学習の見通しをもつ）

〈学習の目標を確認する〉

T：今日は「学校図書館をよりよい場所にするために、3年生としてできること」という議題について、学級で一つの提案をまとめます。これまでの学習の集大成として、全体で話し合い、「納得のいく結論」を目指しましょう。

2 展開

〈班ごとに話合いの進め方を確認する〉

T：各班で前時の内容を再確認して、全体での話合いに向けてウォーミングアップをしましょう。

○班ごとに前時の内容を確認し、合意形成に向けた見通しをもつ（5分程度）。

＊机間指導を行い、各班の話合いの進め方の案を把握・類別し、話合いで口火を切らせる班や、話合いが停滞したときに発言を促す班を決めておく。

＊全体での話合いでは、司会・記録・指定討論者など、必要に応じて事前に役割分担をしておくとよいが、本案では教師が司会を務めることとする。

〈全体で話し合い、合意形成を目指す〉

T：学校図書館をよりよい場所にするために、3年○組としてどのような取組を提案しますか。各班の考えを生か

3 終末（学習を振り返る）

〈学習成果の活用への見通しをもつ〉

T：今日まで、合意形成を目指す話合いの在り方や方法を考えてきました。話合いを進める力は、人生のあらゆる場面で必要とされます。今回の学習を材料にして、様々な話合いに挑戦し、よりよい話合いの在り方や方法を考え続けてほしいと思います。

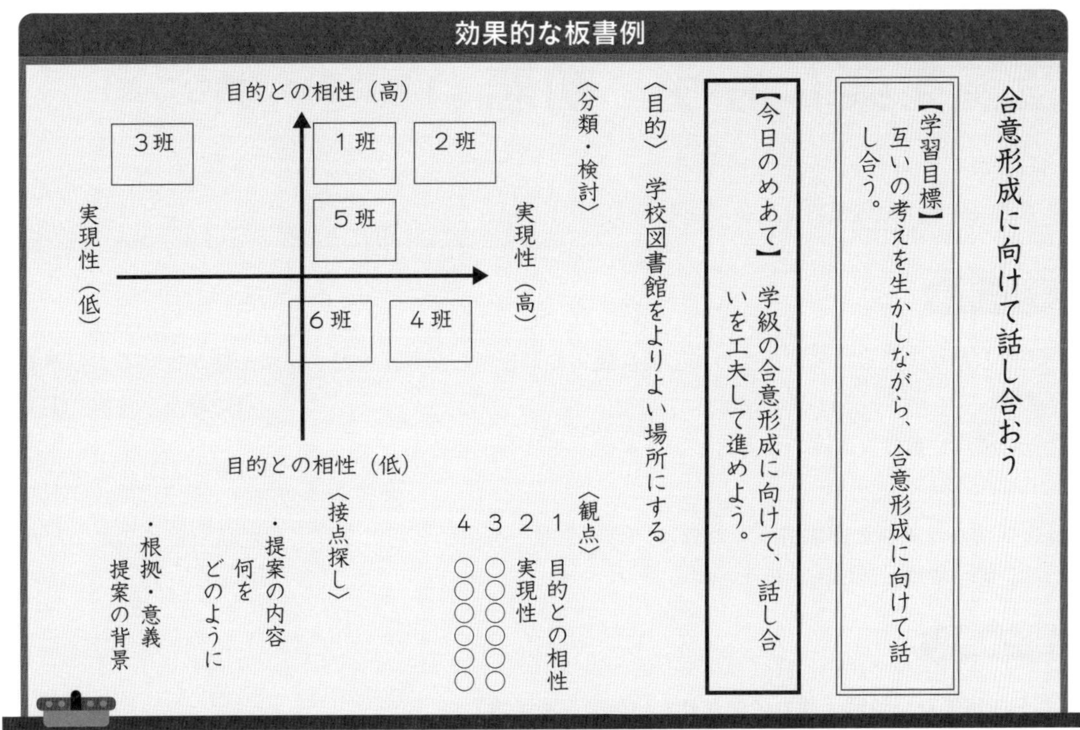

して「納得のいく結論」を目指しましょう。

＊教師が司会を務め、次のような働きかけを行いながら話合いを進める。

①各班の考え（提案とその根拠・意義）に質問はありますか。

②各班の考え（提案とその根拠・意義）には、どのような共通点がありますか。

③より目的に合っているのはどの提案ですか。

④より実現性が高いのはどの提案ですか。

⑤他の班の提案やその根拠・意義のよさを組み合わせる方法はありませんか。

⑥合意できたことを確認しましょう。

⑦考えの対立があるところを確認しましょう。

○班ごとに考えたことや他者の発言を踏まえて自分の考えを述べる（25分程度）。

＊教科書 p.139のように座標軸を活用するなど、話合いの様子を可視化する。

＊完全な合意形成に到達しなくても構わない。

〈合意を形成するために必要なことを考える〉

T：合意形成を目指して話し合ってみて、どのようなことを考えましたか。これまでの学習全体を振り返り、考えたことをノートに書きましょう。振り返りを書くときは、次の二つのことを必ず取り入れます。

①書き出しを「合意を形成するには」とする。

②「例えば」という言葉を必ず使う。

○本単元全体の学習を振り返って考えたことをノートに書き、発表する。

(合意を形成するには)

・主張だけではなく、根拠にも着目して、互いの考えの背景を理解することが必要です。例えば…。

・考えが対立していることを観点として洗い出し、一つずつ検討して、対立を解消していくことが必要です。例えば…。

・相手を説得しようとするのではなく、質問を重ねるなどして、自分が相手の考えを理解しようと歩み寄ることが必要です。例えば…。

5 自らの考えを

音読を楽しもう　初恋（１時間扱い／読むこと）

指導事項：〔知技〕(1)イ　〔思判表〕C(1)ウ
言語活動例：朗読譜を作成して詩を読む。

単元の目標

(1)理解したり表現したりするために必要な語句の量を増し、語感を磨き語彙を豊かにすることができる。　〔知識及び技能〕(1)イ

(2)詩の構成や展開、表現の仕方について評価することができる。　〔思考力、判断力、表現力等〕C(1)ウ

(3)言葉がもつ価値を認識するとともに、読書を通して自己を向上させ、我が国の言語文化に関わり、思いや考えを伝え合おうとする。　「学びに向かう力、人間性等」

単元の構想

〈単元で育てたい資質・能力／働かせたい見方・考え方〉

声に出して読むことを通して、日本語の調子や音の響きの美しさ、楽しさを感じることができるような近代詩の佳品が、各学年で掲げられている。文語で表現されているため、意味がつかみにくいと感じる生徒が多くいよう。半面、「林檎」「花櫛」「白き手」「薄紅」などの言葉からも美しくも儚い印象を、また「ためいき」「恋の盃」などから大人びた甘美な感覚を覚える生徒も少なからずいると思う。そういった情緒が、文語ならではの音の響きや七五調の定型でより艶やかになっていることを体感させたい。言語文化の継承という点からも生徒に触れさせたい作品ばかりである。

〈教材・題材の特徴〉

本教材では、「われ」と「君」との恋の進展が、四連構成で物語のように鮮やかに描かれている。ストレートであるけれども純粋さを失うことなく歌い上げられる「われ」の初恋の思いは、思春期の生徒の共感を呼ぶことであろう。各連では出来事が唐突に語り出されるため、各連の間に時間的な隔たりがあることを知らせ、文脈を補う必要がある。しかし、描かれる場所や人物はすべての連で同じであることに気付けば、起承転結をもって恋心が高まる様子に想像を膨らませることができるだろう。そこから、「林檎」「髪」が暗示的な象徴表現であることを理解させたい。

〈主体的・対話的で深い学びの視点からの授業改善ポイント／言語活動の工夫〉

想像を豊かに膨らませながら読む活動では、表現が含みもつ内容について、教師が先導しながら気付かせる段階と、そういった暗示的な表現そのものから自分たちで考える段階とを設けておきたい。例えば、「髪」という表現が「君」を象徴していることを確認したなら、詩の中でそのような働きをしている表現がないかを問う。また、登場人物は「われ」と「君」で一貫していることを押さえた上で、「では、連ごとの変化はどんなことか」と問い、「君」からの働きかけが描かれ始める進展

や、それに応えたり先行したりするような「われ」の恋心の高まりを生徒たちで読み取らせたい。

単元計画

時	学習活動	学習内容	評価
1	1．題名に対するイメージを話し合い、本教材を読む。	○「初恋」という言葉から直感的に浮かぶ印象やイメージを発言し合う。 ○歴史的仮名遣いの発音や、間の取り方についてメモを取る準備をし、教師による範読または「朗読CD」によって本文を聞く。	
	2．本教材を自ら音読し、言葉の響きやリズムなどを捉える。	○次のような特徴を生徒に示しておく。 ・七五調 ・簡潔な四行書きの四連構成 ・（いくつかの難語句と、その意訳）	
	3．情景や人物の心情について想像し合う。	○どのような印象をもったか、伝え合う。 ○登場する人物について確認し、「髪」という表現は誰を指すのか考える。 ○四連という構成の働きを踏まえ、展開に沿ってどのような変化があるのかを読み取り、伝え合う。 ○「髪」のような象徴表現が他にないか、考える。	❶❷
	4．再び本教材を音読練習し、朗読に近づける。	○これまでの新たな気付きを、音読の仕方にどう生かすか考え、伝え合う。	❸
	5．本時の学習を振り返る。	○個人で練習したり、ペアやグループで交流したりする。 ○「このような理由から、このように読めたらよいと思う」などを記した朗読譜を作成する。	❷

評価規準

知識・技能	思考・判断・表現	主体的に学習に取り組む態度
❶理解したり表現したりするために必要な語句の量を増し、語感を磨き語彙を豊かにしている。 (1)イ	❷「読むこと」において、詩の構成や展開、表現の仕方について評価している。 C(1)ウ	❸進んで語感を磨き、今までの学習を生かして朗読しようとしたり、自分の考えを述べようとしたりしている。

〈指導と評価の一体化を図る見取りのポイント〉

1時間扱いで全員の朗読を評価するのは困難であるため、「朗読譜」の作成から学習の成果や課題を見取るのも一手である。その例を示した。理由も付けるようにしているが、体を使った実際の活動を通しての振り返りであるため、美しい日本語の連鎖を読むことに感じた成果・改善点が中心となってよいことを示したい。

初恋

主発問 **読み取ったことを声にのせるため、詩の朗読譜を作成しましょう**

目標

「このような理由から、このように読めたらいいと思う」を表現した朗読譜を作成することができる。

評価のポイント

❶理解・表現に必要な語句の量を増し、語感を磨き語彙を豊かにしている。 (1)イ

❷連や行、部分ごとに朗読する担当者を代えたり、間の取り方を考えたりと、自分の読みを朗読の仕方で表現している。 C(1)ウ

❸言葉がもつ価値を認識するとともに、我が国の言語文化に関わり、思いや考えを伝え合おうとしている。

準備物 ・詩の全文シート01

ワークシート・ICT 等の活用や授業づくりのアイデア

○学習の振り返りに、今回の指導の成果を凝縮させたい。音読・朗読が活動の主となる学習では「読み方」の工夫への評価が中心になろう。「声の魅力とは？」と問うことを、読み方の工夫等も含めて総合的に、音読・朗読のよさ・楽しさが表出されるような振り返りの項目とした。

1 導入（学習の見通しをもつ）

〈題名に対するイメージから初読へ〉

T：今日の学習の材料は、詩です。「初恋」という題名の詩です。「初恋」という題名から、どんな感情やイメージが直感で浮かびますか？

○様々に発言し合う。

T：なるほど。では、この詩を実際に読んでみましょう。

2 展開

〈特徴を知った上で初読。印象は？〉

T：この詩の特徴を書いておきます。これについて近くの席の人と確かめ合いなさい。その上で読みましょう。

＊次のことを板書する。難語句の意訳は、電子黒板に提示してもよい。

- ・七五調、そのリズム
- ・四行書き × 四連構成（まずここまで板書）
- ・難語句の並びをまとめた意訳

T：詩を実際に読んでの印象を、友達に伝えなさい。

〈朗読譜という目標に向け読みを深める〉

T：この詩をどのように朗読できたら、聞く人の心を動かすか。「朗読譜」を作りましょう。つまり、この詩から皆さんが映像を描けたならば、それに声優さんが声を当てるための台本づくり

3 終末（学習を振り返る）

〈今回の学習の成果と課題を振り返る〉

T：今回の学習を振り返りましょう。観点は「今回の学習であなたが得た『声の魅力』はどのようなことでしょうか？」です。

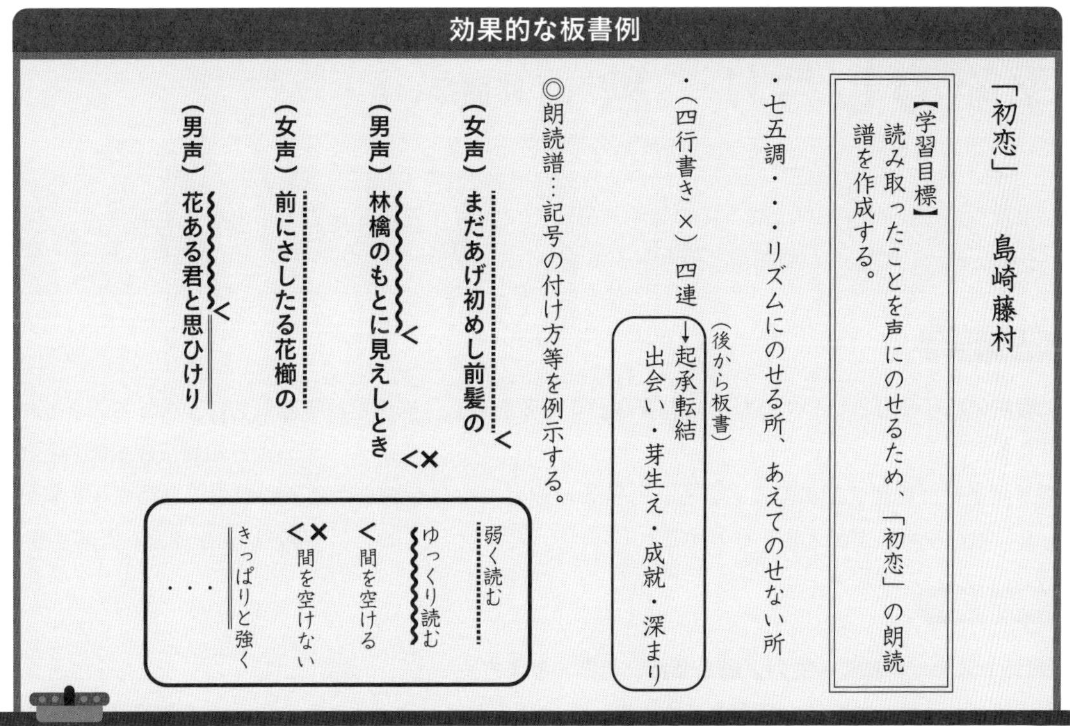

をするのです。まず、これから問うことの答えを教科書に書き入れることから始めてみましょう。

＊教科書への書き込みを引き出す問いは以下の通り。順に、教師と全体とのやりとりで解答を引き出す。

T：登場人物は何人いますか。それぞれ、どのように呼ばれていますか？

・二人、「われ」と「君」です。

T：何度か「髪」が出てきますが、何のことでしょうか、誰のことでしょうか？

・「君」、初恋の相手です。

T：「髪」の他に、何かを象徴的・間接的に表現しているものがありませんか？

・「花櫛」も君の美しさを表しています。

・「林檎」は恋心のことではないでしょうか。

＊三つ目の問いに対する反応には、必要に応じて補足しながら大体を認めたい。肝心なのは、それを朗読にどう生かすかである。

T：この詩は、四連から成ります。四部の構成といえばなんでしょう？

・起承転結です。

T：つまり、この詩は「初恋」の、こんな（板書しながら）起承転結を描いているのですね。

〈個人→グループで朗読譜づくりに取り組む〉

T：では、朗読譜を個人で作成しましょう。ただし…登場するのは二人です。一人二役でなく二人で。どんな人と、どう分担して朗読したらよいかをイメージしながら作ってみてください。

＊教師は朗読譜に使う記号等について、生徒とやりとりしながら板書で示す。その上で自分（たち）特有の記号等を創作してよいことを伝える。

T：作成中の朗読譜を使って、読む練習をしましょう。未完成でもよいのです。途中までの練習で修正点も分かってくるでしょうし、見通しもできるでしょう。近くの人とペアを組み、互いの案に沿って実際に声にして読んでみましょう。ペアを組み合わせてのグループ練習もいいですね。

5 自らの考えを

季節のしおり　秋（1時間扱い）

指導事項：〔知技〕(1)イ
言語活動例：教科書やこれまでの文学作品の中で出合った秋を感じる言葉を「言葉カード」に書き、引用して紹介文を書く。

単元の目標

(1)理解したり表現したりするために必要な語句の量を増し、語感を磨き語彙を豊かにすることができる。　〔知識及び技能〕(1)イ
(2)言葉がもつ価値を認識するとともに、読書を通して自己を向上させ、我が国の言語文化に関わり、思いや考えを伝え合おうとする。　「学びに向かう力、人間性等」

単元の構想

〈単元で育てたい資質・能力／働かせたい見方・考え方〉

伝統的な言葉、抽象的な概念を表す言葉についての理解を深めるとともに、その言葉が表現している情景や情感などを豊かに想像する機会としたい。正誤・適否だけでなく、そこで使われている言葉が醸し出す味わいを感覚的に捉えたり、感じたことを言葉にすることで心を豊かにしたりさせたい。

〈教材・題材の特徴〉

天高く空気が澄み渡る季節にふさわしい作品が散りばめられている。古人も花や月を愛で、心ときめかせたことだろう。季節の移ろいを感じる心には、時を超えて変わらないものがある。初めて出合う言葉や、ものの見方もあるだろう。多様な表現に触れさせることで、言葉との出合いを大切にする態度を養いたい。

このような気象にまつわる言葉や、季節感にあふれた詩歌や散文は春・夏・秋・冬の４箇所に位置付けられている。裏見返しにある「季節の言葉」や「学びて時に之を習ふ」「俳句の可能性」「君待つと」などとも関連付けて取り組みたい。

〈主体的・対話的で深い学びの視点からの授業改善ポイント／言語活動の工夫〉

１年間の学習を通して言葉との出合いを大切にし、話や文章の中で使うことを通して、語感を磨き、語彙を豊かにする取組の一節としたい。そこで、春・夏・秋・冬の「季節のしおり」を帯単元として設定し、日常生活や学習の中で出合った言葉を言葉カードに書きためていくことを通して、継続的に語感を磨き語彙を豊かにする。

既習の文学作品である「握手」や「故郷」にも優れた情景描写がある。今回は文学作品の一部を引用して紹介文を書く言語活動を通して、語感を磨き語彙を豊かにする取組としたい。

単元計画

時	学習活動	学習内容	評価
1	1．学習のねらいや進め方をつかみ、学習の見通しをもつ。	○前回の学習を想起し、気象にまつわる言葉や、季節の情景を詠んだ作品を通して、言葉と出合い、ものの見方・考え方を豊かにする取組の一環であることを確認する。	
	2．心に残った言葉をカードに書き記す。	○文学作品の中で出合った言葉を書きためる。 ○言葉のもつ語感やイメージから浮かぶ情景を書き添える。 ○引用したり、感想を書き添えたりする。 ○カードには、出典を明らかにして書く。	❶ ❷
	3．文学作品の一部を引用して紹介文を書く。	○「言葉カード」を参照して、文学作品の一部を引用し、解説や感想を添えて紹介する。	
	4．学習を振り返り、次時の学習を知る。	○「季節のしおり　冬」では、書きためたカードを編集し、一冊にまとめることを確認する。	

評価規準

知識・技能	主体的に学習に取り組む態度
❶理解したり表現したりするために必要な語句の量を増し、語感を磨き語彙を豊かにしている。(1)イ	❷伝統的な言語文化に関するこれまでの学習を生かして、作品中の「秋」を感じさせる言葉に着目し、情景を想像しようとしている。

〈指導と評価の一体化を図る見取りのポイント〉

作品に用いられている言葉の意味を、文脈に沿って吟味し、言葉が醸し出す味わいを感覚的に捉えたり、感じたことを言葉で表現したりできることが大切である。言葉カードの解説や感想の記述から、言葉のもつ語感や美しいイメージを、情景とともに感じ取っているか、出合った言葉が使えるものになっているかを見取る。

ただし、春・夏・秋・冬の「季節のしおり」を帯単元として設定し、継続的に語感を磨き語彙を豊かにする取組とした場合は、各取組を振り返りながら、形成的に評価を進めていく。

季節のしおり　秋

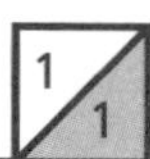

秋にまつわる言葉や作品から秋を感じるとともに、文学作品の一部を引用して紹介文を書きましょう。

目標

理解したり表現したりするために必要な語句の量を増やし、語感を磨き語彙を豊かにすることができる。

評価のポイント

❶理解したり表現したりするために必要な語句の量を増し、語感を磨き語彙を豊かにしている。(1)イ
❷伝統的な言語文化に関するこれまでの学習を生かして、作品中の「秋」を感じさせる言葉に着目し、情景を想像しようとしている。

準備物　・言葉カード01　・紹介文を書くためのワークシート02

ワークシート・ICT 等の活用や授業づくりのアイデア

○春・夏・秋・冬の「季節のしおり」を帯単元として設定し、継続的に語感を磨き、語彙を豊かにする取組とする。そこで、日常生活や学習を通して出合った言葉を「言葉カード」に書きためていき、一冊の『季節のしおり』を編むこととする。今回は文学作品を引用して紹介文を書く。

1　導入（学習の見通しをもつ）

〈学習のねらいや進め方を説明〉

T：「季節のしおり夏」では、心に残った言葉を「言葉カード」に書きためました。
T：今回は秋にまつわる言葉との出合いを通して、ものの見方・考え方を豊かにし、文学作品の一部を引用して、紹介文を書きましょう。

2　展開

〈秋のイメージをもつ〉

T：「秋」をイメージするとき、どのような言葉が浮かびますか。
＊「俳句の可能性」、時候のあいさつ、「枕草子序段」等、既習事項も想起させ、イメージを膨らませたい。

〈音読する〉

T：「季節のしおり秋」には、気象にまつわる言葉や、季節の情景を詠んだ作品が散りばめられています。まずは音読を通して、作品を味わってみましょう。
○範読に続いて音読をする。
＊音読する様子を観察し、読みづらい漢字や初めて出合う言葉について説明する。
T：皆さんが「秋」のイメージとして思い浮かべたように、古人も天高く澄み

3　終末（学習を振り返る）

〈学習を振り返る〉

T：多くの語句を知っているということは、それだけ感じたことや伝えたいことにぴったり合う言葉をもっているということです。「季節のしおり　冬」では、これまでに書きためた「言葉カード」を編集し、オリジナルの『季節のしおり』を作りましょう。

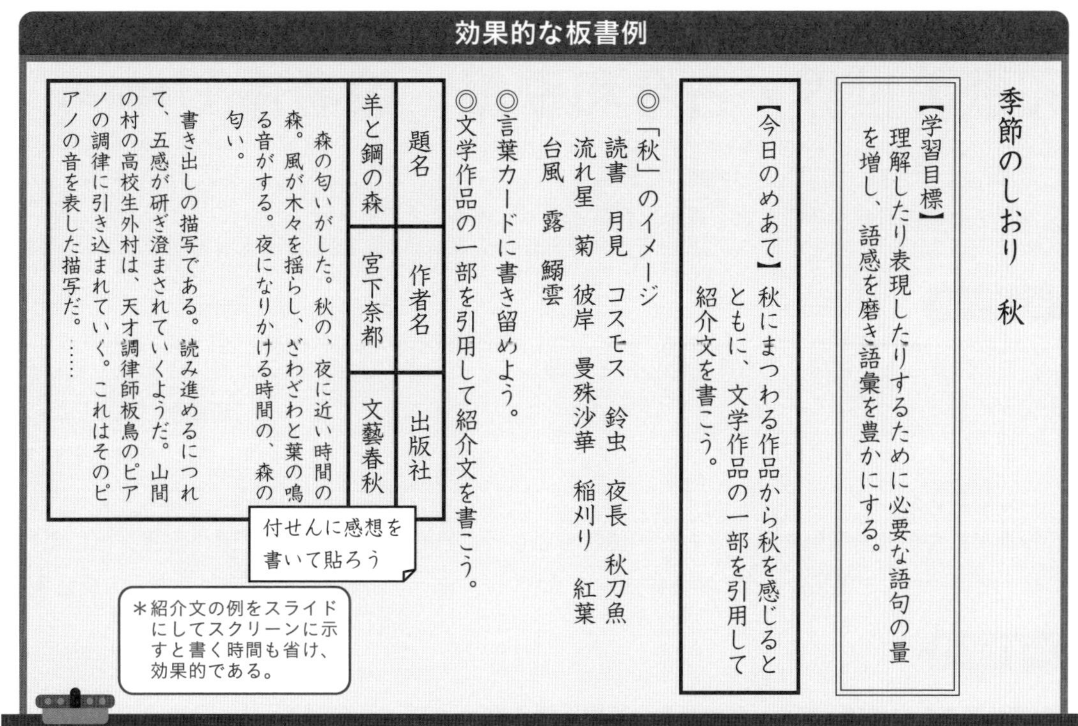

渡る空気に季節の移ろいを感じたことでしょう。そこには、時を超えて変わらないものがあれば、変わるものもありますね。

〈心に残った言葉を「言葉カード」に書く〉

T：「この見方・考え方は鋭い、初めて出合った」と感じる言葉があれば、「言葉カード」に書きためておきましょう。

○生徒が「言葉カード」に記入する様子を机間指導によって支援する。

〈文学作品の一部を引用して紹介文を書く〉

T：今回は「言葉カード」を参照して、文学作品の一部を引用し、感想や解説を添えた紹介文を書きましょう。その際、紹介文を詠んだ人が本を手に取ってみたくなる文章になるように工夫しましょう。

○夏休みに読んだ本や、読書感想文で取り上げた本の印象に残る一節を引用させるのもよい。

＊引用部分を「」でくくるか、前後に行を空けて１、２字下げるなどして、自分の文章と区別させる（教科書 p.245参照）。

＊取り上げた文学作品の文脈の中で、その言葉がどのような意味をもち、効果をもっているのかを説明するよう助言する。

＊教科書の作品だけでなく、日常生活や学習を通して出合った言葉、必要に応じて、本や新聞、インターネット等を活用して出合った言葉も対象とする。

〈紹介文を班で読み合う〉

T：書き上がった紹介文を、班で読み合いましょう。もう少し説明してほしいところや、詳しく感想を述べてほしいところがあればアドバイスし合いましょう。

＊紹介文を読んだ生徒が付箋に感想を書き、次の人に回す形で、「意見の意見」を書いていく。

6 いにしえの心を受け継ぐ
和歌の世界／古今和歌集　仮名序（1時間扱い）

指導事項：〔知技〕(3)ア　〔思判表〕C(1)エ
言語活動例：詩歌や小説などを読み、批評したり、考えたことなどを伝え合ったりする活動。

単元の目標

(1)歴史的背景などに注意して古典を読むことを通して、その世界に親しむことができる。
〔知識及び技能〕(3)ア

(2)文章を読んで考えを広げたり深めたりして、人間、社会、自然などについて、自分の意見をもつことができる。　〔思考力、判断力、表現力等〕C(1)エ

(3)言葉がもつ価値を認識するとともに、読書を通して自己を向上させ、我が国の言語文化に関わり、思いや考えを伝え合おうとする。　「学びに向かう力、人間性等」

単元の構想

〈単元で育てたい資質・能力／働かせたい見方・考え方〉

歴史的背景などに注意して古典を読むことを通して、その世界に親しむこと、そのために、進んで古典の世界に触れ、今までの学習を生かして朗読する機会を大切にしたい。千年以上の時を超えてもなお、現在に伝わる言葉がもつ価値を認識するとともに、我が国の言語文化が悠久の歴史の中で伝わり、さらに現代に生きる我々がその普遍的な思いや考えを伝え合うことの大切さを感じ取らせたい。作品を読んで、いにしえの人々との考えを交流しながら、広げたり深めたりして、人間、社会、自然などについて、自分の意見をもつことができる読みの力を育てていきたい。

〈教材・題材の特徴〉

本教材は、中学３年生の古典教材の導入として「和歌の世界」「音読を楽しもう」と併せて位置付いたものである。「古今和歌集仮名序」には「言葉には人の心を強くつき動かす力がある」という思いが込められており、生徒たちは和歌とともに読み継がれてきたいにしえの人々の考えを感じ取るだろう。中学２年生で学ぶ「枕草子」とは異なる、「古今和歌集」で表出する感性が平安時代では一般的であったことも合わせて学ぶ機会としたい。

〈主体的・対話的で深い学びの視点からの授業改善ポイント／言語活動の工夫〉

「和歌の世界」の三つの和歌集への理解を深め、図版の解説をしながら、次の「君待つと」の単元につなぎたい。「写本」や「写本」に掲載されている和歌、歌人たちの名前や、「新古今和歌集」の「写本」は「君待つと」「新古今和歌集」の「三夕の歌」の部分が掲載されている事も見逃さないようにしたい。「古典名句・名言集」にも、西行法師の歌が載っており、繋がりを説明するときに用いるとよい。「古今和歌集仮名序」では、今までの学習を生かしながら朗読するために、原文と現代語訳を対比して読む工夫をしたい。ペア読み、グループ読み、学級の一斉読みを駆使して、

繰り返し音読、朗読することで自然に語句の切れ目、現代語訳との対応が分かることを目指したい。また、「係り結び」「比喩」などの表現技法がどのような効果を生んでいるかということを、一つの流れとして学習させたい。

単元計画

時	学習活動	学習内容	評価
1	1.「和歌の世界」を通読する。	○三つの和歌集について時代背景や作者、作風などを整理しながら「和歌の世界」を通読する。	❸
	2.「仮名序」の原文と現代語訳を音読する。	○斉読・ペア・グループ・学級・個人などと音読の形式を工夫し、古語独特の響きに親しむ。 ○現代語訳と対照しながら「仮名序」の大まかな内容を捉える。	❸
	3.「仮名序」の特徴的な表現を理解する。	○これまでの古典学習を思い出しながら、歴史的仮名遣いや古典特有の表現に注目する。 ○比喩を用いて述べたり、効果的に対句表現や係り結びなどを用いて表現したりしている、和歌の本質の部分について考える。	❶
	4.特徴的な表現を確認しながら「仮名序」で後世に作者が伝えたかった思いを考える。	○表現が効果的に用いられているところをワークシートにまとめる。 ○「和歌の世界」を読み、「仮名序」を朗読しながら、比喩的な表現技法の効果を確認し、和歌に込めた作者の思いを想像し理解する。	❷
	5.特徴的な表現を生かしながら、「仮名序」を音読する。	○再び斉読・ペア・グループ・学級・個人などと音読の形式を工夫し、古語独特の響きに親しむ。	❸

評価規準

知識・技能	思考・判断・表現	主体的に学習に取り組む態度
❶歴史的背景などに注意して古典を読むことを通して、その世界に親しんでいる。 (3)ア	❷「読むこと」において、文章を読んで考えを広げたり深めたりして、人間、社会、自然などについて、自分の意見をもっている。 C(1)エ	❸進んで古典の世界に親しみ、今までの学習を生かして朗読しようとしている。

〈指導と評価の一体化を図る見取りのポイント〉

現代語や語注などを手がかりに「和歌の世界」「仮名序」を読み、和歌や古人のものの見方や考え方を理解し、そのうえで、自分の知識や経験を結び付けて、考えを広げたり深めたりして、自分の意見を述べさせていくことが大切である。音読、朗読への参加と既習事項を踏まえた表現技法の理解をワークシートなどで確かめることが見取りのポイントである。

和歌の世界

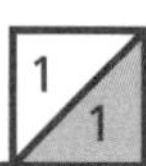

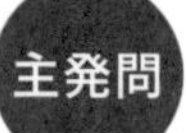

全15首の和歌をペアで１首分担し、和歌に歌われている作者の心情や情景についてまとめ、交流しましょう。

目標

語句の使い方や表現の効果に注意しながら声に出して読み、「和歌の世界」に親しむことができる。

評価のポイント

❶歴史的背景などに注意して「和歌」や「仮名序」を読むことを通して古典に親しんでいる。　(3)ア

❷文章を読んで考えを広げたり深めたりして、自分の意見をもっている。　C(1)エ

❸進んで「和歌」や「仮名序」の世界に親しみ、今までの学習を生かして朗読しようとしている。

準備物　・ワークシート①01　・ワークシート②02　・ワークシート③03

ワークシート・ICT 等の活用や授業づくりのアイデア

○「和歌の世界」は効率よく授業を進めるために、教科書の内容に沿ったワークシートを用意する。

○「古今和歌集仮名序」は現代語訳と全文のワークシートを用意する。

＊生徒に「和歌の世界」の写本や肖像、図版などやデジタル教科書の映像などを示すとよい。

1 導入（学習の見通しをもつ）

〈「和歌の世界」のページを見る〉

T：古典の和歌を学びます。時代背景や作者、作風などを整理しながら「和歌の世界」や「古今和歌集仮名序」を読み、いにしえの人々との考えを交流しながら、広げたり深めたりして、人間、社会、自然などについて、自分の考えがもてるようになるといいですね。

2 展開

〈「和歌の世界」を読む〉

T：三つの和歌集について時代背景や作者、作風などを整理しながら「和歌の世界」を読みましょう。三つの和歌集について教科書を見ながらワークシート①の表にまとめてみましょう。

＊ワークシート①の表は板書して生徒の答えを共有しやすくする。

＊「和歌の世界」の写本や肖像、図版などが「君待つと」と関連していることを示す。

〈「仮名序」の原文と現代語訳を音読する〉

T：古語独特の響きを楽しみながら「仮名序」を何回も読みましょう。現代語訳と対照しながら「仮名序」の大まかな内容を捉えましょう。

＊斉読・ペア・グループ・学級・個人など音読の形態を工夫する。

3 終末（学習を振り返る）

〈表現の特徴を生かしながら、「仮名序」を音読し、次の学習に繫げる〉

T：再び斉読・ペア・グループ・学級・個人など意味を理解した上で古語独特の響きに親しみながら音読しましょう。

T：次回はさらに多くの「和歌」と出会います。その中で普遍的な思いや考えを伝え合う事の大切さを学んでいきましょう。

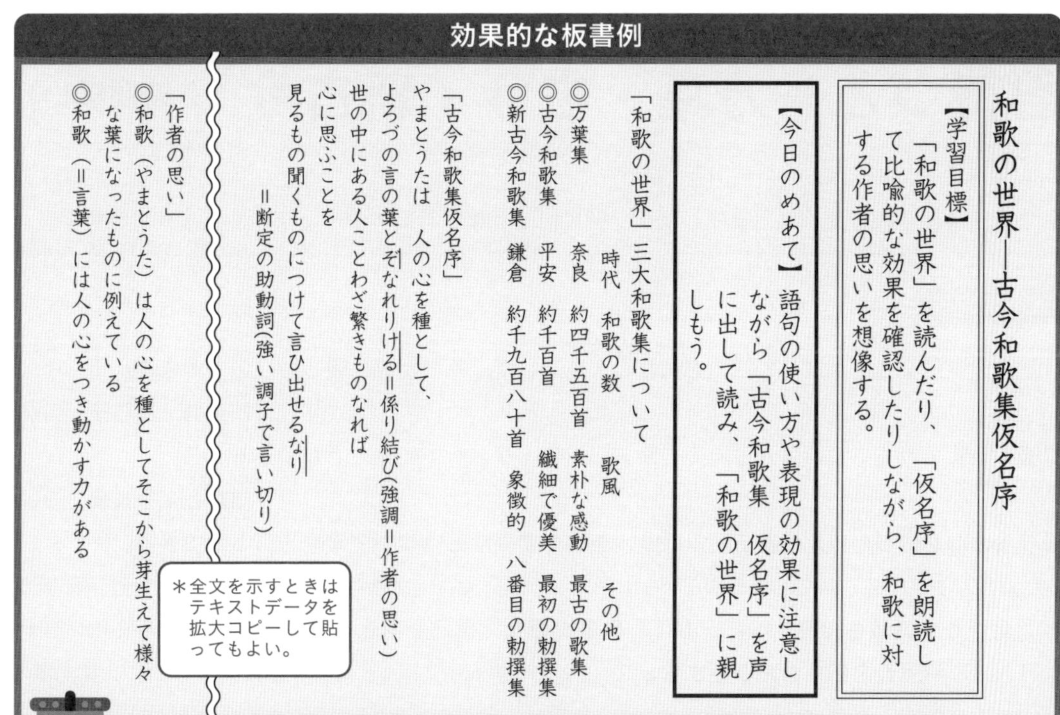

〈「仮名序」の特徴的な表現を理解する〉

T：自然に語句の切れ目、現代語訳との対応が分かりましたか。「係り結び」「比喩」などの表現技法があることにも気付きましたか。ワークシート②を使って表現技法のところに印を付けていきましょう。

・比喩「人の心〜言の葉」
　係り結び「ぞ〜ける」
　断定の助動詞「なり」
　係り結び＋反語「いづれか〜ける」
　対句「花に鳴く鶯　水にすむ蛙」
　　　「力をも入れずして〜慰むる」

T：「係り結び」「比喩」などが使われるとどんな効果があると思いますか。隣の人と話し合ってください。

・強調している。・作者が伝えたいところだ。

T：和歌の本質を、比喩や対句表現、係り結びなどが効果的に表現していることに気が付きましたか。表現が効果的に用いられているところをワークシート②にまとめてみましょう。

＊全文を板書に示すときはテキストデータを拡大コピーして貼り、その横に表現技法をチョークで書き込む。表現技法もカードにして貼ると見やすい。

〈表現の特徴を確認しながら「仮名序」で作者が伝えたかったことを考える〉

T：「和歌の世界」を読み「仮名序」を朗読して比喩的な効果を確認してきましたが、その中から和歌に対する作者の思いを想像してみましょう。

＊概念的な問いなので現代語訳などがヒントになることを伝える。

・「仮名序」には「言葉には人の心を強くつき動かす力がある」という思いが込められています。

・和歌とともに読み継がれてきたいにしえの人々の考えに、今の自分たちも共感できます。

＊２年生で学ぶ「枕草子」とは異なる感性が平安時代では一般的であったことも学びたい。(例) 春はあけぼの⇔花に鳴く鶯

君待つと―万葉・古今・新古今（2時間扱い）

指導事項：〔知技〕⑶ア、イ 〔思判表〕C⑴ウ
言語活動例：和歌を読み、批評したり、考えたことなどを伝え合ったりして、鑑賞文を書く。

単元の目標

⑴歴史的背景などに注意して古典を読むことを通して、その世界に親しむことができる。
〔知識および技能〕⑶ア
⑵長く親しまれている言葉や古典の一節を引用するなどして使うことができる。
〔知識および技能〕⑶イ
⑶作者の心情や描かれた情景を読み取り、表現の効果などについて考えることができる。
〔思考力、判断力、表現力等〕C⑴ウ
⑷言葉がもつ価値を認識するとともに、読書を通して自己を向上させ、我が国の言語文化に関わり、思いや考えを伝え合おうとする。「学びに向かう力、人間性等」

単元の構想

〈単元で育てたい資質・能力／働かせたい見方・考え方〉

歴史的背景などに注意して古典を読むことを通して、その世界に親しむとともに、長く親しまれている言葉や古典の一節を引用するために、進んで古典の世界に親しみ、今までの学習を生かして見通しをもって鑑賞文を書く機会を大切にしたい。和歌に込められた作者の心情や和歌が読まれた当時の情景、和歌の表現方法などに対して自分なりの考えをもち、その中にある気に入った言葉や表現の効果などに注目しながら、和歌を自ら引用することができる書く力を育てていきたい。

〈教材・題材の特徴〉

本教材は、和歌の韻律を感じ取り、歴史的背景を踏まえて情景をイメージして表現することを目指している。教科書の教材だけでなく、「古典名句・名言集」や「季節のしおり」春夏秋冬、補充教材の「万葉集」「古今和歌集」「新古今和歌集」「百人一首」、資料集など多くの「和歌」を用意することで幅広い「鑑賞文」の書き方を学ぶことができる教材である。

〈主体的・対話的で深い学びの視点からの授業改善ポイント／言語活動の工夫〉

ペアで一首を分担し、現代語訳や語注を参考に、和歌に詠まれた心情や情景を想像し、用いられている表現技法について調べて発表する活動を行いたい。教科書、資料集だけでなく、ICT を用いて様々なことを調べて発表する準備をすることができる。自分個人の「心に響いた一首」を選ぶヒントになったり、調べ方の参考になったりすることで、効率よく鑑賞文の資料を集めることができるようになる。改めて、和歌に個人で向き合うことで、我が国の言語文化に関わり、思いや考えを伝え合うことの深まりを引き出したい。

単元計画

時	学習活動	学習内容	評価
1	1．学習の見通しをもつ。 2．三つの和歌集の和歌を音読し、古語独特の響きやリズムを読み味わう。 3．全15首の和歌をペアで1首分担し、和歌に歌われている作者の心情や情景についてまとめ、交流し合う。	○朗読して古語独特の響きやリズムを楽しむ。 ○歴史的仮名遣いや脚注を参考にしながら朗読し、長歌や反歌など和歌特有の形式を味わう。 ○現代語訳や語注をもとに和歌に詠まれた作者の心情や当時の情景を想像し表現技法について理解する。 ○三つの和歌集の歌風を比較して感じたことなどを話し合う。	❶ ❸
2	4．心に響いた和歌を一首選び、鑑賞文を書く。 5．鑑賞文を互いに読み合い、交流する。 6．学習を振り返る。	○脚注などを参考にし心情や情景を考える。 ○鑑賞文の書き方のポイントを参考に書く。 ・自分が選んだ和歌を読んで想像した作者の心情や当時の情景を踏まえながら、自分の知識や経験と結び付けて考えを深め広げる。 ○どの和歌から、どのようなことを想像したか述べる。 ○どのような表現や内容に着目して鑑賞したか挙げる。	❷❸ ❹

評価規準

知識・技能	思考・判断・表現	主体的に学習に取り組む態度
❶歴史的背景などに注意して古典を読むことを通して、その世界に親しんでいる。 (3)ア ❷長く親しまれている言葉や古典の一節を引用するなどして使っている。 (3)イ	❸「読むこと」において、作者の心情や描かれた情景を読み取り、表現の効果などについて考えている。 C(1)ウ	❹進んで和歌の表現のしかたについて評価し、見通しをもって鑑賞文を書こうとしている。

〈指導と評価の一体化を図る見取りのポイント〉

現代語や語注などを手がかりに「万葉集」「古今和歌集」「新古今和歌集」を読み、和歌や古人のものの見方や考え方を理解し、その上で「心に響いた一首」を選んで古人のものの見方や考え方と自分の知識や経験を結び付けて、考えを広げたり深めたりして鑑賞文を書かせていくことが大切である。ペア活動、個人活動、ともにホワイトボードやワークシートへの表出などで確かめ、ICT の活用で幅広く調べることができ、速やかに集約し発表することができる。資料の共有も、調べたり発表したりした後に容易にできるようになる。

君待つと―万葉・古今・新古今

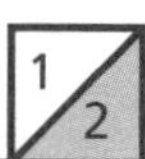

主発問 **現代語訳や語注を参考に和歌に詠まれた心情や情景を想像し表現技法について知ろう。**

目標

和歌に詠まれた作者の心情や描かれた情景を読み取り、表現の効果などについて考えることができる。

評価のポイント

❶歴史的背景などに注意して和歌を読むことを通して、和歌の世界に親しんでいる。 (3)ア

❸作者の心情や描かれた情景を読み取り、表現の効果などについて考えている。 C(1)ウ

準備物 ・ワークシート①万葉集01 ・ワークシート②古今和歌集02 ・ワークシート③新古今和歌集03 ・ホワイトボード

ワークシート・ICT 等の活用や授業づくりのアイデア

○「君待つと」では一部空欄の現代語訳と全文のワークシートを用意する。

○和歌の解釈や作者の解説は各班で分担して発表する。

＊ホワイトボードなどに手書きで書かせる他、ロイロノートなどを使って1枚にまとめさせてもよい。

＊ICT 端末などで撮影して発表資料を手元に残すことができる。

1 導入（学習の見通しをもつ）

〈「学習目標」を確認し学習の見通しをもつ〉

T：「和歌の世界」「仮名序」の学習を踏まえて和歌を音読してみましょう。

T：「和歌の世界」「仮名序」で学んだ「万葉集」「古今和歌集」「新古今和歌集」の特徴を意識してそれぞれの和歌の理解を深めていきましょう。

＊今までの学習とのつながりを示す。

2 展開

〈「万葉集」「古今和歌集」「新古今和歌集」の和歌を声に出して読み、古語独特の響きやリズムを読み味わう〉

T：朗読を通して古語独特の響きやリズムを楽しみましょう。歴史的仮名遣いや脚注を参考にしながら朗読し、長歌や反歌など和歌特有の形式を味わいましょう。

〈全15首の和歌をペアで1首分担し、現代語訳を参考にして、和歌の内容を大まかに捉えよう〉

T：それぞれの歌集の特徴を踏まえて、ペアで一首分担して現代語訳を参考に和歌の内容を捉えて発表します。教科書だけでなく資料集やデジタル教科書、iPad など ICT を用いて様々なことを調べて発表する準備をしていきましょう。

3 終末（学習を振り返る）

○「和歌の世界」「仮名序」も思い出して三つの和歌集の歌を比較して、表現について感じたことなどを話し合う。

＊次時の生徒自身の「心に響いた一首」を選ぶヒントになったり、調べ方の参考になったりすることも目指している。

＊ホワイトボードなどは撮影して全首分、印刷して生徒の手元に残すようにしたい。

効果的な板書例

「君待つと」万葉・古今・新古今

【学習目標】
和歌に詠まれた作者の心情や描かれた情景を読み取り、表現の効果などについて考える。

【今日のめあて】現代語訳や語注を参考に和歌に詠まれた心情や情景を想像し表現技法について知ろう。

◎「君待つと」の和歌を音読しよう。
◎「君待つと」の和歌を分担して現代語訳や語注を参考にホワイトボードにまとめよう。
・記入するもの　和歌本文　歴史的仮名遣い⇓現代仮名遣い
　作者　現代語訳　表現技法(教科書P〇参照)
・和歌に詠まれた心情や情景
◎分担表
・万葉集　1班　2班　3班　4班　5班　6班……
・古今和歌集　10班……
・新古今和歌集　11班……
◎各班から出た「君待つと」の和歌の解釈(ホワイトボード)

1班
春過ぎて夏来るらし白たへの衣干したり天の香具山　持統天皇
現代語訳　春が過ぎて、夏が来たらしい。真っ白な衣が干してあるよ、天香具山に。
香具山＝今の奈良県橿原市の南東部にある山。耳成山・畝傍山と共に大和三山と称される。
白たへの＝「衣」にかかる枕詞。
倒置法＝衣干したり天の香久山（天の香久山、衣干したり）が正しい順。
体言止め＝天の香具山(体言で終わっていて余韻を残している)

T：現代語訳や語注を基に、和歌に詠まれた作者の心情や当時の情景を想像し、表現技法について理解しよう。

〈各ペアの課題例と指導のポイント〉

A「和歌」「長歌」「短歌」の原文と現代語訳
○教科書から担当する一首（あるいは部分）をホワイトボードに書きうつす。
○歴史的仮名遣いを現代仮名遣いに直して記す。
○現代語訳を書きうつす。
B「脚注」
○脚注をうつす。
C「表現技法」など
○区切れがあれば書く。
○表現技法があれば書く。
○表現技法をポイントに作者の心情や描かれた情景を読み取る。
○表現の効果について書く。
＊A・Bは教科書を参考に進めることができるが、Cについては資料集等を参考にする。
＊「区切れ」「表現技法」について分からなかったり気付かなかったりしたところは、支援・助言することが望ましい。

〈和歌に歌われている作者の心情や情景についてまとめ、交流し合う〉

T：ペアで一首を分担して現代語訳や語注を参考に和歌に詠まれた心情や情景を想像し、用いられている表現技法について調べたことをホワイトボードを用いて発表しましょう。
＊各ペアのホワイトボードはできるだけ見やすいように提示したり、画用紙を書画カメラで拡大したり、ロイロノートなどの画面をプロジェクターを用いて拡大したりしながら、発表をすることと聞くことに集中させたい。
＊発表を聞きながら、和歌を読み、批評したり、考えたことなどを伝え合ったりするために、一首一首の感想やメモなどを残すためにワークシートに記入することをすすめる。

君待つと―万葉・古今・新古今

主発問　心に響いた和歌を一首選んで鑑賞文を書き、互いに読み合い交流しよう。

目標

進んで和歌の表現の仕方について評価し、見通しをもって鑑賞文を書くことができる。

評価のポイント

❷長く親しまれている言葉や古典の一節を引用するなどして鑑賞文を書いている。　(3)イ

❸作者の心情や描かれた情景を読み取り、表現の効果などについて考えている。　C(1)ウ

❹進んで和歌の表現の仕方について評価し、見通しをもって鑑賞文を書こうとしている。

準備物　・鑑賞文を書くためのワークシート④⭳04　・資料集

ワークシート・ICT 等の活用や授業づくりのアイデア

○「和歌の世界」「君待つと」「古典名句・名言集」だけでなく「季節のしおり」春夏秋冬、補充教材の「万葉集」「古今和歌集」「新古今和歌集」、「百人一首」、資料集など多くの「和歌」を用意することで幅広い「心に響いた一首」を選ぶことが可能になる。

＊ワークシートはより自由に書き込める工夫が望ましい。

1 導入（学習の見通しをもつ）

〈学習課題について、確認をする〉

T：今日は、今まで学習した「君待つと」の和歌の世界に親しみ、長く親しまれている言葉や和歌の一節を引用しながら、今までの学習を生かして見通しをもって鑑賞文を書いていきます。

＊自分が今まで学習したことを「鑑賞文」で表現し交流することをねらいとする。

2 展開

〈心に響いた和歌を一首選び鑑賞文を書く〉

T：前時の「君待つと」の各ペアの発表を始め、「和歌の世界」「君待つと」「古典名句・名言集」だけでなく「季節のしおり」春夏秋冬、補充教材の「万葉集」「古今和歌集」「新古今和歌集」「百人一首」、資料集などさまざまな和歌の中から「心に響いた和歌」一首の「鑑賞文」を書きます。

＊教科書 p.27・p.92・p.142・p.194「季節のしおり」p.163・164「古典名句・名言集」の和歌などを用いて選択肢を増やしてもよい。

〈活動上の注意を確認する〉

T：「心に響いた和歌」を探し出すために「君待つと」の前時で行った学習の流れを振り返ります。

3 終末（学習を振り返る）

〈学習を振り返る〉

T：和歌や古人のものの見方や考え方を理解し、自分の知識や経験を結びつけて、考えを広げたり深めたりして鑑賞文を書くことができたか振り返りましょう。

○改めて、和歌に個人で向き合うことで、我が国の言語文化に関わり、思いや考えを伝えあうことの大切に気付かせたい。

効果的な板書例

「君待つと」万葉・古今・新古今　2

【学習目標】
和歌に詠まれた作者の心情や描かれた情景を読み取り、表現の効果などについて考える。

【今日のめあて】心に響いた和歌を一首選び鑑賞文を書き、互いに読み合い、交流しよう。

◎「君待つと」の和歌の中から一首選び鑑賞文を書こう。
・他の和歌から選んでもよい。
・脚注なども参考にしながら、心情や情景を考え、鑑賞文を書いてみよう。

◎「君待つと」をはじめとする和歌の鑑賞文をグループで互いに読み合い、交流しよう。
・どの和歌から、どんなことを想像したか述べてみよう。
・どのような表現や内容に着目して鑑賞したか、挙げてみよう。

◎「君待つと」の学習を踏まえて「和歌」の詠まれた状況や歴史的背景を理解し、和歌の世界に親しむことができたか振り返ろう。
・ワークシート④に学習の振り返りを記入しよう。

＊前回はペア学習、今回は個人学習であることを意識させる。

A「和歌」「長歌」「短歌」の原文と現代語訳

○教科書から担当する一首（あるいは部分）をワークシート④に書きうつす。

○教科書以外の資料から選んでもよい。

○歴史的仮名遣いを現代仮名遣いに直して記す。

○現代語訳を書きうつす。

B「語注」や「表現技法」など

○語注を書きうつす。

○区切れや表現技法があれば書く。

○表現技法をポイントに作者の心情や描かれた情景を読み取る。

○表現の効果について書く。

C 鑑賞文を書く

○作者の心情や当時の情景、表現方法などに対して自分なりの考えをもち、言葉や表現効果などに注目しながら、和歌を自ら引用する。

＊調べ学習が進まない生徒への手立て

・心に響いた和歌が見つからない。

・「君待つと」の和歌以外は現代語訳や語注が分からない、見つからない。

・現代語訳を読んでも意味がよく分からない。

・表現技法が分からない、見つからない。

という生徒の戸惑いには資料集や古語辞典、ICT 端末を使って調べることも促す。

＊和歌そのものが選べない生徒に対しては、「君待つと」の中で印象に残った和歌や百人一首の好きな和歌、などを勧めるとよい。

〈「鑑賞文」を書くポイント〉

○古人のものの見方や考え方と自分の知識や経験を結びつけて、考えを広げたり深めたりして鑑賞文を書くことが大切である。

（自分が書いた鑑賞文をグループで互いに読み合い、交流する）

○どの和歌からどんなことを想像したか述べる。

○どのような表現や内容に着目して鑑賞したか、挙げる。

6 いにしえの心を受け継ぐ

夏草―「おくのほそ道」から―［書く］―／古典名句・名言集（4時間扱い）

指導事項：〔知技〕(3)ア、イ　〔思判表〕B(1)イ　C(1)エ
言語活動例：情報を編集して文章にまとめるなど、伝えたいことを整理して鑑賞文を書く。
古典の文章を読み、批評したり、考えたことなどを伝え合ったりする。

単元の目標

(1)歴史的背景などに注意して古典を読むことを通して、その世界に親しむことができる。長く親しまれている言葉や古典の一節を引用するなどして使うことができる。〔知識および技能〕(3)アイ
(2)文章の種類を選択し、多様な読み手を説得できるように論理の展開などを考えて、文章の構成を工夫することができる。〔思考力、判断力、表現力等〕B(1)イ
(3)文章を読んで考えを広げたり深めたりして、人間、社会、自然などについて、自分の意見をもつことができる。〔思考力、判断力、表現力等〕C(1)エ
(4)言葉がもつ価値を認識するとともに、読書を通して自己を向上させ、我が国の言語文化に関わり、思いや考えを伝え合おうとする。「学びに向かう力、人間性等」

単元の構想

〈単元で育てたい資質・能力／働かせたい見方・考え方〉

様々な古典作品に接し、古人の考えや心情に触れてきたので、中学校3年間の古典学習のまとめの学習としたい。古典の文章を読み、批評したり、考えたことなどを伝え合ったりすることができる読みの力も育てていきたい。幅広い作品に触れながら、情報を編集して文章にまとめるなど、伝えたいことを整理することができる書きの力を育てていきたい。

〈教材・題材の特徴〉

本教材は、松尾芭蕉の紀行文「おくのほそ道」の「旅」への思いとの出合いを意識した教材である。中学校3年間の古典学習の最後に位置付く［書く］自分のおすすめの古典の作品を紹介しようは、古典学習の継続の橋渡しの学習でもある。「古典名句・名言集」や「季節のしおり」春夏秋冬、資料集など幅広い「作品」を用意することで豊かな「紹介文」の書き方を学んでいける教材である。

〈主体的・対話的で深い学びの視点からの授業改善ポイント／言語活動の工夫〉

芭蕉の「旅」と、現代の「旅」を比べる学習は「古人への憧景」を意識して話し合わせたい。[書く]自分のおすすめの古典の作品を紹介しようは、幅広い時代の古典作品を用意し、作品選びを行いたい。

単元計画

時	学習活動	学習内容	評価
1	1．学習の見通しをもつ。 2．「1」を読み芭蕉のものの見方や感じ方を読み取る。	○「旅」についての芭蕉の考えを読み取り、現代の「旅」がもつ意味と比較している。 ○「草の戸も」の句について考える。	❶
2	3．「2」を読み、芭蕉のものの見方や感じ方を読み取る。	○芭蕉が見たものや感じたことを想像する。 ○「春望」の引用について考える。 ○「高館」「金堂」での芭蕉の思いを想像する。	❶❺
3	4．全文を朗読する。 5．「おくのほそ道」俳句地図の句について理解し、一句を選び、鑑賞文を書く。 6．鑑賞文を交流する。 7．学習を振り返る。	○自分の心に響いた俳句を一句選び、その理由などについて発表し合う。 ○古典の言葉を引用して鑑賞文を書く。 ・「夏草」の、表現や文体の特徴を挙げる。 ・芭蕉のものの見方や感じ方について考えたことを発表する。	❷ ❹
4	8．自分のおすすめの古典の作品の紹介文を書く。 9．作品を友達に紹介し合い、学習を振り返る。	○「古典名句・名言集」を朗読する。 ○他の詩歌や文学作品なども参考する。 ・幅広い作品に触れ、今後の古典学習に様々な知見を得られるような作品をみんなに紹介するという思いにふさわしい作品を意識してまとめる。 ○文章を友達と読み合い、学習を振り返る。	❸ ❺

評価規準

知識・技能	思考・判断・表現	主体的に学習に取り組む態度
①歴史的背景などに注意して古典を読むことを通して、その世界に親しんでいる。 (3)ア ②長く親しまれている言葉や古典の一節を引用するなどして使っている。 (3)イ	③「書くこと」において、文章の種類を選択し、多様な読み手を説得できるように論理の展開などを考えて、文章の構成を工夫している。 B(1)イ ④「読むこと」において、文章を読んで考えを広げたり深めたりして、人間、社会、自然などについて、自分の意見をもっている。 C(1)エ	⑤人間、社会、自然などについて進んで自分の意見をもち、今までの学習を生かして発表したり文章にまとめたりしようとしている。

〈指導と評価の一体化を図る見取りのポイント〉

現代語や語注などを手がかりに「おくのほそ道」を読み、松尾芭蕉のものの見方や考え方を理解させたり、「自分のお気に入りの芭蕉の俳句」を選んでさらに自分の知識や経験を結び付けて、考えを広げたり深めたりして、鑑賞文を書かせていくことが大切である。「自分のおすすめの古典作品」を紹介する活動では、教科書や資料集、ICT の活用で、幅広く調べ、集約し発表することができる。ICT の活用により、調べたり発表したりした後に発表資料の共有や保存も容易にできる。

夏草—「おくのほそ道」から—［書く］—／古典名句・名言集

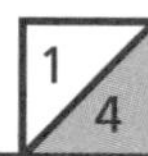

芭蕉の「旅」についての考えを読み取り、現代の「旅」がもつ意味と比較してみましょう。

目標

歴史的背景などに注意して「おくのほそ道」を読み、芭蕉の「旅」の世界に親しむことができる。

評価のポイント

❶歴史的背景などに注意して古典を読むことを通して、その世界に親しんでいる。 (3)ア

準備物 ・ワークシート①⊻01 ・全文を示す掲示物

ワークシート・ICT 等の活用や授業づくりのアイデア

○「夏草」は教科書と同様の全文と現代語訳、脚注が一枚になったワークシートを用意する。

＊板書にも全文を示し、芭蕉の「旅」に対する思いを直接書き込めるようにするとよい。

＊パワーポイントや実物投影をした古文の全文などに書き込み、内容を共有してもよい。

1 導入（学習の見通しをもつ）

〈学習の見通しとゴールの説明〉

T：「夏草」を読み、松尾芭蕉の「旅」の世界の親しみ方を学びます。さらに、授業の最後にはこれまでの古文の学習を振り返って、「古典作品」の紹介文の書き方についての学習を行います。

2 展開

〈「夏草」「1」を音読する〉

T：「夏草」—「おくのほそ道」から—「1」を音読しましょう。俳句と地の文から成る「紀行文」の構成の効果に注目し、芭蕉の思いを想像しながら全文を音読しましょう。

T：朗読を通して言葉の響きやリズムを楽しみましょう。歴史的仮名遣いに気を付けて朗読し、脚注を参考に、地の文や俳句の意味などを味わいましょう。

○歴史的仮名遣いの読み方に注意する。

○全文を板書し、繰り返し音読を行う。現代語訳と交互に読みながら「おくのほそ道」の意味を理解する。

〈表現の特色を捉える〉

T：漢語を多く用いた漢文調の簡潔な文体で書かれていて、格調高い名文です。

○「百代」「過客」「生涯」「片雲」「漂

3 終末（学習を振り返る）

〈原文を朗読し、本時を振り返る〉

T：読み取った内容や句に込められた芭蕉の心情を意識し、把握しながら、もう一度朗読してみましょう。

＊繰り返し音読することで、表現の特色や芭蕉が強調したかった部分を意識して読むことができるようにする。

効果的な板書例

「夏草」―「おくのほそ道」から　1

【学習目標】
歴史的背景などに注意して「おくのほそ道」を読み、芭蕉の「旅」の世界に親しむ。

【今日のめあて】「おくのほそ道」「1」を読み芭蕉のものの見方や感じ方を読み取ろう。

◎「夏草」「おくのほそ道」「1」を音読しよう。

教科書 p.144-145
「夏草」「おくのほそ道」の「1」本文

◎「夏草」の現代語訳や語注を参考に芭蕉の「旅」についての考えを読み取り、現代の「旅」がもつ意味と比較してみよう。

◎人生は旅の中にあるという思想

白」「海浜」などの漢語が用いられている。

＊「対句的な表現」「縁語」などを用いた、朗読にふさわしい文章なので、音読・朗読を通して十分に味わわせたい。

○「月日は百代の過客にして」
「行きかふ年もまた旅人なり。」
「舟の上に生涯を浮かべ、」
「馬の口とらへて老いを迎ふる」
「そぞろ神の物につきて心をくるはせ」
「道祖神の招きにあひて、取るもの手につかず」…………

〈文章の内容をまとめる〉

T：現代語訳や脚注を参考に、文章の内容をまとめましょう。

＊「古人」などのキーワードを中心に内容を捉えさせる。

〈芭蕉のものの見方や感じ方を読み取る〉

T：「夏草」の現代語訳や語注を参考に芭蕉の「旅」についての考えを読み取り、現代の「旅」がもつ意味と比較してみましょう。

○修学旅行など具体的な例を思い浮かべながら、生徒自身のもつ「旅」のイメージと芭蕉の「旅」への思いの共有点や相違点を見つけ、グループなどで交流する。

○表現の特色が表れているところに、作者の思いが重ねられていることに気付かせる。

〈「草の戸も」の句について考える〉

T：地の文に書かれた「旅」への思いと重ねて読むことで、芭蕉のものの見方、考え方、心情の理解を深めていきましょう。

○季語（雛）、切れ字（ぞ）等を確認して、句に詠まれた芭蕉の心情を読み取りワークシート①にまとめる。

＊板書に全文を示し、季語や切れ字などそのまま記入しワークシート①にうつさせる。

夏草—「おくのほそ道」から—［書く］—／古典名句・名言集

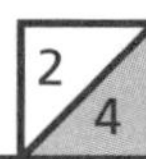

主発問 **芭蕉が見たものや感じたことを想像してみましょう。**

目標

歴史的背景などに注意して「おくのほそ道」を読み、芭蕉の「旅」の世界に親しむことができる。

評価のポイント

❶歴史的背景などに注意して古典を読むことを通して、その世界に親しんでいる。　(3)ア

❺人間、社会、自然などについて進んで自分の意見をもち、今までの学習を生かして発表したり文章にまとめたりしようとしている。

準備物　・ワークシート②⤓02　・全文を示す掲示物

ワークシート・ICT 等の活用や授業づくりのアイデア

○「夏草」は教科書と同様の全文と現代語訳、脚注が一枚になったワークシートを用意する。

＊ICT を活用して全文を示し、芭蕉のものの見方、考え方を直接書き込めるようにするとよい。

＊グループ活動で意見を交流する場合はホワイトボードだけでなく、iPad やロイロノートなどの端末を用いてもよい。

1 導入（学習の見通しをもつ）

〈前時を振り返り今日の目標を確かめる〉

T：前回は「夏草」「１」を読み、松尾芭蕉の「旅」の世界観への親しみ方を学びました。今日は「夏草」「２」を読み、芭蕉のものの見方や感じ方を読み取ることを目指したいと思います。また芭蕉が「おくのほそ道」に何を記したかったのかが見付けられたらと思います。

2 展開

〈「夏草」「２」を音読する〉

T：「夏草」—「おくのほそ道」から—「２」を音読しましょう。朗読を通して脚注を参考にしながら、平泉の歴史的背景について、理解しましょう。大意をつかんで現代語訳をしましょう。

○歴史的仮名遣いの読み方に注意する。

○全文を板書し、繰り返し音読を行う。

＊全文ワークシート②を使って、脚注を用いて現代語訳を完成させる。

＊完成した現代語訳を読みながら「おくのほそ道」「２」の意味を理解する。

〈「春望」の引用について考える〉

T：脚注を参考に、芭蕉が「春望」を引用して目の前の平泉の風景からその当時に思いをはせた理由について考えてみましょう。

○対句的な表現、数字の多用等の表現の

3 終末（学習を振り返る）

〈原文を朗読し、本時を振り返る〉

T：読み取った内容や句に込められた芭蕉の心情を意識し、把握しながら、もう一度朗読してみよう。

＊繰り返し音読することで、表現の特色や芭蕉が史実を変えてまで強調したかった部分を意識して読むことができるようにする。

効果的な板書例

「夏草」―「おくのほそ道」から　2

【学習目標】
歴史的背景などに注意して「おくのほそ道」を読み、芭蕉の「旅」の世界に親しむ。

【今日のめあて】「おくのほそ道」「2」を読み芭蕉のものの見方や感じ方を読み取ろう。

◎「夏草」「おくのほそ道」「2」を音読しよう。

教科書 p.158-159
「夏草」「おくのほそ道」の「2」本文

◎「夏草」の現代語訳や語注を参考に芭蕉のものの見方や感じ方を読み取ろう。
①「春望」の引用について考えよう。
②「高館」「光堂」での芭蕉の思いを想像しよう。

◎芭蕉が「おくのほそ道」を通して伝えたかったことを考えよう。

効果にもふれておきたい。
（「国破れて山河あり」
「城春にして草青みたり」）
（「三代」「一睡」「一里」「一時」……）

〈三つの句について考える〉

T：地の文に書かれた藤原三代や当時の栄華に対する思いを重ねて読み、芭蕉のものの見方、考え方、心情の理解を深めていきましょう。

○季語、切れ字等、脚注を参考にして句の情景や芭蕉の当時の心情を読み取りワークシート②にまとめる。

○曾良の作「卯の花に」を確認する。

＊板書に全文を示し、季語や切れ字などそのまま記入し、情景や心情も合わせてワークシートにうつさせる。

〈「高館」での芭蕉の心情を想像し理解する〉

T：芭蕉が「時のうつるまで涙を落とし」た理由となる箇所をふまえて、芭蕉のものの見方や感じ方について考えていきましょう。

○本文や歴史的背景などの根拠や自分の知識や体験を関連付けることで考えが深まるように促す。

〈「光堂」での芭蕉の心情を想像し理解する〉

T：「かねて耳驚かしたる二堂開帳す」とありますが、「曾良随行日記」によれば、当日は「経堂ハ別当留主ニテ不開」とあり、実際に芭蕉は経堂の内部を見ていないことが分かっています。なぜ「おくのほそ道」に「経堂」「光堂」の記述を残したのか、考えてみましょう。

○どうしても「おくのほそ道」に「経堂」「金堂」並び立つ荘厳な様子を伝えたい芭蕉の思いの表れに気付かせる。
（「経堂は三章の像を残し」
「光堂は三代の棺を納め」
「三尊の仏を安置す。」）

夏草―「おくのほそ道」から―［書く］―／古典名句・名言集

主発問 **自分の心に響く俳句を一句選び、その理由などについて発表しましょう。**

目標

「おくのほそ道」の文章を読み、批評したり、考えたことなどを伝え合ったりして鑑賞文を書くことができる。

評価のポイント

❷長く親しまれている言葉や古典の一節を引用するなどして鑑賞文を書いている。 (3)イ

❹文章を読んで考えを広げたり深めたりして、人間、社会、自然などについて、自分の意見をもっている。 C(1)エ

準備物 ・ワークシート③⬇03 ・資料集

ワークシート・ICT 等の活用や授業づくりのアイデア

○「夏草」だけでなく「季節のしおり」春夏秋冬、資料集など多くの「俳句」を用意することで幅広く「心に響いた一句」を選ぶことが可能になる。

＊教科書、資料集に限らず、デジタル教科書やICT端末などで、鑑賞文を書く俳句を探すことができるように準備するとよい。

＊ワークシートは、より自由に書き込める工夫が望ましい。

1 導入（学習の見通しをもつ）

〈前時を振り返り今日の目標を確かめる〉

T：前回は「夏草」「１」「２」を読み、松尾芭蕉のものの見方、考え方や感じ方を読み取ることを目指しました。今回は「おくのほそ道」俳句地図を中心に「心に響いた一句」を選び鑑賞文を書く学習を行います。

＊達成するゴールを明示する。

2 展開

〈「おくのほそ道」俳句地図の句を知る〉

T：当時の「おくのほそ道」の旅の日程と、各句の季語や切れ字を確認し、現代語訳を参考にしながら、芭蕉の心情を想像し理解しましょう。

〈教科書以外の「俳句」を紹介する〉

T：教科書以外に、「季節のしおり」春夏秋冬、資料集などを参考に多くの「俳句」を紹介します。

T：学習し紹介された俳句の中から、自分の心に響いた俳句を選びましょう。

＊細かい意味や解釈の理解も大切だが、季語や季節、切れ字などに注目しながらより多くの俳句に触れる機会としたい。

＊ここでは「松尾芭蕉」「与謝蕪村」「小林一茶」の作品を中心に紹介する。

〈一句を選び、鑑賞文を書く〉

T：自分の心に響く俳句を一句選び、

3 終末（学習を振り返る）

〈学習を振り返る〉

T：「夏草」の表現や文体の特徴を振り返りましょう。

T：芭蕉のものの見方や感じ方について考えたことを発表しましょう。

＊次回の学習では中学校三年間の古典学習の最後のまとめの学習であることを伝え、振り返っておくことをすすめたい。

効果的な板書例

「夏草」―「おくのほそ道」から　3

【学習目標】
歴史的背景などに注意して「おくのほそ道」を読み、芭蕉の「旅」の世界に親しむ。

【今日のめあて】自分の心に響く俳句を一句選び、鑑賞文を書いて交流しよう。

◎「夏草」「おくのほそ道」の俳句の中から一句選び鑑賞文を書こう。
・他の俳句から選んでもよい。
・脚注なども参考にしながら、心情や情景を考え、鑑賞文を書いてみよう。

◎「夏草」をはじめとする俳句の鑑賞文をグループで互いに読み合い、交流しよう。
・どの俳句から、どんなことを想像したか述べてみよう。
・どのような表現や内容に着目して鑑賞したか、挙げてみよう。

◎「夏草」の学習をふまえて「俳句」の詠まれた状況や歴史的背景を理解し、俳句の世界に親しむことができたか振り返ろう。
・ワークシート③に学習の振り返りを記入しよう。

「自分のお気に入りの芭蕉の俳句」を松尾芭蕉のものの見方や考え方と自分の知識や経験を結び付けて、考えを広げたり深めたりしながら古典の言葉を引用して鑑賞文を書きましょう。

○自分が選んだ俳句について教科書、資料集に限らず、デジタル教科書やICT端末などで鑑賞文を書く俳句を検索し、鑑賞文を書く資料を探すことができるように準備したい。

＊短い時間でまとめるので、鑑賞文を各ポイントで明示したい。特に芭蕉の思いにふれつつ、自分が感動したことの中心を表現するように気付かせたい。

＊ワークシートはより自由に書き込める工夫が望ましい。鑑賞文は文章で表すだけでなくイラスト等で表すことも促したい。

＊鑑賞文を書く媒体も、ワークシートだけでなく、Wordなどを用いて作成することも目指したい。

〈鑑賞文を交流する〉

T：自分の心に響く俳句を一句選び、「自分のお気に入りの芭蕉の俳句」を選んだ理由などについて、俳句の鑑賞文をグループで互いに読み合い、交流しましょう。

T：どの俳句から、どんなことを想像したか述べてみましょう。

T：どのような表現や内容に着目して鑑賞したか、挙げてみましょう。

○互いの鑑賞文の発表を聞きながら、意見を交流させ、批評したり、考えたことなどを伝え合ったりしてより豊かな交流を目指したい。

＊交流の時間がないときは、それぞれのワークシートを印刷して配布したり、ICT端末などで共有する機能を使うことも実践したい。

＊ロイロノートやTeamsなどの資料共有など、手元に全員の鑑賞文が届くようにして、互いの表現から学び合う時間を保障したい。

＊「夏草」の学習のまとめであることを意識付けたい。

夏草―「おくのほそ道」から―［書く］―／古典名句・名言集

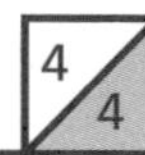

主発問 **自分のおすすめの古典の作品の紹介文を書きましょう。**

目標

古典の作品の紹介文を書き、批評したり、考えたことなどを伝え合ったりすることができる。

評価のポイント

❸和歌や紀行などの種類を選択し、多様な読み手を説得できるように論理の展開などを考えて、文章の構成を工夫することができる。 B(1)イ

❺言葉がもつ価値を認識するとともに、読書を通して自己を向上させ、我が国の言語文化に関わり、思いや考えを伝え合おうとする。

準備物 ・ワークシート④⤓04 ・資料集

ワークシート・ICT 等の活用や授業づくりのアイデア

○「古典名句・名言集」や「季節のしおり」春夏秋冬、資料集など幅広い「作品」を用意することで豊かな「紹介文」の書き方を学ぶことができる。

＊教科書や資料集、ICT の活用で、幅広く調べ集約して発表し、発表資料の共有や保存も容易にできる。

＊ Word や PowerPoint などで作成することも推奨したい。

1 導入（学習の見通しをもつ）

〈「古典名句・名言集」を朗読する〉

T：「古典名句・名言集」を朗読し、中学校3年間の古典学習の最後のまとめの学習を行いたいと思います。今までの小学校から中学校3年間の「古典学習」を踏まえて、未来の「古典学習」につながる学びで互いの古典作品に対する理解を深めていきましょう。

2 展開

〈自分のおすすめの古典の作品を紹介するための準備をする〉

T：「古典名句・名言集」を朗読し、気に入ったものがあればワークシート④に書き出していきましょう。他の詩歌や文学作品なども参考しましょう。

○上代から近世までの文学作品に限定

○ p.27・p.92・p.142・p.194「季節のしおり」

○ p.28「学びて時に之を習ふ」

○ p.270資「古典芸能の世界―歌舞伎・浄瑠璃」

○ p.272資「古典・近代文学の名作」

○ p.278資「日本文学の流れ」など

○資料集、ICT 端末なども用いて幅広い「作品」を用意したい。

＊作品を探すところから発表原稿作成、共有まで、一元的に扱うことができる

3 終末（学習を振り返る）

〈学習を振り返る〉

T：今までの小学校から中学校3年間の「古典学習」を踏まえて、ワークシートに学習を振り返りを記入しましょう。

○中学校3年間の古典学習の最後に位置付く「自分のおすすめの古典の作品を紹介しよう／古典名句・名言集」はこれからの古典学習の継続の橋渡しの役割もある。

効果的な板書例

［書く］自分のおすすめの古典の作品を紹介しよう

【学習目標】
歴史的背景などに注意して「おくのほそ道」を読み、芭蕉の「旅」の世界に親しむ。

【今日のめあて】自分のおすすめの古典の作品の紹介文を書いて交流しよう。

◎「古典名句・名言集」を朗読しよう。

◎自分のおすすめの古典の作品の紹介文を書こう。
〇他の詩歌や文学作品なども参考する。
・P28「学びて時に之を習ふ」
・P27・P92・P142・P194「季節のしおり」
・P270資「古典芸能の世界─歌舞伎・浄瑠璃」
・P272資「古典・近代文学の名作」
・P278資「日本文学の流れ」
・P162の手順を読み、これまで学習した古典を紹介するために作品を選ぶ。

◎これからも共に生きる友達の古典学習の〝道しるべ〟のようなイメージで作品を考えよう。
・幅広い作品に触れ、今後の古典学習に様々な知見を得られるような作品をみんなに紹介する、という思いにふさわしい作品を、意識してまとめる。

◎作品を友達に紹介し合い、学習を振り返る。
・自分の思いにふさわしい作品を選択したか。
・論理の展開などを考えて、文章の構成を工夫したか。

◎ワークシートに学習の振り返りを記入しよう。

事を目指したい。

〈これまで学習した古典を紹介するために作品を選ぶ〉

T：p.162の手順を読み、これまで学習した古典を紹介するために作品を選びましょう。また「なぜその作品を選んだか」「その作品の魅力は何か」「その作品のどんなところを伝えたいか」を考えましょう。

〈作品を選び、紹介文を書く〉

T：選んだ作品の紹介文をワークシート④に書きましょう。選ぶために意識したポイントを盛り込みながら紹介文を書きましょう。

○幅広い作品に触れ、今後の古典学習に様々な知見を得られるような作品を、みんなに紹介するという思いにふさわしい作品を意識してまとめる。

＊視覚的な効果のある紹介文も目指したい。

〈紹介文を友達と読み合う〉

T：「自分のおすすめの古典の作品」の紹介文をグループで互いに読み合い、交流しましょう。

○相手の状況や自分の思いにふさわしい言葉や文章の種類を選択したか。

○論理の展開などを考えて、文章の構成を工夫したか。

○互いの紹介文の発表を聞きながら、意見を交流させ、批評したり、考えたことなどを伝え合ったりしてより豊かな交流を目指したい。

＊交流の時間がないときは、それぞれのワークシートを印刷して配布したり、ICT 端末などで共有する機能を使うことも実践したい。

＊ロイロノートや Teams などで資料共有など、手元に全員の紹介文が届くようにして、互いの表現から学び合う時間を保障したい。

＊中学校３年間の古典学習の最後の位置付けを意識し、中学校卒業後の人生の中での「古典」との新たな出合いの時の“道しるべ”とするような機会としたい。

7 価値を生み出す

誰かの代わりに（3時間扱い／読むこと）

指導事項：〔知技〕(1)イ 〔思判表〕C(1)イ、エ
言語活動例：論説を読み、社会や人間について考えたことを話し合ったり書いたりする。

単元の目標

(1)抽象的な概念を表す語句の文脈上の意味に注意しながら読むことができる。
〔知識及び技能〕(1)イ

(2)筆者のものの見方や考え方を捉え、社会や人間について自分の意見をもつことができる。
〔思考力、判断力、表現力等〕C(1)イ、エ

(3)言葉がもつ価値を認識するとともに、読書を通して自己を向上させ、我が国の言語文化に関わり、思いや考えを伝え合おうとする。
「学びに向かう力、人間性等」

単元の構想

〈単元で育てたい資質・能力／働かせたい見方・考え方〉

抽象的な概念を表す語句について、文脈の中で筆者の用いている意味を捉えて理解すること、そのために対象となる語句の文脈の中での意味を、筆者の述べ方を手がかりに考えていく読み方を学ぶ機会としたい。そして、筆者の提起するものの見方、社会の在り方についての考えに対して、自問したり、他者と対話したりしながら考え、自分の見方や考え方を形成したりしながら読む力を育てていきたい。

〈教材・題材の特徴〉

本教材で、生徒たちは「自立とは独立でなく支え合い」「責任とは協同の感覚」等の筆者の見方に自らの認識を揺さぶられつつ、自分や社会の在り方を考えていくことになるだろう。このとき、「自立」と「独立」、「依存」と「支え合い」、「責任」と「誰かの代わりにという意識」など語句の対を捉えて検討したり、類義の語と比較したり、言い換えを吟味したりすることを通して、これらの語の文脈上の意味を確かめていく読み方を学ぶことができる教材である。

〈主体的・対話的で深い学びの視点からの授業改善ポイント／言語活動の工夫〉

筆者の見方・考え方への共感や反発等を大切にしつつ、文章を通した書き手との対話や生徒同士の対話（話し合い）を通して自分の考えをつくらせたい。そこで、読んで感じた共感や疑問などを色ペンで塗り分けることで「自分は納得できるか？」と自問したり、「筆者はなぜこう書いたか？」と筆者との対話を促したりする手立てとした。また、グループの話し合いをカードに書き出して可視化することで学級全体での対話を引き出そうと考えた。話し合いでは、「依存と支え合いの違いは？」「誰かの代わりにとは？」など、検討対象を絞って話し合い、自分たちの言葉で言い換えたり、図化して説明させたりすることで、話し合いの活性化と理解の深まりを引き出したい。

単元計画

時	学習活動	学習内容	評価
1	1．学習を見通し、通読する。 2．取り組む課題を設定する。	○「共感」「反対」「分からない」に線を引きながら通読する。 ○線を引いた箇所を交流し、「疑問（分からないこと）」をカードに書いてまとめる。 ○取り組みたい「疑問」を決め、答えを考えながらもう一度読み直す。	❶ ❹
2	3．疑問の解決に取り組む。 ＊同じ疑問を取り上げたグループで話し合う。 4．考えをまとめて書く。 ＊グループで１枚。	○取り上げた疑問点について話し合う。 ※取り上げる「疑問」の例 ①「無条件の肯定を求める」とは？　なぜ危うい？ ②「自立と独立」「依存と支え合い」はどう違う？ ③「誰かの代わりにという意識」とは？ ○考えをまとめてフリップカードに書く。	❷ ❹
3	5．疑問の答えを発表し合い、全体で話し合う。 6．学習を振り返って、話題に対する自分の考えや感想をまとめる。 7．論説の読み方をまとめる。	○それぞれが考えた疑問の答えを発表し合う。 ＊取り上げた疑問について発表する。 ＊発表に対して意見交換する。 ○「自立」「依存」「誰かの代わりに」という意識について、自分の考えを書く。 ○論説の読み方についてコツをまとめる。	❸

評価規準

知識・技能	思考・判断・表現	主体的に学習に取り組む態度
❶抽象的な概念を表す語句の文脈上の意味に注意しながら読み、理解や表現に必要な語句を使って話したり書いたりしている。　(1)イ	❷「読むこと」において、文章を批判的に読み、文章に表れているものの見方や考え方について考えている。　C(1)イ ❸「読むこと」において、文章を読んで考えを広げたり深めたりして、人間や社会について、自分の意見をもっている。　C(1)エ	❹文章を読んで分からないと感じた部分を取り上げて、文章中の語句や表現を手がかりに納得のいく解釈を得ようとして話し合ったり、考えたりしている。

〈指導と評価の一体化を図る見取りのポイント〉

筆者が用いる語句や表現について、似た言葉と比べたり、別の言葉に置き換えて考えたりして、まず筆者の見方や考え方を理解し、その上で改めて賛否や意見を述べさせていくことが大切である。

誰かの代わりに

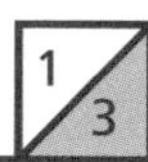

筆者のものの見方や考え方について「共感」「反対」「分からない」ところはどこでしょう。

目標

通読して話題や筆者の見方・考え方を知り、「共感・反対・分からない」ところを明らかにすることができる。

評価のポイント

❶抽象的な概念を表す語句に注意しながら読み、自分の受け止めに応じて線を引いている　(1)イ

❹文章を読んで分からないと感じた部分を取り上げて、取り組みたい課題として設定しようとしている。

準備物　・全文プリント

ワークシート・ICT 等の活用や授業づくりのアイデア

○お互いの初発の印象が一覧して可視化できるように、「全文プリント」を用意する。

＊全文プリントは教材 CD のテキストデータを用いてワークシート化するとよい（デジタル教科書には予め PDF ファイルが用意されている）。

1 導入（学習の見通しをもつ）

〈3 回の授業展開とゴールを説明〉

T：論説文の読み方を学びます。授業を終えるときに、筆者が投げ掛ける話題について自分の考えがもてるとともに、論説文の読み方について「こんな読み方をすると内容が読み取れる」というコツを見付けられるとよいですね。

2 展開

〈題名読み〉

T：今回読むのは「誰かの代わりに」という文章です。内容を予想してみましょう。「誰かの代わりに」どうすると言うのでしょう。ヒントとして文章中に出てくるキーワードを一つ教えます。「自立」です。では隣の人と話し合ってください。

〈通読する〉

T：いろいろな予想が出ましたね。ではさっそく文章を読んでみましょう。緑・赤・青のペンを用意してください。「なるほど確かにそうだ」と賛同したり、「私もそう思う」と共感する内容には緑のペンで線を引きます。「それはおかしい」「自分は反対」と感じたら赤、「どういう意味？」「分からない」と感じたら青で線を引きながら読みます。

3 終末（学習を振り返る）

〈取り組みたい学習課題を選ぶ〉

T：「ここが分からない」という課題が揃いました。どれを選んで取り組むか、選んだ課題別のグループをつくります。

○生徒がそれぞれに選択。必要に応じて調整してもよい。

T：次回はグループごとに課題を解決します。自分の答えを考えてきましょう。

効果的な板書例

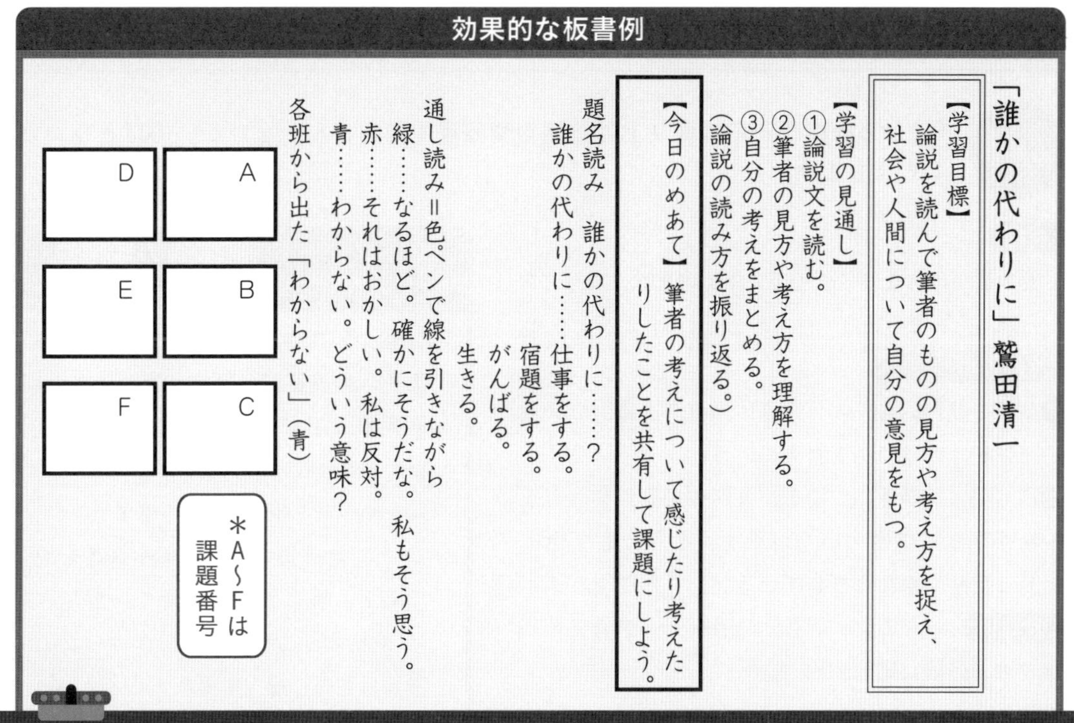

＊生徒が線を引きながら通読する様子を机間指導によって支援する。

＊漢字の読みを確認。質問が出たら共有する。

〈線を引いた部分（内容）を班で話し合う〉

T：学習班で、それぞれが線を引いたところを交流しましょう。今日の進行役は、①共感、②反対、③分からない、の順にどこに引いたか発表し合ってください。途中で、「私はこう思った」「こういう意味じゃないかな」と話し合っても構いません。全員が発表し終わったら、「分からない」をカードに書いてください。１枚に一つ書くようにします。何枚出しても構いませんが、その場の話し合いで解決した（分かった）ものは出さないでください。

○各グループ感想交流をする。

＊授業者はグループ間を回って様子を観察。

〈「分からない」を共有して課題化する〉

◎それぞれのグループの「分からない」のカードを集めて黒板に貼り出す。

T：同じものはまとめます。これとこれは同じ！　という疑問がありますか？

○各班から出た「分からない」を整理する。

T：だいたい整理できました。この中で、自分たちが説明できるよ！　答えが分かる！　というものがありますか？あれば先に解決しましょう。

＊単純な言葉の意味などはここで解決してしまう。ある班から答えが出たら、「分からない」を提起した班に「これでよい？」と尋ねると、「そこまでは分かるがそうだとしたらこういう点で矛盾しないか？」など、確かめるべき筆者の意図の焦点が浮かび上がりやすい。

○こうして絞られた「分からない」に課題番号を付けて学習課題として整理する。

○「反対」に挙げられた内容については鷲田さんが言いたいのはどういうことか、なぜこう述べたのだろうと考えさせるとよい。

誰かの代わりに

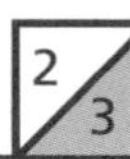

「分からないこと」に取り上げた語句や表現で鷲田さんが言いたいのはどういうことでしょう。

目標

抽象的な概念を表す語句の文脈上の意味に注意しながら読み、筆者の見方・考え方を捉えることができる。

評価のポイント

❷文章を批判的に読み、文章に表れているものの見方や考え方について考えている。 C(1)イ

❹取り上げた課題について、文章中の語句や表現を手がかりに納得のいく解釈を得ようとして話し合ったり、考えたりしている。

準備物 ・フリップ用の画用紙 ・学習支援用ソフト（必要に応じて）

ワークシート・ICT 等の活用や授業づくりのアイデア

○課題ついて学習班で考えた解釈や答えを、発表資料（フリップ）にする。

＊画用紙などに手書きで書かせてもよい。また、プレゼンテーションアプリ等を使って 1 枚にまとめさせてもよい。

＊ロイロノートやクラスルーム等を用いると、発表資料が手元で一覧できる（画用紙に手書きしたグループの資料は写真に撮って掲載するとよい）。

1 導入（学習の見通しをもつ）

〈前時を振り返り今日のめあてを確かめる〉

T：前回は「誰かの代わりに」を読んで、「分からない」と感じた部分の中のどれを担当するかを決めました。今日は、それぞれの課題について、鷲田さんはどんな意味・意図で書いたのかを考え、フリップにまとめて次回の発表に備えます。

＊達成するゴールを明示する。

2 展開

〈活動上の注意を確認する〉

T：課題の答えを考えていくに当たり、いくつか注意すべきことがあります。

①鷲田さん自身の説明を根拠にする。

・言い換えた語句や表現

②語句の一般的な意味も辞書で確かめて鷲田さんの使い方と比べる。

③フリップ 1 枚に簡潔にまとめる。図にまとめて説明してもよい。工夫する。

〈グループごとに課題の答えを考える〉

○グループワーク中は机間指導を行うとともに、学習を進める様子を評価する。

＊まず自分たちの課題に関連しそうな語句や表現を探して線や印を付けて話し合わせるのもよい。

＊筆者の「言い換え」「比較して述べる」レトリックに気付かせていく。

〈各グループの課題例と指導のポイント〉

3 終末（学習を振り返る）

〈次回はそれぞれの考えを発表し、検討し合うことを予告する〉

T：できあがったフリップを提出してください。次回は、それぞれの班で考えたことを発表し合います。

＊提出されたフリップや発表用のワークシート記録等を検討して、発表順やそれぞれのつなぎ方を考えておくとよい。

効果的な板書例

「誰かの代わりに」鷲田清一

【学習目標】
論説を読んで筆者のものの見方や考え方を捉え、社会や人間について自分の意見をもつ。

【今日のめあて】課題について話し合い、筆者の見方や考え方をつかもう。

課題
A「無条件の肯定を求める」とは?なぜ危うい?
B「自立と独立」「依存と支え合い」はどう違う?
C「誰かの代わりにという意識」とは?
D「人生には越えてはならない苦労がある」とは?
E パスカルの言葉の意味は?引用したのはなぜ?

◎話し合いを進める上での注意点
①鷲田さん自身の説明を根拠にする。
・言い換えた語句や表現
・比べている語句
②語句の一般的な意味も辞書で確かめて鷲田さんの使い方と比べる。
③フリップ1枚に簡潔にまとめる。図にまとめて説明してもよい。工夫する。

*各クラスの課題の一覧(担当者も)と、話し合う上での注意点はスライドにしてスクリーンに示すと書く時間も省け、効果的である。

A「無条件の肯定を求める」とは? なぜ危うい?
○「無条件の肯定」の意味=筆者はどうすることを「無条件の肯定」と言うのかを確かめる。
○なぜ「無条件の肯定」を求めるようになると筆者は言うのか、現代の状況認識を捉える。
○筆者はなぜ危ういというのか。「依存」との関係を説明できるようにする。
*筆者の現代社会の状況認識には共感する生徒も反発する生徒も出てくる。筆者の認識を理解すること(=筆者はこう考えている)と、共感・反発とを分けて考えさせたい。
B「自立と独立」「依存と支え合い」の違い?
○それぞれの語句について、筆者は何が違うと述べているのかを捉えること。
*二者の違いとともに、この四つの関係を図にするなどして整理できると、生徒たちにとって「すっきりした」という感覚がもてることにつながりやすい。
C「誰かの代わりにという意識」とは?
○「つまり、誰かの代わりにという意識です。」という文は、
・「自立」とは(独力でできないときに)、支え合いのネットワークをいつでも使える用意ができているということ。
・それが「自立」の本当の意味なのです。
・自分も支える側に回る用意ができている必要。
・つまり「誰かの代わりに」という意識(があるということ)です。
という論理の連鎖になっていることに気付くと、考えを整理しやすくなる。
*このあたりの言い換えによるレトリックを、箇条書きや図の形に分解して考えさせるとよい。

〈フリップ1枚にまとめる〉
*「どうまとめると他の班(この課題に取り組んでいない人たち)に分かりやすいか」と呼び掛けると工夫の仕方を考えやすい。

誰かの代わりに

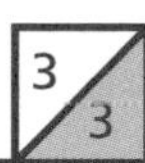

主発問 **鷲田さんの文章を読んで、あなた自身はどう考えましたか。**

目標

筆者のものの見方や考え方を捉え、社会や人間について自分の意見をもつことができる。

評価のポイント

❸文章を読んで考えを広げたり深めたりして、人間や社会について、自分の意見をもっている。

C(1)エ

準備物 ・筆者の見方・考え方について自分の考えを書くためのワークシート⏬01

ワークシート・ICT 等の活用や授業づくりのアイデア

○発表を通して文章に表れた筆者のものの見方・考え方について理解を深めた上で、自分はどう考えるかを改めてワークシートに書いてまとめとする。

＊ワークシートには、筆者のどんな見方や考え方について、自分はどう考えるのかをそれぞれ書けるようにする。

＊ ICT 端末を用いて、共有できるようにしてもよい。

1 導入（学習の見通しをもつ）

〈課題について、それぞれの解釈を発表し合う〉

T：今日は、鷲田さんのものの見方・考え方に対するみなさんの解釈を発表し合って、理解を深めた上で、それに対して自分はどう考えるかを改めてまとめていきます。

2 展開

〈課題に対する解釈を発表し合う〉

＊発表順は課題に応じて、どの順に考えていくと話し合いがつながり、かつ理解が次第に深まっていくかを考えながら工夫するとよい。

○課題 A の発表の様子

生徒 a：無条件の肯定を求めるとはどういうことかについて考えました。

生徒 b：まず肯定の意味を調べました。辞書では……つまりこの場合は自分のことを認めてくれること、いいね！と言ってもらえることだと考えました。

生徒 c：「次に、無条件というのを考えるのに条件ということを考えてみました。条件付きで認めるというのは例えば○○ができたら認めてあげるということだと考えました。それに対して無条件というのは○○ができなくても認

3 終末（学習を振り返る）

○話し合って捉えた筆者の考えを踏まえて、納得できたこと、さらに考えてみたいことを書いてみる。

T：では、ここまで話し合って分かった筆者の考えを踏まえて、自分の考えを書いてみよう。賛成したり納得できたこともあるだろうし、もっと考えてみたいと感じていることもあるかもしれませんね。

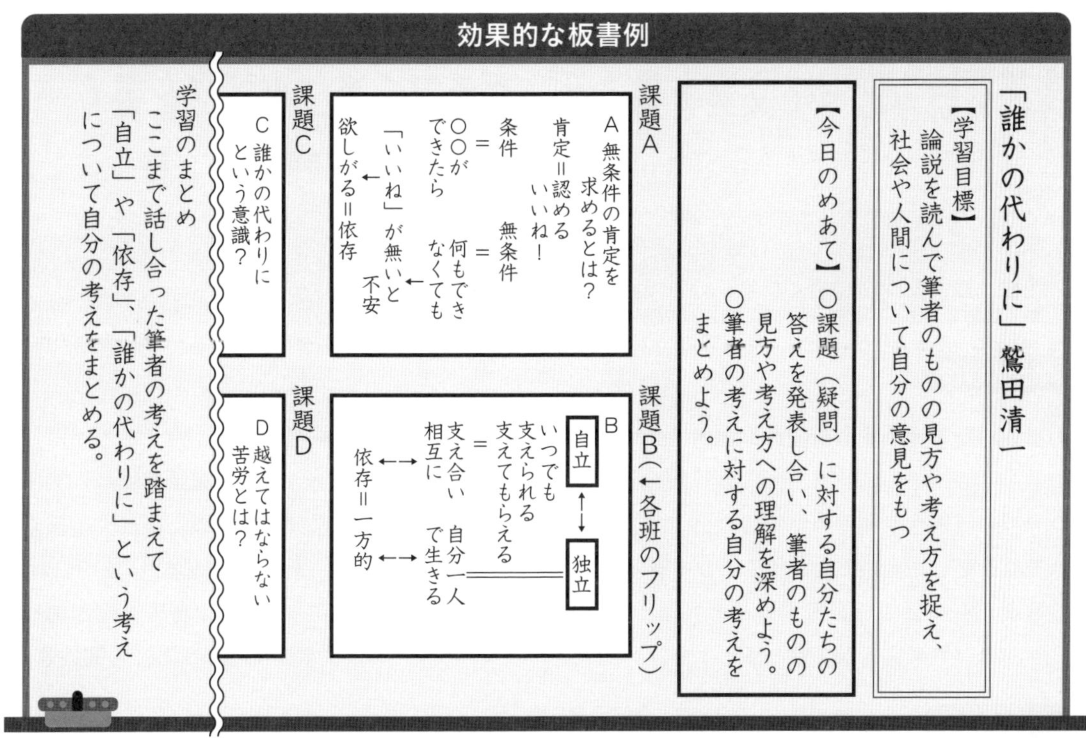

めるということです。できてもできなくても認めるのが無条件の肯定で、もし人が無条件に認めてくれたらすごく楽だし、できなくてもいいから安心です。

生徒d：でも、○○ができた人はもし、いいねがもらえなくても、できたという自信があるからまだいいけど、できなくてもいいねをもらっていた人は、本当は何もできないのを自分で知っているから不安になります。不安になりたくないから、とにかくいいねをもらいたい。これが依存です。

T：質問や感想がありますか？

・「無条件の肯定」を考えるのに「条件付きの肯定」を考えていたのが分かりやすかったです。

・「いいね」とか、今ふうのSNSの言葉に言い換えていたのがよかったです。

T：一つの言葉の意味を考えるとき、似た言葉や、反対の言葉を考えてみるのはよい方法でしたね。では、次の課題の発表へ進めていきましょう。

＊発表者たちの読み方、考え方の中から、
- 似た語に置き換えて考える
- 反対の語を考える
- 筆者が言い換えた表現と合わせて考える
- 具体的な例を挙げて考えてみる
- 辞書を引いて本文の文脈上の意味を考える
- 図にして整理してみる

など、他の場面でも使えそうな（汎用性のある）方法（＝読みや考え方の方略）を見いだし、具体的に指摘して褒めると効果的で、生徒たちはまた使ってみようとするようになる。

＊納得がいかない部分が残っても、次の課題の発表へ進み、読みを重ねていくと分かってくることもある。終末で考えをまとめる際には、「分からないままのこと」ではなく、「もう少し考えてみたいこと」としてまとめさせるとよい。

7 価値を生み出す
情報を読み取って文章を書こう―グラフを基に小論文を書く―
（２時間扱い／書くこと）

指導事項：〔知技〕⑵ア 〔思判表〕B⑴オ
言語活動例：関心のある事柄について批評するなど、自分の考えを書く。

単元の目標

⑴具体的な事実やその要因を客観的に分析し、その関係について理解を深めることができる。
〔知識及び技能〕⑵ア

⑵分析の妥当性や論理の展開について、読み手からの助言を踏まえて自分の文章のよい点や改善点を見いだし、推敲に生かすことができる。〔思考力、判断力、表現力等〕B⑴オ

⑶言葉がもつ価値を認識するとともに、読書を通して自己を向上させ、我が国の言語文化に関わり、思いや考えを伝え合おうとする。「学びに向かう力、人間性等」

単元の構想

〈単元で育てたい資質・能力／働かせたい見方・考え方〉

本単元は、第一に、グラフのどのような点に着眼して情報を読み取ればよいのか、そして、その情報に対してどのような問いを立て、どのように意味付けすればよいのかという情報の分析の基本的なアプローチを学ぶ機会としたい。その上で、分析して見いだした考えを他者と相互に評価し合いながら推敲することで、客観的かつ論理的に説明するための小論文の構成・展開を考える力を育む。このことが、論理的思考のプロセスを身に付けさせることにつながると考える。

〈教材・題材の特徴〉

本教材は、情報を分析する際の入り口となる着眼点、分析の軸となる問いの立て方が示され．そのステップを踏むことで、分析の基本的なアプローチを身に付けることができる。また、分析したことを基に小論文を書き、分析の妥当性や論理の展開の説得力を他者と相互評価させることで、客観的かつ論理的な説明の仕方とはどのようなものなのか、生徒は考えを拡大・深化させることができる教材である。

〈主体的・対話的で深い学びの視点からの授業改善ポイント／言語活動の工夫〉

本教材においては、「人が最も読書すべき時期はいつ頃だと考えるか」という問いに対する回答がグラフ化され、分析及び論じる対象となっている。授業の導入で生徒にこの問いを投げ掛けることで、自らの考えとグラフに表れた事実とを比較しながら考えるきっかけとしたい。また、読み取った情報から立てた問いを紹介し合うことで、問いの視点の拡大を図る。さらに、小論文を読み合い相互評価させる際には、評価の観点として、①情報の正確な読み取り、②分析の妥当性、③論理の展

開の説得力、④説明の分かりやすさの４点を提示し、既習事項を想起させながら助言させることで、説得力のある説明の仕方に対する理解を深めたい。

単元計画

時	学習活動	学習内容	評価
1	1．問いに対する考えをもつ。 2．グラフから読み取ったことや見いだした問いを紹介し合う。 3．小論文を書く。	○問い「人が最も読書すべき時期はいつ頃だと考えるか」 ○「着眼点の例」「問いの例」を参考にして分析する。 ○「小論文の構成例」を参考にして書く。	❶
2	1．ペアで相互評価する。 2．助言を材料に推敲する。 3．全体で共有する。 4．再び推敲する。 5．学習を振り返る。	○評価の観点 ①情報の正確な読み取り、②分析の妥当性、 ③論理の展開の説得力、④説明の分かりやすさ ○消しゴムで消さずに赤ペンで加除修正する。 ○電子黒板で提示して、自分の意図と助言の内容、推敲の具体の順に説明する。	❷ ❸

評価規準

知識・技能	思考・判断・表現	主体的に学習に取り組む態度
❶具体的な事実やその要因を客観的に分析し、その関係について理解を深めようとしている。　(2)ア	❷「書くこと」において、分析の妥当性や論理の展開について、読み手からの助言を踏まえて自分の文章のよい点や改善点を見いだし、推敲に生かそうとしている。　B(1)オ	❸妥当性のある分析や説得力のある論理の展開のプロセスを見通し、読み手からの助言を踏まえて粘り強く推敲し、自らの意図や他者からの評価に対する考えを明確に伝えようとしている。

〈指導と評価の一体化を図る見取りのポイント〉

①情報の正確な読み取り、②分析の妥当性、③論理の展開の説得力、④説明の分かりやすさ、の４点は、生徒が小論文の相互評価を行う際の観点であると同時に、教師が評価を行う際の観点としても活用できる。①は、グラフ自体がそれほど難解ではないため、「着眼点の例」を踏まえることでほとんどの生徒はクリアできるであろう。②〜④に関しては、その性質上、唯一解は存在せず、多様な小論文の具体が表出してくることが考えられる。小論文自体を観点に基づいて評価することに加え、相互評価で受けた助言を一つの考える材料にして、自分の考えと比較しながら、実際にどのように推敲に生かしたのかを明確に言語化させ、その客観性を評価することで、単元の学習を通した生徒の変容を踏まえた評価につながると考える。

情報を読み取って文章を書こう

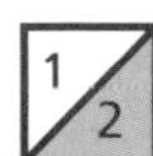

主発問　**あなたはこの問いに対し、どのように原因を予測しますか。**

目標

情報の正確な読み取りと、問いを軸にした客観的な分析の仕方について理解を深めることができる。

評価のポイント

❶多様な着眼点から情報を分析し、その背景にある原因について具体的に推測し、客観性のある説明をしている。　(2)ア

準備物　・教科書 p.173のグラフプリント　・原稿用紙（200字）…ICT 活用も可

ワークシート・ICT 等の活用や授業づくりのアイデア

○教科書の「着眼点」「問いの例」などの先入観がない状態でグラフの情報を読み取らせるため、グラフのみをプリントして配付する。また、電子黒板にも提示し、読み取った事実を全体で共有する際に指し示しながら説明させることで分かりやすく共有できる。

1　導入（学習の見通しをもつ）

〈単元のゴールを確認する〉

T：この単元の最後には、グラフから情報を客観的に読み取り、分析して生まれた考えを基に小論文を書きます。そのために必要な「分析の仕方」を今日は身に付けていきましょう。

2　展開

〈テーマに対する考えをもった上でグラフから情報を読み取る〉

T：皆さんは、人が最も読書すべき時期はいつ頃だと考えますか。

・10代の中高生。いろいろ吸収する時期だからです。

・大学生。時間もあり、社会に出る最後の準備期間だからです。

・30代の働き盛り。仕事や人生に迷う時期のヒントになるからです。

○グラフを電子黒板に提示し、同じものをプリントで配付する。

T：このグラフは、先ほどと同じテーマで世論調査を行った結果です。まずは、グラフをよく見て分かることをノートに箇条書きで書き出しましょう。

○読み取った事実をノートに書く。

＊机間指導で生徒の着眼点をアナウンス

3　終末（学習を振り返る）

〈立場を決めて小論文を書かせる〉

T：この分析を基に、自分の立場を決めて小論文を書いていくよ。答えた人が一番多い立場でもよいし、あえてそうではない立場に立つのも面白いね。その立場に立った根拠として、読み取った情報とその分析を効果的に用いて書きましょう。

○原稿用紙に小論文を書く。

効果的な板書例

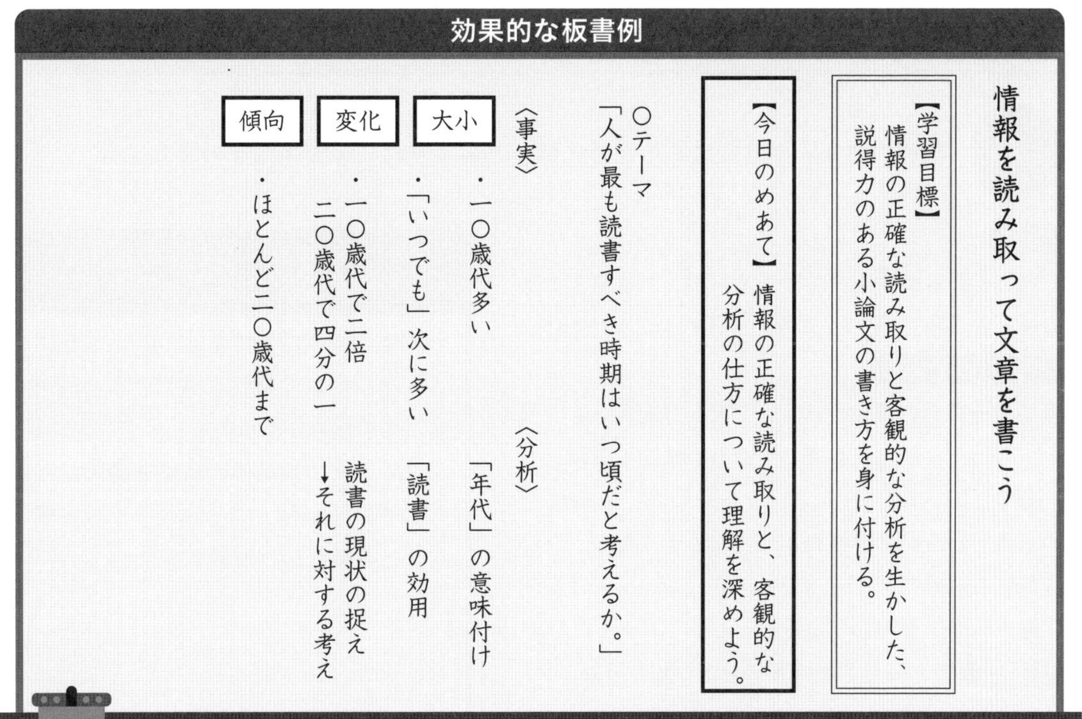

することで、書き出せていない生徒の支援とする。(「○○さんは数値の変化に目を向けているね」など)

○全体で共有する。

〈問いの例を参考にしながら分析する〉

T：グラフがそのようになった原因を分析していきます。「分析」と言うと難しい印象がありますが、「問いを立て、自分なりにその答えを考えること」だと言われると、なんだかできそうな気がしてきませんか。教科書のp.173の「問いの例」を見てみましょう。あなたはこの問いに対し、どのように原因を予測するでしょう。自分なりの答えをノートに書き出しましょう。また、それに加えて例以外にも最低一つくらいは自分なりに問いを立てて分析できるといいですね。

○ノートに考えを書き出す。

・10歳代は中高生の時期。いろいろなことに思い悩む時期で、読書が悩みを解決するヒントになると考えたのではないでしょうか。その時期を経験した大人からの答えなのかもしれません。

〈ペアや全体で分析を紹介する〉

T：ペアでどのように分析したか紹介し合います。聞き手は、問いに対する答えが妥当かどうかという観点で聞き、意見を述べましょう。

○ペアで分析を聞き、意見を述べ合う。

○全体で共有する。

＊まずは、教科書の問いの例に対する答えを共有し、次に、生徒独自の問いと答えを紹介する。聞き手には、答えに対して意見を述べさせることで、分析の妥当性を確かめさせる。

T：問いを立てて分析することで、グラフから読み取れる表面的な情報だけではなく、その奥にある「どのような考えに基づいて人々がそのように回答したのか」という背景が見えてきますね。そうすると、その考えと自分の考えとを比べて、意見をもちやすくなります。

情報を読み取って文章を書こう

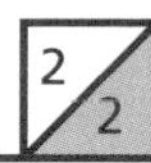

主発問 **説得力のある小論文にするためには、どのようなことが大切なのでしょう。**

目標

読み手からの助言を生かして推敲し、説得力のある小論文の書き方について考えを深めることができる。

評価のポイント

❷四つの評価の観点に基づいて書き方を吟味して推敲したり、他者への評価や推敲の意図を言語化したりしている。 B(1)オ

❸読み手からの助言を生かして粘り強く推敲し、小論文の説得力を生み出す書き方について考えを明確に伝えようとしている。

準備物 ・評価の観点掲示物 ・ICT 端末

ワークシート・ICT 等の活用や授業づくりのアイデア

○評価の観点は本時を通して常に意識させるために黒板に掲示する（時間短縮のために掲示する）。

○ ICT 端末で推敲後の原稿を撮影して電子黒板に提示することで、個の変容を明確化して共有するとよい。

1 導入（学習の見通しをもつ）

〈本時の学習の流れを確認する〉

T：今日のめあては、「読み手からの助言を生かして推敲し、説得力のある小論文の書き方について考えを深めよう。」です。今日は、ペアでお互いの小論文を読み、観点に基づいてアドバイスを述べ合います。それを材料にして、より客観性・説得力のある文章にしましょう。

2 展開

〈観点に基づき小論文を相互評価する〉

○黒板に評価の観点を提示する。

T：ペアで相互評価する際の観点です。

①情報の正確な読み取り、②分析の妥当性、③論理の展開の説得力、④説明の分かりやすさ

①②は前の時間に行った内容です。③は、①②を踏まえて、そこが自分の主張としっかりつながっているかということ。④は、それらが分かりやすく説明できているかという表現の部分です。お互いの原稿を読む際には、この四つを意識して読み、助言を行う際にも、どの観点について話しているのか分かるように、「①番については」などラベリングして話すようにしましょう。

○ペアで読み合い、相互評価を行う。

＊助言はノートに青ペンでメモし、全体

3 終末（学習を振り返る）

〈単元の学習を振り返る〉

T：説得力のある小論文にするためには、どのようなことが大切なのだろう。単元全体を振り返って、ノートに考えを書きましょう。

○考えをノートに書く。

○全体で共有する。

効果的な板書例

情報を読み取って文章を書こう

【学習目標】
情報の正確な読み取りと客観的な分析を生かした、説得力のある小論文の書き方を身に付ける。

【今日のめあて】読み手からの助言を生かして推敲し、説得力のある小論文の書き方について考えを深めよう。

〈評価の観点〉
①情報の正確な読み取り
②分析の妥当性
③論理の展開の説得力
④説明の分かりやすさ

○説得力のある小論文
情報への鋭い着眼点
問い→意味付け　納得感
主張と根拠（分析した内容）⇓　納得感
簡潔さ・説明の順序　分かりやすさ

共有の際に説明できるように指示する。また、1組目のペア活動で助言が活発に行われない場合には、1回目と2回目の間に全体で有効な助言が行われていたペアを取り上げ、例として紹介するのも全体のペア活動の質を上げる上で効果的である。

〈助言を材料に推敲する〉

T：友達からの助言を材料にして、推敲を行います。推敲の際は、初めに書いたものを消さずに、赤ペンで加除修正しましょう。

○推敲する点を原稿に赤ペンで書きこむ。

＊初めの原稿を消さず、赤ペンで加除修正させることで、全体で共有する際に個の変容が視覚的に捉えやすくなる。

〈全体で共有する〉

T：全体に向けて何人かに紹介してもらいましょう。○○さん、ノートと原稿を持って前に来ましょう。

○原稿を ICT 端末等で撮影し、電子黒板に提示する。

T：まずは、初めの原稿を読みましょう。

○原稿を音読する。

T：次に、自分なりに書く際に意識したことを説明しましょう。

○意図を説明する。

T：友達からはどのような助言を受けましたか。

○助言の内容を説明する。

T：それを受けて、具体的にどこをどのように推敲しましたか。

○推敲の具体を説明する。

T：聞いていた皆さんは、どのように感じましたか。

○聞き手が評価を述べる。

＊全体に向けて説明する際には、電子黒板に提示した原稿を手で指し示しながら説明させる。また、ペア活動の際に示した四つの評価の観点を、説明する生徒も、価値付けする教師も明確にして話すことで、説得力のある小論文を生み出す要素について全体を通して意識させたい。

7 価値を生み出す
漢字3　漢字のまとめ／漢字に親しもう5（1時間扱い）

指導事項：〔知技〕(1)ア
言語活動例：これまでに学習した漢字を振り返り、漢字についての理解を深める。

単元の目標

(1)学年別漢字配当表に示されている漢字について、文や文章の中で使い慣れることができる。
〔知識及び技能〕(1)ア
(2)言葉がもつ価値を認識するとともに、読書を通して自己を向上させ、我が国の言語文化に関わり、思いや考えを伝え合おうとする。「学びに向かう力、人間性等」

単元の構想

〈単元で育てたい資質・能力／働かせたい見方・考え方〉

本単元は、中学校３年間を通じて漢字に関連して学習してきた内容の総まとめとなる単元である。１年生では、形声文字における声符と意符について学習し、漢字の成り立ちや組み立てについて学んできた。２年生では熟語の構成や同訓異字・同音異義について学んできた。３年生では熟語の読みの類型や漢字の表意文字としての特長について学んできたところである。ここでは、３年間を通じて言語領域でどのような学習をしてきたかを振り返ることと、それぞれの学習が単発のものではなく、有機的な結び付きをもっていることを実感させたい。

〈教材・題材の特徴〉

本教材は中学校３年間の言語領域の総まとめとして位置付けられている。教科書には実践形式の練習問題が掲載されているが、問題を解いて終わりとするのではなく、それぞれの内容でどのようなことを学習し、何が大事なポイントだったかをよく振り返らせる時間を取ることが大切である。問題に取り組みながら、既習事項の振り返りと定着具合の確認をすることができる教材である。

〈主体的・対話的で深い学びの視点からの授業改善ポイント／言語活動の工夫〉

本教材は、理解の深まっている生徒と、理解が追いついていない生徒で取り組む早さや理解度に大きな差が生まれることが予想される。理解が不十分な生徒には個別支援をしていく必要があるだろう。また、十分に理解が進んでいる生徒に対しては、問題演習で終わらせず、発展課題を提示する準備をしておきたい。例えば、自分たちでオリジナル問題を考案させて出し合わせたり、それぞれの項目で押さえておきたい大切なポイントをＡ４サイズ１枚にレポート形式でまとめさせたりするなど、習熟度に応じて課題の提示を変えることも考えたい。

単元計画

時	学習活動	学習内容	評価
1	1．2年生までに学習した漢字を復習する。	◯漢字の部首、音訓、成り立ちや構成、送り仮名などを確認しながら問題に取り組む。	❷
	2．3年生で学習した漢字を復習する。	◯熟語の読み方、造語力などに気を付けながら問題に取り組む。	❶
	3．「漢字に親しもう5」の問題に取り組む。	◯「漢字に親しもう5」の問題に取り組む。 →教科書 p.290「三年生で学習した漢字」 →教科書 p.302「常用漢字表」	❶

評価規準

知識・技能	主体的に学習に取り組む態度
❶学年別漢字配当表に示されている漢字について、文や文章の中で使い慣れようとしている。(1)ア	❷学習課題に沿って、積極的に漢字を読んだり書いたりしようとしている。

〈指導と評価の一体化を図る見取りのポイント〉

中学校3年間の言語領域の学習の総まとめとなる単元である。学習への取り組み方や、これまでの学習をどのように理解してきたかで学習の進度には個人差が生じるだろう。教師は必要に応じて全体への指導と個別の支援をする場面を使い分けながら指導に当たりたい。

ここでは、学習課題に添って、自ら進んで漢字を読んだり書いたりしている生徒の姿を「概ね満足できる状況」として設定している。

漢字３　漢字のまとめ／漢字に親しもう５

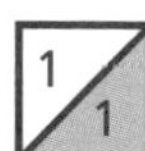

主発問　**漢字を学習し、習得することの意味は何でしょう。**

目標

・漢字について理解を深め、言語文化への関心を高めることができる。

評価のポイント

❶学年別漢字配当表に示されている漢字について、文や文章の中で使い慣れている。　(1)ア

❷言葉がもつ価値を認識し、進んで漢字を読んだり書いたりするなどして、言語文化に関わろうとしている。

準備物　・解答例のプリント（教科書に手書きで解答を加えたもののコピーでもよい）

ワークシート・ICT 等の活用や授業づくりのアイデア

・中学校３年間での漢字の学習を振り返るとともに、漢字を学習し、習得することの意義について、生徒自身が考える機会としたい。機械による文字入力が多くなり、手書きで文章を書くことが少なくなっている現代においては、文化の継承という側面もあることに学習を通じて気付かせたい。

1　導入（学習の見通しをもつ）

T：今回の授業は、漢字について学んだことを振り返るとともに、新出漢字も学んでいきます。

2　展開

〈練習問題に取り組む〉

T：教科書 p.174–175にある練習問題に取り組みましょう。

＊はじめは何も調べずに取り組み、最後まで進んでから、最初に戻って辞書等を用いて自分で調べ直すようにさせると一人学習の経験をさせることができる。

＊机間指導を行いながら、様子を見て個別の配慮が必要な生徒には一緒に問題を解いたり、説明を加えたりしていく。

〈答え合わせを各自で行う〉

T：それでは、答え合わせをしていきましょう。問題が多いので、今日は解答をプリントにして配ります。各自で答え合わせをして、分からなかったところについては、しっかりと赤字で直しましょう。全て終わったら、ノートを

3　終末（学習を振り返る）

〈本時のまとめ〉

T：漢字を中心にとりあげての授業はこれで終わりますが、しっかりと中学校三年間で学習した漢字を振り返っておきましょう。

効果的な板書例

漢字のまとめ／漢字に親しもう5

【学習目標】
漢字について理解を深める。

【今日のめあて】
漢字の学習について中学三年間の学習を振り返ろう。

○漢字を学習することの意義

・日常目にする漢字が読めるようになる。

・漢字の成り立ちや熟語の構成を理解することで、初めて出合う言葉の意味を推測できるようになる。

・自分が自由に使える言葉が増えて、話す時や文字を書くときに表現が豊かになる。

提出してください。

＊教師は机間指導をしながら、生徒の間違いが多い傾向の問題について、全体に対して解説を加えたり、全体で多い間違いの共有をしたりして、補足をするとよい。

＊それぞれの内容でどのようなことを学習し、何が大事なポイントだったかをよく振り返らせる時間を取ることが大切である。

〈漢字学習の意義について考える〉

T：これまで中学校３年間で多くの漢字に関する学習をしてきましたが、漢字を学習することにはどのような意義があったと思いますか。

・漢字を学習することで、読める漢字が増えて、文章を読むのが少し楽になりました。

・漢字をただ覚えるだけではなくて、漢字の成り立ちとか、熟語の作られ方とか言葉そのものについて考えることが楽しかったです。

・漢字はただの文字ではなくて、その成り立ちや、熟語の構成など、いろいろなこととつなげて考えることができました。

・中国から入ってきた漢字が、日本語の中に文化として根付いて大きく影響してきたのが漢字についての学習で分かりました。

7 価値を生み出す

文法への扉2 「ない」の違いがわからない？／文法2 文法のまとめ

（1時間扱い）

指導事項：〔知技〕第1学年(1)エ、第2学年(1)オ
言語活動例：問題を解き、自分で問題を作成したり助言し合ったりする。

単元の目標

(1)単語の類別について理解するとともに、単語の活用、助詞や助動詞などの働き、文の成分の順序や照応など文の構成について理解することができる。

〔知識及び技能〕第1学年(1)エ、第2学年(1)オ

(2)言葉がもつ価値を認識するとともに、読書を通して自己を向上させ、我が国の言語文化に関わり、思いや考えを伝え合おうとする。「学びに向かう力、人間性等」

単元の構想

〈単元で育てたい資質・能力／働かせたい見方・考え方〉

生徒の身の回りにある会話や文に表れている言葉を基に、単語の類別や活用の仕方、助詞や助動詞などの働き、文の成分の順序や照応などの文の構成について理解する機会としたい。そして、日常で見られる会話や文を扱った問題を解く中で、言葉に立ち止まって自分の中で考えたり、他者と対話したりしながら、これまでに学んだ言葉の特徴や使い方を再確認し、確かな知識や技能を身に付けさせていきたい。

〈教材・題材の特徴〉

本教材で、生徒たちはこれまでに学習してきた文法事項に対する自分の理解が、十分であるか不十分であるかを確かめ、言葉と向き合いながら言葉の意味や働き、使い方について考えることになるだろう。このとき、問題を解く中で、言葉の単位や文の組み立て、品詞や活用の仕方について考えたり、助詞や助動詞の働きについて考えたりすることを通して、既習事項である言葉の特徴や使い方を振り返って理解できる題材である。

〈主体的・対話的で深い学びの視点からの授業改善ポイント／言語活動の工夫〉

生徒が文法事項に対して感じる自身の理解度を大切にしつつ、振り返って考える時間や生徒同士の対話を通して言葉の特徴や使い方について考えさせたい。そこで、問題を解く中で互いに助言をし合うことで、理解を促す手立てとした。また、自分が不十分だと感じる内容について問題を作らせることで、言葉の特徴や使い方の理解の深まりを引き出したい。

単元計画

時	学習活動	学習内容	評価
1	1．学習を見通し、目標を確認する。	○この単元の流れと目標を確認する。	
	2．板書された例文を見て違いについて考える。	○「①道がわからない。」「②地図もない。」「③頼りない。」の「ない」の違いについて考える。	
	3．「文法のまとめ」の問題に取り組む。	○各自で問題を解く。 ○必要に応じて、ペアやグループで助言をし合う。 ・助言をする際には、なぜそれが正答になるのかを考えながら伝え合う。 ・必要に応じて p.210「一、二年生の復習」や資料集などを読んで確認する。	
	4．正答を確認する。	○自分がどの文法事項の理解が十分か、不十分かを確認する。	
	5．理解が不十分だった文法事項に関する問題を作成する。	○解いた問題や、教科書、資料集を参考にしながら問題を作成する。	
	6．作成した問題を解き合い、加筆修正する。	○問題と解答についてペアで意見交換をし、加筆修正する。	❷
	7．本時の振り返りをする。	○本時を通して考えた言葉の特徴や使い方について振り返ってまとめる。	❶

評価規準

知識・技能	主体的に学習に取り組む態度
❶単語の類別について理解するとともに、単語の活用、助詞や助動詞などの働き、文の成分の順序や照応など文の構成について理解している。 第1学年(1)エ、第2学年(1)オ	❷粘り強く単語の類別や活用、助詞や助動詞などの働き、文の成分の順序や照応など文の構成について理解し、学習の見通しをもって説明しようとしている。

〈指導と評価の一体化を図る見取りのポイント〉

問題を解く中で、どの文法事項の理解が十分、また不十分かを確かめさせ、その上で問題を作成させることが重要である。また、問題を作成する際には、不十分な文法事項の理解が進むように、解いた問題を参考にさせながら作問させることが大切である。

文法への扉2「ない」の違いがわからない？／文法2文法のまとめ

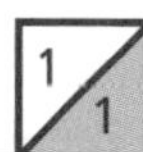

主発問 なぜそれが答えになるか考えて伝え合いましょう。

目標

問題を解いたり作ったりし、言葉の特徴や使い方について理解することができる。

評価のポイント

❶単語の類別について理解するとともに、単語の活用、助詞や助動詞などの働き、文の成分の順序や照応など文の構成について自分の考えを書いている。　第1学年(1)エ、第2学年(1)オ

❷作成した問題を解き合い、自分や他者の問題について検討して説明しようとしている。

準備物　・教科書　・ノート　・資料集

ワークシート・ICT等の活用や授業づくりのアイデア

○教科書の問題を解いて助言をし合う際には、個人で問題に取り組ませてから助言し合わせる。

＊個人で考える機会があることで、自分の理解度を把握しやすくなる。

○ICT端末等を使って問題を作成し、それらを共有して問題を解き合ったり、問題の是非についてコメントし合ったりすることも考えられる。

1 導入（学習の見通しをもつ）

〈目標を確認し、単元の見通しをもつ〉

T：今日は、これまで中学校で学習してきた文法事項のまとめです。まず、問題を解く中で自分の理解が今一歩だと思うものを確かめます。次に、その今一歩だと思うものについて自分で問題を作ります。問題を解いたり作ったりする中で、文法事項についてさらに理解を深めましょう。

2 展開

〈教科書 p.177の例文について考える〉

T：この「①道が分からない。」「②地図もない。」「③頼りない。」という文の「ない」は、文法的には全て違うものです。それぞれの「ない」は文法的にはどのような「ない」だと説明できますか。

・「①道がわからない。」の「ない」は助動詞の「ない」です。

・「②地図もない。」の「ない」は「ある」の反対の「ない」。形容詞です。

・「③頼りない。」は、「頼りない」で一つの単語。一つの形容詞です。

T：この時間には、こうした品詞の違いを考えるものや、それ以外のこれまで学んだ文法事項に関する問題が出てきます。問題を解く中で、どの内容の理解はできていて、どの内容があまり理

3 終末（学習を振り返る）

〈今回考えた文法事項の特徴や使い方について考えて書く〉

T：では、問題を解いたり、作ったりしたことをもとに考えてみましょう。今回出てきた文法的な事柄にはどのような特徴がありますか。また、どのようなことに気を付けて使うとよいと考えますか。

効果的な板書例

文法への扉2／文法2

【学習目標】
単語の類別、単語の活用、助詞や助動詞などの働き、文の成分の順序や照応など文の構成について理解する。

【学習の見通し】
①問題を解き、文法事項の理解度を確認する。
②問題を作り、互いに解き合う。
③学習を振り返り、言葉の特徴や使い方についてまとめる。

【今日のめあて】問題を解いたり作ったりし、言葉の特徴や使い方について理解を深めよう。

①道が分からない。
②地図もない。
③頼りない。

○振り返り
①今回考えた文法的な事柄にはどのような特徴があるか。
②どのようなことに気を付けて使うとよいと考えるか。

解できていないかを確かめていきましょう。

〈教科書 p.215–p.218の問題を解く〉

T：問題を解く中で、分からない問題や自信がない問題が出てきたら、ペアで助言し合ってかまいません。

○問題を解く。助言し合う。

＊ペアで意見交換する以外にも、p.210「一、二年生の復習」や資料集を参考にさせることも考えられる。

＊一人で解くことよりも、自分の理解が不十分なところを知ることを重視するため、助言は積極的にさせる。

＊助言をもらって解いた問題には印をさせておき、あとの問題作成の候補にさせる。

〈正答を確認する〉

T：今から答えを確認します。正答だったものには丸をし、間違っていたものは分かるように印をしてください。間違っていたものも、このあとの問題作成の候補になります。

○答え合わせと問題作成の候補を出す。

＊答えは、教師が確認したり、生徒に言ってもらったり、生徒が黒板に書いていくなどの方法が考えられる。

〈理解が不十分だったものの問題を作る〉

T：問題を解く中で助言をもらって解いたものや、間違えてしまった問題の文法事項について問題を作ります。答えも書いてください。

＊実際に解いた問題の問い方や文を参考にさせて問題を作らせることも考えられる。

〈作成した問題を解き合い、加筆修正する〉

T：お互いが作った問題を解き合いましょう。その際、問題文や答えの是非についても検討し、必要に応じて加筆修正しましょう。

＊教師は生徒の様子を観察し、支援する。

読書に親しむ
本は世界への扉　エルサルバドルの少女ヘスース・紛争地の看護師／読書案内
（１時間扱い／読むこと）

指導事項：〔知技〕⑶オ　〔思判表〕C⑴エ
言語活動例：二つのノンフィクション作品を読み、「印象に残ったワンフレーズ」を選んで、感じたこと、考えたことを伝え合ったり、おすすめの本を紹介し合ったりする。

単元の目標

⑴自分の生き方や社会との関わり方を支える読書の意義と効用について理解することができる。
〔知識及び技能〕⑶オ
⑵ノンフィクション作品を読んで考えを広げたり深めたりして、人間、社会、自然などについて、自分の意見をもつことができる。　〔思考力、判断力、表現力等〕C⑴エ
⑶言葉がもつ価値を認識するとともに、読書を通して自己を向上させ、我が国の言語文化に関わり、思いや考えを伝え合おうとする。　「学びに向かう力、人間性等」

単元の構想

〈単元で育てたい資質・能力／働かせたい見方・考え方〉

二つのノンフィクション作品を読み、自分の生き方や社会との関わり方を見つめ直すことで、読書の意義と効用について理解させ、生涯を通じて読書に親しもうとする態度を育てたい。また、「読書案内」を読むことで、様々なジャンルの本を知る機会をもたせ、読書の幅を広げさせたい。

〈教材・題材の特徴〉

二つのノンフィクション作品はいずれも筆者が実際に見たこと、感じたことを基に描かれ、そこには筆者の強い思いが込められている。生徒は今この瞬間も世界のどこかで争いが起きているという事実を知りながらも、遠い世界のこととして捉えていることが多い。生徒はそうした内戦下にある地域の様子について描かれた作品を読み、筆者の思いに触れることで、必然的に自分の生き方や社会との関わり方を見つめ直すことができるだろう。読書が自分自身の視野を広げ、世界への扉を開いてくれるという実感が、読書の効用と意義に気付かせることにつながる。

読書案内では様々なジャンルの作品が紹介されている。日頃の読書生活においてあまり手に取ることのないジャンルの本への興味を高めることができる。

〈主体的・対話的で深い学びの視点からの授業改善ポイント／言語活動の工夫〉

二つのノンフィクション作品を読む際、漠然と読み、感想を伝え合うのではなく、それぞれ「最も印象に残るワンフレーズ」を選び、その部分から感じたこと、考えたことを発表する学習活動を設定したい。目的をもって二つの文章を読むことは主体的な読みにつながり、自然と自分自身の生

活や生き方と関連付けて読むことができる。「本の世界を広げよう」では、これまでの個々の生徒の読書経験を生かし、教科書に掲載されたジャンルの分類ラベルを利用しながら簡単な本紹介をする場を設定したい。他の生徒の体験や意見、考えに対する生徒の興味は高い。自分が実際に読んだ作品について伝えたり、他の生徒が紹介する本について聞いたりすることは、自ずと主体的な取組を促し、今後の読書生活における読書の幅を広げることにもつながる。

単元計画

時	学習活動	学習内容	評価
1	1.「エルサルバドルの少女ヘスース」と「紛争地の看護師」を読み、最も印象に残ったワンフレーズを選ぶ。	○「エルサルバドル」「イラク」について知っていることを発表し、共有することで、作品に登場する地域への興味を高める。	❶ ❸
	2.ワンフレーズを読み、感じたこと、考えたことを発表する。	○二つの文章の中で最も印象に残ったワンフレーズを選び、感じたことや考えたことも発表する。 ○選んだワンフレーズは、付箋や短冊に書いたり、ICT端末などを利用したりして短時間で共有できるようにする。	❶❷ ❸
	3.「本の世界を広げよう」の見出しを参考にして、「おすすめしたい本」を一冊紹介する。	○7月に取り組んだ「読書を楽しむ」（教科書 p.80）の単元において「本の世界を広げよう」（教科書 p.191-193）を読み、夏休みを利用して、おすすめしたい一冊をあらかじめ選んでおく。あらすじやおすすめする理由、書誌情報も紹介できるとよい。	❶❸

評価規準

知識・技能	思考・判断・表現	主体的に学習に取り組む態度
❶ノンフィクション作品を読み、様々な状況に生きる人々について知ったり、読書の意義と効用について気付いたりしている。 (3)オ	❷「読むこと」において、読書を通して、自分の生き方や社会との関わり方について見直し、気付いたことや考えたことを文章にまとめたり、発表したりしている。 C(1)エ	❸進んでノンフィクション作品を読み、気付いたことや考えたことを伝えようとしたり、積極的に「おすすめしたい本」を紹介しようとしている。

〈指導と評価の一体化を図る見取りのポイント〉

最も印象に残ったワンフレーズを選ぶだけでなく、選んだワンフレーズを基に、自分の考えを書いたり、発表したりすることができているかどうかを見取ることが大切である。ワンフレーズから感じたことや考えたことをまとめ、発表する場を設定することで、ノンフィクション作品の読書をきっかけに、自分の生き方や社会との関わり方について考える体験をさせ、読書の意義と効用に気付かせたい。教科書 p.228の「学習を振り返ろう」において、本単元での学習を振り返らせ、読書の意義を言葉にする学習活動につなげたい。

本は世界への扉 エルサルバドルの少女ヘスース・紛争地の看護師／読書案内

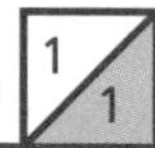

最も印象に残ったワンフレーズはどこですか。また、そのワンフレーズから感じたこと、考えたことは何ですか。

目標

ノンフィクション作品の印象に残ったワンフレーズを発表したり、「おすすめしたい一冊」の発表を聞いたりして、読書の幅を広げることができる。

評価のポイント

❶ノンフィクション作品を読み、読書の意義と効用について気付いている。 (3)オ

❷読書を通して、自分の生き方や社会との関わり方について見直している。 C(1)エ

❸進んでノンフィクション作品を読もうとしている。

準備物 世界地図 ・ICT 端末（付箋、短冊） ・ワークシート01 ・おすすめしたい一冊

ワークシート・ICT 等の活用や授業づくりのアイデア

○印象に残ったフレーズを短時間で共有できるよう、ICT 端末を用意する。

○ワークシートには、ワンフレーズから感じたことや考えたことを書く欄や、他の生徒の本紹介を受けてこれから読んでみたい本をメモする欄を設ける。

○おすすめしたい一冊は夏休みを利用してあらかじめ選書させておく。

1 導入（学習の見通しをもつ）

〈興味を高め、本時の展開を説明する〉

T：今日はまずノンフィクション作品を読み、後半は夏休みに選書した「おすすめしたい本」を友達と紹介し合います。

＊エルサルバドル、イラクから何を想像するか問うことで、興味を高める。

＊ノンフィクションとは何かを共有する。

2 展開

〈二つのノンフィクション作品を読み、最も印象に残ったワンフレーズを選ぶ〉

T：これから二つのノンフィクション作品を読みます。作品の中には様々な状況に生きる人々の生活や言葉、想いが描かれています。初めて知ることや、驚く事実もあるかもしれません。読み終わった後で「最も印象に残ったワンフレーズ」を交流します。印象に残った部分に線を引きながら読んでみましょう。

○教師の音読を聞き、印象に残ったワンフレーズに線を引く。

＊ワンフレーズは文節や文の単位にこだわらず、ある程度自由に抜き出してよいこととする。

＊印象に残った複数箇所に線を引いてよいこととし、最後に一箇所を選ばせる。

3 終末（学習を振り返る）

〈本単元で学んだことを文章にまとめる〉

T：今日はノンフィクション作品を読み「おすすめしたい本」を紹介しました。きっと読んでみたい本に出合えましたね。１時間の学習を通して、新たに気づいたこと、考えたことを書きましょう。

＊「学習を振り返ろう（p.228）」で改めて「読書の意義」を自分の言葉で表現する。

本は世界への扉

【学習目標】ノンフィクション作品を読んだり、本紹介を聞いたりして、読書の幅を広げる。

【今日のめあて】印象に残ったワンフレーズを発表したり、「おすすめの一冊」を紹介したりしよう。

○ノンフィクションとは
創作の混じらない、実際に起きた事実にもとづいて書かれた作品。

▽最も印象に残ったワンフレーズ
・「周りのみんながいい気持ちでいてくれるように、笑顔でいたかったの。」
・「それでも、私は向かわなければならない」

▽何を想像しますか？

＊イラクとエルサルバドルに印を付けた世界地図

▽「おすすめしたい本」紹介
・班の全員が発表する。
・一人四分で発表する。
・あらすじや内容も紹介する。
・「読書案内」のジャンルの分類ラベルを参考にすると内容が伝わりやすい。
・なぜおすすめしたいと考えたか理由を伝える。
・聞き手は、発表を聞き、読みたい本の情報をメモする。

＊あらかじめ模造紙等に書いて用意しておき、黒板に貼って提示する。

〈ワンフレーズを読み、考えたことを発表する〉

T：線を引いた箇所の中で最も印象に残ったワンフレーズはどこですか。また、その部分を読んで感じたこと、考えたことは何ですか。ワークシートに自分の考えを書き、班の中で交流しましょう。

・「周りのみんながいい気持ちでいてくれるように、笑顔でいたかったの。」…劣悪な生活の中でも、自分より周りの人たちの気持ちを優先できるヘスースの言葉に心を打たれました。

・「それでも、私は向かわなければならない」人任せにせず、自分の信念に従って行動する白川さんの言葉が心に残りました。

＊ワンフレーズは付箋や短冊に書いたり、ICT端末などを用いたりして、班で交流する。時間に余裕があれば、選んだワンフレーズだけでもクラス全体で交流する。

〈夏休みに選書した「私のおすすめ本」を紹介する〉

T：ノンフィクション作品を読むことで、今、世界のどこかで起きている様々な事柄について知ったり、考えたりすることができますね。普段なかなか手に取ることのない種類の本を読むと、自分の世界がさらに広がります。夏休みに選書した本を班の中で紹介し合い、読んだことのない本について知りましょう。「本の世界を広げよう」のように、作品の内容やなぜおすすめするのか理由を伝えられると、聞いている人たちも興味が湧きますね。読みたい本の情報は、ぜひワークシートに書いておいて、授業が終わったら探してみましょう。４分おきに声を掛けますので、発表を交代する目安にしてください。

＊一人３～４分程度の発表時間とし、教師が声を掛けることで円滑に本紹介が進むようにする。

＊教師は机間指導を行い、本紹介が滞りなく進むよう助言する。

読書に親しむ
季節のしおり　冬（1時間扱い）

指導事項：〔知技〕(1)イ
言語活動例：教科書やこれまでの古典学習で出会った冬を感じる言葉を「言葉カード」に書き、書きためたカードを編集し、一冊の『季節のしおり』にまとめる。

単元の目標

(1)理解したり表現したりするために必要な語句の量を増し、語感を磨き語彙を豊かにすることができる。〔知識及び技能〕(1)イ
(2)言葉がもつ価値を認識するとともに、読書を通して自己を向上させ、我が国の言語文化に関わり、思いや考えを伝え合おうとする。「学びに向かう力、人間性等」

単元の構想

〈単元で育てたい資質・能力／働かせたい見方・考え方〉

伝統的な言葉、抽象的な概念を表す言葉についての理解を深めるとともに、その言葉が表現している情景や情感などを豊かに想像する機会としたい。正誤・適否だけでなく、そこで使われている言葉が醸し出す味わいを感覚的に捉えたり、感じたことを言葉にすることで心を豊かにしたりさせたい。

〈教材・題材の特徴〉

澄み切った空気、きらめく星、冬にふさわしい作品が散りばめられている。古人も厳しい自然の中に美しさや楽しみを見いだし、生活を豊かにしてきたことだろう。季節の移ろいを感じる心には、時を超えて変わらないものがある。初めて出合う言葉や、ものの見方もあるだろう。多様な表現に触れさせることで、言葉との出合いを大切にする態度を養いたい。

このような気象にまつわる言葉や、季節感にあふれた詩歌や散文は春・夏・秋・冬の４箇所に位置付けられている。裏見返しにある「季節の言葉」や「学びて時に之を習ふ」「俳句の可能性」「君待つと」などとも関連付けて取り組みたい。

〈主体的・対話的で深い学びの視点からの授業改善ポイント／言語活動の工夫〉

一年間の学習を通して言葉との出合いを大切にし、話や文章の中で使うことを通して、語感を磨き、語彙を豊かにする取組の一節としたい。そこで、春・夏・秋・冬の「季節のしおり」を帯単元として設定し、日常生活や学習の中で出合った言葉を「言葉カード」に書きためていくことを通して、継続的に語感を磨き語彙を豊かにする。

今回は書きためた「言葉カード」を編集し、一冊の『季節のしおり』にまとめる言語活動を通して、季節を表す言葉について語感を磨き語彙を豊かにする取組のまとめとしたい。

単元計画

時	学習活動	学習内容	評価
1	1．学習のねらいや進め方をつかみ、学習の見通しをもつ。	○これまでの学習を想起し、気象にまつわる言葉や、季節の情景を詠んだ作品を通して、言葉と出合い、ものの見方・考え方を豊かにする取組のまとめであることを確認する。	
	2．心に残った言葉をカードに書き記す。	○古典の学習で出合った言葉を書きためる。 ○言葉のもつ語感やイメージから浮かぶ情景を書き添える。	❶ ❷
	3．「言葉カード」を編集し、一冊の『季節のしおり』にまとめる。	○春・夏・秋・冬以外にも、生活・気象・動植物など、項目を工夫して章立てをする。 ○全体を総括するタイトルをつける。	
	4．学習を振り返る。	○一年間の「季節のしおり」の学習を振り返り、「あとがき」を書く。	

評価規準

知識・技能	主体的に学習に取り組む態度
❶理解したり表現したりするために必要な語句の量を増し、語感を磨き語彙を豊かにしている。 (1)イ	❷伝統的な言語文化に関するこれまでの学習を生かして、作品中の「冬」を感じさせる言葉に着目し、情景を想像しようとしている。

〈指導と評価の一体化を図る見取りのポイント〉

作品に用いられている言葉の意味を、文脈に沿って吟味し、言葉が醸し出す味わいを感覚的に捉えたり、感じたことを言葉で表現したりできることが大切である。「言葉カード」の解説や感想の記述から、言葉のもつ語感や美しいイメージを、情景とともに感じ取っているか、出合った言葉が使えるものになっているかを見取る。

今回は春・夏・秋・冬の「季節のしおり」の学習を振り返り、「言葉カード」を編集して一冊の『季節のしおり』にまとめる言語活動を通して、どのような視点で編集しているか、「あとがき」で日本語の豊かさについて自分の考えをもっているかを見取りながら、帯単元全体の評価をする。

季節のしおり　冬

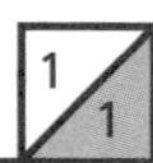

冬にまつわる言葉や作品から冬を感じるとともに、書きためたカードを編集し、一冊の『季節のしおり』にまとめましょう。

目標

理解したり表現したりするために必要な語句の量を増し、語感を磨き語彙を豊かにすることができる。

評価のポイント

❶理解したり表現したりするために必要な語句の量を増し、語感を磨き語彙を豊かにしている。(1)イ

❷伝統的な言語文化に関するこれまでの学習を生かして、言葉がもつ価値を認識するとともに、我が国の言語文化に関わり、思いや考えを伝え合おうとしている。

準備物　・言葉カード 01　・表紙・中表紙用の紙　・綴じ紐

ワークシート・ICT 等の活用や授業づくりのアイデア

○春・夏・秋・冬の「季節のしおり」を帯単元として設定し、継続的に語感を磨き、語彙を豊かにする取組とする。今回は冬を感じる言葉を「言葉カード」に書くとともに、カードを編集し、一冊の『季節のしおり』にまとめる。「あとがき」に言葉がもつ価値についての自分の考えを書かせ、単元のまとめとする。

1　導入（学習の見通しをもつ）

〈学習のねらいや進め方を説明〉

T：「季節のしおり秋」では、文学作品の一部を引用して、紹介文を書きました。

T：今回は冬にまつわる言葉との出合いを通して、ものの見方・考え方を豊かにし、これまで書きためたカードを編集し、一冊の『季節のしおり』にまとめましょう。

2　展開

〈冬のイメージをもつ〉

T：「冬」をイメージするとき、どのような言葉が浮かびますか。

＊「俳句の可能性」、時候のあいさつ、「枕草子序段」等、既習事項も想起させ、イメージを膨らませたい。

〈音読する〉

T：「季節のしおり冬」には、気象にまつわる言葉や、季節の情景を詠んだ作品が散りばめられています。まずは音読を通して、作品を味わってみましょう。

○範読に続いて音読をする。

＊音読する様子を観察し、読みづらい漢字や初めて出合う言葉について説明する。

T：皆さんが「冬」のイメージとして思い浮かべたように、古人も厳しい寒さ

3　終末（学習を振り返る）

〈学習を振り返る〉

T：多くの語句を知っているということは、それだけ感じたことや伝えたいことにぴったり合う言葉をもっているということです。これまでの学びを生かし、古より受け継がれてきた言語文化を大切にし、状況に応じて言葉を選び、思いを伝えることのできる人になってください。

効果的な板書例

季節のしおり

【学習目標】
理解したり表現したりするために必要な語句の量を増し、語感を磨き語彙を豊かにする。

【今日のめあて】書きためたカードを編集し、一冊の『季節のしおり』にまとめよう。

◎「冬」のイメージ
北風　初雪　セーター　白菜　大根　こたつ
正月　オリオン座　木枯らし　クリスマス　時雨
雪だるま

◎言葉カードに書き留めよう

◎「言葉カード」を編集し、『季節のしおり』にまとめよう

手順
・編集する観点を決める
・観点に沿って「言葉カード」を分類する
・章ごとに中表紙を付ける
・目次を書く
・表紙にタイトルを付ける
・「あとがき」を書く
　日本語の豊かさについて考えたこと
　「言葉の力」について思うこと
　言葉がもつ価値
　これまでの学習で身に付けた力　など

やきらめく星に季節の冬の訪れを感じたことでしょう。そこには、時を超えて変わらないものもあれば、変わるものもありますね。

〈心に残った言葉を「言葉カード」に書く〉

T：「この見方・考え方は鋭い、初めて出合った」と感じる言葉があれば、「言葉カード」に書きためておきましょう。

○生徒が線を引く様子を机間指導によって支援する。

〈一冊の『季節のしおり』を編む〉

T：今回はこれまで書きためたカードを編集し、一冊の『季節のしおり』にまとめましょう。

まずは、どのような観点で編集するかを決め、「言葉カード」を分類しましょう。

＊季節で分類するだけでなく、生活・気象・動植物など、項目を工夫して分類をさせたい。

T：分類ができれば、章ごとに中表紙を付け、目次を書きましょう。

〈これまでの学びを意味付ける〉

T：表紙には全体を総括するタイトルを付けましょう。また、「あとがき」には、これまでの学習を振り返り、日本語の豊かさについて考えたことや、言葉がもつ価値や「言葉の力」について思うこと、自分が身に付けた力などを書くようにしましょう。

＊「あとがき」を書くことによって、自分の学びを改めて価値付けることができるように支援する。

＊「あとがき」を帯単元全体の評価とする。

〈『季節のしおり』を班で読み合う〉

T：書きあがった「あとがき」を、班で読み合い、言葉がもつ価値を認識するとともに、思いや考えを伝え合いましょう。

8　未来へ向かって

温かいスープ（3時間扱い／読むこと）

指導事項：〔知技〕(1)オ　〔思判表〕C(1)エ
言語活動例：高次な題材の文章を読み、文章の題名等と内容との関連について感性面や論理面から批評する。

単元の目標

(1)自分の生き方や社会との関わり方を支える読書の意義と効用について理解することができる。
〔知識及び技能〕(3)オ

(2)文章を読んで考えを広げたり深めたりして、人間、社会、自然などについて、自分の意見をもつことができる。　〔思考力、判断力、表現力等〕C(1)エ

(3)言葉がもつ価値を認識するとともに、読書を通して自己を向上させ、我が国の言語文化に関わり、思いや考えを伝え合おうとする。　「学びに向かう力、人間性等」

単元の構想

〈単元で育てたい資質・能力／働かせたい見方・考え方〉

国際社会における人と人との関係や、自分の生き方や可能性について考えることのできる随筆と詩を読む。卒業を前に、視野を広げたり思考を深めたりして、言葉が紡ぐ世界と向き合わせたい。

最後には、これまでの学びの振り返りを冊子の形にして発表し合う活動を設定する。これを通して、中学校における国語学習のまとめとする。3年間、言葉に関して学んだことと、自己の成長や友達と共に学ぶことの価値などとを関連付けさせることで、今後の学びにつなげていきたい。

〈教材・題材の特徴〉

この文章は、哲学者である筆者が、若い頃にパリで大学の講師をしていたときに経験したエピソードである。日本に対する国際的評価が厳しかった中、遠い異国の小さなレストランで味わうことのできたスープ。同時に心にしみた分け隔てない優しさ。そのような人間愛こそが国際性の基調となるという捉え方が述べられる。東京での五輪開催という時宜を得た今般、世界が身近になり、多様な国籍の人と関わる機会が増していることが、生徒にも体感できているだろう。この時期に国際性についての文章を読み、意見を交流することで、卒業後にも生きるような視野の広がりを期したい。

〈主体的・対話的で深い学びの視点からの授業改善ポイント／言語活動の工夫〉

中学生にとっては、やや難解で抽象的な「国際性」というテーマが、平易で感動的な文章でつづられている。その象徴が「温かいスープ」という題名である。導入で、この題名だけを読んで浮かんだイメージ等を話し合わせる。そして文章全体を読み、パリの母子の優しい振る舞いや異国での筆者の人間性について、想像させたい。最終的に、「温かいスープ」は文章にふさわしい題名か、論理的な理由付けと感性に訴える言葉の遣い方の両面を考えさせ、評価させたい。

単元計画

時	学習活動	学習内容	評価
1	1．題名に対する個々のイメージ等を出し合う。 2．学習を見通し、通読する。 3．当時の世界と日本の情勢について考える。	○「温かいスープ」という表現に対して、直感で受けた感情や浮かんだイメージを言葉にし合う。 ○なぜ、この題名なのかを考えながら読む。 ○東京五輪を巡る話題など現在と比べながら、人種意識や国際性などについて思いを出し合う。	❸
2	4．「月末のオムレツの夜」のエピソードを通読する。 5．題名は、この文章にふさわしいものか評価する。	○次について傍線を引きながら読み、交流する。 ・筆者の立ち居振る舞いが伝わる箇所 ・レストランの母子の思いが表れた箇所 ○理由も付けながら、ノートに書き出す。 ○ふさわしくないと考える場合は、差し替えが望ましい候補まで挙げる。	❷ ❷
3	6．題名はふさわしいか、ノートに記した意見を出し合う。 7．今回の学習を振り返る。	○「温かい」「スープ」、各々に対する感性的な印象も、ふさわしいかどうかを評価する理由として踏まえる。 ○観点は次の通り。 ・本の題名や記事の見出しを読むことで、どのような経験があるか。今回学んだことは？ ・文章を読むことは、あなたにどのような「刺激」を与えてくれるのか。	❷ ❶

評価規準

知識・技能	思考・判断・表現	主体的に学習に取り組む態度
❶自分の生き方や社会との関わり方を支える読書の意義と効用について理解している。 (3)オ	❷「読むこと」において、文章を読んで考えを広げたり深めたりして、人間、社会、自然などについて、自分の意見をもっている。 C(1)エ	❸人間、社会、自然などについて進んで自分の意見をもち、今までの学習や経験を生かして批評したり考えを伝え合ったりしようとしている。

〈指導と評価の一体化を図る見取りのポイント〉

語学や芸術の力、事業展開力といった派手で強い印象とは違い「温かい」「スープ」は、各々じわじわと沁みていくようなイメージをもって、筆者が捉えている「国際性」に結び付いていく。また、「熱い」ではなく「温かい」である理由。それらのような意見がもてることを目指す。学習活動4．では、傍線の共有に留まらず線を引いた箇所からどのようなことが分かるのかという読み深めが必要である。また、学習活動5．6．では、学習内容に挙げたことにつながる補助的指示が肝要になろう。

温かいスープ

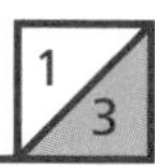

主発問 **ある表現に対して、どんな感情やイメージが浮かんでくるでしょう。自分ならではの言葉にできるでしょうか。**

目標

通読前に題名だけを知り、直感的な情緒や浮かんだ映像的イメージを言葉にすることができる。

評価のポイント

❸初めて出合った表現に対し、既知の知識や生活経験などを生かして自分の捉えた感覚やイメージを確かに表現しようとしている。

準備物 ・考えとその変化などは、ノートに記録する。

ワークシート・ICT 等の活用や授業づくりのアイデア

○ある表現から受けた情緒や浮かんだイメージを言葉にすること、即ち題名読みに通ずる活動については、時期を捉えての「訓練」が必要である。ありきたりな情緒・言葉にまとめてしまわず、自分の思い出や体感、つまりは経験に引き寄せて言葉（文・文章）にするように助言したい。

1 導入（学習の見通しをもつ）

〈3時間を貫く課題に直入する〉

T：今日のめあては、これです。ある表現を読んで、直感で受けた感情や頭に浮かんできたイメージを文章にしてみましょう。例えば「楽しい」とか「朝の教室」などで済ませず、あなたならではの想像力とセンスを生かして文章を書いてみてください。では、「課題の表現」を書きますよ。

2 展開

〈考えを伝え合う〉

T：それでは、書いたことを発言してください。

○まず、グループ内で考えを伝え合う。

○次は、グループ代表が出された考えをまとめて紹介する。教師はこれに対して、さらに詳しい所を探る対話にもち込む。

（例）P：私たちのグループでは「嫌な事ばかり続いて体も心も疲れた時には、こんな食べ物が欲しくなる」などの考えが出されました。

T：心が疲れる、というのは皆さんにあっては、どんなことが具体的な原因だったりするのだろう。……

○あるグループと関連した内容をもつグ

3 終末（学習を振り返る）

〈次回は学習目標の達成に向け、内容を詳しく読み取ることを予告する〉

T：次回は、日本と諸外国との関係性を述べた文章内容から、題名はふさわしいものかどうか批評するために、パリで出会ったレストランの母子と日本人の筆者、それぞれの立ち居振る舞いや心情を読み取っていきましょう。

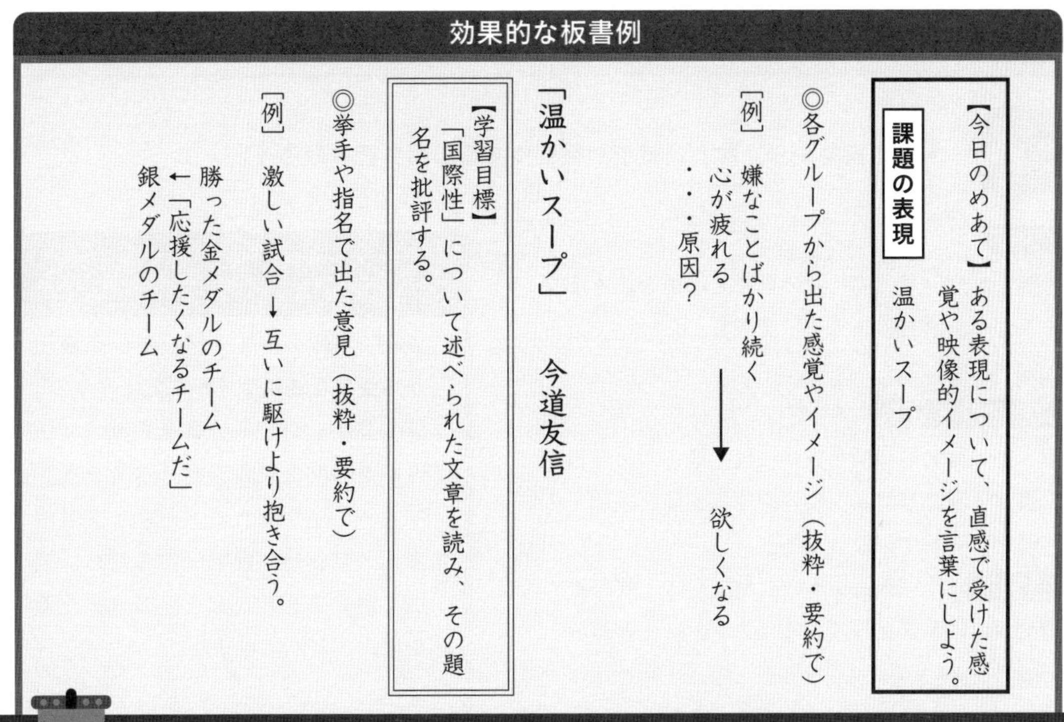

ループを続かせるなど、グループの指名順は教師が差配する。

〈通読する〉

T：実はこの『温かいスープ』とは、これから学習する文章の題名です。全文を読んでいきましょう。どうして『温かいスープ』という題名なのだろうか。そこも考えながら読みましょう。

＊デジタル教科書の音読機能を利用したり、教師の音読で行う。漢字の読みなどをチェックしているか机間指導で見取る。

〈世界の現況を振り返ることで、文章内容（題材）に接近する〉

T：「国際性」について書かれた文章でしたね。国際性と温かいスープが、どう結び付くのでしょう。ところで、この文章は日本人である筆者がパリの街で辛い目に遭うことから始まります。当時の国際関係や日本の置かれた立場が分かりますね。日本では2021年、オリンピック・パラリンピックが開催されました。世界各国の人々の、試合をはじめとした交流が連日のニュースで伝えられたと思います。次の点から印象に残るニュースなどあれば、教えてください。

・選手等の行動、発言
・人と人との触れ合い
・「人種」を意識したこと

○各グループで意見交換をする。

＊教師はグループ間を巡って様子を観察。

○挙手や教師からの指名によって、グループで出されたことを紹介する。

〈感想・意見を文章の冒頭部と比較する〉

T：この文章の冒頭には、第二次世界大戦前後の日本の立ち位置が伝えられています。戦後しばらくは日本はオリンピックにも参加できなかったそうです。どう感じますか。

○指名された数名が、感想や意見など発言する。

温かいスープ

2/3

主発問 **人物の言動から、詳しい様子や根底にある心情を読み取ろう。**

目標

描かれている人物たちの言動と心情を読み取り、そこから、筆者の述べる「国際性」について迫ることができる。

評価のポイント

❷人物の言動や心情を豊かに読み取るため教科書に書き込みをしたり、自分や他の生徒と教師との対話をノートに記録している。 C(1)エ

準備物 ・読み取ったことなどは、教科書の行間や余白に書き込み、さらにノートにまとめる。

ワークシート・ICT 等の活用や授業づくりのアイデア

○前回「『温かいスープ』という表現から受けた情緒や浮かんだイメージ」を言葉にした。その書き込み（ノート）を今回の学習活動「題名を批評する」に生かしたい。題名と文章内容との結び付きを批評するため、感性に訴えてきたことを筋道立った理由付けへと飛翔させたい。

1 導入（学習の見通しをもつ）

〈前時を振り返り今日の目標を確かめる〉

T：前回は「温かいスープ」という表現について直感で受けた感情や頭に浮かんできたイメージを出し合いました。この表現が、なぜ「国際性」について書かれた文章の題名なのでしょうか。今日はそれを解決するために、文章の内容を詳しく読み取っていきましょう。

2 展開

〈課題解決のため作業をしながら読む〉

T：学習範囲は教科書 p.196 13行目から終末までとします。課題は「パリの小さなレストランの母子と日本人の筆者、それぞれの様子や心情を読み取ること」。まずは、双方の言動に線を引きながら学習範囲を読んでみましょう。次に、そこから読み取れる様子や心情等を、教科書の余白等に書き込みなさい。

＊指名された生徒の音読を聞きながら行ってもよいし、各自で黙読しながら行ってもよい。線引きと書き込みの様子を、教師は机間指導しながら支援する。

〈教師との対話により読み深める〉

T：それでは線を引いた所と、そこから読み取った様子や心情を発言してください。

＊教師は発言を確認しつつ、さらに詳し

3 終末（学習を振り返る）

〈次回はそれぞれの考えを発表し合うことを予告する〉

T：次回は、皆さんそれぞれの批評結果と理由を発表し合いましょう。

効果的な板書例

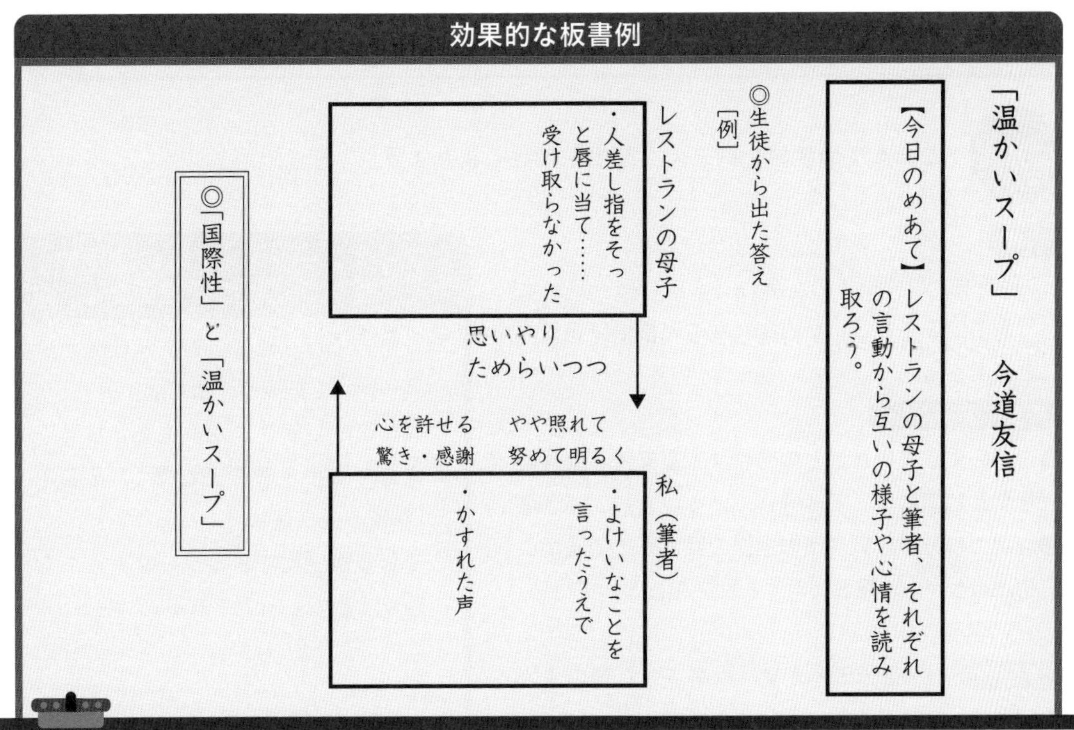

いところを探る対話を引き出す。

（例１）・娘さんの「人差し指をそっと唇に当て……受け取らなかった」に引きました。生活の苦しい私に対する思いやりでしょう。

・「可哀想に」と気の毒がっている？

・いえ。終わりの方に「恥じらいながら」とあります。娘さんも照れてためらいながらだと思います。

（例２）・「月末はいつも半額の二人前のパン」から、私は毎回、娘さんにしか聞き取れないような感謝の言葉を返していたと思います。

Ｔ：その様子は？申し訳なくて暗い表情だったのかな。

・「顔なじみ」ですから、暗いのではなく、いつになく真面目な表情になって感謝したと思います。

〈題名を批評する〉

Ｔ：さて、国際性と温かいスープが、どう結び付くのか。この文章にこの題名はふさわしいものかどうか。理由も付けながら、あなたの批評をノートに書きなさい。その際、次のことに注意しましょう。

①ノートには、前回『温かいスープ』という表現だけを知っての直感やイメージを書きました。それも、ふさわしいかどうかの理由の一つにならないだろうか。

②ふさわしくない、と判断した場合は、代替案つまりこちらの方が題名としてふさわしいと考える表現を上げてほしい。

＊本時は批評（書くこと）に集中させて終了。時間があれば、近くの生徒と読み合うことを指示。

温かいスープ

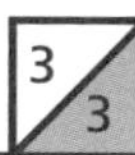

主発問 **これまででの学習を踏まえ、題名を批評しましょう**

目標

「国際性」についての文章に『温かいスープ』という題名はふさわしいか否か、理由と意見を述べることができる。

評価のポイント

❶自分の生き方や社会との関わり方を支える読書の意義と効用について理解している。 (3)オ

❷当初の自分の感覚や他の生徒の発言等まで適切に生かしながら、題名に対する批評をまとめている。 C(1)エ

準備物 ・自分の考えや、板書された他の生徒の理由については、ノートにまとめていく。

ワークシート・ICT 等の活用や授業づくりのアイデア

＊これまでの「題名に対する直感やイメージ」、「批評の下書き」、
本時に取り組む「他の生徒と意見を交歓しての批評の完結版」、そして「学習の振り返り」
これらが一覧できるワークシートを用意するのも一手である。

1 導入（学習の見通しをもつ）

〈前時を振り返り今日の目標を確かめる〉

T：『温かいスープ』という題名について、批評の文章は書けていますか。現在書いていることを聞き合い、それによってお互いの理由などを広げていきましょう。批評の文章を推敲し完結させるのが、今回の学習の締めくくりです。

2 展開

〈立場・理由を明確にしながら伝え合う〉

T：では、『温かいスープ』という表現がこの文章の題名としてふさわしいと判断した人は挙手してください。はい。何名か、書けたことを発表してください。

＊自ら挙手した、あるいは指名された生徒の発表を聞きながら、理由として挙げたことを抜粋・要約して板書で示す。

T：今の意見と同様の理由など書いている人はいませんか？

↓

T：これまでと違った理由を挙げている人はいませんか？

T：それでは、この題名はふさわしくないと判断した人に発言してもらいま

3 終末（学習を振り返る）

〈今回の学習の成果と課題を振り返る〉

T：今回の学習を振り返りましょう。そのための観点は、次の二つです。

①本の題名や記事の見出しを読むことで、どのような経験があるか。この点で、今回学んだことは？

②文章を読むことは、あなたにどのような「刺激」を与えてくれるのか。

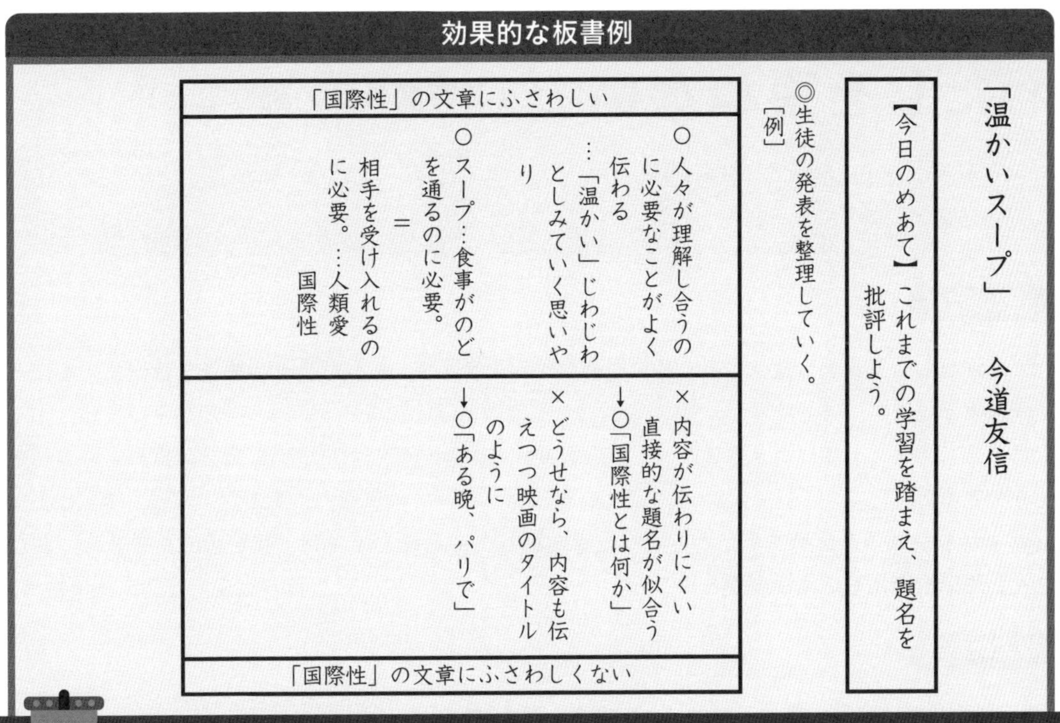

しょう。こちらは、代替案を挙げることも条件としていましたね。

＊賛成・納得派のときと同様、発言中の理由の抜粋・要約、そして代替案について教師が板書して示す。もちろん状況によるが、理由が対比できる板書例のように整理したい。

＊次に迫るような発言が生徒から出なければ、教師から補助的に発問したい。

・どうして「熱い」ではなく「温かい」なのだろうか。「熱い」だったらふさわしい、「熱い」ではふさわしくない、どちらかを理由にしている人はいませんか？

・この文章は「一人一人の平凡な日常の中で試されている」と述べて終わります。この表現について、あなたはどのように捉えていますか？

〈他の生徒の発表内容も視野に入れ、推敲へ〉

T：さて、最終判断をしましょう。他の生徒の発表から、理由の中心になったことを黒板に書き出しました。これらも使って、あなたの批評をよりしっかりしたものにしましょう。黒板の意見に、質問などありますか？

T：それでは、推敲を始めてください。

＊時間や字数に制限を設けることもあってよい。授業者は机間指導によって、立場は明らかか、理由は筋道立てて書かれているか等について支援する。

T：手を止めてください。何人かの批評を読ませてもらいました。指名しますので、皆さんに読んで聞かせてください。

＊指名した生徒の批評について、優れた点を評価する。特に、接続語の遣い方や、それによる構成の仕方など。

8 未来へ向かって

わたしを束ねないで（2時間扱い／読むこと）

指導事項：〔知技〕(1)イ　〔思判表〕C(1)エ
言語活動例：詩の続きを創作し、互いの作品を評価し合う。

単元の目標

(1)詩を理解したり表現したりするために必要な語句の量を増し、語感を磨き語彙を豊かにすることができる。　〔知識及び技能〕(1)イ

(2)詩を読んで考えを広げたり深めたりして、人間、社会、自然などについて自分の意見をもつことができる。　〔思考力、判断力、表現力等〕C(1)エ

(3)言葉がもつ価値を認識するとともに、読書を通して自己を向上させ、我が国の言語文化に関わり、思いや考えを伝え合おうとする。　「学びに向かう力、人間性等」

単元の構想

〈単元で育てたい資質・能力／働かせたい見方・考え方〉

既習の学習内容を生かしながら、作者独自の言葉の選び方、結合の仕方とその効果に着目させ、詩を読み深める力を高めたい。また、詩の中に見いだした表現の工夫や作者のメッセージを基に第6連を創作する活動を設定することで、生徒自身が自分の可能性について考えられるようにしたい。

〈教材・題材の特徴〉

自分を制限する様々なものから解き放たれ、のびのびと、自分らしく生きたいという力強いメッセージが表れた作品である。卒業を目前に控え、自分の生き方について考える3年生に、自分自身を見つめ、自分の可能性について考える機会を与える作品である。6行からなる5連の構成が声に出して読みたくなるような独特のリズムをつくり出しており、生徒の日常の語彙から少し距離のある語もみられるからこそ、生徒の語彙をさらに豊かにすることが期待できる。対比的に配置された比喩表現や象徴表現、体言止めなど、特徴的な表現が多く、表現の工夫とその効果に気付きやすい作品である。

〈主体的・対話的で深い学びの視点からの授業改善ポイント／言語活動の工夫〉

漠然と目的なく詩を読み、感想を伝え合うのではなく、「わたしの第6連を考える」という学習活動を単元の軸として設定することで、詩の語句や表現の工夫、作者の強いメッセージなどについて必然性をもって読み取り、人間の生き方や、自分の可能性について自然と考えることができる。詩を読解し、第6連を創作する前に個々が気付いた点や、見付けた表現の特徴についてクラス全体で共有することで、他者の気付きから学ばせ、詩の読みや創作に生かせるようにしたい。完成した第6連を生徒同士で読み合い評価する活動を通して、語感を磨き、語彙を豊かにさせたい。

単元計画

時	学習活動	学習内容	評価
1	1．詩を音読する。	○難しい語句について、辞書やインターネットを利用して調べる。	
	2．「わたしの第６連」を考えるために、詩にあらわれた作者のメッセージや表現の特徴を読み取る。	○第６連を創作するために、詩にあらわれた作者のメッセージや表現の特徴を読み取る。	❶❷
	3．学習活動２で気付いた点を全体で共有する。	○気付いた点を全体で発表し、共有する。	❶❷
	4．「わたしの第６連」を考える。	○「わたしの第６連」を考える。	❶❷❸
2	5．前時の学習内容を振り返り、本時の見通しをもつ。	○前時発表された意見を確認し、本時の見通しを共有する。	
	6．前時に続いて「わたしの第６連」を考える。	○「わたしの第６連」を創作する。なぜそのような連にしたか創作の意図も書く。	❶❷❸
	7．「わたしの第６連」を読み合い、評価し合う。	○班の中で「わたしの第６連」と創作の意図を読み合い、評価コメントを互いの学習カードに書く。	❷
	8．単元全体で学んだことを文章にまとめる。	○２時間の学習を振り返り、学んだこと、新たに発見したことを学習カードにまとめる。	

評価規準

知識・技能	思考・判断・表現	主体的に学習に取り組む態度
❶詩を理解したり表現したりするために必要な語句を用いて、表現の特徴や作者のメッセージを読み取ったり、第６連の創作に生かしたりしている。 (1)イ	❷「読むこと」において、詩に描かれる状況や作者の思いを読み取り、社会や人間の生き方について考えている。 C(1)エ	❸今までの学習を生かして詩を読み、作品の価値や自分の可能性について考えながら、進んで詩の創作をしようとしている。

〈指導と評価の一体化を図る見取りのポイント〉

明確な意図をもって「わたしの第６連」を創作することが、詩の表現の特徴や作者のメッセージを丁寧に読み取ることにつながるため、学習活動７において創作の意図を明らかにしているかどうかを見取ることが重要である。また、第２時の学習活動８では、本単元を通じて学んだことを単元終了後も詩の読解に生かしていくために、生徒自身が自己の学びを振り返り、まとめる必要がある。授業の感想だけではなく、２時間を通して学んだことや新しく発見したことを生徒自身が認識できているかどうか学習カードから見取る。

わたしを束ねないで

この詩から、どのような表現の特徴や作者のメッセージを読み取ることができますか。

目標

詩を読み、本文の語句を根拠として挙げながら作者のメッセージや表現の特徴を読み取ることができる。

評価のポイント

❶詩を理解・表現するために必要な語句を用いて、作者のメッセージや表現の特徴を捉えている。(1)イ

❷詩に描かれる状況や作者の思いを読み取っている。C(1)エ

❸今までの学習を生かして詩を読み、作品の価値を考えようとしている。

準備物 ・あらせいとうの写真等、難語句に関する資料 ・全文プリント ・ワークシート①01 ・辞書 ・ICT端末

ワークシート・ICT等の活用や授業づくりのアイデア

○表現の特徴や作者のメッセージを読み取る際、根拠となる語句に線を引いたりメモをとったりできるよう全文プリントを用意する。創作した第6連を書き込む余白を用意しておく。

○ワークシートには、第6連と創作の理由を書く欄や、次時に第6連を交流した際、他の生徒が感想を書き込む欄を用意しておく。

1 導入（学習の見通しをもつ）

〈詩を通読し、学習のゴールを説明〉

T：この詩に新たに連を加えるとしたら、あなたはどのような第6連を加えますか。2時間の授業を通して、あなただけの第6連を創作し、読み合いましょう。

*難語句は短時間で調べ、全体で共有する。

*完成した作品を読み合うことを予告し、読者の存在を意識した創作へ導く。

2 展開

〈第6連創作までの展開を確認する〉

T：第6連を書くためにはまず、この詩を丁寧に読み、作者がどのようなメッセージをこの詩に込めているのか、どのような表現の特徴があるのか読み取ることが必要です。今日はまず詩を丁寧に読み、これらのことを読み取りながら、創作のための準備を進めましょう。

*目的なく詩を読解するのではなく、「創作のために読む」という必要感をもたせることで、学習意欲を高めたい。

〈表現の特徴や作者のメッセージを読み取り、クラス全体で発表する〉

T：「わたしを束ねないで」という題名からは作者の強い意志が感じられますね。五つの連それぞれに作者のメッセージがありそうです。全体を通して、作者はどのようなメッセージを伝

3 終末（学習を振り返る）

〈次回は第6連を創作し、交流することを予告する〉

T：今日創作が思うように進まなかった人は、次回の授業までによい言葉を見付けられるとよいですね。いくつか書き始められた人も、さらによい素材を見付けられたら次回の授業で新たに創作してみましょう。

効果的な板書例

「わたしを束ねないで」　新川　和江

【学習目標】詩に込められた作者のメッセージや表現の特徴をとらえ、第六連を創作する。

【今日のめあて】詩に込められた作者のメッセージや表現の特徴を読み取り、共有しよう。

▽難しい語句
・あらせいとう
・こやみなく
・潮

「あらせいとう」の写真
＊知らない生徒が多いことが予想されるので、あらかじめ用意しておく。

▽見付けた表現の特徴
・各連の一行目「～ないで」…強い意志
「～ください。わたしは～」…作者の理想像
・「～のように」直喩・「わたしは～」隠喩が多様されている。
・「稲穂、羽撃き、音、海、潮、水、名、風、段落、文章、詩」体言止め

▽作者が詩に込めたメッセージ
・自分は自由にのびのびと生きたい。
・自分らしさを大切に、ありのままの姿で生きていきたい。
・他人からの評価にしばられたくない。
・

わたしを束ねないで　新川和江

＊詩の全文を模造紙や電子黒板で提示し、生徒の意見発表の際、全体で確認できるようにする。

▽現時点での第六連案
・わたしを整えないで…本、色鉛筆、靴
・わたしを摘まないで…シロツメ草、いちご
・

えようとしているのでしょう。また、どのような表現の特徴が見られるでしょう。気付いたことを発表しましょう。

○個々で考え、ワークシートや全文プリントに書き込み、全体の場で発表する。

・題名と各連の１行目は、「～ないで」という表現になっていて、強い意志が感じられます。
・比喩表現や体言止めの表現が繰り返されています。
・自分は自由にのびのびと生きたいという強いメッセージが伝わってきます。

＊挙手がない場合は、近くの席の生徒と意見を交流する時間を取ってから全体の場での発表にうつったり、班の中で意見を出し合い、まとめたものを班の代表が全体の場で発表したりするとよい。

〈第６連を創作する〉

T：みなさんの発表から、作者がこの詩に込めたメッセージや表現の特徴が明らかになりました。これらを参考にさっそく第６連を考えてみましょう。次回の授業で本格的に創作していくので、今日は練習のつもりで、いくつか案を考えてみましょう。まずは１行目の「～ないで」をいくつか挙げてみましょう。

・わたしを整えないで…本、色鉛筆、靴
・わたしを摘まないで…シロツメ草、いちご

○個々で案を考えたあと、現時点での第６連の内容を共有する。

＊第１時の最後に実際に第６連を創作する場を設定することで、一度創作を経験させる。なかなか書き出せない場合は、次回の授業までに創作のための案を考えることができる。既に書き始められている場合も、次回までにもっとよい語句や表現を思案することができる。

＊短時間でも現時点での案を共有することで、なかなか書き出せない生徒がイメージを膨らませたり、自分の案に自信のない生徒が自信をもてたりするため、ここで一度共有させたい。

わたしを束ねないで

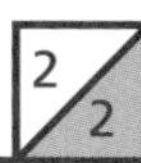

主発問　**第６連をどのような意図をもって創作しましたか。**

目標

第６連を創作することで、語感を磨いたり、社会や人間の生き方について考えたりすることができる。

評価のポイント

❶前時における詩の読解で得た知識を生かして第６連を創作している。　(1)イ

❷詩の創作と交流を通して、社会や人間の生き方について考えている。　C(1)エ

❸進んで詩の創作と交流をしている。

準備物　・全文プリント　・ワークシート②⤓02　・ICT 端末

ワークシート・ICT 等の活用や授業づくりのアイデア

○評価の「おたすけ」語句の提示

＊模造紙やフリップにしたものを提示。

○ ICT 端末の活用

創作した第６連は、班で読み合った後に ICT 端末を用いて全体で読み合う。

＊全体では作品の交流のみにとどめるが、班で発表する際は丁寧に評価させ、他の生徒の作品から学ばせる。創作をしたまま終わりにさせない。

1　導入（学習の見通しをもつ）

〈前時を振り返り、今日のゴールを示す〉

T：前回は「わたしを束ねないで」を読み、作者のメッセージや表現の特徴を読み取りましたね。読み取ったことを基に、第６連を創作し始めました。今日は前回に続き、第６連を書いてみましょう。完成したところで、作品を友達と交流し、互いに評価し合いましょう。

2　展開

〈第６連を完成させ、清書する〉

T：第６連が完成した人は、どのような意図をもって創作したのかワークシートに書きましょう。第６連は、全文プリントに清書しましょう。

〈完成した作品を班の中で読み合い、互いに評価し合う〉

T：これから、班の中で作品を読み合います。全文プリントとワークシートを同時に回し、互いの作品を読んで評価コメントを書き込みましょう。前回の授業で読み取った「作者のメッセージ」や「表現の特徴」が生かされた作品になっているかどうかを観点として評価しましょう。その他にも気付いたことや見付けたよい点があれば、併せてコメント欄に書き、作者に伝えましょう。評価コメントが難しいとき

3　終末（学習を振り返る）

〈本単元で学んだことを文章にまとめる〉

T：「わたしを束ねないで」を読み、第６連を創作して評価し合いました。詩を読み、創作したり、友達の作品を読んだりして新たに発見したこと、学んだことなどをワークシートに書きましょう。

＊自分の言葉で学びを言語化することで、何を学んだか認識させたい。

効果的な板書例

「わたしを束ねないで」 新川 和江

【学習目標】
詩に込められた作者のメッセージや表現の特徴をとらえ、第六連を創作する。

【今日のめあて】 第六連を完成させ、友だちと作品を評価し合おう。

わたしを束ねないで
新川和江

＊前時に使用した全文を提示する。

▽見つけた表現の特徴
・各連の一行目「〜ないで」…強い意志
・「〜ください。わたしは〜」…、作者の理想像
・「〜のように」直喩・「わたしは〜」隠喩が用いられている。
・「稲穂、羽撃き、音、海、潮、水、名、風、段落、文章、詩」体言止め

▽作者が詩に込めたメッセージ
・自分は自由にのびのびと生きたい。
・自分らしさを大切に、ありのままの姿で生きていきたい。
・他人からの評価にしばられたくない。

＊前時発表された意見を提示する。

▽第六連の清書と創作の意図
・第六連の清書…全文プリントに書く。
・創作の意図…ワークシートに書く。

▽詩の交流と評価の方法
・全文プリントとワークシートを班の中で回す。
・一人四分を目安に読み、評価コメントを作者のワークシートに書く。

○詩を評価するときの「おたすけ」語句
特徴・表現・工夫・効果・印象・余韻・リズム・語感・
言葉の選択・言葉の結合・共感・意外性・新鮮・視点・
メッセージ・意図・発見…

は、この「おたすけ語句」を参考にしましょう。「おたすけ語句」はこれまでの詩の学習で皆さんが学んできた、詩を理解したり表現したりする時に使う語句です。評価の観点として参考にしましょう。一人あたり４分程度で評価までできるとよいですね。４分経ったら声を掛けますので、目安にして作品を回してください。

○４分ごとに作品を回し、作者のワークシートに評価コメントを書く。

＊前時出た意見を基に、評価の観点を全体で共有する。

＊時間配分をあらかじめ提示し（一人４分程度)、時間になったら作品を回すよう教師が全体に声を掛ける。

＊詩教材を扱うのは３年間の学習で本単元が最後である。これまでの学習で得た「詩を理解したり表現したりするときに使う語句」を提示し、それらを生かして互いの作品を評価させたい。

＊教師はグループをまわり、読み合いや評価が円滑に進むよう助言する。

〈クラス全体で第６連を読み合う〉

T：それぞれの班で読み合い、評価し合うことができたようですね。これから、クラスのみんなの作品を読み合いましょう。

○ICT 端末を用いて、クラスの仲間が創作した作品を読み合う。

＊ICT 端末への創作作品の取り込みは、ロイロノートの提出箱等の機能を用いて全文プリントの第６連を写真撮影するか、第６連のみをテキストとして個々で入力し、提出させる。ICT 活用によって全体で共有するまでの時間をできるだけ短くし、作品を読み合う時間を長くしたい。

8 未来へ向かって

三年間の歩みを振り返ろう（6時間扱い／話すこと・聞くこと❶、書くこと❸）

指導事項：〔知技〕(1)イ・エ　〔思判表〕A(1)ウ・B(1)イ
言語活動例：3年間の自分の学びの足跡を編集して「個人文集」にまとめて、発表会を行う。

単元の目標

(1)これまで学習してきた多様な語句を相手や場に応じて適切に使い分け、「個人文集」の編集や発表に役立てることができる。　〔知識及び技能〕(1)イ・エ
(2)場の状況に応じて言葉を選ぶなど、自分の考えが相手に分かりやすく伝わるように表現を工夫して「個人文集」の発表をすることができる。　〔思考力、判断力、表現力〕A(1)ウ
(3)自分の選んだテーマについて、相手に自分の考えや学んだことが伝わるように「個人文集」の構成や表現を工夫して「個人文集」にまとめることができる。〔思考力、判断力、表現力〕B(1)イ
(4)言葉がもつ価値を認識するとともに、読書を通して自己を向上させ、我が国の言語文化に関わり、思いや考えを伝え合おうとする。　「学びに向かう力、人間性等」

単元の構想

〈単元で育てたい資質・能力／働かせたい見方・考え方〉

本単元では、中学校3年間の自分自身の「学び」を振り返り、これまで学んできた知識や国語の力を総合的に発揮して「個人文集」にまとめ、発表していく。生徒自らが編集長となって一冊の「個人文集」をまとめ上げる中で、相手（聞き手や読み手）を意識しながら構成や表現を工夫していく力も身に付けさせたい。

〈教材・題材の特徴〉

本単元で三年間の歩みを振り返りながら、「個人文集」にまとめる学習活動は、生徒自身が「これまで」の「学び」を自ら捉え直し、「これから」の「学び」へとつなげる機会となる。また、生徒の主体的な興味や関心によって、オリジナリティのある「個人文集」を完成することができる。こうした「学び」の多様性が異なることの豊かさへの気付きを与え、生徒のものの見方や考え方を広げる。さらに、形に残る記録や思い出として3年間の学びを総括するのに適した題材でもある。

〈主体的・対話的で深い学びの視点からの授業改善ポイント／言語活動の工夫〉

「個人文集」を編集してまとめていく中で、中学校3年間で獲得してきた「理解語彙」を「使用語彙」として各自の表現に役立たせたい。また、相手意識をもって編集することで、構成や表現の工夫についても考えさせたい。発表では、台本に頼るのではなく、要点を絞って話し、発表の途中で相手の反応を見たり、聞き手に問い掛けたりする等、対話的なものになるとよい。なお、入学後から本単元を見据えて生徒の作品や作文、レポート等を計画的に集めて保管しておくと、この機会に一緒に綴じ込むことができ、より内容の充実した「個人文集」が完成する。

単元計画

時	学習活動	学習内容	評価
1	1.「学習の手引き」を読んで単元全体の見通しをもつ。 2. 班で3年間の学びについて振り返る。 3.「個人文集」の「タイトル」を決め、「テーマ」を考える。	○「学習の手引き」を使って全体の計画を確認する。 ○教科書やノート（1～3年生）等を持ち寄って、班で印象に残った学習を話し合う。 ○3年間の自分の学びを象徴する「個人文集」の「タイトル」を決める。 ○「個人文集」でまとめたい「テーマ」を考える。	❶
2	4. 個人文集の構成を考える。 5.「タイトル」や「テーマ」の説明を「まえがき」に書く。	○「テーマ」について「くま手チャート」で発想を広げて観点を深める。 ○「まえがき」に説明を書く。	❺
3・4	6.「個人文集」を作成する。 7. 発表に向けて準備をする。	○探究的な視点から「テーマ」をまとめる。 ○相手に伝わる工夫をして「文集活動」を進める。 ○表紙を書いて、作文等と一緒に綴じ込む。 ○発表するポイントを整理する。	❹ ❺
5・6	8. 発表会を開いて発表する。 ・グループ内発表（全員） ・代表者による発表 ・読み合いによる交流 9. 学習を振り返る。	○班内で順番に発表して、質問したり、感想を述べ合ったりする。 ○各グループの代表者による発表を聞く。 ○「個人文集」を読み合って感想を交流する。 ○「これから」の学びについて自分の考えをまとめる。	❷ ❸ ❻

評価規準

知識・技能	思考・判断・表現	主体的に学習に取り組む態度
❶これまで学習してきた多様な語句を使って編集することで、語感を磨き語彙を豊かにしている。 (1)イ ❷相手や場に応じた言葉遣いを理解し、適切に使い分けて発表に役立てている。 (1)エ	❸「話すこと・聞くこと」において、相手やその場の反応を見ながら、言葉を選ぶなど、自分の考えが相手に分かりやすく伝わるように表現を工夫して発表している。 A(1)ウ ❹「書くこと」において、自分が選んだ「テーマ」について、相手に自分の考えや学んだことが伝わるように構成や表現を工夫して「個人文集」にまとめている。 B(1)イ	❺自分の考えが相手に伝わるように工夫しながら、発表に向けて積極的に準備しようとしている。 ❻「個人文集」の完成に向けて調整を図りながら、見通しをもって、粘り強く取り組もうとしている。

〈指導と評価の一体化を図る見取りのポイント〉

生徒が各自で編集する時間も多いので、学習全体の見通しをもたせ、主体的に文集活動に取り組めるような場の設定と動機付けが必要である。最初の段階で、流れに乗れない生徒は、十分な力を発揮する機会を逃しかねない。そうならないためにも、具体的な学習計画や手引きを示すのが有効である。その上で、「編集」と「発表」、「完成作品」に対して適切に評価していくとよい。

三年間の歩みを振り返ろう

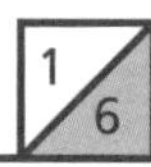

みなさん自身の３年間の学びを象徴する「個人文集」の「タイトル」は何にしますか。また、どのような思いを込めますか。

目標

「個人文集」が完成するまでの見通しをもち、自分の３年間の学びを象徴する「タイトル」を決めることができる。

評価のポイント

❶これまでの学習経験を振り返りながら、「個人文集」に思いを込めた自分らしい言葉を選んで「タイトル」を付けている。 (1)イ

準備物 ・学習の手引き 01 ・教科書とノート（１～３年生） ・ワークシート① 02

ワークシート・ICT 等の活用や授業づくりのアイデア

○「学習の手引き」には、生徒自らが編集長となって「個人文集」を編集できるように、単元全体の計画を示して見通しをもたせるとよい。

○ ICT を活用して、デジタル版の「個人文集」を編集させてもよい。

＊国語の学習記録をデジタル・ポートフォリオにすることで、文集自体もデジタル化することが可能となる。

1 導入（学習の見通しをもつ）

〈文集の完成と発表までの見通しをもつ〉

T：これから「学習の手引き」を配付します。ここには「個人文集」が完成するまでの大まかな流れが書かれています。これを見ると、途中で文集を使って、発表会を行うとも書いてありますね。これから見通しをもって「文集活動」を進めましょう。

＊学習の全体像を示し、見通しをもたせる。

2 展開

〈班で３年間の学びを振り返る〉

T：まず、３年間の学びを班で振り返ろうと思います。１～３年生で使った教科書とノートは持ってきていますか。それらをめくりながら見返してみると、授業や学習での様々な思い出や記憶がよみがえってきますね。これから班になって、印象に残っている学習について話し合いましょう。

○班で印象に残っている学習を話し合う。

＊教科書やノート、作文や作品等を見ることで具体的なイメージをもって３年間を振り返る時間とする。

T：では、それぞれどんな学習が印象に残っていたのか、各班順番に、紹介してください。

○発表により全体で交流する。

＊交流させることで、様々な授業や学習

3 終末（学習を振り返る）

〈次回の学習活動への見通しをもつ〉

T：次回は、各自のテーマをさらに広げていきます。必要な持ち物や資料があれば持参してください。

・授業で書いた作文やレポート

・関連した本や辞典等

＊テーマの候補が思いつかなかった生徒は、家でいくつか考えてくるように伝える。

効果的な板書例

三年間の歩みを振り返ろう①

【学習目標】
三年間の自分の学びを「個人文集」にまとめて、発表会を開き、「これまで」と「これから」の学びについて語り合う。

【今日のめあて】三年間の自分の学びを象徴する「個人文集」の「タイトル」を決めよう。

○単元の学習の流れ
・学習計画を確認する
・「学習の手引き」の活用 ⇓ 見通しをもつ
「これまで」の学び ＝ 入学から今まで（三年間）
「これから」の学び ＝ 中学卒業、高校、大学、社会人

◇「個人文集」の「タイトル」を決める
・「タイトル」…自身の三年間の学習を象徴するもの
・「タイトル」に込めた思い →「まえがき」へ

◇まとめたい「テーマ」を考える
＊編集の方針に関わる
・印象深い授業から広げる
・好きなことを深く追究する
・キーワードから関連付ける
例 「古典を継承する意味」「他者との関わり」「〝ことば〟でたどる詩歌の学習」「私の小説論」等

を全体で振り返る。

〈「個人文集」の「タイトル」を決める〉

T：これから「個人文集」を編集することで、皆さん自身の「これまでの学び」を振り返りながら、「これからの学び」を見つめる機会としましょう。まず、最初に自分の「個人文集」の「タイトル」を決めます。皆さん自身の3年間の学びを象徴する「個人文集」の「タイトル」は何にしますか。また、どのような思いを込めますか。ワークシート①に書いてみましょう。

○「タイトル」とそこに込めた思いを書く。
・「成長」（3年間の自分自身の成長を感じられる文集にしたいから。）
・「道標」（3年間の学びが、これから先の学びも導いてくれそうだから。）
・「ことばの教室」（国語の授業では多くの言葉や表現に出合ってきたから）等

＊自分らしい「タイトル」をつけて「文集活動」を行うことで主体的な取組へつなげる。

〈「個人文集」の「テーマ」を考える〉

T：次はテーマを決めます。「テーマ」は「個人文集」の中心となる部分です。「印象深い授業から広げる」「好きなことを深く追究する」「キーワードから関連付ける」等、自由に考えていきます。いくつか「テーマ」の例を示します。

○「テーマ」の例からイメージを膨らませる。
・「古典を継承する意味」
・「“ことば”でたどる詩歌の学習」
・「私の小説論」等

＊過去の学年のもの等を紹介するとよい。

T：では、教科書やノートを見返して、自分が今回、「個人文集」でまとめたい「テーマ」を考えていきます。おおまかなイメージでも構いません。

○各自で「個人文集」のテーマを考える。

＊3年間のノートづくりや、学習記録の積み重ねが生きてくる部分である。

三年間の歩みを振り返ろう

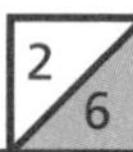

主発問 **今、考えているテーマは、どのような観点から考えを深めていきますか。**

目標

思考ツールを活用して観点を立て、各自がまとめたいテーマについて考えや発想を広げることができる。

評価のポイント

❺「これまでの学び」を振り返りながら、「個人文集」で深めるテーマを考え、完成と発表までの見通しをもって意欲的に取り組もうとしている。

準備物 ・学習の手引き01 ・ワークシート②03 ・付箋 ・ワークシート③「くま手チャート」04

ワークシート・ICT 等の活用や授業づくりのアイデア

○思考ツールを活用して、各自の発想を広げ、考えを整理させる。

＊ロイロノートの思考ツール等、ICT 活用で円滑に進められる。また、クラウド上での共有や保存もしやすい。

○「ミニ・プレゼン」を行って発想や考えを整理する。

＊相手に一度話すことで、自分の考えが整理されていくことも多い。

1 導入（学習の見通しをもつ）

〈文集の完成と発表までの見通しをもつ〉

T：今回は、前回考えたテーマについて、観点を立てて広げていきます。それを友達に伝えながらイメージを膨らませて、全体の構成も考えます。構成がしっかり整うと文集の完成に向けて円滑に進みます。

＊単元全体の中で、本時の学習活動がどのような位置付けになるのかを意識させる。

2 展開

〈思考ツールで発想を広げる〉

T：まずは、思考ツールを使って、各自の立てたテーマから考えや発想を広げていきます。今回は、「くま手チャート」を活用します。ワークシート②の「テーマ」のところに、各自が取り組むテーマを書き入れてください。

○ワークシート②にテーマを書き入れる。

T：テーマからいくつか発想を広げていきます。出てきたアイデアを付箋に書き出して、関連付けたり、整理したりします。具体的なイメージが湧くように、「スピーチ達人への道」というテーマを例に観点を説明します。これを参考にしながら、アイデアを広げてみましょう。

○ワークシート③「くま手チャート」で発想を広げる。

3 終末（学習を振り返る）

〈次時の学習を確認する〉

T：次回から本格的に文集をまとめていきます。「まえがき」については、次回以降も加筆・修正して構いません。今、書けるところまでは終わらせておきましょう。

＊その都度、次回までに仕上げておく目安等を示して声を掛け、全員が「文集活動」のペースに乗れるようにするとよい。

効果的な板書例

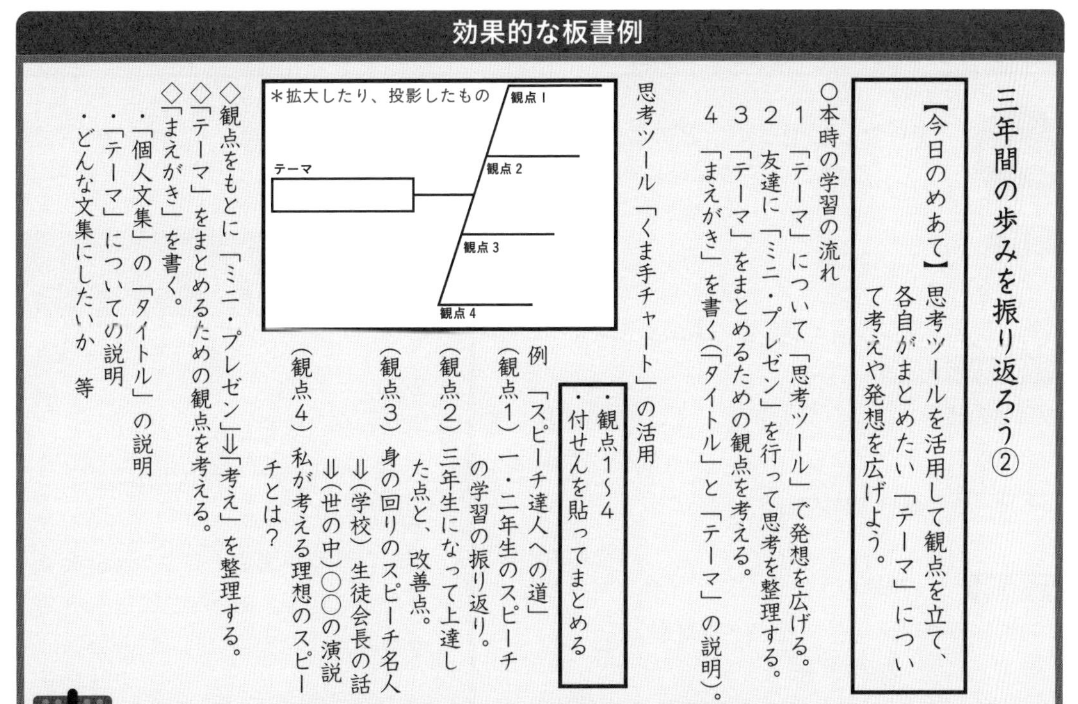

＊付箋を活用することで、マッピングのようにアイデアを広げさせる。

〈「ミニ・プレゼン」で発想を整理する〉

T：では「くま手チャート」で広げたアイデアを使って、今、考えていることを班の友達に「ミニ・プレゼン」してみましょう。各自の発表時間は1分間程度とします。その後、2分間取るので、聞いていた人は質問やアドバイスをしてください。発表者は、それらを参考に、新たに付箋に書き足したり、貼り直したりして構いません。考えや発想を一度、整理することがねらいです。

○各班で一人ずつ順番に「ミニ・プレゼン」を行って、発想を整理する。

＊言語化して相手に話すことで、ばらばらだった発想を整理するきっかけとする。また、友達のテーマの広げ方も参考にできる。活動がなかなか進まない生徒も、友達との関わりの中で学習のペースを調整することができる。

〈観点の候補をいくつか考える〉

T：今度は、より具体的に観点の中身を考えていきます。今、考えている「テーマ」は、どのような観点から考えを深めていきますか。

○観点を決めて、「テーマ」をどのようにまとめるか、編集の方針や方向性を考える。

＊「くま手チャート」で整理したものを活用しながら候補となる「観点」を考えさせる。

〈「まえがき」に説明を書く〉

T：では、最後に、この2時間の学習のまとめとして「まえがき」を書きます。この時間は、「タイトル」と「テーマ」の説明について書きます。「テーマ」については次回も考えるので、書けるところまでで構いません。記念すべき「文集活動」の最初の執筆ですね。

○「まえがき」に説明を書く。

＊毎時間、少しずつ「個人文集」ができあがっていく実感をもたせて活動に取り組ませる。

三年間の歩みを振り返ろう

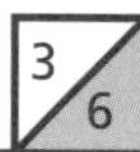

「テーマ」に沿って、どのような探究的な視点からまとめれば、「これまで」の学びを「これから」の学びにつなげることができますか。

目標

テーマに沿って、3年間の自分の学びを「個人文集」に探究的な視点からまとめることができる。

評価のポイント

④自分の選んだ「テーマ」について、「個人文集」の構成を工夫しながら、自分の考えや学んだことを探究的な視点からまとめている。

B(1)イ

準備物 ・学習の手引き⏬01 ・各自が用意した持ち物や資料等 ・ワークシート④⏬05

ワークシート・ICT 等の活用や授業づくりのアイデア

○ICT を活用し、インターネットで調べる。

＊単純な調べ学習にならないように、「テーマ」に対して探究するポイントを明確にさせる。

○現代社会や実生活とのつながりを考えながら、まとめさせることも有効である。

1 導入（学習の見通しをもつ）

〈これからの活動の見通しを示す〉

T：前回、「タイトル」と「テーマ」について考え、「まえがき」を書きました。今日から、本格的な執筆が始まります。各自が編集長となって、責任をもって自分だけの「個人文集」を仕上げましょう。

＊自分らしいオリジナルの「個人文集」を完成させることへの意識を高める。

2 展開

〈「個人文集」の全体構成を確認する〉

T：では、学習の手引きで「個人文集」の全体構成を確認します。完成と発表を見据えて最後まで粘り強く、取り組みましょう。

○「個人文集」の全体構成を確認する。

（表紙）

1．目次

2．まえがき

3．「テーマ」についての探究

4．3年間の作文やレポート、作品等

5．あとがき

6．友達の感想

＊全体構成を示すことで、自分が本時にすべきことの見通しが立つ。

〈探究的な視点からテーマをまとめる〉

T：「テーマ」について、どのような視点から探究すれば、「これまで」の学

3 終末（学習を振り返る）

〈本時の文集活動の進み具合を確認する〉

T：進み具合はどうですか。近くの人と話して、お互いの進み具合を確認しましょう。

○近くの友達と進み具合を確認し合う。

＊進み具合に個人差が出やすいので、目安となる活動のペースを示すとよい。

T：次回は、ある程度の完成を見据えた上で、今日の続きを行います。

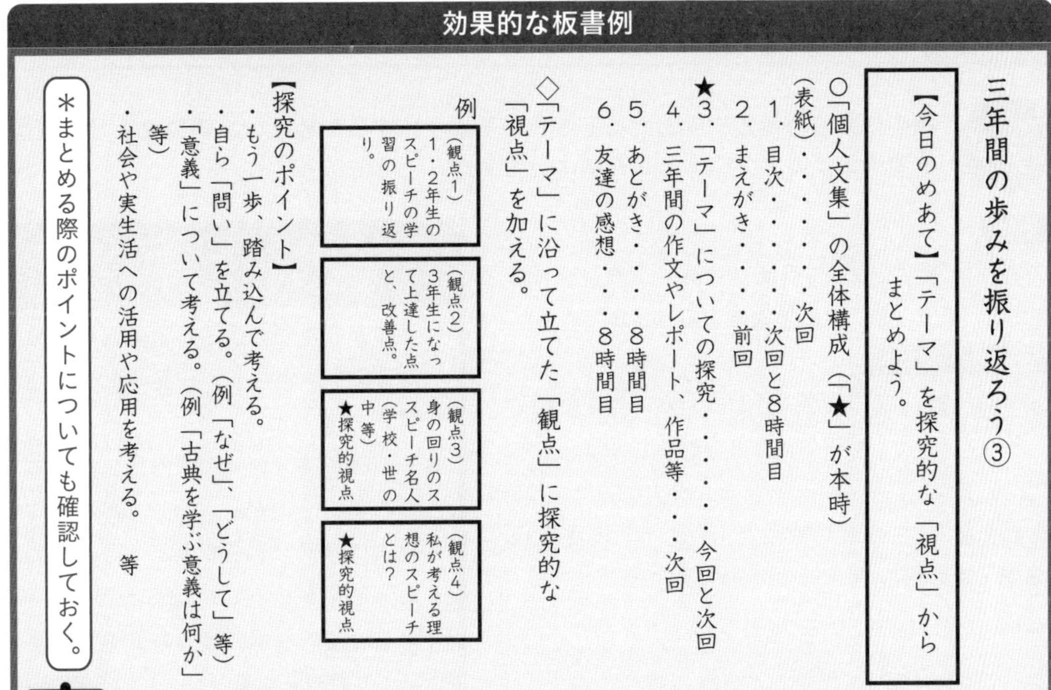

びを「これから」の学びにつなげることができますか。文集活動は、「これまで」の単なる振り返りや学習記録のまとめではなく、これからどう生かしていくか、あるいは学んでいくか等、「これから」の自分の学びにつなげていくことが大切です。各自が決めたテーマについて探究的な視点をもってまとめていきます。「学習の手引き」に示す「探究的な視点」と「まとめる際のポイント」を参考にしてまとめましょう。

○探究的な「視点」から「テーマ」に沿って深め、自分の学びをまとめる。

＊単に教科書やノートをまとめたり、インターネットや本等で調べて書き写したりするだけでなく、自分はどのように考えるか、これからどのように学ぶか等、探究的な「視点」からまとめるようにさせる（板書例を参照）。

＊「学習の手引き」を活用する。

（探究的な視点）
・もう一歩、踏み込んで考える。
・自ら「問い」を立てる。
・「意義」について考える。
・社会や実生活への活用や応用を考える。

（まとめる際のポイント）
・教科書の既習事項や資料を参照する。
　例「魅力的な紙面を作ろう」（教科書 p.54～57）、「発想を広げる―表現テーマ例集」（教科書 p.268～269）
・読み手（相手）を意識する。
・見出しやキャッチコピー等を工夫する。
・写真やイラスト、図表を利用する。
・インターネットや本等から引用する。
・文字の大きさ、色、配置、書体を工夫する。
・冊子の例（教科書 p.207）を参考にする。
　→過去の生徒の文集作品を例として示してもよい。

三年間の歩みを振り返ろう

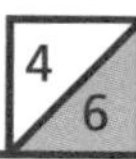

相手に自分の考えや学んだことが伝わるようにするためには、編集長として構成や表現をどのように工夫すればよいですか。

目標

「相手意識」をもって構成や表現を工夫して「個人文集」をまとめ、発表準備をすることができる。

評価のポイント

⑤相手に伝わるような工夫をしながら、発表のポイントを押さえ、積極的に発表準備をしようとしている。

準備物　・学習の手引き 01　・板目厚紙（表紙・裏表紙）　・ワークシート⑤ 06

ワークシート・ICT 等の活用や授業づくりのアイデア

○生徒が 3 年間の国語学習で取り組んだ作文やレポート、作品等を一緒に「個人文集」に綴じ込む。

＊その他、コンクールに出品した作文等のコピーを保管しておくのもよい。

○発表はポイントを押さえて行い、文集は完成後にも改めて読み合う。

＊メモ程度の原稿で自分の言葉で口頭により発表させる

1　導入（学習の見通しをもつ）

〈発表までの見通しをもつ〉

T：今回も文集活動を進めていきます。この時間の後半には、皆さんが 3 年間で取り組んだ作文やレポート、作品等を返却して文集に綴じ込む時間も取ります。次回は、ここまでの文集活動の取組について全員が発表します。

＊次回の発表を見通して本時の活動をさせる。

2　展開

〈「個人文集」を読む相手を意識する〉

T：前回、「個人文集」を「まとめる際のポイント」の中で、「読み手を意識する」を挙げました。皆さんは誰に読んでもらうことを意識して文集をまとめていますか。

・自分
・友達
・家族等

T：そうですね。もちろん、自分も大切な読み手の一人ですが、皆さんの友達や家族等、自分以外の人も読み手となるかもしれません。そのため、自分以外の相手に伝えるための構成や表現の工夫が必要になってきます。相手に自分の考えや学んだことが伝わるようにするためには、編集長として構成や表現をどのように工夫すればよいですか。

3　終末（学習を振り返る）

〈次回に向けての見通しをもつ〉

T：次回は、発表を行います。全員が班内で、順番に発表します。限られた発表時間ですが、先ほどのポイントを押さえて、自分の言葉で工夫して友達に伝えられように練習しておくとよいでしょう。

＊自分の率直な言葉で述べること、相手に伝えるために工夫することを伝えておく。

効果的な板書例

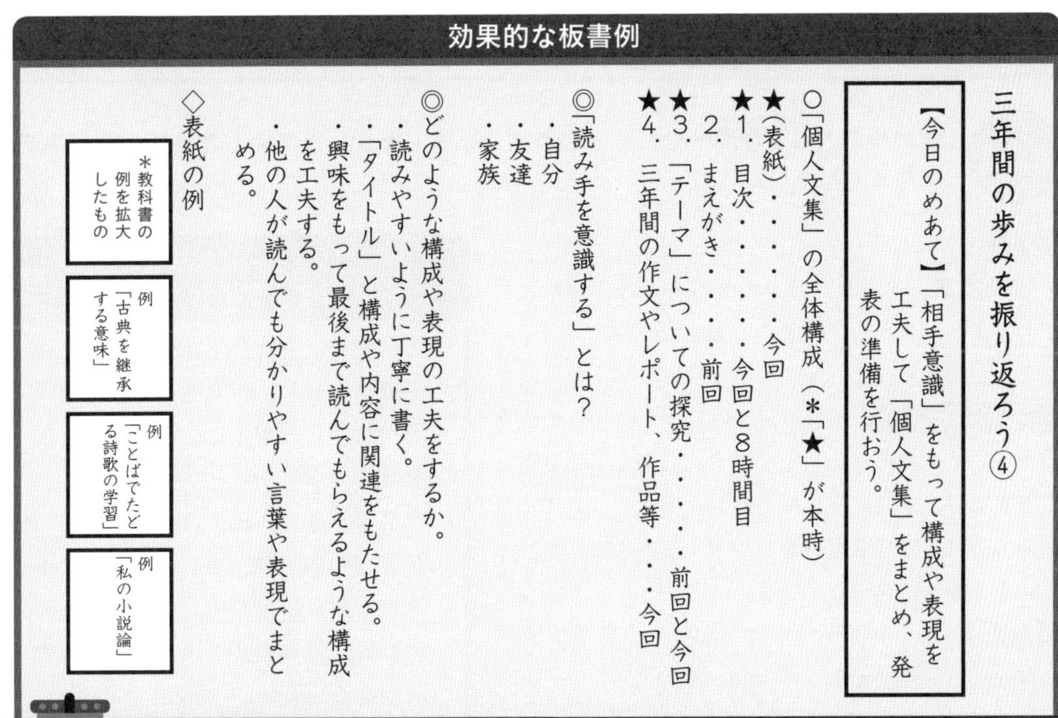

・読みやすいように丁寧に書くことです。
・「タイトル」と構成や内容に関連をもたせることです。
・興味をもって最後まで読んでもらえるような構成を工夫することです。
・他の人が読んでも分かりやすい言葉や表現でまとめることです。
＊相手意識をもつことで、「個人文集」の構成や表現について細かいところまで工夫しようとする意欲をかき立てる。
＊自分本位にまとめるのではなく、「編集長」として「個人文集」全体を俯瞰させて、責任をもって取り組ませる。

〈発表に向けて文集活動を進める〉

T：それでは、次回の発表に向けて文集活動を進めていきましょう。
○各自で発表に向けて文集活動を進める。
＊全体の進み具合を確認しながら、思うように進んでいない生徒へは、個別で声を掛けたり、支援したりする。「学習の手引き」に書き方の例を載せておくのも有効である。

〈表紙を書いて、作文等と一緒に綴じ込む〉

T：表紙用の厚紙と、皆さんの作文やレポート、作品等を返却するので、一緒に綴じ込みます。
○表紙を書いて、１～４を一緒に紐で綴じ込む。
　１．目次（８時間目にも書き加える）
　２．まえがき
　３．「テーマ」についての探究
　４．３年間の作文やレポート、作品等
＊表紙は、教科書の例（p.205）のように簡単に書かせる（過去の例を示してもよい）。絵やイラストばかりに夢中にならないようにする。

〈発表するポイントを整理する〉

T：発表に向けて「まえがき」「『テーマ』についての探究」「自分が３年間で学んだこと」の三点についてまとめます。
○発表に向けてポイントを押さえて準備する。
＊口頭で発表できるようにさせておく。

三年間の歩みを振り返ろう

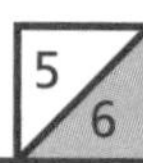

他の班の人にぜひ聞かせたいという人はいましたか。班で話し合って、代表者を決めてください。

目標

「個人文集」を基に、自分の学びや考えが相手に伝わるように工夫して発表し、考えや感想を交流することができる。

評価のポイント

❷相手やその場の反応を見ながら、適切な言葉や表現を選び、発表に役立てている。 (1)エ

❸自分の考えが相手に分かりやすく伝わるように表現を工夫して発表している。 A(1)ウ

準備物 ・学習の手引き ⤓01 ・個人文集 ・ワークシート⑥⤓07

ワークシート・ICT 等の活用や授業づくりのアイデア

○班内で発表を行い全員が発表する場を設定する。

＊自分の学びを相手に伝える学習経験を全員に「実の場」で積ませる。

○代表者を選出するポイントを示す。

＊代表者の選出は、相互評価する力を高める機会ともなる。また、代表者は前に出て発表する以外に、それぞれ他の班へ移動して発表してもよい。

1 導入（学習の見通しをもつ）

〈本時のねらいと流れを確認する〉

T：今日は「個人文集」の発表を行います。発表を通して、お互いがこの３年間、どのように学んできたのかを交流します。全員が班内で発表を行った後に、各班の代表者による発表も行います。

＊発表のねらいを明確にし、その上で、発表の全体の流れについても共有する。

2 展開

〈班内で順番に全員が発表を行う〉

T：まずは、班内での発表を行います。発表する内容は、前回伝えた３点です。
- ・「まえがき」
- ・「『テーマ』についての探究」
- ・「３年間で学んだこと」

＊発表する際のポイントや例を示しておくと、発表が苦手な生徒への具体的な支援の手立てにもなる。

（参考）教科書 p.206「発表会を開く」の例

T：発表者は、一人３分で発表するので、他の人は、ワークシート⑥にメモを取りながら聞きます。発表後、２分間の時間を取るので、質問をしたり、感想を述べ合ったりします。それでは、始めてください。

○順番に班内での発表を行う。

＊班ごとに司会者を決め、タイマー等を渡して進行させてもよい。その場合、

3 終末（学習を振り返る）

〈発表を終えての感想を共有する〉

T：皆さん、今日の発表はどうでしたか。では、何人かの人に感想を聞いてみます。

○自分や友達の発表について感想を述べる。

＊発表を終えて感じたことを共有する。友達の発表のよかったところ等を共有する。

T：次回は、「個人文集」を仕上げて、読み合います。

効果的な板書例

三年間の歩みを振り返ろう⑤

【今日のめあて】お互いに自分の学びや考えが相手に伝わるように工夫して発表して、考えや感想を交流しよう。

・「タイトル・テーマについて」
・「『テーマ』についての探究」
・「三年間で学んだこと」

◎発表する内容

(1) 班で発表【二〇分】
＊本時は、四名班を想定
①発表　(三分)
②質問・感想 (二分)
★一人の発表は五分とする。

05：00

(2) 班の代表を「一名」決める【五分】
・発表内容や工夫、発表の様子
・「個人文集」の仕上がりや発表での活用
★他の班の人にぜひ聞かせたいという人を選出する。

(3) 代表者二名による発表【一〇分】
＊本時は、代表二名
①発表 (三分)
②質問・感想 (二～五分)
★隣の班へ代表者が移動して発表する。

日頃からの取組が必要となる。

【班内発表の補足】

(1)班内発表の例

・4名の場合は、4名×5分【20分】
・5名の場合は、5名×5分【25分】
　①発表（3分)、②質問・感想（2分）

〈班の代表を決める〉

T：各班の代表者を決めます。他の班の人にぜひ聞かせたいという人はいましたか。時間を取るので班で話し合って、代表者を決めてください。

○班で話し合って代表を決める。

【班代表決定の補足】

(2)班の代表を決める

・発表内容や工夫、発表の様子
・「個人文集」の仕上がりや発表での活用
→他の班の人にぜひ聞かせたい生徒を選出する。

＊選出で、生徒同士が相互評価する力も育てる。

〈各班の代表が移動して発表を行う〉

T：各班の代表者は移動して発表してください。

○代表者は移動して発表を行う。

【代表発表の補足】

(3)代表者による発表の例

・1名の場合は、【8分】でじっくり行う
・2名の場合は、【5分】×2名で行う
　①発表（3分）
　②質問・感想（2～5分程度）

★代表者は、1人は「時計回り」、2人の場合は「反時計回り」に移動して行う。

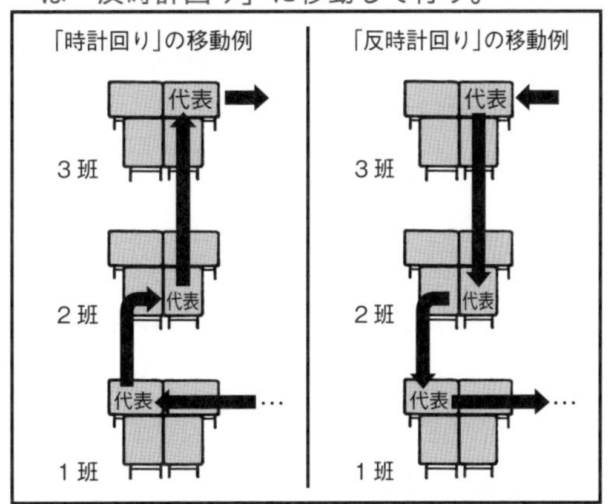

三年間の歩みを振り返ろう

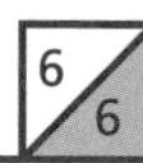

皆さんのこれまでの三年間の学びは、これから先の学びにどのように生かすことができますか。

目標

完成した「個人文集」を読み合って感想を交流することで、「これから」の学びを考えることができる。

評価のポイント

⑥構成や表現を工夫して、最後まで粘り強く「個人文集」の完成に向けて取り組もうとしている。

準備物　・学習の手引き01　・個人文集　・原稿用紙（感想記入用）　・ワークシート⑦08

ワークシート・ICT 等の活用や授業づくりのアイデア

○３年間の集大成として行うために、系統的に「文集活動」に取り組む。
＊個人や班の単位で定期的に「文集活動」を行うのも効果的である。
例１　１年生の国語で学んだこと
例２　『走れメロス』感想集　等
→３年生の「文集活動」のときに返却して、「個人文集」の中に一緒に綴じ込むことも可能である。

1　導入（学習の見通しをもつ）

〈単元のまとめを意識させる〉

T：いよいよ文集活動も今日が最後です。この時間で「個人文集」を仕上げたら、お互いに読み合って、感想の交流を行います。その中で「これまで」と「これから」の学びを大いに語り合いましょう。

＊単元のまとめを意識させた上で、本時の学習の意義を明確にして取り組ませる。

2　展開

〈「あとがき」を書いて仕上げる〉

T：最初に、「個人文集」を完成させます。これから「目次」と「あとがき」を仕上げます。原稿用紙を２枚ずつ配付するので最後のページに一緒に綴じ込んでください。後でここに互いに「個人文集」を読み合って感想を書きます。「あとがき」は、次の２点についてまとめていきます。

①「文集活動」の学習（編集・発表）を振り返る。
②「これまで」と「これから」の学びについて自分の考えをまとめる。

○「目次」と「あとがき」を書き、「個人文集」を完成させる。
＊文集活動全体を振り返るとともに、３年間の学びにも目を向けさせ、「こ

3　終末（学習を振り返る）

〈単元全体のまとめを行う〉

T：今回の文集活動は、「これから」の学びへの新たなスタートにもなります。これからも国語を学び続けていきましょう。

＊３年間の総括として、これから先も、国語の学びは続いていくことに気づかせたい。また、生涯に渡って言語生活や読書生活を豊かにしていく意義も伝えたい。

効果的な板書例

三年間の歩みを振り返ろう⑥

【学習目標】
三年間の自分の学びを「個人文集」にまとめて、発表会を開き、「これまで」と「これから」の学びについて語り合う。

【今日のめあて】完成した「個人文集」を互いに読み合って、感想を交流しよう。

○「個人文集」の全体構成（＊「★」が本時）
（表紙）
★1．目次・・・・・今回
2．まえがき
3．「テーマ」についての探究
4．三年間の作文やレポート、作品等
★5．あとがき・・・今回
★6．友達の感想（最終ページ）・・・今回

◇「あとがき」を書く。
①「個人文集」の作成と編集、発表を振り返る。
②「これまで」と「これから」の学びについて、自分の考えをまとめる。

◇完成した「個人文集」を読み合って、感想を交流する。
・友達と交換して読み合い、お互いに感想を書く。
→最終ページ「友達の感想」へ直接、書き込む。

◎「これから」の学びに生かすためには？
・国語を学ぶ意義を自分でも考え続ける。
・自分が興味や関心をもったことを探究する。
・学習を実社会や実生活と関連させる。
・…

れまで」と「これから」の学びをつなげていくことを意識させる。

〈「個人文集」を読み合って感想を交流する〉

T：「個人文集」は完成しましたか。しっかりと綴じ紐で結んでください。これからお互いの「個人文集」を読み合います。読み終えたら、友達の文集の最終ページにある原稿用紙に感想を書きます。前半は、班内で行って、後半は、教室内で自由に交換して読み合います。

○「個人文集」を読み合って感想を交流する。

＊「学習の手引き」に、友達の文集を読んで感想を書く際のポイントを示しておく。
・「なるほど」と納得、共感したところ。
・友達の考えや工夫がよく表れているところ。
・自分の学びに生かしたい。等

＊学校の実態や生徒の人数に応じて交流の仕方を工夫する。人数が多い場合は、今回のように前半は、班（4～8名程度）で読み合った後に、後半は、時間を決めて教室内で自由に交流させるのも有効である。その他、教室全体で回し読み（例　5分で交換等）をして、感想を書き合ってもよい。

〈「これから」の学びに生かす視点をもつ〉

T：完成したオリジナルの「個人文集」は、そのタイトルに込められた思いと一緒に、一人一人の三年間の学びを象徴するものです。この学びを「これから」先の学びにつなげ、どのように生かすことができますか。

○挙手により発表して、考えを共有する。
・国語を学ぶ意義を自分でも考え続ける。
・自分が興味や関心をもったことを探究する。
・学習を実社会や実生活と関連させる。等

＊「文集活動」を通して振り返った3年間の学びを「これから」の学びにつなげて、今後の学びに生かせるようにワークシート⑦に考えをまとめていく。

＊近くの生徒同士で少し意見交換をしてからの方が、手を挙げやすい。

8 未来へ向かって

漢字に親しもう６（１時間扱い）

指導事項：〔知技〕(1)ア
言語活動例：新出漢字について理解し、問題を解いて漢字の理解を深める。

単元の目標

(1)学年別漢字配当表に示されている漢字について、文や文章の中で使い慣れることができる。
〔知識及び技能〕(1)ア

(2)言葉がもつ価値を認識し、進んで漢字を読んだり書いたりするなどして、言語文化に関わろうとすることができる。
「学びに向かう力、人間性等」

単元の構想

〈単元で育てたい資質・能力／働かせたい見方・考え方〉

新出の漢字を学習する中で、既習の漢字と音符や意符が共通しているかどうか、どのような熟語で使われている字か考えながら学習するような姿勢を育みたい。単なる知識の吸収としてではなく、今後の生活や学習の中で場面に応じて読んだり書いたりできるように、活用場面を意識させるような働きかけをしていきたい。

〈教材・題材の特徴〉

新出の漢字の書き方や音訓を学び、それらを用いた熟語を知ることで、活用できる語彙として身に付けられるように実践的な問題演習まで設定されている教材である。新しく覚えた漢字の知識をすぐに用いて生徒がもつ語彙を豊かに耕していくことが期待される教材である。

〈主体的・対話的で深い学びの視点からの授業改善ポイント／言語活動の工夫〉

個人学習が中心となる教材ではあるが、既習の漢字との関連に話題を拡げたり、該当する漢字を含む熟語を出し合ったりするなど、授業内に教室で扱うからこそ行える学習も展開できる。機械的に暗記をさせるのではなく、どの部分が意符で、どの部分が音符かを板書で整理したり、別の部首に替えるとどの漢字になるか考えさせたりするなど、生徒が主体的に関わりながら新出漢字を学んでいけるような教師の働きかけをしていきたい。

単元計画

時	学習活動	学習内容	評価
1	1．新出漢字を確認する。 2．練習問題に取り組む。 3．小グループをつくり、漢字クイズを出し合う。	◯漢字の音訓、部首、送り仮名などの既習事項を思い出させる。 ・言葉の意味が分からないときは、教科書掲載の資料ページや国語辞典等で調べさせるとよい。 →教科書 p.290「三年生で学習した漢字」 →教科書 p.301「三年生で学習した音訓」 →教科書 p.302「常用漢字表」 ◯小グループ内で漢字クイズを出し合う。 →「音読みが『シュ』で始まる漢字」 →「くさかんむり」が付く漢字 →画数が16画以上の漢字	❶❷

評価規準

知識・技能	主体的に学習に取り組む態度
❶学年別漢字配当表に示されている漢字について、文や文章の中で使い慣れている。　(1)ア	❷言葉がもつ価値を認識し、進んで漢字を読んだり書いたりするなどして、言語文化に関わろうとしている。

〈指導と評価の一体化を図る見取りのポイント〉

言語に関する領域の学習では、日常の言葉について理解を深め、言葉に関心をもたせるようにしていくことを目指したい。単に熟語が読める、という段階に留まるのではなく、どのような組み立てから成り立っている熟語なのか、どのような語源があるのかなど、日常的に言葉に対して関心をもてるような生徒の育成を目指したいものである。

ここでは、新出漢字の部首や音訓、その漢字を用いた熟語について知ろうとしたり、新出の漢字を進んで読んだり書いたりしている生徒の姿を「概ね満足できる状況」として設定している。

漢字に親しもう 6

主発問 **新出漢字を使い分けられるようになりましょう。**

目標

・新出漢字について学習しながら漢字に対する理解を深め、言語文化への関心を高めることができる。

評価のポイント

❶学年別漢字配当表に示されている漢字について、文や文章の中で使い慣れている。 (1)ア

❷言葉がもつ価値を認識し、進んで漢字を読んだり書いたりするなどして、言語文化に関わろうとしている。

準備物 ・特になし

ワークシート・ICT 等の活用や授業づくりのアイデア

・単なる新出漢字の暗記や、問題演習のみで終わらないように、既習の漢字を用いてクイズ形式で生徒が互いに問題を出し合うような活動などを通じて、生徒が漢字を積極的に使っていこうとする意識をもたせ、漢字に対する抵抗感をもたないように配慮したい。

1 導入（学習の見通しをもつ）

T：今回の授業は、これまでの漢字の学習を振り返りながら、問題を解いてみます。

2 展開

〈新出漢字の確認をする〉

T：それでは、新出漢字の書き方、読みの確認をしていきましょう。まずは書き方の確認からです。書き順も意識しながら、板書に合わせながらノートに練習しましょう。

T：練習ができたら、この漢字を使った例文を作って書いてみましょう。

〈練習問題に取り組む〉

T：教科書 p.208にある練習問題に取り組みましょう。

＊はじめは何も調べずに取り組み、最後まで進んでから、最初に戻って辞書等を用いて自分で調べ直すようにさせると一人学習の経験をさせることができる。

＊机間指導を行いながら、様子を見て個別の配慮が必要な生徒には一緒に問題

3 終末（学習を振り返る）

〈本時のまとめ〉

T：漢字を中心的に取り上げての授業はこれで終わりますが、しっかりと中学校３年間で学習した漢字を振り返っておきましょう。これからも、漢字への関心を高め、意識して使っていけるとよいですね。

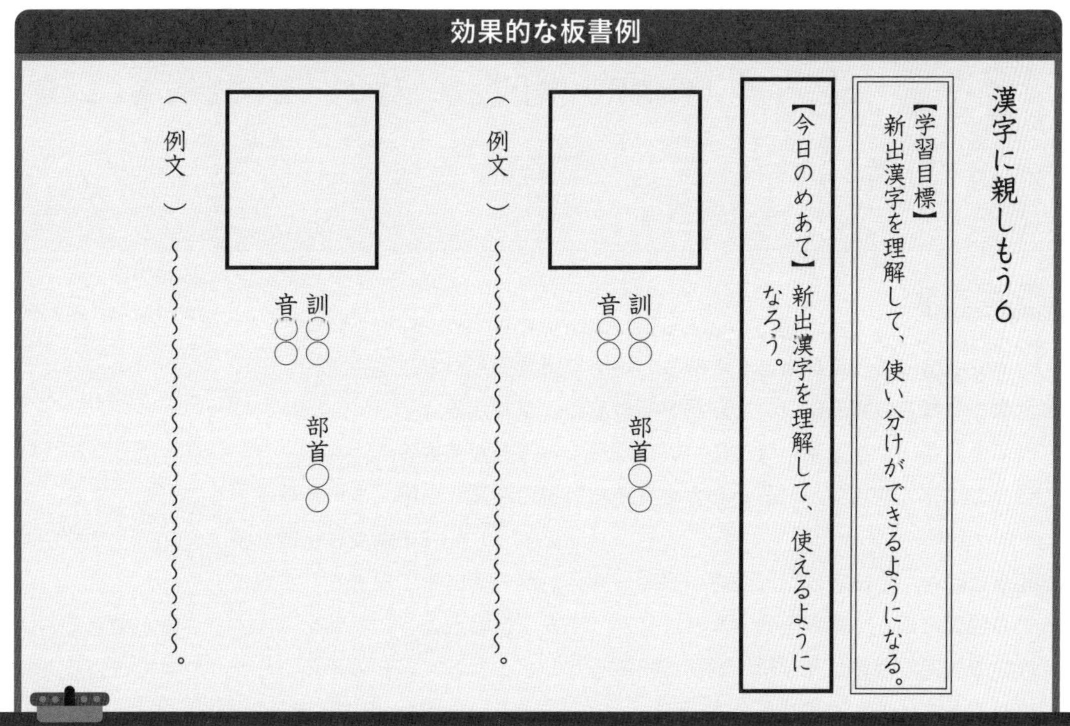

を解いたり、説明を加えたりしていく。

〈全体で解答を確認していく〉

T：それでは、答え合わせをしていきましょう。一人1問ずつ順番に答えていってください。

T：「同じ訓読みの漢字」を同訓異字と言いましたね。問題として出題されることも多いし、日常で文章を書いていても「あれ、どちらだろう？」と迷うことが多いので、日頃から注意しておくようにしましょう。

〈発展的な学習を提示する〉

T：教科書 p.208にある⑥の問題をもう少し考えてみましょう。「繁栄」と「隆盛」、「看病」と「介抱」は類義語ですね。そして「濃厚」と「希薄」、「悲哀」と「歓喜」は対義語になっています。類義語でも対義語でもいいので、一人5組ずつ探してみましょう。5組見つかったら、グループを作って問題を出し合ってください。組の片方だけを提示する、クイズ形式とします。

・「縮小」と「かくちょう」は対義語になっています。漢字は「格調」と「拡張」のどちらでしょう。

・「入手」と「しゅとく」は類義語になっていますが、漢字ではどう書きますか。

振り返り

学習を振り返ろう（4時間扱い／読むこと❷、話すこと・聞くこと❶、書くこと❶）

指導事項：〔知技〕⑴エ⑵ア⑶ウオ　〔思判表〕A⑴イウ　B⑴ウ　C⑴エ
言語活動例：課題に取り組み、これまでの学習を振り返りながら身に付けた力を確認する。

単元の目標

⑴相手や場に応じた言葉遣いを理解し、適切に使うことができる。
⑵情報と情報との関係について理解を深めることができる。
⑶時間の経過による言葉の変化について理解することができる。
⑷自分の生き方や社会との関わり方を支える読書の意義と効用について理解することができる。
〔知識及び技能〕⑴エ、⑵ア、⑶ウ、オ
⑸相手を説得できるように、論理の展開を考え、話の構成を工夫することができる。
⑹場の状況に応じて言葉を選ぶなど、分かりやすく伝わるように表現を工夫することができる。
⑺表現の仕方を考えたり資料を適切に引用したりするなど、自分の考えが分かりやすく伝わる文章になるように工夫することができる。
⑻小説や説明文を読んで考えを広げたり深めたりして、人間、社会、自然について自分の意見をもつことができる。　〔思考力、判断力、表現力等〕A⑴イ、ウ　B⑴ウ　C⑴エ
⑼言葉がもつ価値を認識するとともに、読書を通して自己を向上させ、我が国の言語文化に関わり思いや考えを伝え合おうとする。　「学びに向かう力、人間性等」

単元の構想

〈単元で育てたい資質・能力／働かせたい見方・考え方〉

3年間を通して身に付けてきた各領域における言葉の力を生かしながら課題に取り組ませ、学習の成果を実感させるとともに、今後の見通しをもたせたい。

〈教材・題材の特徴〉

これまでの学びの成果を確かめ、これからの学習の見通しをもつための教材である。これまでに身に付けた言葉の力を使って取り組む各領域の課題が示されている。

〈主体的・対話的で深い学びの視点からの授業改善ポイント／言語活動の工夫〉

ドリルのように課題に取り組ませ、答え合わせをするのではなく、「他の生徒がどう考えたか知りたい」「自分の解答を他の生徒に知ってほしい」という気持ちを大切に、互いの意見から主体的に学ぶ場をできるだけ多く設定したい。小集団での意見交流が円滑に進むよう、発表する際の注意点や時間配分などをあらかじめ提示する。全体での意見発表の際は、まずは近くの席の生徒と意見交流する時間を設定することで、自信をもって意見を発表することができるようにする。必要に応じて、教師が生徒の解答のよい部分を取り上げ、全体で共有することが学びの深まりにつながる。

単元計画

時	学習活動	学習内容	評価
1	1．小説の課題に取り組み、本文を根拠に読むことの必要性について考える。	○「つなぐ」を参考に、根拠となる叙述を挙げながら課題に取り組み、自分の考えを発表する。 ○本文を根拠に読むことの重要性を確認する。	❽❾
2	2．説明文の課題に取り組み、読書の意義について考える。	○課題に取り組み、自分の考えを発表する。 ○「つなぐ」を読み、今後も様々な文章を読み続けていくことの重要性を確認する。	❷❸ ❹❽ ❾
3	3．スピーチの課題に取り組み、分かりやすく伝わるための工夫を確認する。	○課題に取り組み、自分の考えを発表する。 ○「つなぐ」を読み、相手意識をもって工夫を取り入れながら話すことの重要性を確認する。	❶ ❺❻ ❾
4	4．書くことの課題に取り組み、理由を明らかにしながら適切な資料を選択する。 5．学習を振り返る。	○「つなぐ」を参考に課題に取り組み、自分の考えを発表する。 ○４時間を振り返り、これまで身に付けた言葉の力を認識し、これからの学習の見通しをもつ。	❶ ❼❾

評価規準

知識・技能	思考・判断・表現	主体的に学習に取り組む態度
❶相手や場を意識しながら書いたり、評価したりしている。 (1)エ ❷情報と情報との関係について理解し、適切に取捨選択しながら説明している。 (2)ア ❸時間の経過による言葉の変化について理解している。 (3)ウ ❹説明文を読み、読書の意義と効用を自分の言葉でまとめている。 (3)オ	❺「話すこと・聞くこと」において、論理の展開を考え、話の構成を工夫してスピーチをしている。 A(1)イ ❻「話すこと・聞くこと」において、相手の興味や理解の程度を想像しながら、分かりやすく伝わるように表現を工夫している。 A(1)ウ ❼「書くこと」において、表現の仕方を考えたり資料を適切に引用したりするなど、分かりやすく伝わるように工夫してポスターをまとめている。 B(1)ウ ❽「読むこと」において、小説や説明文を読み、叙述を根拠に文章に表れるものの見方・考え方を捉え、自分の意見を書いたり発表したりしている。 C(1)エ	❾これまでの学習を振り返り、言葉がもつ価値を認識するとともに、すすんで自分の思いや考えを伝えようとしている。

〈指導と評価の一体化を図る見取りのポイント〉

振り返りの単元なので、３年生で学習してきた内容を振り返る場を毎時設定し、身に付けてきた言葉の力を想起し、生かしながら課題に取り組むことができるようにする。１時間の終わりに、新たに気付いたことや学んだこと、これからも大切にしていきたいことを自分の言葉で言語化させることで、生徒の理解度やこれまでの学習が生かされているかどうかを見取る。

学習を振り返ろう

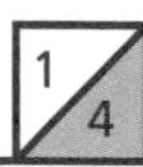

主発問　**なぜ本文の語句を根拠に読むことが必要なのだろうか。**

目標

登場人物の心情を読み取ることを通して、叙述を根拠に読むことの必要性を理解することができる。

評価のポイント

❽小説を読み、叙述を根拠として挙げながら登場人物の心情をとらえ、書いたり発表したりしている。
C(1)エ

❾言葉がもつ価値を認識するとともに、自分の思いや考えをすすんで伝えようとしている。

(❾は、この後の3時間も継続して評価する。)

準備物　・ワークシート①⬇01　・ミニホワイトボード（フリップや短冊でも可）　・ICT端末

ワークシート・ICT等の活用や授業づくりのアイデア

○課題には字数制限が設けられているため、班で答えを考える際、字数が一目で分かる方眼の解答欄が印刷された用紙を配付し、役立てる。

○黒板に貼ることができるミニホワイトボード（フリップや短冊でも可）を用意し、班でまとめた意見を書いて提示できるようにする。

○課題2の発表でICT端末を利用する。

1　導入（学習の見通しをもつ）

〈4回の授業展開と本時のゴールを説明する〉

T：本単元では、4時間かけて、3年生の学習を振り返りながら「読むこと」「話すこと・聞くこと」「書くこと」の力を確認していきます。今日はまず、小説を読み、「読むこと」の学習を振り返り、課題に取り組みます。

2　展開

〈3年生の学習を振り返る〉

T：教科書p.7の「学習の見通しをもとう」を開きましょう。「読むこと」の欄を見てください。様々な文学的文章を読んできましたね。教科書p.227の「つなぐ」にもあるように、本文の語句を根拠として挙げながら読むことが重要であると学んできました。ではなぜ、本文を根拠に読むことが必要なのでしょうか。今日は小説を読み、課題に取り組みながら、この点について考えていきましょう。

＊これまでの学習に触れ、学んできたことを想起させる。

〈小説を読み、課題❶に取り組む〉

T：「うみか自身、驚いた顔をしていた。」とありますが、それはなぜでしょうか。字数制限に気を付けて、

3　終末（学習を振り返る）

〈1時間を振り返り、学びをまとめる〉

T：今日新たに学んだこと、気付いたこと、今後文学作品を読む際大切にしていきたいことをワークシートにまとめましょう。

＊1時間の学びを振り返り、自分の言葉で学びを言語化することで、確かな力の習得につなげたい。

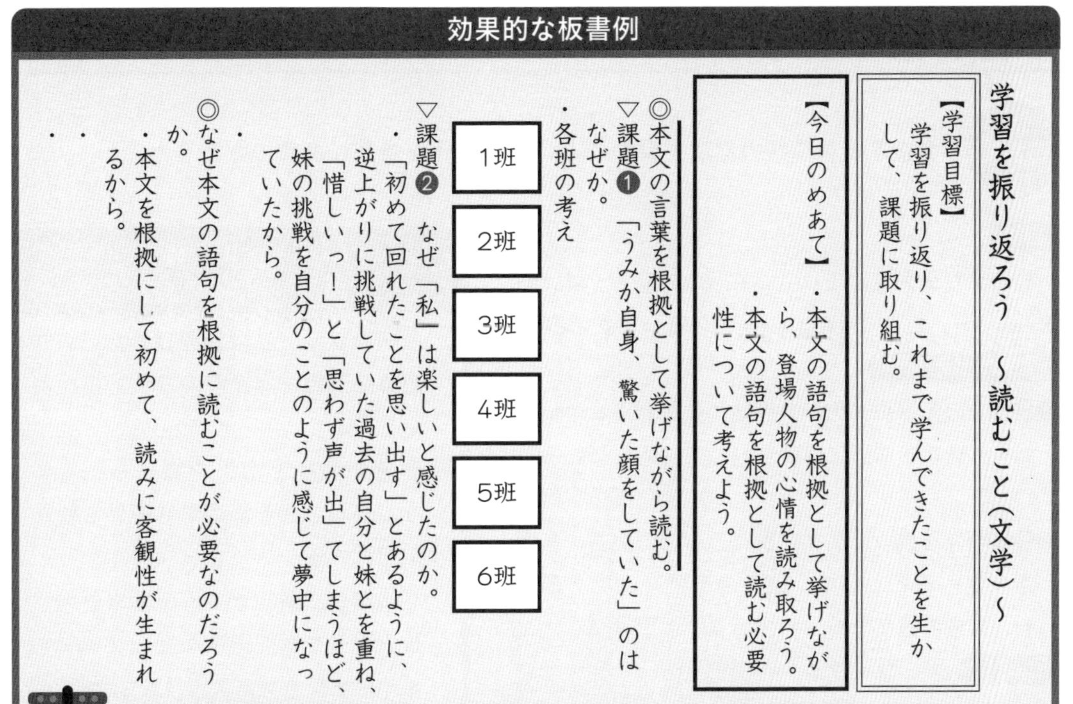

ワークシートに書きましょう。

〈課題❶に対する自分の考えを発表する〉

T：自分の考えを班の仲間と交流しましょう。班の中でよく話し合い、最も適当な答えを考えてみましょう。書けたらこのホワイトボードに記入して黒板に貼ってください。

・失敗が続いていたため、あまり期待せずに姉が教えてくれた方法を試したところ、成功の兆しが見えたからです。

＊最も適当な解答を追究する活動を設定することで、本文の叙述のどの部分に着目したか、どのようにまとめたかなど、互いの意見を丁寧に比較することができる。

＊解答を比較し、共通点や相違点を捉える。

〈課題❷に取り組む〉

T：「誰かが何かできるようになる瞬間に立ち会うのが、こんなに楽しいとは思わなかった」とありますが、なぜ「私」は楽しいと感じたのでしょうか。自分の考えを書きましょう。

〈課題❷に対する自分の考えを発表する〉

T：課題❷に対する自分の考えをまずは近くの席の人と共有してから全体で共有しましょう。

・『初めて回れたことを思い出す』とあるように、逆上がりに挑戦していた過去の自分と妹とを重ね、『惜しいっ！』と『思わず声が出』てしまうほど、妹の挑戦を自分のことのように感じて夢中になっていたからです。

＊全体での共有は ICT 端末を利用して、短時間で多くの意見を読めるようにする。

＊自分の解答に自信がない生徒もいるので、まずは近くの席の生徒と共有する時間を設定する。

〈根拠を挙げながら読む必要性を考える〉

T：二つの課題について本文を基に考えてきました。なぜ本文を根拠に読むことが必要なのでしょうか。自分の考えを発表しましょう。

・本文を根拠にして初めて、読みに客観性が生まれるからです。

学習を振り返ろう

主発問　**さまざまな種類の文章を読むことにどのような意義があるのだろうか。**

目標

説明文から文章に表れているものの見方・考え方を読み取り、読書の意義と効用に気付くことができる。

評価のポイント

❷❸先人の知恵や文化が受け継がれた言葉について調べ、情報を適切に取捨選択して説明している。　(2)ア、(3)ウ

❹❽説明文を読み、文章に表れるものの見方・考え方を捉えるとともに、読書の意義と効用を理解し、自分の言葉でまとめている。　(3)オ、C(1)エ

準備物　・ワークシート②⬇02　・調べ学習用の資料　・ICT端末　・発表用フリップ

ワークシート・ICT等の活用や授業づくりのアイデア

○ワークシートには課題❶のための方眼の記入欄と課題❷のための言葉例をあらかじめ用意しておく。

○言葉の意味と由来を調べられるよう、資料となる語源辞典等の書籍を用意しておく。

○調べ学習で使用するICT端末を用意し、辞書や新聞記事などのデータをすぐに検索できるようにしておく。

1　導入（学習の見通しをもつ）

〈前時を振り返り、本時のゴールを説明する〉

T：前回の授業では、文学教材の学習を振り返りながら小説を読み、課題に取り組みました。今日は説明文を読み、課題に取り組みます。授業後半では、教科書p.178の「本は世界への扉」での学習も思い出しながら、様々な文章を読むことの意義について考えてみましょう。

2　展開

〈3年生の学習を振り返る〉

T：前回に続き、教科書p.7の「学習の見通しをもとう」を開きましょう。「読むこと」の欄を見てください。いろいろな説明文を読んできましたね。今日も説明文を読みます。これまでの学習を生かして、本文に表れた筆者のものの見方・考え方を捉えていきましょう。

＊これまでの学習に触れ、学んできたことを想起させる。

〈説明文を読み、課題❶に取り組む〉

T：「アイヌ民族が長年守ってきた知恵」とは、どのようなものでしょうか。字数制限を意識しながらまとめましょう。

〈課題❶の解答を発表する〉

T：自分の考えを班の中で発表しましょう。共通点や相違点に注目しながら、比べてみましょう。筆者が考える「知

3　終末（学習を振り返る）

〈1時間を振り返り、学びをまとめる〉

T：特定の種類にこだわらず、さまざまな種類の本に出合うことで自分の世界がどんどん広がりそうですね。1時間を振り返り、新しく学んだこと、気付いたこと、今後大切にしていきたいことをワークシートにまとめましょう。

効果的な板書例

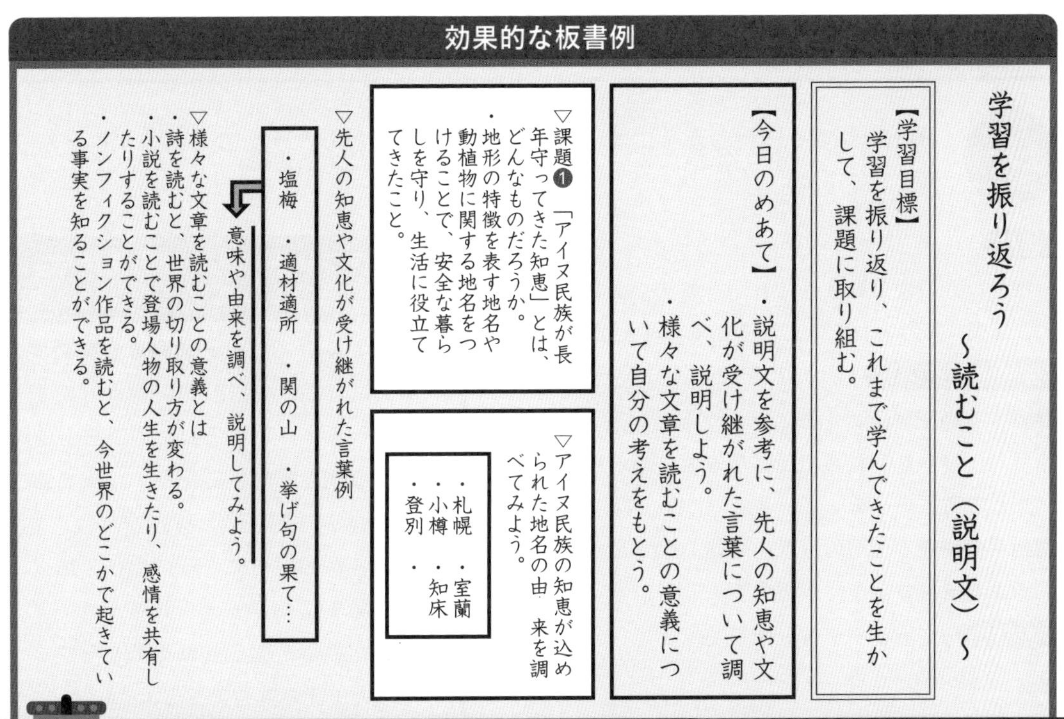

恵」について本文のどの語句に注目し、どのような構成でまとめているでしょうか。

・「地形の特徴を表す地名や動植物に関する地名を付けることで、安全な暮らしを守り、生活に役立ててきたこと」です。

＊実際の地名をいくつか紹介し、由来を調べる時間を設ける。

〈課題❷に取り組む〉

T：アイヌ民族における地名のように、先人の知恵や文化が受け継がれた言葉を一つ取り上げ、その意味と由来を調べてみましょう。調べたい言葉が見つからない人は、ワークシートにある「言葉例」を参考にしてください。

言葉例…塩梅、適材適所、関の山、挙句の果て

＊言葉例を豊富に例示し、戸惑うことなく調べたい言葉を決定できるようにする。

＊すぐ調べられるよう、辞書などの資料や ICT 端末をあらかじめ用意しておく。

〈調べた内容を基に、説明する〉

T：調べた言葉の意味と由来を説明してみましょう。まずは近くの席の人と共有し、その後、クラス全体で発表します。

＊意味や由来に漢字が関係することもあるので、調べた言葉はフリップに書き、黒板に貼って意味と由来を説明する。

〈様々な文章を読む意義を発表する〉

T：今日は教科書の説明文をきっかけとして、身の回りの言葉の意味や由来を調べ、共有しました。前回読んだ小説や今回読んだ説明文に限らず、様々な文章を読むことにはどのような意義があるでしょうか。自分の考えをワークシートにまとめ、発表しましょう。

・詩を読むと、世界の切り取り方が変わる気がします。

・小説を読むことで登場人物の人生を生きたり、感情を共有したりすることができます。

・ノンフィクション読むと、今世界のどこかで起きている事実を知ることができます。

学習を振り返ろう

主発問 **分かりやすく伝わるようにするために、話し手はどのような工夫ができるだろうか。**

目標

伝えたいことが聞き手に分かりやすく伝わるように、工夫を取り入れてスピーチをすることができる。

評価のポイント

❶相手や場を意識しながら書いたり、評価したりしている。(1)エ
❺目的に合わせて論理の展開を考え、話の構成を工夫してスピーチをしている。　A(1)イ
❻相手の興味や理解の程度を想像しながら、分かりやすく伝わるように表現を工夫している。A(1)ウ

準備物　・ワークシート③ 03　・全文プリント

ワークシート・ICT 等の活用や授業づくりのアイデア

○岡田さんのスピーチ原稿を全文プリントにしておくことで、「分かりやすく伝わるようにするための工夫」を考える際、線を引いたり、工夫を書き込んだりできるようにする。
○岡田さんの原稿にさらに修正を加える段階では、グーグルドキュメント等を利用し、取り入れた工夫をすぐに他の生徒と共有できるようにする。

1 導入（学習の見通しをもつ）

〈前時を振り返り、本時のゴールを説明する〉

T：前回までの授業では、これまでの学習を振り返り、「読むこと」の力を確認してきました。今日は引き続き、３年生での学習を振り返りながら課題に取り組み、「話すこと・聞くこと」の力を確認していきましょう。

2 展開

〈３年生の学習を振り返る〉

T：前回に続き、教科書 p. 6 の「学習の見通しをもとう」を開きましょう。「話すこと聞くこと」の欄を見てください。様々な形で話したり聞いたりする学習活動を重ねてきましたね。今日はスピーチ原稿を推敲します。これまでの学習を生かして、追究していきましょう。

＊これまでの学習に触れ、学んだことを想起させる。

〈課題❶に取り組み、意見を交流する〉

T：岡田さんのスピーチ原稿の中で、古時刻の図を示すのに最も適当な場所はどこか考えてみましょう。なぜそのように考えたのか、理由もあわせて班の友達と意見を交流しましょう。

・「ア」が最も適当です。

〈「ア」が適当な理由を発表する〉

3 終末（学習を振り返る）

〈１時間を振り返り、学びをまとめる〉

T：日常生活でも話す機会はたくさんありますから、今日学んだ工夫を取り入れられるとよいですね。１時間を振り返り、新しく学んだこと、気付いたこと、今後大切にしていきたいことをワークシートにまとめましょう。

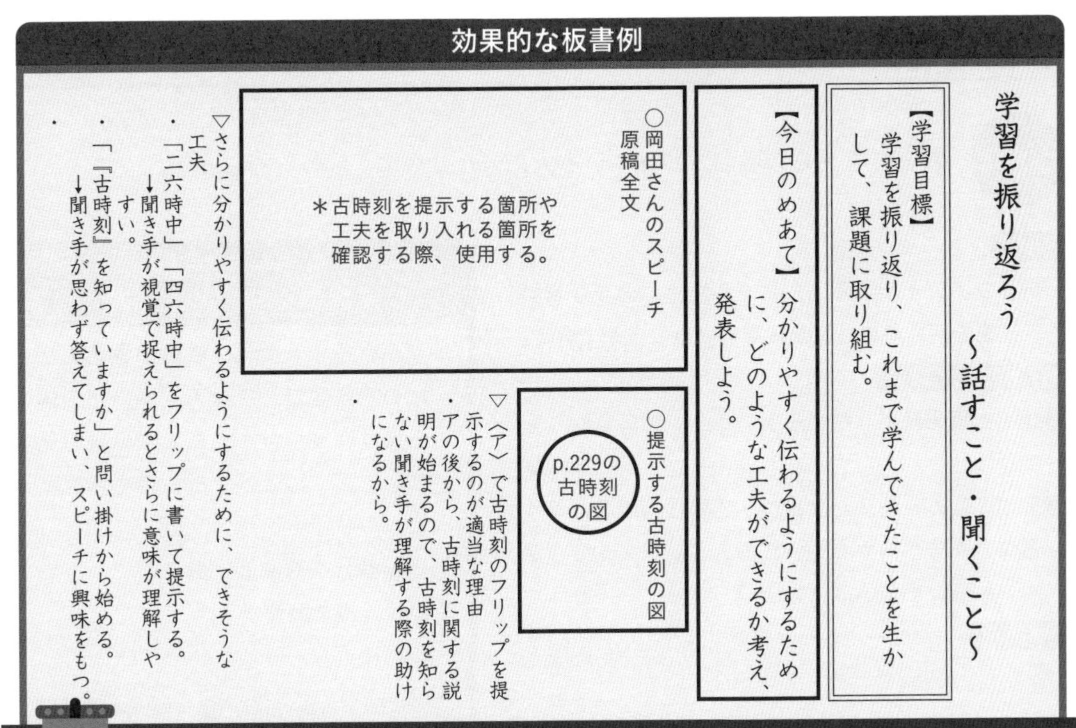

T：古時刻を提示するのは「ア」の箇所が最も適当そうだということが分かりました。なぜ「ア」が適当なのでしょう。理由を発表しましょう。

・「ア」の後から古時刻に関する説明が始まるので、古時刻を知らない聞き手が理解する際の助けになるからです。

＊話し手が「伝えたいこと」を強調するだけでは伝わらないこともあるので、「伝わる」ためには、聞き手にとっての「分かりやすさ」を重視する必要があることを押さえる。

〈課題❷「おやつ」の例をクイズ形式にする場合の原稿を書き、共有する〉

T：聞き手に興味をもってもらうために「おやつ」の例をクイズ形式にします。教科書 p.229 の書き出しに続く形で原稿を書いてみましょう。書けたら班の中で発表しましょう。

〈分かりやすく伝わるようにするために、どのような工夫ができるか考え、発表する〉

T：二つの課題は、いずれも聞き手の興味を高めたり、理解しやすくしたりするための工夫でしたね。「つなぐ」にもあるように、話し手として表現するとき、聞き手の立場に立って考えることが重要でした。岡田さんのスピーチがもっと分かりやすく伝わるようにするために、どのような工夫ができそうですか。みんなで考えてみましょう。

○個々で考える時間をとったあと、全体で意見を発表する。

・「二六時中」「四六時中」は音声で伝えるだけでなく、漢字を提示して視覚で捉えた方が分かりやすいから、フリップにして提示します。

・初めは、「みなさんは『古時刻』を知っていますか」と聞き手に問い掛けるようにして、聞き手に興味をもってもらいます。

＊自由に工夫を取り入れ、原稿に修正を加えてよいこととする。

学習を振り返ろう

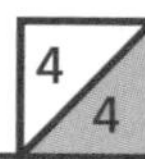

主発問　AとBどちらの図の方が見ている人に分かりやすく伝わるでしょう。

目標

分かりやすく伝わるようにするために必要な資料を、理由を明らかにしながら選択することができる。

評価のポイント

❶相手や場を意識しながら書いたり、評価したりしている。 (1)エ

❼表現の仕方を考えたり資料を適切に引用したりするなど、分かりやすく伝わるよう、工夫してポスターをまとめている。 B(1)ウ

準備物　・ワークシート④⤓04

ワークシート・ICT 等の活用や授業づくりのアイデア

○ワークシートには、二つの課題のための記入欄だけでなく、本単元全体を振り返って学んだことや今後の見通しを書くことができる欄を用意する。

○課題❶は字数制限があるので、方眼の記入欄を用意する。

1　導入（学習の見通しをもつ）

〈前時を振り返り、本時のゴールを説明する〉

T：前回の授業では、「話すこと・聞くこと」の力を確認しました。聞き手の立場に立って表現を考えることが重要でしたね。今日は、引き続きこれまでの学習を振り返りながら課題に取り組み「書くこと」の力を確認します。この単元は今日が最終ですので、単元全体の振り返りも行います。

2　展開

〈3年生の学習を振り返る〉

T：前回に続き、教科書 p.6、7の「学習の見通しをもとう」を開きましょう。「書くこと」の欄を見てください。様々な種類の文章を書いてきましたね。今日は、ポスターを作成するときに適切な資料が何かを考えます。これまでの学習を生かして、分かりやすく伝わるような資料を選択していきましょう。

＊これまでの学習に触れ、学んだことを想起させる。

〈課題❶に取り組む〉

T：AとBでは、説明の仕方にどのような違いがあるでしょうか。字数制限に気を付けてワークシートに自分の考えを書いてみましょう。

〈課題❶に対する自分の考えを発表する〉

3　終末（学習を振り返る）

〈単元全体を振り返る〉

T：今日まで4時間かけて、3年生での学習を振り返り、これまで身に付けてきた言葉の力を確認してきました。単元全体を振り返って、新しく学んだこと、気付いたこと、今後大切にしていきたいことをワークシートに書きましょう。

効果的な板書例

学習を振り返ろう ～書くこと～

【学習目標】
学習を振り返り、これまで学んできたことを生かして、課題に取り組む。

【今日のめあて】
・理由を明らかにしながら、適切な資料を選択しよう。
・単元全体を振り返って学びを確認し、今後の見通しをもとう。

教科書 p.230 Aの図

▽課題❶ AとBでは、説明の仕方がどう違うか書いてみよう。
・Aはどの指のどの部分を使うかを具体的に提示しており、Bは鉛筆の持ち方をもとにして箸の持ち方を説明している。
・

教科書 p.230 Bの図

▽課題❷ AとBどちらの図を使って説明するか。
◎対象…来春入学の中学一年生
目的…正しい箸の持ち方を説明する

A
○一つ一つの動作がより詳しく説明されていて理解しやすい。（長所）
×注意を払うべき箇所が多く、混乱する。（短所）

B
○小学校で正しい鉛筆の持ち方を学習してきているので、イメージがわきやすい。
×

T：まず近くの席の人と意見を共有した後、全体で共有しましょう。
・A はどの指のどの部分を使うかを具体的に提示しており、B は鉛筆の持ち方を基にして箸の持ち方を説明しています。

〈課題❷に取り組む〉

T：A と B は同じように箸の持ち方を説明していますが、その方法には違いがありましたね。「つなぐ」を読みましょう。「目的や意図、題材などに合わせて、表現の仕方を工夫する」ことが重要ですね。あなたなら、A と B どちらの図を使って説明しますか。
課題❷について自分の考えをまとめましょう。
＊書き出しに続く形で書くことで、選択した理由を明らかにさせる。

〈課題❷に対する自分の考えを発表する〉

T：どちらの図を選択したか、理由も併せて発表しましょう。
・一つ一つの動作がより詳しく説明されている A の方が、具体的で 1 年生も理解しやすいです。
・小学校で正しい鉛筆の持ち方を学習してきているから、B の方がイメージがわきやすいです。
・A は丁寧に説明されていますが、説明が細分化されているせいで「第一関節」「親指の腹」「親指の根元」など、注意を払わなければならない箇所が多く、混乱してしまいます。
＊全体の場で挙手がない場合は、少し班の中で意見共有する時間をとってから全体での発表にうつる。
＊ポスターの対象と目的を確認し、相手意識をもって図の選択ができるようにする。
＊選択しなかった方の図の短所についても、生徒の意見を基に全体の場で整理していく。

監修者・編著者・執筆者紹介

[監修者]

髙木　まさき（たかぎ　まさき）	横浜国立大学教授／学習指導要領等の改善に係る検討に必要な専門的作業等協力者／令和３年版光村図書出版中学国語教科書編集委員

[編著者]

児玉　忠（こだま　ただし）	宮城教育大学教授／学習指導要領等の改善に係る検討に必要な専門的作業等協力者
宗我部　義則（そがべ　よしのり）	お茶の水女子大学附属中学校主幹教諭／令和３年版光村図書出版中学国語教科書編集委員

[執筆者] ＊執筆順、所属は令和４年２月現在。

		[執筆箇所]
髙木　まさき（前出）		●まえがき　●「主体的・対話的で深い学び」を目指す授業づくりのポイント
宗我部　義則（前出）		●第３学年の指導内容と身に付けたい国語力　●俳句の可能性［書く］俳句を作って楽しもう／俳句を味わう●誰かの代わりに
児玉　忠	宮城教育大学教授	●「言葉による見方・考え方」を働かせる授業づくりのポイント
萩中　奈穂美	福井大学准教授／令和３年版光村図書出版中学国語教科書編集委員	●板書の工夫
三浦　登志一	山形大学教授／学習指導要領等の改善に係る検討に必要な専門的作業等協力者／令和３年版光村図書出版中学国語教科書編集委員	●学習評価のポイント
細川李花	筑波大学附属中学校教諭	●世界はうつくしいと　●本は世界への扉　エルサルバドルの少女ヘスース／紛争地の看護師　読書案内　●わたしを束ねないで　●学習を振り返ろう
大井育代	徳島県・徳島市上八万中学校教頭	●握手　●季節のしおり　春　●季節のしおり　夏　●季節のしおり　秋　●季節のしおり　冬
橋本香菜	横浜国立大学教育学部附属横浜中学校教諭	●［聞く］評価しながら聞く　●作られた「物語」を超えて　●言葉を選ぼう―もっと「伝わる」表現を目ざして　●言葉１　和語・漢語・外来語　●聞き上手になろう―質問で相手の思いに迫る―
大場裕也	宮城教育大学附属中学校教諭	●学びて時に之を習ふ――「論語」から　●情報を読み取って文章を書こう―グラフを基に小論文を書く　●［推敲］論理の展開を整える　●多角的に分析して書こう―説得力のある批評文を書く

今野百恵	宮城教育大学附属中学校教諭	●情報整理のレッスン　情報の信頼性　●文章の種類を選んで書こう―修学旅行記を編集する―　●思考のレッスン　具体化・抽象化　●読書を楽しむ　●「私の一冊」を探しにいこう
荻野聡	東京学芸大学附属竹早中学校教諭	●漢字１　熟語の読み方／漢字に親しもう１　●漢字に親しもう２　●漢字２　漢字の造語力／漢字に親しもう３　●漢字に親しもう４　●漢字３　漢字のまとめ／漢字に親しもう５　●漢字に親しもう６
菅原和朗	宮城教育大学附属中学校教諭	●説得力のある構成を考えよう　●［議論］話し合いを効果的に進める　●合意形成に向けて話し合おう―課題解決のために会議を開く―
三冨洋介	神奈川県・三浦市立南下浦中学校教諭	●文法への扉１　すいかは幾つ必要？／文法１　文法を生かす　●故郷　●文法への扉２　「ない」の違いがわからない？／文法２　文法のまとめ　●言葉２　慣用句・ことわざ・故事成語
細田広人	筑波大学附属中学校教諭	●実用的な文章を読もう／報道文を比較して読もう　●三年間の歩みを振り返ろう
宮嵜信仁	佐賀県・武雄市立武雄中学校教諭	●挨拶――原爆の写真によせて　●温かいスープ　●音読を楽しもう　初恋　●人工知能との未来／人間と人工知能と創造性
菊地圭子	東京学芸大学附属竹早中学校教諭	●和歌の世界／音読を楽しもう　古今和歌集　仮名序　●君待つと――万葉・古今・新古今　●夏草――「おくのほそ道」から　［書く］／古典名句・名言集

『板書で見る全単元・全時間の授業のすべて　国語　中学校３年』付録資料について

本書の付録資料は、東洋館出版社ホームページ内にある「マイページ」からダウンロードすることができます。なお、本書のデータを入手する際には、会員登録および下記に記載しているユーザー名とパスワードが必要になります。入手の方法は以下の手順になります。

【東洋館出版社 HP】

URL https://www.toyokan.co.jp　東洋館出版社　検索

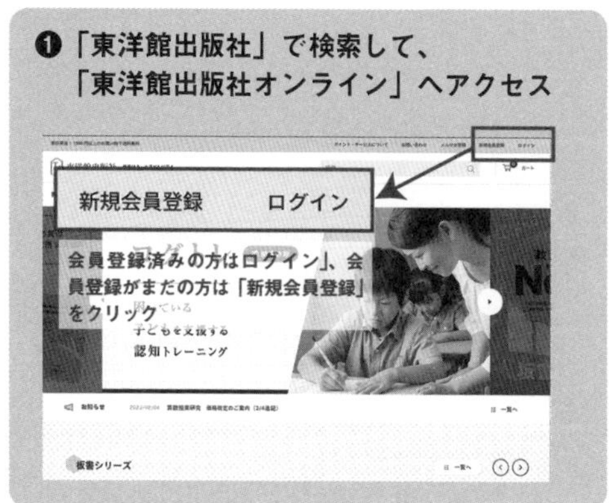

❷会員者はメールアドレスとパスワードを入力後「ログイン」。非会員者は必須項目を入力後「アカウント作成」をクリック

アカウントにログイン
メール
パスワード
ログイン
新規会員登録

❸マイアカウントページにある「ダウンロードギャラリー」をクリック

クリック

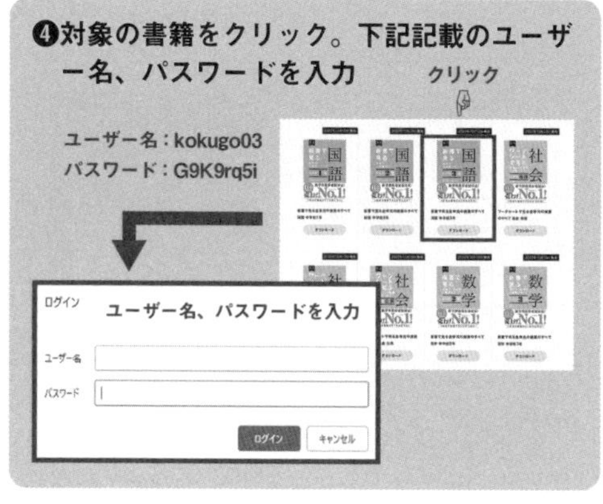

【使用上の注意点および著作権について】

・リンク先にはパソコンからアクセスしてください。スマートフォンではファイルが開けないおそれがあります。
・PDFファイルを開くためには、Adobe AcrobatまたはAdobe Readerがインストールされている必要があります。
・PDFファイルを拡大して使用すると、文字やイラスト等が不鮮明になったり、線にゆがみやギザギザが出たりする場合があります。あらかじめご了承ください。
・収録されているファイルは、著作権法によって守られています。
・著作権法での例外規定を除き、無断で複製することは法律で禁じられています。
・収録されているファイルは、営利目的であるか否かにかかわらず、第三者への譲渡、貸与、販売、頒布、インターネット上での公開等を禁じます。
・ただし、購入者が学校での授業において、必要枚数を生徒に配付する場合は、この限りではありません。ご使用の際、クレジットの表示や個別の使用許諾申請、使用料のお支払い等の必要はありません。

【免責事項・お問い合わせについて】

・ファイル使用で生じた損害、障害、被害、その他いかなる事態についても弊社は一切の責任を負いかねます。
・お問い合わせは、次のメールアドレスでのみ受け付けます。tyk@toyokan.co.jp
・パソコンやアプリケーションソフトの操作方法については、各製造元にお問い合わせください。

板書で見る全単元の授業のすべて
国語 中学校３年
～令和３年度全面実施学習指導要領対応～

2022（令和４）年３月22日　初版第１刷発行

監 修 者：髙木　まさき
編 著 者：児玉　忠・宗我部　義則
発 行 者：錦織　圭之介
発 行 所：株式会社東洋館出版社
〒113-0021　東京都文京区本駒込５丁目16番７号
営 業 部　電話 03-3823-9206　FAX 03-3823-9208
編 集 部　電話 03-3823-9207　FAX 03-3823-9209
振　　替　00180-7-96823
U　R　L　https://www.toyokan.co.jp

印刷・製本：藤原印刷株式会社

装丁デザイン：小口翔平＋後藤司（tobufune）
本文デザイン：藤原印刷株式会社
イラスト：パント大吉

ISBN978-4-491-04777-5　　Printed in Japan